◉ 高职高专经管类核心课教改项目成果系列规划教材
◉ 全国财经类高职高专院校联协会推荐教材
◉ 中国科学院教材建设专家委员会优秀教材

简明管理学教程

（第二版）

李海峰　张　莹　主　编

武永生　李丽琴　副主编

科学出版社

北　京

内 容 简 介

本书共六篇（十一章）内容包括管理概论篇、计划职能篇、组织职能篇、领导职能篇、控制职能篇和管理新思想篇。所选内容既有管理学知识体系中不可缺少的重要内容，又有辅助性的拓展知识和反映学科前沿的选读资料，方便读者根据专业特点和个人兴趣与能力有的放矢地学习。

本书可作为高职高专经济管理类专业的教材，也可作为非经管类本科生及企事业单位管理人员的岗位培训教材和参考书。

图书在版编目(CIP)数据

简明管理学教程/李海峰，张莹主编. —2 版. —北京：科学出版社，2009
（高职高专经管类核心课教改项目成果系列规划教材）
ISBN 978-7-03-024847-3

Ⅰ. 简… Ⅱ.①李… ②张…Ⅲ. 管理学-高等学校：技术学校-教材
Ⅳ. C93

中国版本图书馆 CIP 数据核字（2009）第 103625 号

责任编辑：唐寅兴 / 责任校对：耿 耘
责任印制：吕春珉 / 封面设计：天女来

科学出版社 出版
北京东黄城根北街 16 号
邮政编码：100717
http://www.sciencep.com
北京市京宇印刷厂 印刷
科学出版社发行 各地新华书店经销
*
2004 年 8 月第 一 版 开本：787×1092 1/16
2007 年 5 月修 订 版 印张：22 3/4
2009 年 8 月第 二 版 字数：504 000
2018 年 7 月第十八次印刷

定价：49.80元

高职高专经管类核心课教改项目成果系列规划教材

编写指导委员会

序

改革开放以来，我国经济快速发展，经济总量不断增加，对从事经济活动的相关人才的需求空前高涨。社会对经济管理类人才的需求大体上可以划分为两大类。一类是从事理论研究，从宏观和微观角度研究社会经济发展和运行的总体规律，研究社会资源的最优配置及个人满足最大化等问题的学者。另一类是在各种经济领域中从事具体经济活动的职业人，是整个经济活动得以有效运行的基本元素，是在各自不同的领域发挥着使经济和各项业务活动稳定有序运行、规避风险、实现价值最大化的社会群体。从社会经济发展的实际情况来看，后一类人群应该是社会发展中需求数量最大的经济管理类人才。在上述两类人才的培养上，前者主要由普通本科以上的高等院校进行培养，后一类人才的培养工作从我国高等教育的现状来看，培养的主体主要为高等职业教育。

高等职业教育经过近年来的迅猛发展，已经占据了我国高等教育的半壁江山。特别是自 2006 年教育部、财政部启动的国家示范性高等职业院校建设工作和教育部《关于全面提高高等职业教育教学质量的若干意见》（教高〔2006〕16 号）文件的颁布以来，我国的高等职业教育迸发出前所未有的激情和能量，开放式办学、校企合作、工学结合、生产性实训、顶岗实习等各项改革措施深入开展，人才培养模式改革、课程改革、教材改革、双师结构教学团队的组建、模拟仿真的实验实训环境的进入课堂等项教育教学改革不断推进，使我国高等职业教育得到了长足的发展，取得了令人瞩目的成绩，充分显示出高等职业教育在我们经济发展中的举足轻重的作用和不可替代的地位。

我们依托上述大背景，同时根据技术领域和职业岗位的任职要求，以学生的职业能力培养为核心，组织了全国在相关领域资深的专家和一线的教育工作者，并与行业企业联手，共同开发了这套《高职高专经管类核心课教改项目成果系列规划教材》。这套丛书覆盖了经管类的核心课程，以职业能力为根本，以工作过程为主线，以工作项目为载体进行了教材整体设计，突出学生学习的主体地位是本系列教材的突出特点。

当然，我们也应该看到，高等职业教育的改革有一个过程，今天我们所组织出版的这套教材，仅仅是这一过程中阶段性成果的总结和推广。我们坚信，随着课程改革的不断深入，这套教材也将以此为台阶，不断提升和改进。

我们衷心地希望通过高质量教材的及时出版来推动教学,同时使本套教材在实际教学使用过程中不断完善和超越。

本套教材为全国财经类高职高专院校联协会和科学出版社的首次合作成果,是全国财经类高职高专院校联协会的推荐教材,适用全国各高职高专经济管理类专业使用。

周建松

2008 年 6 月 9 日

第二版前言

管理需要创新，承担管理知识的管理学教材也需要创新。基于此，我们在 2004 年 8 月第一版、2007 年 5 月修订版的基础上，对本书进行再次修订。

本次修订保留了原版的主要内容和特色。主要变动如下：

1）为体现职业教育的最新理念，重组内容体系，实行任务驱动；每一单元的任务通过标题明确化，并由案例驱动，以解决案例所提出的问题为任务。

2）更加方便读者根据专业发展的需要取舍内容，更新并增加了大量的案例，增加了管理者角色、计划编制的方法、集权与分权、企业变革与企业文化、控制技术与方法、管理伦理与管理道德等内容。

3）将原有的 8 章拆分为 6 篇 11 章 31 单元，每一章下面不再设小节，而是根据不同的工作任务组织教学单元，应用性更加突出。

4）根据不同的工作任务和学习内容，将知识点分为了解、理解、牢记、掌握等不同的层次；为了在完成任务的同时夯实基础，还设有"拓展知识"和"选读资料"等专题，使读者能合理分配时间和精力，按需选读。需要提醒的是，每一章的"学习重点"为必读（讲）内容，"拓展知识"和"选读资料"则为选读（选讲）内容，读者（教师）应根据实际情况灵活把握。

5）改变了课后练习题的内容和风格。课后练习题分为"课内测试题"和"课外思考与实践题"，题型多样、题量丰富。

本书这次修订后，具有以下特色：

1. 理念新，不拘泥于原有章节体系，实行单元化任务驱动，同时突出育人理念和思维方式的训练

根据职业教育的最新理念，为体现工学结合，本书重组内容体系，实行任务驱动：每一单元的任务通过标题明确化，并由案例导入，正文则以解决案例所提出的问题为目的，应用性更加突出。

与此同时，"人人都是被管理者"、"人人都是管理者"、"人人都可成才"是贯穿本书的理念。从这一理念出发，在内容、主题框和练习题中有意将管理学的知识与大学生的学习与生活相结合，以提高学生对学习管理学这门课的重要性的认识，使之自觉地从日常的学习、生活中培养自身的管理意识和能力。

2. 内容精炼，同时体现应用性与知识性相结合

在内容的取舍上，不求知识的系统性和完整性，而是根据作者多年的企业管理工作实践经验，在分析高职高专经济管理类专业学生到工作岗位所需的管理技能之后选择内容，按照"是什么"、"做什么"、"如何做"的思路，坚持实用性、针对性的原则，以管理学的应知、应会为切入点，理论知识以必需、够用为度，重点突出了基本理论的实际应用，将实际管理工作中经常用到的基本思想、基本原理和基本方法讲透，使读者学完之后就能用得上。

同时，根据读者的要求，在本版中更新并增加了大量的案例和一些新的内容，将一些辅助性知识以"拓展知识"和"选读资料"的形式标注出来，更加方便读者根据专业发展的需要取舍内容，也方便学有余力的读者进一步学习更多的知识，使知识性与应用相结合，为学生的长远发展打下基础。

3. 形式活泼，重点突出，增加读者的阅览和学习兴趣

在形式上，每个单元都以"案例导入"为开头，吸引读者的兴趣，并独具匠心地设计了遍布全书的"小提示"、"知识点"、"示例"、"重要概念"、"经典语录"、"补充说明"等主题，图文并茂，大大提高了本书的生动性、启发性和可操作性。

在部分单元，我们还增加了一些MBA教学中常用的管理实训内容和头脑风暴式讨论题目。这些课内实训环节，既能活跃课堂气氛，增加课堂效果，还有助于学生在教师的指导下对管理职能有进一步的理解，以培养学生的实践能力，并提高其学习兴趣。

同时，为突出重点，每章开篇都有"学习重点"，告诉读者在学习完本章后应掌握哪些要点，每一单元的标题指明了这些要点应掌握到什么程度，非常有助于读者在学习时将注意力集中在主要问题上。在每一章后面设有"小结"，它紧紧围绕"学习重点"来展开，旨在提醒读者从本章中学到了什么。开篇的"学习重点"和结尾的"小结"，一前一后，将每一章的重点勾勒得一览无遗。

4. 习题丰富，题型多样，既注重知识的巩固又注重实践和实训

本版在每一章的后面都安排有"练习题"，练习题分为"课内测试题"和"课外思考与实践题"。

"课内测试题"主要包括单项选择题、多项选择题、问答题和案例分析题等，题量丰富，便于读者巩固所学知识。

"课外思考与实践题"主要包括思考讨论题和实践题。这些题目需要读者综合运用所学过的管理学知识，在课堂的讨论或联系实际甚至进行一定的实践之后，才能回答。做完这些练习题，不仅能深刻地理解所学章节的内容，还能够运用它们去解决实际工作、生活中遇到的问题。

5. 方便教师教学

实行任务驱动式教学后，课时得不到保障是教师们最担心的问题之一。为方便教师开展教学，本书精心设计了每单元的工作任务，基本上将每单元所需教学课时安排在 1～2 学时。与此同时，我们还编有精致的教学课件和课后测试题参考答案，可免费提供给教师，可以极大地节约教师备课时间和精力，以提升教学质量和科研水平。

对于刚刚接触管理学的读者，完全不必担心自己的知识背景，深入浅出、通俗易懂的讲述足以使你在读完本书后顿感掌握了一些实用的管理知识。

本次修订，从理念的确定、方案的设计到最后的统稿，均由李海峰、张莹倾力负责。具体分工如下：第一、七～九章及附录部分由李海峰编写，第二章由李丽琴编写，第三～六章由张莹编写，第十～十一章由武永生编写。

电子课件和课内测试题参考答案（约 6 万字）由李海峰编写，需要者可发邮件至 llhhff0791@sina.com 索取。

由于编者水平有限，不足之处在所难免，敬请广大读者批评指教。欢迎发邮件至 llhhff0791@sina.com 与编者进行交流。

修订版前言

　　本书第一版自 2004 年 8 月出版发行以来，受到了广大读者的欢迎。正是在广大读者的关心下，我们发现原书的部分内容和文字表述还存在一些不足，为此，我们根据两年来的使用情况反馈和管理实践以及高职学生的变化，对原书进行了修订。

　　修订后的《简明管理学教程》（修订版），在保留原有第一版主要内容和特色的同时，还增加了部分内容，特色也更加鲜明。

保留的特色

　　第一版中受到广大读者赞誉的部分我们仍然保留了下来。

1. 内容精炼

　　在内容的取舍上，不求知识的系统性和完整性，而是根据高职经济管理类专业的学生到工作岗位所需的管理技能来选择教学内容，按照"是什么"、"做什么"、"如何做"的思路，坚持实用性、针对性的原则，以管理学的应知应会为切入点，理论知识以必需、够用为度，重点突出了基本理论的实际应用，将实际管理工作中经常用到的基本思想、基本原理和基本方法讲透。使读者学完之后就能用，用时就能用得上。

2. 形式活泼

　　在形式上，以案例开头，吸引读者的兴趣，并独具匠心地设计了遍布全书的"小提示"、"知识点"、"示例"、"重要概念"、"经典语录"、"补充说明"等主题，图文并茂，大大提高了本书的生动性、启发性和可操作性。

3. 突出育人理念和思维方式的训练

　　"人人都可成才"、"人人都是管理者"、"人人都是被管理者"是贯穿本书的理念。从这一观念出发，我们在教学内容，在主题框和练习题中有意将管理学的知识与大学生的学习与生活相结合，以提高学生对学习管理学这门课的重要性的认识，使之自觉从日常的学习、生活中培养自己的管理意识和能力。

新增的特色

1. 重点更加突出

我们将第一版中每章开篇的"本章重点"细化改为"学习目标",这样不仅告诉读者在学习完本章后应掌握哪些要点,还指明了这些要点应掌握到什么程度,非常有助于读者在学习时将注意力集中在主要问题上。

每一章后面的"本章小结"紧紧围绕"学习目标"来展开,旨在提醒读者从本章中学到了什么,它是一个围绕学习目标的简短总结。开篇的"学习目标",结尾的"本章小结",一前一后,将每一章的重点勾勒得一览无遗。

2. 增加了课堂讨论和实训

在每一章的后面,我们都安排有"本章练习题",这些练习题基本上无法从课本上找到现成的答案,它需要读者综合运用所学过的管理学知识,在课堂的讨论或联系实际甚至进行一定的实践之后,才能回答。其目的就是希望通过讨论和实训,加深读者对所学知识的理解程度。这些练习题,能表明读者不仅理解了本章的内容,而且能够运用它们去解决问题。

本次修订后的《简明管理学教程》,在第六章激励和第七章沟通两个章节中,尝试性地增加了一些管理实训内容,如第六章的动机练习,第七章的对指示的不服从与服从、聆听训练、下巴还是面额、固有的思维模式、人际沟通训练、单向交流和双向交流。在全书的最后我们还编写了一个针对管理职能的综合实训练习——纸飞机公司。这些课内实训环节,既能活跃课堂气氛,增加课堂效果,还有助于读者在教师(或培训师)的指导下对管理职能有进一步的理解。

而且,为了便于教学,我们把这些实训环节的讨论和总结并没有在教材中写出,而是在教学资料包中提供给教师。

3. 注重知识的巩固

我们在保留第一版练习题的同时,根据教材内容,增加了一个习题库,包括单项选择题、多项选择题、问答题和案例分析题。这些习题,我们也在教学资料包中提供给教师,教师可以根据讲课的具体情况从中挑选出来对学生进行知识的巩固和考核。

在内容上,我们也进行了修改、补充和完善,使新的教材在语言表达上更准确,在内容上重点突出,既方便教师授课,又方便学生学习。

修改的内容

修订版对原版中每一章开篇的案例全都进行了更换,更加贴近教学主题。除此之外,每一章均进行了一些修改:第一章,将管理技能中的"分析技能"改为"概念技能";第二章,删除了全球化与跨文化管理;将组织再造理论移至第四章；第三章，将原书第一版中有关计划重要性的描述改为计划的特点，删除了"计划工作的方法"；第四章，将第一版第三节中的"七、现代组织结构新潮流"与从第二章删除的组织再造理论合并，组成新的第四节"现代组织理论与结构新潮流"；第五章，对领导权变理论进行了修改，更加贴近实际，让学生更易于理解，删除了不成熟——成熟理论；第六章，对公平理论与期望理论的内涵表述进行了修改，将原书"第三节八种常用的激励方式和手段"改为"第四节十种奖励优良工作的方法"；第七章，删去了沟通的三种形式，将原来的"沟通要素"进行修改并调整为"沟通的过程"，将"第二节沟通渠道"改为"沟通的方向与网络"，第三节对有效沟通的障碍进行了修改；第八章，将"第三节控制的重点对象"改为"控制的内容"。

增加的内容

根据实际教学和管理实践的需要，我们在第二版中增加了部分内容，这些内容教师可以用于讲授，也可安排学生自学。主要增加的内容有：

第一章，增加了"管理的性质"一节，即有关管理二重性和管理的科学性与艺术性的内容；第二章，增加了 "Z 理论"、管理过程理论，知识管理和危机管理；第三章，重新增加了对计划重要性的描述，增加了"第二节 分析与预测"；第四章，增加了对组织职能作用的描述；第五章，补充了领导与管理、领导者与管理者的比较；第六章，增加了"管理培训实践"——动机练习，以及如何进行激励、十种需要奖励的行为等内容，并在原书"第四节 激励的基本技巧"的基础上增加"第五节 激励的误区与对策"；第七章，增加了对沟通含义的描述，增加了"管理培训实践"——对指示的不服从与服从、聆听训练、下巴还是面额、固有的思维模式、人际沟通训练、单向交流和双向交流等内容。

使用过本书第一版的读者将会发现，本书的基本结构保持不变，写作风格更加统一，提供的内容更加丰富多彩。

对于刚刚接触管理学的读者，你完全不必担心自己的知识背景，作者深入浅出、通俗易懂的笔触足以使你在读完本书后顿感掌握了一些有用的管理知识。

本书的编写和修订是在李鼎新教授的指导下完成的，其中，李海峰老师编写了第一、二、六、七章及附录部分，张莹老师编写了第三～五、八章。

为方便教学，李海峰老师编写了教学资料包（约 6 万字），内含电子课件、教学大纲、教学体会、习题、案例分析、管理实践实训内容、习题参考答案等，需要者可发邮件至 llhhff0791@sina.com 索取。

由于编者水平有限，纰漏和不当之处在所难免，敬请广大读者批评指教。欢迎发邮件至 llhhff0791@sina.com 与作者进行交流。

前　言

　　管理学是管理科学的一门基础课,该课程的教学旨在让学生树立现代管理的思想观念,掌握和运用管理学的基本原理和方法,提高自身的管理素质。本教材就是在上述思想的指导下编写的。全书具有以下特点。

　　1. 内容精练

　　根据本书使用对象,在内容的取舍上,不求知识的系统性和完整性,而是根据高职学生到工作岗位所需的管理技能来选择教学内容,按照“是什么”、“做什么”、“如何做”的思路,坚持实用性、针对性的原则,精练出管理的基本思想、基本原理和基本方法,将管理学中最基本、最核心的知识讲透、讲实。

　　2. 重点突出

　　全书每章开篇的“本章重点”,旨在告诉读者在学习完本章后应掌握哪些要点,有助于读者在学习时将注意力集中在主要问题上。每一章后面的“本章小结”,旨在提醒读者从本章中学到了什么,它是一个围绕学习重点的简短总结。开篇的“本章重点”,结尾的“本章小结”,一前一后,将每一章的重点勾勒得一览无遗。

　　3. 形式活泼

　　全书的编写人员均为教学工作者,因此,在语言上力求突出教学语言的简洁、通俗、精辟等特色。在形式上,以案例开头,吸引读者的兴趣,并独具匠心地设计了遍布全书的“小提示”、“知识点”、“示例”、“重要概念”、“经典语录”等主题,图文并茂,大大提高了本书的生动性、启发性和可操作性。

　　4. 注重知识的强化和实践训练

　　在每一章的后面,我们对这一章的重要知识点进行了小结,可令学生对管理学知识有深入的掌握。而且我们还结合重点编写了练习题,这些练习题有些是直接从该章的重点抽出的,如果读者学完并理解该章的内容,就应该能回答这些问题。另外,还有一部分练习题,无法从课本上找到现成的答案,它需要读者联系实际甚至进行一定的实践之后，再综合运用所学过的管理学知识才能回答。这些练习题，能表明读者不仅理解了本章的内容，而且能够运用它们去解决问题。在全书的最后还编写了一个针对管理职能的综合练习，有助于读者在教师（或培训师）的指导下对管理职能有进一步的理解。

5. 突出育人理念和思维方式的训练

"人人都可成才"、"人人都是管理者"、"人人都是被管理者"是贯穿本书的理念。从这一观念出发进行教学，在主题、练习题中有意将管理学的知识与大学生的学习与生活相结合，以提高学生对学习管理学这门课的重要性的认识，使之自觉从日常的学习、生活中培养自己的管理意识和能力。

全书共分八章，各章编写分工如下：第一章、第五章由张静编写，第二章、第八章由李海峰编写，第三章由张维编写，第四章由郝世屹编写，第六章由雷路编写，第七章由朱奇涵编写，每章后面的小结、练习题及最后的综合练习均由李海峰统一编写。李海峰硕士在李鼎新教授的指导下对全书进行了总撰，最后由李鼎新教授进行主审。

本书在编写过程中，参考了不少专家学者的研究成果，一并作为参考文献附于书后以示感谢。高燕云教授为此书撰写了简要的提纲，并提出了许多有价值的编写意见。同时，科学出版社为此书的编辑出版做了大量的组织工作，在此，也向他们一并表示衷心的感谢。

由于编者水平有限，加上出版时间仓促，所以书中难免有一些不足和疏漏，恳请各位读者和老师批评指正！

目 录

第二篇　计划职能篇

第三篇　组织职能篇

第四篇　领导职能篇

第一篇

管理概论篇

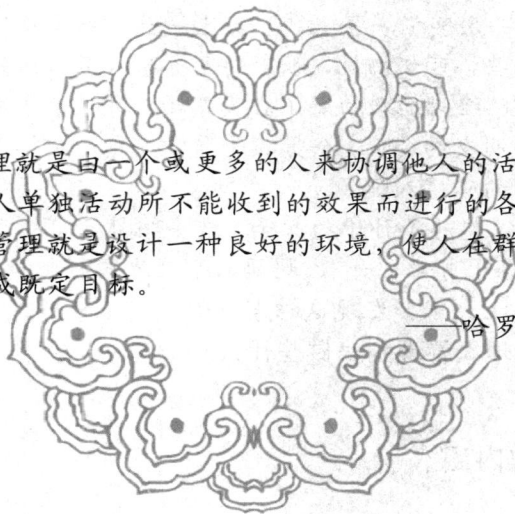

　　管理就是由一个或更多的人来协调他人的活动，以便收到个人单独活动所不能收到的效果而进行的各种活动。所以，管理就是设计一种良好的环境，使人在群体里高效率地完成既定目标。

——哈罗德·孔茨

第一章　管理与管理者

◆◇

❖ 学习重点 ❖

1. 管理的定义
2. 管理职能和管理者的角色
3. 管理技能

◆◇

第一单元　牢记管理的内涵与职能

案例导入

有一个男孩子第一次买了一条长裤，穿上一试，裤子长了一些。他请奶奶帮忙把裤子剪短一些，可奶奶说，眼下的家务事太多，让他去找妈妈。而妈妈回答他，今天她已经同别人约好了去买东西。男孩子又去找姐姐，但是姐姐马上就要去和男朋友约会。这个男孩子非常失望，但也只有带着担心明天穿不上这条新裤子的心情入睡了。

奶奶忙完家务事，想起了孙子的裤子，就去把裤子剪短了一点；姐姐回来后心疼弟弟，又把裤子剪短了一点；妈妈回来后也同样把裤子剪短了一点。可以想象，第二天早上大家会发现这种没有管理的活动所造成的恶果。

请问：什么是管理？管理到底做些什么？

知识点一：管理的内涵

要回答什么是管理，首先要分析一下组织的活动。

不难发现，当人们组成一个组织之后，组织中的活动基本上就可以分为两类，即作业活动与管理活动。

作业活动是直接服务于组织目标的业务活动，如工厂车间里的生产活动、学校的教学活动、医院的诊治活动等。组织是直接通过作业活动来完成组织目标的。然而，并非所有的作业活动都能按照组织目标的要求来进行，如果作业活动与组织目标的要求相差太大，那组织的目标就无法实现，组织就将不复存在。

因此，为了保证作业活动有序地朝向组织目标而进行，还需要进行专门的保证组织目标实现的活动，这就是管理活动。

那么，什么是管理呢？关于这个问题，实际上至今仍未有统一的说法，长期以来，许多中外学者从不同的角度出发，对管理给出了不同的解释。

我们综合国内外学者的观点，给管理下了一个比较通俗的定义：管理就是管理者在特定的环境下，为了有效地实现一定的目标，对其所能支配的各种资源进行计划、组织、领导和控制等一系列活动的过程。简单地讲，管理就是计划、组织、领导、控制一系列活动的过程。

对于这个过程，我们可以这样来理解。

1. 对什么进行计划、组织、领导、控制

对什么进行计划、组织、领导、控制也就是管理的对象（或客体）是什么，是完成活动所必须的各种资源。如人、财、物、信息、时间等，其中，人是最重要的资源，是管理的主要对象，所有的资源与活动都是以人为中心的。管理，最重要的是人的管理。

2. 为什么要对这些资源进行计划、组织、领导、控制

为什么要对这些资源进行计划、组织、领导、控制也就是管理的目的是什么，是为了有效地实现组织的目标。所有的管理行为，都是为实现目标服务的。世界上不存在无目标的管理，也不可能实现无目标的管理。有效指的是一切活动既要有效率，还要有效果。效率是指输入与输出的关系。管理就是要使资源成本最小化。然而，仅仅有效率是不够的，管理还必须使活动实现预定的目标，即追求活动的效果。在管理活动中效果与效率都很重要。

3. 由谁来对这些资源进行计划、组织、领导、控制

由谁来对这些资源进行计划、组织、领导、控制也就是管理的主体是什么，是管理者。配置资源、组织活动、推动整个系统运行、促进目标实现等所有这些管理行为都要靠管理者去实施。管理者是整个管理系统的驾驭者，是发挥系统功能，实现系统目标最关键的力量。

作为管理的主体，管理者既可以表现为单个管理者，又可以表现为管理者群体及其所构成的管理机构。

4. 不同的环境，能不能采用同样的管理方法

不同的环境显然不能采用同样的管理方法，即管理是在特定的环境下进行。管理环境是指实施管理过程中的各种内外部条件和因素的总和。管理行为依一定的环境而存在，并受到管理环境的影响。管理环境变了，意味着管理对象变了，因此，管理的方法也应该随之改变。

在管理的定义中，计划、组织、领导、控制是核心，因为实现目标的手段是计划、组织、领导和控制。也就是说，要实现管理目标，就必须实施计划、组织、领导、控制等管理行为与过程。因此，计划、组织、领导和控制是一切管理者在管理实践中都要履行的管理职能。

通过对管理定义的分析，不难发现，现代社会，处处离不开管理。

案例解析

案例中小男孩的裤子需要裁短这一事件就需要管理：必须有一个专人来安排由谁来裁、尺寸是多少。只有这样，才能保证小男孩穿上合适的裤子。

实际上，管理伴随着人类社会活动的产生而产生，又伴随着人类社会活动的发展而发展。

原始人在狩猎时，往往由一群人来捕杀一头猎物。这是由于他们认识到单个人没有这种能力，只有许多人同时从事这一活动，才能既保护自己，又捕杀到猎物。在这种情况下，需要大家配合行动，一些人举火把，一些人抛掷石块，还有一些人拿着木棒……组织这种相互配合的活动实际上就是管理，尽管当时他们还没有创造出"管理"这个词。

在公元前 5 000 年左右，古代埃及人建造了世界奇迹——大金字塔。据资料显示，大金字塔共耗用上万斤重的大石料 230 多万块，动用了 10 万人力，费时 20 年才得以建成。完成这样巨大的工程是非常艰难的，其中包含了大量的组织管理工作，例如，组织人力进行计划与设计，在没有先进工具的情况下，组织搬运，人力的合理分工等。

不难发现，自从有了人类就有了管理。因为人是社会动物，人们所从事的生产和社会活动都是集体进行的，要组织和协调集体活动就需要管理。任何集体活动都需要管理。在没有管理活动进行协调时，集体中每个成员的行动方向并不一定相同，甚至于可能相互抵触。即使目标一致，由于没有整体的配合，也达不到总体的目标。大到一个国家的治理、国民经济的发展、国家大政方针的制定，中到一个城市的规划建设，小到一个企业的兴办运营、一个项目的施工，甚至一个家庭的生活安排，都离不开管理这种活动。

你知道吗

MBA（工商管理硕士）是英文 master of business and administration 的缩写。在中国，MBA 已成为学子最为热衷的报考项目之一，攻读 MBA 是当今青年人跻身于重要工商管理岗位的一条途径。

知识点二：管理的职能

管理的职能就是管理者为了有效地管理所必须具备的功能，或者说管理者怎样进行管理，它包括管理者的基本职责和实施这些职责的程序或过程。

管理工作中应该具有多少种职能，国内外学者有着很多的说法，目前，管理学界普遍接受的观点是管理职能包括计划、组织、领导、控制。也就是说，任何管理者，为了实现目标、实施有效的管理，都要履行计划、组织、领导、控制的职能。

（一）计划

通常认为，计划是管理的首要职能，是"制定目标并确定为达成这些目标所必需的行动"，是管理者为实现组织目标对工作所进行的筹划活动。也就是为未来的组织活动确定目标，并为实现这一目标预先决定为什么做、做什么以及如何去做的这么一个工作过程。

计划职能一般包括三个方面的内容，即预测、确定目标和决策。

任何管理者都有计划职能，而且，要想将工作做好，无论大事小事都不可能缺少事先的筹划。

（二）组织

制定出切实可行的计划后，就要组织必要的人力和资源去执行既定的计划，也就是要进行组织。组织职能是"确定所要完成的任务、由谁来完成任务以及如何协调这些任务的过程"，是为了有效地实现计划所确定的目标而在组织中进行部门划分、权力分配和工作协调的过程，也就是明确为了实现目标和计划需要完成哪些任务，为了完成这些任务需要设置哪些部门、哪些岗位，每个部门和岗位的职责、职权分别是什么，不同的部门、不同的岗位之间有什么关系。

组织职能一般包括设计与建立组织结构、合理分配职权与职责、选拔与配置人员、推进组织的协调与变革等。

合理、高效的组织结构是实施管理、实现目标的组织保证。因此，不同层次不同类型的管理者总是或多或少地承担不同性质的组织职能。

（三）领导

人是组织活动中唯一具有能动性的因素。管理的领导职能就是"激励和引导组织成员以使他们为实现组织目标做贡献"，也就是管理者利用职权和威信施展影响、激励下属，调动他们的积极性和能力，指导他们的活动，推动他们的工作，协调他们的行为，解决他们之间的冲突，选择有效的沟道渠道以及营造良好的组织氛围等。

领导职能一般包括选择正确的领导方式，运用权威实施指挥，激励下级调动其积极性，进行有效沟通协调下属行为。

凡是有下级的管理者都要履行领导职能，不同层次、类型的管理者领导职能的内容及侧重点各不相同。只有通过卓有成效的领导，组织的目标才有可能实现。

（四）控制

在实现目标和计划的过程中，总会出现意想不到的事情，使得实践活动偏离原来的计划或目标。这是因为制定目标时不可能考虑得十全十美，而且环境的变化有时无法预测和把握，或者在执行时总是会有这样那样的岔子。为了保证事情按照既定的计划进行，保证既定目标的实现，就必须对实际工作进行监控、比较和纠正，使实际与目标保持一致，这就是控制。也就是说，控制职能就是管理者为保证实际工作与目标一致而进行的活动。

控制职能一般包括制定控制标准、衡量工作成效、采取有效的措施纠正偏差等一系列工作过程。

工作失去控制就要偏离目标，没有控制就很难保证目标的实现，因此，控制是管理者必不可少的职能。当然，不同层次、不同类型的管理者控制的重点内容和控制方式是不同的。

小提示

控制的诀窍是在一切顺利的时候，根本不必行动；但在不正常时，就应该尽早察觉，尽快采取应对行动。

管理的四个职能各有自己独特的表现形式。例如，计划职能通过计划的制定表现出来，组织职能通过组织结构的设计和人员的配备表现出来，领导职能通过领导者与被领导者之间的关系表现出来，控制职能通过偏差的识别和纠正表现出来。

提问

以下活动体现了管理的什么职能？

1）学校组织人马于开学初对食堂卫生进行大检查，及时发现并解决存在的卫生问题。

2）公司领导班子共议"五年规划"。

3）公司制订从总经理到基层员工全部岗位的岗位职责。

4）公司总经理在大会上鼓励新聘员工要"爱岗敬业"。

但是，管理的四个职能之间不是孤立的，而是相互联系的，管理正是通过计划、组织、领导和控制这四个基本过程来展开和实施的。为了做好组织的各项工作，管理者首先要根据组织内外部环境条件，确立组织目标并制定出相应的行动方案。目标明确之后，就要组织力量去完成，进行组织工作；由于目标的完成有赖于组织成员的共同努力，为了充分调动组织成员的积极性，在目标确定、计划落实下去以后，管理者还要加强领导工作；在设立目标、形成计划、建立组织、培训和激励员工以后，各种偏差仍有可能出现，为纠正偏差，确保各项工作的顺利进行，管理者还必须对整个活动过程进行控制。管理就是这样一个不断循环的过程，如图1.1所示。

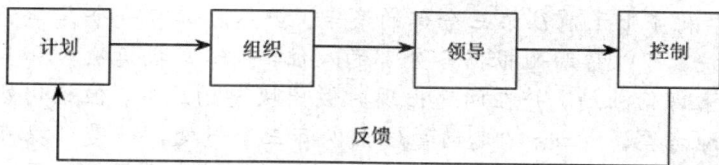

图 1.1　管理基本过程示意

第二单元　了解管理者扮演的角色

案例导入

　　李莉是某市有名的女强人，典型的职业女性，今年46岁，担任某宾馆的总经理已经10年了，在此期间，她曾四次被评为全省"三八红旗手"，多次被评为省级劳动模范。该宾馆为商务和旅游旅行者提供高质量的旅馆服务，现在该宾馆拥有150名员工，4个部门，每年上缴国家利税2 000多万元。

　　李莉信奉"业精于勤"这四个字。2004年3月12日这一天，她早上5:00起床，穿衣，洗脸，化妆，吃饭。5:30上路，16分钟后到办公室里。坐下后开始浏览桌上的报纸，今天的日程已经安排好了：6:00准时召开高层领导班子碰头会；上午视察第三分部；下午写一篇十分钟的演讲稿子，以便在明天的旅游业协会上致辞。

　　现在是5:50，报纸上没什么可看的，李莉不禁联想到自己刚到宾馆的时候：那时刚高中毕业就被安排到这里，一开始是服务员，每天迎接客人、登记业务、搬运行李、打扫卫生等。5年后，由于工作认真负责、服务热情周到，被选为领班。2年后升为前厅经理，28岁后结婚生子，32岁当上了副经理，原以为这辈子与大学无缘了，在孩子4岁那年却有机会到北京某管理学院经理班学习了一年，虽说抛家舍业，但这一年太重要了，要不就不会有今天的成就……

　　（敲门声）李莉的思绪被打断了，一看表，5:58。原定高层领导班子碰头会时间到了。会议的议题是由运营副总经理汇报TQM（total quality management，全面质量管理）计划的进展情况；讨论年度资金预算情况；解决第二分部春节期间由于供热系统出现问题而引起的顾客投诉；如何针对今年的"五一黄金周"做广告来提高宾馆的收入。李莉对会议的内容和结果基本满意，因为大家发言踊跃，对备选的解决方案准备得都很充分。会议用了1小时20分钟。

　　7:30，公司雷打不动的早操、早歌时间，"一日之计在于晨"，李莉认为这是企业文化的一项重要内容，早操锻炼身体、早歌凝聚人心。10年来，她基本上就是利用这个时间和这种形式激励员工，使每位员工一天都有好心情和奋斗力。她也以身作则，带领大家不断向前进步。

7:50，李莉登上了前往第三分部的汽车。虽然总部有一个复杂的计算机决策支持系统，可以帮助她根据各分部的入住率、客户投诉次数和其他的服务质量指标来评估业绩，并在问题出现时做出快速的反应，但她仍然坚持每月一次的实地考察。她说："走动管理至少有三个好处，一是可以直接获得计算机不能提供的、更可靠的信息，有时这些信息非常重要；二是可以激励员工，振奋人心；三是可以拉近与顾客的距离，使我更加准确地知道他们想要什么样的服务。"

8:40，到达目的地，她走访了每一位员工及一些顾客，与他们进行了亲切的交谈，对于他们提供的一些问题，她都记录在笔记本上，以备改进。后来又看了每一处地方，如餐厅、客房、游艺厅等。

11:30，视察结束，简单的工作午餐后，于 13:00 回到办公室。沏上咖啡后，铺开稿纸，准备写讲稿。

13:30，秘书进来告诉她说某装饰公司的胡经理来了。李莉想公司是胡经理的老客户，以前胡经理对公司非常优惠，装修质量也不错，但最近装饰材料价格上涨，公司若按以前的报价，胡经理肯定不会承揽即将进行的总部翻新工程。翻新工程不大不小，领导班子决定预算在 30 万元，假如胡经理不同意这个价格，公司将在全市公开招标，她知道毕竟他们也不想失去老客户。

15:00，送走胡经理后，李莉的注意力又回到了讲稿上。

16:00，讲稿完成。

李莉喜欢像今天这样紧张而有序的日子，她觉得这样才过得充实、有意义。每当总结一天的情况，进而看到公司在一天天的发展壮大，李莉浑身的疲惫就会烟消云散，取而代之的是全身的兴奋和喜悦之情。

请回答：什么样的人是管理者？李莉是不是管理者？她在一天的活动中是怎样体现她的管理者身份的？

知识点一：管理者及其类型

要弄清楚管理者如何履行自己的职能，首先要分析一下组织中的人员。

与组织中作业活动和管理活动相对应，组织中的人也可以分为两类，即操作者和管理者。

（一）操作者

操作者指的是那些直接从事某项工作或任务，不具有监督其他人工作的职责的人，即具体的工作人员。如学校讲台上的教师、汽车装配线上的工人、保险公司的保险推销员、医院的医生等，他们只要干好自己的工作就可以，不需要对别人的工作负责。

（二）管理者

管理者指的是组织中那些指挥别人活动的人或对他人的工作负有责任

的人，即从事管理活动的人。如车间主任、部门经理、公司副总经理等。这些人在组织中有下级，他们的工作拥有一个共同的特征：都是通过别人来实现组织的目标，并使组织的活动得以更有效的完成。

相比较，操作者只对自己的工作负责，而管理者还要对他的下属的工作成果负责。

📖 **补充说明**

有些人在组织中的地位很高，但是他们不指挥别人，没有自己的下级，这些人就不能称为管理者（如企业的法律顾问，管理咨询专家等）。有些人地位并不高如车间工头，但他们却是地地道道的管理者，他们有下级，并且要对其下级的工作成果负责。

（三）管理者的类型

在一个组织中，管理者一般划分为基层管理者、中层管理者和高层管理者，如图 1.2 所示。

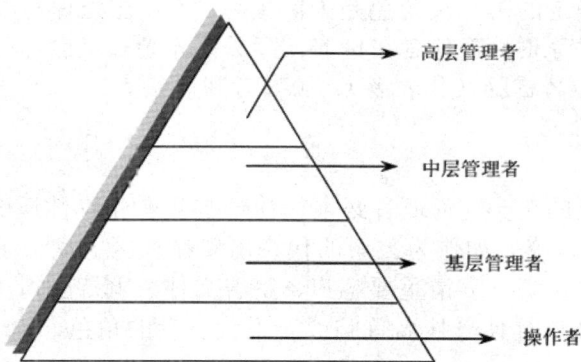

图 1.2　组织人员分类示意

基层管理者直接接触基层操作者，在工厂里常被称为班组长、车间主任；在学校里面，他们的头衔有教研室主任、学生科科长等；在餐饮服务行业，他们又被称为领班。中层管理者常常拥有项目经理、地区经理、系主任、部门经理、科室主任等头衔。高层管理者的头衔通常诸如总裁、副总裁、首席执行官（chief executive officer，CEO）、经理、总监等。

有两点必须注意：

1）有时管理者也从事具体的作业活动。例如，医院一个部门的管理者可能还是一名主治医师；系主任，既要指挥其他老师的工作，也可能承担一部分教学工作；车间主任，既要指挥工人的工作，自己也要参与车间的活动；再如业务经理，既要指挥其他业务员，也要承担一部分业务工作。

2）尽管任何组织无论层次高低，都要履行计划、组织、领导、控制这四大职能，但是，不同组织、不同管理层次、不同管理类型的管理者，在具体履行管理职能时，存在着很大的差异。例如，高层管理者由于侧重于宏观管理，因此，较为关注计划和组织职能，而基层管理者则因具体业务的需要，可能更重视领导和控制职能。即使对同一管理职能，不同层次的管理者关注的重点也不同。例如，对计划职能，高层管理者更重视长远、指导性的战略计划；而基层管理者则只安排短期、具体的作业计划。

知识点二：管理者的角色

管理者合格与否很大程度上取决于前节所述四大职能的履行情况。为了有效履行这些职能，管理者必须明确自己要扮演哪些角色？也就是说，管理者通过扮演不同的角色来履行管理职能。那管理者的角色有哪些呢？

根据加拿大管理学家亨利·明茨伯格（Henry Mintzberg）的一项被广泛引用的研究，管理者分别在人际关系、信息、决策等三个方面扮演着 10 种角色。

（一）人际关系角色

明茨伯格所确定的第一类角色是人际关系角色。在处理与组织成员和其他利益相关者的关系时，管理者在扮演人际关系角色。管理者所扮演的三种人际关系角色是挂名首脑（代表者）、领导者和联络者。

1. 挂名首脑

作为所在单位的头头，管理者必须行使一些具有礼仪性质的职责，履行法律、社会性例行义务。如作为公司的代表出现在社区的聚会上或参加各种社会活动、迎接来访者、宴请重要客户、签署文件、主持公司庆典等，在这样做的时候，管理者行使着挂名首脑或者说代表者的角色。

2. 领导者

由于管理者对所在单位的成败负重要责任，因此，他们必须在工作小组内扮演领导者角色。对这种角色而言，管理者主要是雇佣、培训、激励和惩戒员工。如带头参加集体活动为员工树立榜样、对下属发布指令、做出人事决定等。

3. 联络者

管理者无论是在与组织内的个人和工作小组一起工作时，还是在与外部利益相关者建立良好关系时，都扮演着联络者的角色。如协调不同部门管理者的工作、与其他组织建立同盟。管理者必须对重要的组织问题有敏锐的洞察力，从而能够在组织内外建立关系和网络。

（二）信息角色

明茨伯格所确定的第二类管理者角色是信息角色，指的是所有管理者在某种程度上，都要从外部的组织或机构接受和收集信息。在信息角色中，管理者既是所在单位的信息传递中心，也是组织内其他工作小组的信息传递渠道，管理者负责确保和其一起工作的人员具有足够的信息，从而能够顺利完成工作。管理者所扮演的信息角色包括三种，即监听者、传播者、发言人。

1. 监听者

管理者首先必须扮演的一种信息角色是监听者角色，也就是寻求和获取特定的信息，了解组织和环境的变化。如阅读报刊、与他人谈话、通过考察获取信息等。根据这些信息，管理者可以识别组织的潜在机会和威胁，从而做出正确的决策。

2. 传播者

传播者就是管理者把他们作为信息监听者所获取的大量信息分配出去：把外部的信息传播给组织，把内部的信息从一位下属传播给另一位下属。如举行碰头会、用各种方式传达信息。作为传播者，管理者把重要信息传递给组织成员，有时也会隐藏特定的信息，更重要的是管理者必须保证员工具有必要的信息，以便切实有效完成工作。

3. 发言人

管理者所扮演的最后一种信息角色是发言人角色。管理者必须把信息传递给单位或组织以外的人，也就是向外界发布本部门公开的信息情报。如通过工作报告向董事和股东说明组织的财务状况和战略方向，通过新闻发布会、演讲向消费者说明组织在切实履行社会义务，让政府官员对组织的遵守法律感到满意等。

（三）决策角色

最后，管理者还起着决策者的作用。管理者扮演决策角色与其所从事的战略规划、资源分配等工作密切相关。在决策角色中，管理者处理信息并得出结论。如果信息不用于组织的决策，这种信息就丧失其应有的价值。管理者负责做出组织决策，让组织成员按照既定的路线行事，并分配资源以保证组织计划的实施。管理者扮演着四种决策角色，即企业家、混乱驾驭者、资源分配者、谈判者。

1. 企业家

管理者所扮演的第一种决策角色是企业家角色。在前述的监听者角色中，管理者密切关注组织内外环境的变化和事态的发展，以便发现机会。作为企业家，管理者要利用发现的机会，如开发新产品、提供新服务或发明新工艺等。作为企业家，管理者还需不断提出新思路、新方法来改进组织绩效。如制定战略、检查决议执行情况等。

2. 混乱驾驭者

管理者所扮演的第二种决策角色是混乱驾驭者（或干扰对付者）角色。一个组织不管被管理得多好，它在运行的过程中，总会遇到或多或少的冲突或问题。管理者必须善于处理冲突或解决那些未预料到的问题，如平息客户的怒气，或者对员工之间的争端进行调解，处理突发事件等。

3. 资源分配者

作为资源分配者，管理者决定组织资源用于哪些项目。尽管我们一想到资源，就会想到财力资源或设备，但其他类型的重要资源（如人、信息、时间、权力等）也被分配给项目。例如，对管理者的时间来说，当管理者选择把时间花在这个项目而不是那个项目上时，他（或她）实际上是在分配一种资源。除时间以外，信息也是一种重要资源，管理者是否在信息获取上为他人提供便利，通常决定着项目的成败。

4. 谈判者

管理者所扮演的最后一种决策角色是谈判者角色。对所有层次管理工作的研究表明，管理者把大量的时间花费在谈判上。管理者的谈判对象包括员工、供应商、客户和其他工作小组。无论是何种工作小组，其管理者都需进行必要的谈判工作，以确保小组朝着组织目标迈进。如与上级讨价还价、与下级谈工作条件和目标、与供应商谈价格、与合作伙伴谈合作条件和收益分配等。

◆ 案例解析

"案例导入"中的李莉在一天的活动中通过扮演以下角色来履行管理职能：
5:46 到办公室后开始浏览桌上的报纸——监听者角色；
6:00 召开高层领导班子碰头会——传播者角色；
7:30 参加公司雷打不动的早操、早歌——领导者角色；
7:50 登上前往第三分部的汽车，进行实地考察，获取信息、激励员工、拉近与顾客的距离——监听者角色、领导者角色和联络者角色；
13:00 准备讲稿——发言人角色；
13:30 接见某装饰公司的胡经理——挂名首脑、谈判者角色。

第三单元 掌握管理者必备的素质与技能

◆ 案例导入

学工商企业管理专业的小郭大学毕业就到某机电公司工作，公司给他安排的工作是液压装配车间主任助理，负责车间的质检和监督工作。由于对液压装配所知甚少，在管理上也没有实际经验，所以他感到几乎每天都手忙脚乱。可是他非常认真好学，一方面，他仔细参阅部门所订的工作手册，并努力向书本、向工人师傅们学习有关的技术知识；另一方面，车间主任也对他主动指点，使他逐渐摆脱困境，胜任了工作。经过半年多的努力，他已有能力独担液压装配的车间主任工作。可是，当时公司并没有提升他为车间主任，而是在他工作刚满八个月的时候直接提拔为装备部经理，负责包括液压装配在内的四个装配车间的领导工作。

他当车间主任助理，主要关心的是每天的作业管理，技术性很强；而当装配部经理时，他发现自己不能只关心当天的装配工作状况，他还得做出此后数周乃至数月的规划，还要完成许多报告和参加许多会议，还必须协调处理四个装配车间之间的关系。他没有多少时间去从事他过去喜欢的技术工作。当上装配部经理后不久，他就发现原有的装配工作手册已基本过时了，因为公司又安装了许多新的设备，引入了一些新的技术，于是，他又花了大量时间去修订工作手册，使之符合实际。在往后的工作中，他发现，仅仅靠个人的力量不够，因为车间的工艺设备经常更新，于是，他开始把一些工作交给助手去做，教他们如何去完成，这样，他可以腾出更多的时间用于规划工作和帮助他的下属把工作做得更好，以花更多的时间去参加会议、批准报告和完成自己向上级的工作报告。

两年后，公司决定任命小郭为总裁助理，这是一个高级的职务。他知道，职位的提升，意味着对自己的能力提出了更高的要求，他不禁担忧起来，自己的未来究竟会如何？

请问：小郭职务的变化对其管理技能的要求发生了怎样的变化？总裁助理对小郭的哪些能力提出了更高的要求？

案例告诉我们，不是所有的管理者都能成为一个合格的管理者，管理者在履行管理职能、扮演管理角色的过程中，必须具备相应的素质与技能。案例中的小郭就是在不同的管理岗位上获得了相应的技能才胜任工作并得到提升的。

那管理者必须具备的素质和技能有哪些呢？

知识点一：管理者必备的素质

许多现象表明，管理者至少应具备以下九个方面的素质。

（一）责任感

联合国教科文组织（United Nations Educational, Scientific and Cultural Organization）曾经指出，现代人才必备基本素质是责任心与爱国。这表明，一个普通的人缺失了责任感都将遭到舆论的谴责，一个既要对自己的工作负责又要对他人工作结果负责的管理者，其责任感就更不能缺失了。

现在，到处弥漫着信用与责任机制的松懈、失落乃至崩溃的危机，这反映在行业、企业、部门及作为其基本构成的公民信用和责任机制的松懈，说话不守信用，游戏不讲规则，短期行为与投机心理比比皆是，热衷于浮夸和泡沫式的繁荣，因而诚实、认真和守信显得格外珍贵。无论是国企、非公有制企业，其管理者的责任感有无与强弱都是关系到是否能在其企业供职的首要条件。

有责任感就是要讲信用、守规则、勇于承担责任和风险，关心他人。具体判别可从一些小事去观察，例如，是否关心其家人，是否守时，是否在用人上主观性随意性太强，是否对离开的员工予以否定性评价，是否自觉约束自己的言行以及减少对他人的不利影响等。一旦发现有这些缺陷，就应该努力去改变。

（二）紧迫感

紧迫感主要是考察其在如今竞争日趋激烈的时代是否能当机立断，表现出一个真正企业管理者独有的魅力。

紧迫感反映的是一个人是否具有适应时代变化的素质。当今社会，知识和信息的变化异常迅速，一个管理者，只有顺应并紧跟这种变化，做到与时俱进，才能不被时代所淘汰。

（三）成熟的独立人格

有些人在心理上有心智发育不全的表现，常背后议论他人的是非，还有的人凡事没有自己的主见，其决断主要取决于谁在其身旁，而别人对其决断产生怀疑时，又对后者的建议予以采纳。

成熟的独立人格表现在幽默乐观、积极进取、宽宏大度，能接受不同的意见和建议，勇于开展批评和自我批评，不在背后议论他人是非。

（四）价值观

价值观是一个人看待奉献与索取关系的基本观点与态度的总和。一个管理者如何看待个人得失、个人在集体中的作用，对集体的关爱，是否重视在企业和团队中建立理性而科学的价值观，将决定着企业是否具有凝聚力和向心力。

一个合格的管理者，总是将自己的价值观融入组织的价值观，并引导组织成员为了实现组织的目标而团结一致。

（五）放权

能否按现代企业管理制度的要求合理放权，也是领导能力是否到位的标准。

事必躬亲，是不信任下属的表现，也不是管理者应有的行为。一个合格的管理者，应该根据任务将部分权力下放，充分调动下属的积极性。

（六）远见与自信

只见眼前，不计长远，可谓浮躁与短见。人无远虑，必有近忧！在当今市场竞争中，管理者必须具有做长期规划和发展战略的能力，也就是要关注环境变化、把握大局、高瞻远瞩，做出准确预测和决策，只有这样，才能有企业的长远发展。

有远见实际上还是一种自信的表现。管理者要充满自信，一个自信心不足的管理者，是很难赢得下属的追随的。当然，自信不能自负，自负就会目中无人。

📥 **小提示**

管理者的成功之道：

1）态度——自主、积极、有信心的工作态度。
2）目标——集中精力于组织目标的达成。
3）行动——面对目标积极思考、规划和努力工作的行动。

（七）自控

面对各种诱惑，管理者能否有效地自我控制，意味着能否使企业或团队正常生存发展。放任自己的情绪在工作场合蔓延，造成对周围员工的不良影响，是很不恰当的。这就需要管理者能够控制自己的心情、情绪、欲望，能够学会换位思考、体谅别人，只有这样，才能创造一个和谐的氛围，才能团结一致，共谋发展。要知道，"万事如意"从来都是祝福语！如果每个人都按自己的意愿去处理事情，这个社会就不再称之为社会了。

（八）自我超越

如果抱残守缺、不思进取，这样的组织只能孕育惰性十足的习性，因为谁也不愿意在一个成天彼此板着面孔的场合中工作。因此，管理者一定还要能够追求上进、推陈出新。

（九）自我认识与管理

如今，有许多管理者把自己的成功扩大化，认为自己是楷模，这属于自我认识上的不当。认识到成功的局限性，并对自我加以适当的管理，才是进一步成功的必要条件。也就是说，自我认识，不仅要认识自己的优点，还要认识自己的缺点与不足，这样，才能与共事的组织成员取长补短。

📖 **补充说明**

要扮演好人际关系角色，管理者要具备一定的人格魅力，要注意形象、善于沟通。

要扮演好信息角色，管理者的思维要敏锐，要善于捕捉信息、表达能力要强。

要扮演好决策角色，管理者要善于放权，要有远见，能够自我控制，临危不乱，当然也要善于沟通。

知识点二：管理者必备的技能

每一种职业都有它所要求的最基本的技能，作为管理者也不例外。管理者的基本技能是指管理者把各种管理知识和业务知识用于实践中所表现出来的能力。美国学者罗伯特·卡茨（Robert Katz）指出，无论是哪一层次的管理者，都必须具备三项基本技能，即技术技能、人际技能和概念技能。

（一）技术技能

技术技能又称业务技能，是指运用所管理的专业领域中具体的知识、工具或技巧的能力。如厨师做菜的手艺；会计人员做账、查账的本领；中医号脉的能力；记者采访与撰稿的能力；营销人员市场研究和销售技能；文秘处理文档资料的本领等。

示例

有个小故事是这么讲的：有一个木匠，拥有一把锐利的斧头与惊人的体力，一天可以砍下 20 棵以上的树，但慢慢地，他工作时间越来越长，所砍的树却愈来愈少。他的朋友不忍心他日夜不停地砍树，建议他说："把斧头磨锋利一些再继续砍树吧！"他说："我哪有时间磨斧头，我正忙着砍树呢！"

故事告诉我们：没有结果的努力总是白费功夫和力气，休息是为了走更远的路。花点时间把斧头磨锋利，正如花点时间来学习新的技能一样，那是绝对值得的。

作为一名管理者虽然不用事必躬亲地去从事每一项作业活动，但是这并不等于他不需要了解下面在做什么。也就是说，作为管理者，不一定成为某个专业领域中的专家，但必须懂行。很难想象一个不懂财务会计的财务主管怎么能管理、指导下面的人员工作——下属做假账欺骗他，他都不知道。因此，管理人员必须掌握此领域内最主要、最基本的知识。我们的专业课学习，实际上就是帮助我们掌握技术技能——既有助于找到合适的工作，又有助于成为管理者。

（二）人际技能

人际技能又称人际关系技能，是指成功地与别人打交道并与别人进行沟通与合作的能力。具体表现为能很好地处理和协调组织内外的人际关系，与他人进行有效的沟通并能时常激励别人的工作积极性与创造性。

　　人际技能可能是一个管理者最为重要的技能。前面我们讲过，管理者就是要通过别人的活动来更有效地完成组织的共同目标，如果什么事情管理者都是自己来完成的话，那就不需要什么人际技能了。而组织中每一个人都有自己的头脑、需要、动机、个性、态度、价值观，如何保证他们都乐意听从你的召唤和指挥，这的确是一门艺术。中国有句老话叫做"朋友多了路好走"，虽然管理者不需要和组织中的每一个人都交朋友，但最起码你得能赢得别人对你的尊重和理解。

　　美国学者弗雷德·卢桑斯（Fred Luthans）曾经考察研究了 450 多位管理者，总结他们日常活动，发现成功的管理者用在人际沟通、人力资源管理和人际交往上的时间占其工作时间的 81%，这项研究结果给我们的启示就是人际技能的重要性。你想成功吗？没有处理人际关系的能力那就太难了。一名管理者由其工作的性质决定了他要和他的上级、下级、本部门的同事、其他部门的同事，甚至是组织外部的上下左右形形色色的人打交道，没有一点人际技能恐怕是干不来的。

（三）概念技能

　　概念技能是指管理者观察、理解和处理各种全局性的复杂关系时的抽象思维能力，也就是从宏观上对事物的抽象分析、判断、洞察、概括能力。

　　具备较高概念技能的管理者能够迅速地从纷繁复杂的动态局势中抓住问题的关键和实质，并能迅速地采取果断措施解决问题。具备概念技能的管理者还会将组织视为一个整体，了解组织内部各部门如何相互作用，了解组织与环境如何互动，了解自己所属部门在整个组织的分工协作体系中处于什么样的地位，而不是单纯地从本部门的角度去考虑问题。

📖 **补充说明**

　　除了上述技能外，对于管理者，尤其是高层管理者还应发展一些属于自己的管理哲学，如肚量大一点，眼光远一点，心胸开阔一点，尊重多一点等。

（四）管理层次与管理技能的关系

　　无论哪个层次的管理者，都必须同时具备技术技能、人际技能和概念技能。这是因为：任何一个管理者，他都必须与人打交道，必须善于调动别人的积极性来实现组织目标，因此，必须具备与人打交道的能力——人际技能；同时，作为管理者，他还必须熟悉他所管理的业务，否则无法指导、监督别人，也就是说他还必须具备一定的业务能力——技术技能；当然，作为一个管理者，他还必须站在比较高的高度看待问题，从而指导迷在局内的其他人，所以还必须具备宏观把握全局的能力——概念技能。

　　然而，不同层次的管理者，虽然在本质上讲他们从事的工作都是管理工作，但是由于他们所处的具体层次、职位不同，其工作的重点也就不同，因此，对技能的要求也就有所不同，如图 1.3 所示。

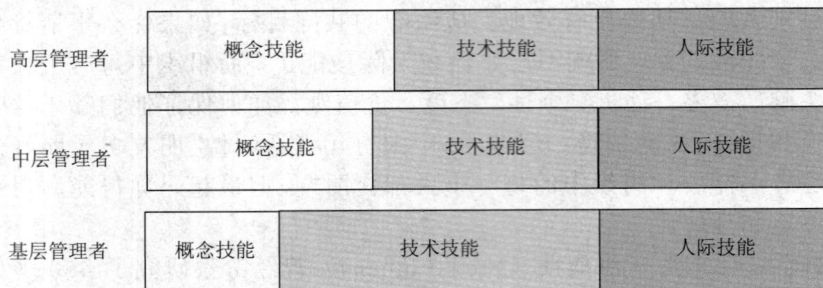

高层管理者	概念技能	技术技能	人际技能
中层管理者	概念技能	技术技能	人际技能
基层管理者	概念技能	技术技能	人际技能

图 1.3 各种层次的管理者所需要的管理技能比例示意

1. 基层管理者——技术技能最重要

基层管理者由于工作在第一线，他们的工作直接面向操作者，这就要求他们对业务本身有很好的掌握；否则，他们根本无法对作业人员的工作予以指导和监督。另外，由于他们的工作对象以及信息主要来自组织内部，其面临的工作具有例常性，大部分可以按照事先制定好的程序、规则来解决，这就决定了概念技能对他们来讲相对不是那么重要。

2. 高层管理者——概念技能尤为重要

高层管理者作为整个组织的舵手，其任务主要是确定组织的发展战略，他们处理的信息多来源于组织外部，他们要更多地考虑组织与外部环境之间的关系，并从宏观上把握整个组织的协调运行，这些都要求高层管理者必须具备很强的概念技能。

3. 中层管理者——三种技能要求比较平均

因为中层管理者处在一个承上启下的位置，它既要面对高层管理者，又要面对基层管理者；他们所处理的信息既有组织内部的，又有组织外部的；他们既是高层管理者的下属，又是基层管理者的上级，这就决定了他们既要具备概念技能，又要具备技术技能。

4. 所有管理者——人际技能都很重要

参考图 1.3，大家可能发现了，不论哪个层次的管理者对人际技能的掌握都是一样重要的。这是因为，作为管理者他们都要通过别人的努力来完成组织的任务，他们都要获得别人的支持。这一点对不同层次的管理者来讲是共同的。

案例解析

"案例导入"中的小郭从车间主任助理到总裁助理，对所需技能的要求是如此变化的：

担任车间主任助理时，是基层管理者，因此，最重要的管理技能应该是技术技能——车间的质检和监督工作能力。为了获得这一技能，一方面他仔细参阅部门所订的工作手册，并努力向书本、工人师傅们学习有关的技术知识；另一方面，车间主任也对他主动指点，使他逐渐摆脱困境，胜任了工作。

小郭担任装配部经理成为中层管理者后，所需的管理技能与过去相比，概念技能显得比以前重要了，而且，人际技能和技术技能也必不可少（中层管理者，三种技能的要求比较均匀，但与基层管理者相比，技术技能要求有所下降，概念技能的要求则有所提高）。为了适应这些变化，他开始把一些工作交给助手去做，教他们如何去完成，这样，他可以腾出更多的时间用于规划工作和帮助他的下属把工作做得更好，以花更多的时间去参加会议、批准报告和完成自己向上级的工作报告。

总裁助理是高层管理者，因此，概念技能最重要，人际技能也必不可少，这些技能对小郭的要求必然比以前高了许多，因此，小郭只有补上这些技能才能使公司取得更好的绩效。

拓展知识：做一名正直的管理者

管理人员的管理对象涉及人，而人是一种独一无二的特殊资源，它要求使用它的人有特殊的品质。对人"进行工作"意味着培养人，这种培养方向决定了一个人最终是更富有活力，还是完全失去活力。管理人员是否按正确的方向来培养下属，是否帮助他们成长为更高大、更丰富的人，将直接决定他本人能否得到发展，是成长还是萎缩、是进步还是退步、是更丰富还是更贫乏。

人们可以学会对人进行管理的某些技巧，如主持会议或进行谈话的技巧，也可制定一些有助于培养人的方法。但是即使这些你都已经会了、已经说了或已经做了，为了培养人，管理人员还需要一种基本品质，这就是要求管理人员必须有正直的品格。一个管理人员如果缺少这种品质，无论他多么善于与人处好关系、多么和蔼可亲、多么能干和有才华，他也不合适做一个管理人员。管理人员无法从别处获得但却必须具备的，不是天才，而是正直的品格。

只有正直的管理者才能培养正直的下属，正直是管理人员乃至做人的基本品质。当然，正直不等于只讲原则而不讲灵活性。

结束语： 作为一个大学生，毕业后踏上工作岗位，不是从事管理工作就是接受管理，这一现象表明学习管理学是必要的。虽然所有学过管理学的人未必将来都能当上管理人员，但是不论怎样，学了管理学对今后的工作和生活肯定会有所帮助：缺乏对管理原理和方法的深刻领会，要在管理上获得成功，是难免要落空的。即使不当管理人员，在一个组织中工作，管理知识能使你对你上司的行为和工作方式有一个更深的领悟,并对组织的内部工作有更多的了解。这就是如今许多高校都把"管理学"作为通识教育必修课程之一的原因。当然,如果是经济管理类专业的学生,"管理学"必然还是一门专业基础课,是学习专业课程的前提和基础。

最后,必须指出:学习管理一定不能局限于课本和课堂,因为管理的艺术性决定了管理必须通过实践才能取得成效。因此,我们必须不断地将课堂中学到的管理原理应用于实际,或是带着实际问题来学习管理学。

小　结

1. 管理就是管理者在特定的环境下,为了有效地实现一定的目标,对其所能支配的各种资源进行计划、组织、领导和控制等一系列活动的过程。管理的基本职能有四项,即计划、组织、领导、控制。

2. 管理者分别在人际关系、信息传递、决策制定等三个方面扮演着10种角色。其中,人际关系角色包括挂名首脑、领导者、联络者;信息角色包括监听者、传播者、发言人;决策角色包括企业家、混乱驾驭者、资源分配者、谈判者。

3. 管理者要履行好管理职能,在具备一定的素质的同时,还应具备三种基本技能,即技术技能、人际技能、概念技能。对基层管理者来说,技术技能最重要;对高层管理者来说,概念技能最重要;人际技能对所有层次的管理者同等重要。

练　习　题

一、课内测试题

(一)单项选择题

1. 通常认为,管理首要的职能是( )。
   A. 计划　　　　　B. 组织　　　　　C. 领导　　　　　D. 控制
2. 管理者应具备的最基本的技能中,对各层次的管理者都同等重要的是( )。
   A. 技术技能　　　B. 人际技能　　　C. 概念技能　　　D. 业务技能
3. 管理者应具备的最基本的技能中,对基层管理者显得尤为重要的是( )。
   A. 技术技能　　　B. 人际技能　　　C. 概念技能　　　D. 领导技能

4．管理者应具备的最基本的技能中，对高层管理者显得尤为重要的是（　　　）。

　　A．技术技能　　　　B．人际技能　　　　C．概念技能　　　　D．领导技能

5．财务部经理审查财务报表的能力属于（　　　）。

　　A．技术技能　　　　B．人际技能　　　　C．概念技能　　　　D．分析技能

6．营销人员的营销策划能力属于（　　　）。

　　A．技术技能　　　　B．人际技能　　　　C．概念技能　　　　D．分析技能

7．当人们组成一个组织之后，组织中的活动基本上就可分为（　　　）。

　　A．计划和控制　　B．计划和组织　　C．领导管理　　D．作业和管理

8．对管理者来讲，在工作中运用具体的专业知识、工具或技巧的能力是（　　　）。

　　A．技术技能　　　　B．人际技能　　　　C．概念技能　　　　D．分析技能

9．对管理者来讲，成功地与别人打交道并与别人进行沟通合作的能力是（　　　）。

　　A．技术技能　　　　B．人际技能　　　　C．概念技能　　　　D．分析技能

10．对管理者来讲，对事物进行全局分析、判断、洞察、概括的能力是（　　　）。

　　A．技术技能　　　　B．人际技能　　　　C．概念技能　　　　D．决策技能

11．员工因公出差，必须先由直接主管签字，再由财务主管签字后方能到财务室报账，这属于管理的哪一职能？（　　　）

　　A．计划　　　　　　B．组织　　　　　　C．控制　　　　　　D．领导

12．"凡事预则立，不预则废"反映了管理的哪一职能？（　　　）。

　　A．计划　　　　　　B．领导　　　　　　C．组织　　　　　　D．控制

（二）多项选择题

1．以下属于管理客体的有（　　　）。

　　A．人　　　　　　　B．财　　　　　　　C．信息　　　　　　D．时间

2．管理者应具备的最基本的三种技能，指的是（　　　）。

　　A．技术技能　　　　B．人际技能　　　　C．概念技能　　　　D．领导技能

3．以下对管理描述正确的有（　　　）。

　　A．管理的目的是管好人　　　　　　B．管理的目的是实现组织的目标

　　C．管理的对象主要是人　　　　　　D．管理的对象不仅仅是人

4．相对于高层管理者，四大职能中，基层管理者较为关注的是（　　　）。

　　A．计划　　　　　　B．组织　　　　　　C．领导　　　　　　D．控制

5．李总的半天：早上 7:30，进入办公室，开始浏览当天的报纸；8:00参加公司雷打不动的早操、早歌；8:30 召开高层领导碰头会；9:30 前往高新区管委会商谈一合作项目；12:00 谈判结束。李总在这半天时间里主要扮演了（　　　）角色。

　　A．监听者　　　　　B．传播者　　　　　C．领导者　　　　　D．谈判者

（三）问答题

什么是管理？如何理解管理的内涵和职能？

二、课外思考与实践题

（一）思考讨论题

1. 结合实际，谈谈学习"管理学"的必要性。

2. 你认为现代企业领导应具备哪些基本素质？

3. 结合自身情况，说明作为一名大学生，你已经具备了哪些管理者的素质和技能？还存在哪些欠缺？应如何予以提高？

4. 案例分析：杰尔·L.斯特德（Jerre L. Stead）生活的两天。

杰尔·L.斯特德是斯奈尔第（Square）公司的董事长兼首席执行官，公司设在伊利诺伊州，制造电力产品，年销售额16亿美元。斯特德担任此职务已有2年。下面是他经理工作中2天的大事记。

第一

上午6:56 斯特德离开家驱车去当地的小型机场，在那里将登上公司的专机开始一天的前往开关事业部设在田纳西州士麦拿工厂的旅行。与斯特德同车前往的还有副总裁约迪·格洛，他分管年收入5亿美元的开关事业部。路上，他们讨论着采取什么方式鼓励公司员工相互之间以及与上司之间开展不同观点的争论，斯特德感到以前的管理光是鼓励人们服从命令，从而使员工习惯于对权威逆来顺受。

上午7:43 两人坐在座椅上系好了安全带，飞机起飞，开始了80分钟的飞行。斯特德回忆起他在霍尼韦尔（Honeywell）公司25年的经历以及最终决定离开霍尼韦尔公司加入斯奈尔第公司的往事。他谈到他接受时斯奈尔第公司的懒散和无精打采的状况，眼下他主要关心的是他手下有一大批管理者，这些人不愿承担风险或责任，该拿他们怎么办？斯特德的办法是至少每隔一年半就视察一遍公司设在世界各地的5个经营机构。

上午9:38 飞机降落在士麦拿机场，迎接他们的是开关事业部经理吉姆·克拉克，在克拉克的车中，话题立刻转到电力工人国际工会试图在工厂中建立组织的问题上来。如果工会有可能获胜，那一定是因为士麦拿工厂的糟糕的退休金福利计划。"这计划必须修改"斯特德说，他今天整天都会重复这句话。

上午9:56 克拉克把车停在一栋红砖楼房前，新产品开发就是在这栋楼里进行，斯特德向项目经理表示问候并和软件设计师、工程师们交谈。匆匆地视察完这座小楼后，项目经理向斯特德简要汇报了新产品计算机化的电子监控分析仪的情况。斯特德问了几个关于产品的获利性和市场潜力方面的问题，并指示格洛落实一下安全分析人员是否审查过新产品的实验报告。

上午 10:27 斯特德一行乘小型客车去士麦拿开关事业部工厂。在工厂的会议室里，他坐在会议桌的首席位子上，听取了四个汇报。斯特德提了许多问题，汇报中还不时插入评论、少量的建议和强调。他的风格是苏格拉底式的——问题尖锐但语气温和，深思熟虑但却像漫谈。

下午 12:31 在克拉克的办公室里，斯特德提到他曾收到过工厂会计师的一封信，信中其控告工厂主计员的一位下级让他们篡改账目。主计员告诉斯特德这封信是"捏造事实和造谣中伤"，他敢说控告者的动机是出于报复，因为他知道自己将被解聘。斯特德同意："我们不能要这种人"，他又加上一句："此事就此了结。"

下午 12:43 斯特德给一位烦恼的顾客打电话就交货问题向他道歉。斯特德称自己要花 20%的工作时间与顾客接触或处理顾客的投诉。

下午 12:57 克拉克和他的助手向斯特德继续做汇报。

下午 2:27 斯特德去员工食堂答复工厂工人的问题。问题提得很不踊跃，犹犹豫豫。但所有的问题集中在公司对组织工会的态度和退休金计划的缺陷上。

下午 3:44 与士麦拿工厂工人代表的简短会面。当话题转向组织工会时，斯特德催促格洛，"修改退休金计划，最好明天就开始。"

下午 6:57 从士麦拿回来，斯特德在开车回家的路上接到公司总法律顾问库茨沃斯基的电话，他在电话中说，上次董事会议以来的备忘录将通过快递的方式送到各位董事手中，使他们有充足的时间审阅材料，为下周在多伦多召开的董事会议做准备。

第二

上午 8:10 斯特德因为与牙医的预约而上班迟到，在与秘书核对了应处理的事务以及很快地打了几个电话后，他快步走进会议室，在宽大的红木会议桌旁坐着斯特德的 6 位执行参谋班子成员。他们来这里开会是讨论年度人力资源总结，这是斯特德倡导的以解决经理后继人选问题，此外还有员工培训、开发和人事问题。

上午 11:29 斯特德叫一位部门经理到他的办公室来开"越级"会议，斯特德对为什么召开这种越级会议的解释是，给部门经理一个机会越过他的上司——执行副总裁，直接与斯特德讨论问题。

下午 1:53 斯特德打电话给公司的投资银行家，一家国外竞争者打算向斯奈尔第公司投入一笔数目可观（但不怀好意）的资金，斯特德要与这位银行家讨论应付这家竞争对手的对策。他讨论召开了一次斯奈尔第基金会议的问题，库茨沃斯基是基金会的主席，斯特德打算在保健方面投入更多的资金。

下午 2:36 斯特德跑下楼钻进车里急着开往当地的一家旅馆，在一间小会议室里，20 名听力受损的雇员在等候他的到来，他们聚集在一起举行公司想象力学院的毕业典礼。这是一个公司内部机构，教授 2 天的课程，内容是关于顾客服务、质量以及个人责任。在手语翻译的辅助下，斯特德祝贺大家的毕业，感谢对培训计划的批评和建议。

下午 4:30 返回他的办公室后，斯特德与负责行政部门的副总裁鲍勃·卡彭特举行了双周例会。他们仔细检查了卡彭特的计划，该计划将提交下周在多伦多举行的董事会会议讨论。

下午 5:06 尤里斯·维克马尼斯（斯奈尔第公司工业控制集团副总裁），站在斯特德的办公室外与斯特德闲聊，他们的谈话与他们在上午会议上互不相让的情形形成鲜明对照。

请讨论：

（1）用明茨伯格的管理者角色理论分析斯特德的活动。

（2）斯特德有效地利用了他的时间吗？请说明理由。

（3）他应该怎么安排时间？为什么？

（4）斯特德鼓励发表不同意见会不会削弱管理者的权威？

5．案例分析：张总的问题是什么？

刘教授到一个国有大型企业去咨询，该企业张总在办公室热情地接待了刘教授，并向刘教授介绍企业的总体情况。张总讲了不到 15 分钟，办公室的门就开了一条缝，有人在外面叫张总出去一下。于是张总就说："对不起，我先出去一下。"10 分钟后回来继续介绍情况。不到 15 分钟，办公室的门又开了，又有人叫张总出去一下，这回张总又去了 10 分钟。整个下午 3 小时，张总共出去了 10 次之多，使企业情况介绍时断时续，刘教授显得很不耐烦。

请讨论：

（1）这个案例说明了（　　）。

　　A．张总不重视管理咨询

　　B．张总的公司可能这几天正好遇到了紧急情况

　　C．张总可能过于集权

　　D．张总重视民主管理

（2）做出这个判断的理由是什么？

（二）实践题

1．访问一位管理者，了解他的职位以及胜任该职务所必须的管理技能。

2．查阅资料，分别找出一个成功企业和一个失败企业的案例，比较一下两个企业在管理上的区别。

第二章 管理思想的演进

❖ **学习重点** ❖
1. 泰勒的科学管理理论的主要内容
2. 梅奥的人际关系理论的主要内容
3. 麦格雷戈的 "X-Y" 理论
4. "经济人" 假设与 "社会人" 假设
5. 系统管理理论与权变管理理论的主要观点

第四单元 熟练掌握科学管理理论

案例导入

　　联合包裹运送服务公司（UPS）为了实现他们的宗旨——"在邮运业中办理最快捷的运送"，管理当局系统地培训他们的员工，使他们以尽可能高的效率从事工作。让我们以送货司机的工作为例，介绍一下他们的管理风格：

　　UPS 工业工程师们对每一位司机的行使路线都进行了时间研究，并对每种送货、暂停和取货时间都设立了标准。这些工程师们记录了红灯、通行、按门铃、穿过院子、上楼梯、中间休息喝咖啡的时间，甚至上厕所的时间，将这些数据输入计算机中，从而给出每一位司机每一天中的详细时间标准。

　　为了完成每天取送 130 件包裹的目标，司机们必须严格遵循工程师设定的程序。当他们接近发送站时，他们松开安全带、按喇叭、关发动机、拉起紧急制动、把变速器推到一档上，为送货完毕的启动做好准备，这一系列动作严丝合缝。然后，司机从驾驶室出来，右臂夹着文件夹，左手拿着包裹，右手拿着车钥匙。他们看一眼包裹上的地址把它记在脑子里，然后以每秒约 1 米的速度快步走到顾客的门前，先敲一下门以免浪费时间找门铃。送货完毕后，他们在回到卡车上的路途中完成登记工作。

　　专家认为，UPS 是世界上效率最高的公司之一。UPS 为获得最佳效率所采用的程序并不是 UPS 管理当局创造的，他们实际上运用的是科学管理的成果。科学管理的兴起距今已有百年，但是，正如 UPS 所证实的，这些程序今天仍然有效。

　　请回答：什么是科学管理理论？UPS 是如何运用科学管理的成果的？

知识点一：科学管理理论的主要内容

阅读材料

泰 勒 其 人

弗雷德里克·温斯洛·泰勒（Frederick Winslow Taylor，1856~1915），出生于 1856 年 3 月 20 日，他去世的日期是 1915 年 3 月 21 日。巧合的是，泰勒逝世的那天是他刚刚度过其 59 岁生日的第二天。他的墓碑位于一座能俯视费城钢铁厂烟囱的小山上，墓碑上刻着："科学管理之父——弗雷德里克·温斯洛·泰勒"。泰勒出生在美国费城一个富有的律师家庭，中学毕业后考上哈佛大学法律系，但不幸因眼睛得病而被迫辍学。1875 年，19 岁的泰勒进入费城的一家机械厂当学徒工，1878 年转入费城的米德维尔（Midvale）钢铁公司当技工（机械工人），他在该厂一直干到 1897 年。在此期间，由于工作努力，表现突出，很快先后被提升为车间管理员、小组长、工长、技师、制图主任，并在业余学习的基础上获得了机械工程学士学位。泰勒的这些经历，使他有充分的机会去直接了解工人的种种问题和态度，并看到提高管理水平的极大的可能性。1884 年升任总工程师。1898~1901 年泰勒受雇于宾夕法尼亚的伯利恒（Bethlehem）钢铁公司，取得了一种高速工具钢的专利。1901 年后，他把大部分时间用在写作和演讲上，来宣传他的一套管理理论——"科学管理"。1906 年担任美国机械工程师学会主席职务。

泰勒所处的时代，特别是 19 世纪的最后数 10 年中，美国工业出现前所未有的资本积累和工业技术进步。但是，发展、组织、控制和管理这些工业资源的低劣方式严重阻碍了生产效率的提高。另一个问题是如何使劳动者发挥潜力。当时工人和资本家之间的关系严重激化：资本家对工人态度蛮横，工人生活艰苦，而资本家个人却过着奢侈的生活；工人则不断用捣毁机器和加入工会组织领导的大罢工来争取自己的权利。劳资关系的对立严重影响了企业的劳动生产率。对于如何发挥劳动力潜力的问题，有人主张使用优良机器替代劳动力，有人主张试行分享利润计划，还有一些人主张改进生产的程序、方法和体制。泰勒当时是一位年轻的管理人员和工程师，是美国工程师协会的成员，因而很了解人们提出的上述一些解决办法，并在此基础上提出了他的具有划时代意义的科学管理理论和方法。

泰勒一生大部分的时间所关注的，就是如何提高生产效率。这不但要降低成本和增加利润，而且要通过提高劳动生产率增加工人的工资。泰勒对工人在工作中的"磨洋工"问题深有感触。他认为"磨洋工"的主要原因在于工人担心工作干多了，可能会使自己失业，因而他们宁愿少生产而不愿意多干。泰勒认为，生产率是劳资双方都忽视的问题，部分原因是管理人员和工人都不了解什么是"一天合理的工作量"和"一天合理的报酬"。此外，泰勒认为管理人员和工人都过分关心如何在工资和利润之间的分配，而对如何提高生产效率而使劳资双方都能获得更多报酬则几乎无知。概而言之，泰勒把生产率看作取得较高工资和较高利润的保证。他相信，应用科学方法来代替惯例和经验，可以不必多费人们更多的精力和努力，就能取得较高的生产率。

泰勒的命运是比较悲惨的：泰勒同情工人，但是他提出的一些管理方法虽然提高了工人的工资，可加重了工人的工作压力，因此，并没有得到工人的理解；相反，还受到了包括工会组织在内的人们的抗议。例如，一位名叫辛克莱的年轻的美国作家（社会党党员）写信给《美国杂志》主编，指责泰勒"把工资提高了 61%，而工作量却提高了 362%"。泰勒为资本家提高了利润，但又由于挑战了传统的管理方法而照样遇到了来自管理部门以及伯利恒公民的反对。美国国会于 1912 年举行对泰勒制和其他工场管理制的听证会。

因此，泰勒是带着郁闷的心情离开这个世界的。他生前弹精竭虑研究的科学管理原理和方法，由于受到曲解而推行举步维艰。国会听证会上国会议员和调查人员无休止的盘问，特别是几次发生的针对推行泰勒制的工人罢工风潮，更是伤透了这位骨子里同情工人并付出了艰巨劳动的思想者的心。为了排除人们的疑虑，这位不善言辞的人不得不屡屡长途旅行，为其理论和方法进行说明和辩护。而正是一次外出发表演讲的归途中，他在通风的卧铺车厢感染了肺炎，不久被夺去了 59 岁的生命。

泰勒在管理学方面的代表作有：《计件工资制》（1895 年）、《车间管理》（1903 年）和《科学管理原理》（1911 年）等。

科学管理理论主要是从企业生产现场的管理工作入手，研究用科学的方法来提高生产效率，它的倡导者是美国人泰勒。泰勒从 1881 年开始，就进行车间、工厂的生产管理研究，1911 年，他发表了《科学管理原理》一书，奠定了科学管理理论基础，标志着科学管理理论的正式形成。泰勒也因此被西方管理学界称为"科学管理之父"。

泰勒对管理理论的主要贡献是：认为一切管理问题都可以而且应当通过科学的方法来加以解决，从而否定了靠经验办事的传统管理思想，把管理从经验上升为理论。泰勒的科学管理理论的主要内容包括以下六个方面。

（一）工作定额

要提高效率首先要解决"磨洋工"的问题，而"磨洋工"的意思就是偷懒，能够一天完成的活拖到好几天才完成。而且，工人完全按经验办事，随意性很大。为此，泰勒认为应该用科学的工作方法取代经验工作方法。所谓经验工作方法，就是每个人采用什么操作方法、使用什么工具等，都根据个人的经验来决定。所以，个人工作效率的高低取决于他们的操作方法和使用的工具是否合理，以及个人的熟练程度和努力程度。所谓科学工作方法，是指每个人采用什么操作方法、使用什么工具等，都根据试验和研究来决定。

泰勒认为，科学的工作方法有利于提高劳动生产率。

泰勒提出要用科学的观测、分析方法对工人劳动过程中的操作方法、使用的工具、劳动和休息的时间，以及机器设备的安排和作业环境的布置等进行分析，消除各种不合理的因素，将最好的因素结合起来，从中归纳出完成每项工作的标准时间，从而得出每个工人每天必须完成的最低工作量，即所谓的"合理的日工作量"，这就是所谓的工作定额原理。

（二）标准化

"合理的日工作量"是建立在标准化的前提之下的，因为工人的合理的日工作量是按照在标准化的作业环境之中，使用标准的工具、机器和材料，掌握标准的操作方法制定出来的，如果不合乎这些标准，工人就无法完成日工作量。因此，就必须把这些标准做出明确的规定，使一切制度化、标准化和科学化，这就是所谓的标准化原理。

你知道吗

1898 年，泰勒受雇于伯利恒钢铁公司期间，进行了著名的"搬运生铁块试验"和"铁锹试验"。

"搬运生铁块试验"得出的是工作定额原理

这一试验是在这家公司的五座高炉的产品搬运班组大约 75 名工人中进行的。他们把 92 磅重的生铁搬运 30 米的距离并装到铁路货车上，每人每天平均搬运 12.5 吨，日工资 1.15 美元。泰勒找了一名工人进行了试验，试验搬运的姿势、行走的速度、手放的位置对搬运量的影响以及休息多长时间为好。经过分析确定了装运铁块的最佳方法，并得出 57% 的时间用于休息，这样能使每个工人日搬运量达到 47～48 吨（提高了四倍），同时使得工人的日工资提高到 1.85 美元。

"铁锹试验"是工具标准化的典型事例

当时各公司的铲运工人拿着自家的铁锹上班，这些铁锹各式各样，大小不一。堆料场中有铁矿石、煤粉、焦炭等，每个工人的日工作量为 16 吨。泰勒经过观察发现，由于物料的密度不一样，每铁锹的重量也不一样。如果是铁矿石，一铁锹有 38 磅；如果是煤粉，一铁锹只有 3.5 磅。那么，一铁锹到底负载多少才合适呢？经过反复试验，最后确定一铁锹 21 磅对工人是最适合的。根据试验的结果，泰勒针对不同的物料设计不同形状和规格的铁锹。以后，工人上班时都不用自带铁锹，而是根据物料情况从公司领取特制的标准铁锹，工作效率大大提高。这一研究的结果是非常杰出的，堆料场的劳动力从 400～600 人减少为 140 人，平均每人每天的操作量从 16 吨提高到 59 吨，每个工人的日工资从 1.15 美元提高到 1.88 美元。

（三）合理用人

泰勒认为，要完成工作定额，提高生产效率，除了执行标准化之外，还必须合理用人，也就是根据工人的能力把他们分配到相应的工作岗位上（工作与能力相适应原理），为工作挑选"第一流的工人"。所谓第一流的工人，不是指各方面条件最好的工人，而指的是他的能力适合做这项工作而且他愿意去做的工人。

所以泰勒主张根据二人的能力把他们分配到相应的工作岗位上，并按照标准的操作方法对工人进行培训，教会他们科学的工作方法，使工人的能力同工作相配合，激励他们尽最大的努力来工作。

示例

善用人才之长的波特夫人

美国一位女专家波特夫人，曾请一位心理学家和一位社会学家对其部下心理特点进行分析。社会学家的结论是：你的部下可分为两类，一类是线性思考的人——直来直去，领导叫干什么就干什么；一类是系统思考的人——能够全面看问题，能很快抓住问题的要害，决定自己的行动。心理学家的结论是：你手下有两种人，一种是热情的人，一种是吹毛求疵的人。波特夫人据此综合分析，做出如下人事安排：

1）线性思考有热情的人——去做技术培训教师，他一定乐意教书。

2）线性思考又爱挑毛病的人——去当警察，他一定爱管闲事。

3）系统思考有热情的人——当领导、当顾问，一定高瞻远瞩又埋头苦干。

4）系统思考又爱挑毛病的人——请他当工头，谁干的怎样，他会一目了然。

（四）有差别的计件工资制

泰勒认为，工人"磨洋工"的一个重要原因是报酬制度不合理。计时工资制不能体现劳动的数量。计件工资制虽然能体现劳动的数量，但工人担心劳动效率提高后老板会降低工资率，从而等同于劳动强度的加大。为了鼓励工人努力工作，完成定额，泰勒提出要在科学制定劳动定额的前提下，采用"有差别的计件工资制"这一新的刺激性付酬制度。

知识点

工资制的两种基本形式是计时工资制和计件工资制：

1）计时工资就是按照员工的劳动时间来支付的工资。如月工资、周工资、日工资、小时工资等。

2）计件工资是依据员工所完成的作业量（如产品数量）以及质量而支付的工资。

　　所谓有差别的计件工资制，就是按照工人完成定额的程度采取不同的工资率。对那些用较短的时间完成工作、质量又高的工人按较高的工资率付酬；对那些用时长、质量差的工人按低工资率计算收入，以此来激励工人努力工作。例如，如果工人完成定额，每件给工资 10 元，如果超额完成定额，则定额内的部分和超出的部分都按 12.5 元计酬；如果完不成定额，则每件按 8 元给工资。

　　泰勒还认为，工资的支付对象是工人而不是工作类别，即根据工人的实际工作表现和工作量而不是根据工作类别来支付工资。不管是什么职位，只要完成工作量就能拿到正常的报酬。

　　这样，既能克服"磨洋工"现象，又有利于提高工人的劳动积极性。

（五）计划职能和执行职能相分离

　　为了提高劳动生产率，泰勒主张将计划职能与执行职能分开，即实行专业分工。泰勒的计划职能实质上就是管理职能，由管理当局（或管理者）建立专门的计划部门来履行计划职能，专门进行时间和动作研究；制定科学的定额和标准化的操作方法及工具；拟订计划并发布指令。

　　执行职能则是工人的劳动职能，由所有的工人和部分工长承担，按计划进行生产。

　　同时，管理人员也要进行专业分工，每个管理者只承担一两种管理职能。例如，工长对工人的管理，泰勒提出一种"职能工长制"，即将管理工作予以细分，一个工长只承担一项管理职能，每个工长在其业务范围内有权监督和指导工人的工作。

（六）例外原则

　　泰勒还认为，在规模较大的企业，高层管理者还必须运用"例外原则"，即高层管理者应把例行的一般日常事务授权给下级管理者去处理，自己只保留对例外事项或重要事项的决策权和监督权。"例外原则"对于帮助经理人员摆脱日常具体事务，以集中精力对重大问题进行决策监督是必要而有利的。

案例解析

　　1）"UPS 管理当局系统培训他们的员工，使他们以尽可能高的效率从事工作"，运用的是"合理用人，为工作挑选'第一流的工人'"的做法。

　　2）"UPS 工业工程师们对每一位司机的行使路线都进行了时间研究，并对每种送货、暂停和取货时间都设立了标准。这些工程师们记录了红灯、通行、按门铃、穿过院子、上楼梯、中间休息喝咖啡的时间，甚至上厕所的时间，将这些数据输入计算机中，从而给出每一位司机每一天中的详细时间标准。"这实际上是在应用"标准化原理"。

3）"为了完成每天取送 130 件包裹的目标"，说明 UPS 公司进行了"工作定额"。

4）"UPS 工业工程师们对每一位司机的行使路线都进行了时间研究，并对每种送货、暂停和取货时间都设立了标准。""司机们必须严格遵循工程师设定的程序"体现了计划职能与执行职能相分离——工程师制订标准，司机执行标准。

知识点二：对科学管理理论的简要评价

（一）科学管理理论的贡献

1）泰勒的科学管理理论冲破了百多年沿袭下来的传统的经验管理方法，在历史上第一次使管理从经验上升为科学。科学管理理论的精髓是用精确的调查研究和科学知识代替个人的判断、意见和经验。泰勒在管理理论方面做了许多重要的开拓性工作，为现代管理理论奠定了基础，由于他的杰出贡献，被后人尊为"科学管理之父"。

2）泰勒的科学管理理论的核心是寻求最佳工作方法，追求最高效率。他和他的同事们创造和发展了一系列有助于提高生产效率的技术和方法，如时间与动作研究技术、有差别的计件工资制等。这些技术和方法使当时的生产效率提高了两三倍，极大地推动了生产的发展，不仅是过去而且也是近代合理组织生产的基础。

3）泰勒认为，要精心选人、用人并加以培训，让他们能够做最适宜和最有效率的工作；强调管理人员提前精心制定计划的重要性以及管理人员有责任通过制定科学的工作制度帮助工人提高效率；专业分工、适当授权等，这些观点现在看来不但没有过时，而且对现代企业管理具有非常直接的指导意义。

泰勒的工作定额和标准化已成为现代企业管理的两项基础工作，是开展企业管理的前提；再如，他的能力与工作相适应原理，已成为现代人力资源管理的核心。

知识点

企业管理六项基础工作

1）标准化工作——产品标准、方法标准、安全与环保标准、管理标准。
2）定额工作——劳动定额（工时定额和产品定额）、物资消耗定额、资金占用定额、费用控制定额、成本定额。
3）计量工作——计量技术、计量管理。
4）信息化工作——内部信息、外部信息。
5）规章制度——采购、生产、技术、销售、财务、人事等。
6）职工教育——业务培训、思想政治教育。

第二章 管理思想的演进

（二）科学管理理论的局限性

1）泰勒的科学管理理论对工人的看法是错误的。泰勒把工人看成是会说话的工具，只能按照管理人员的决定、指示、命令进行劳动。他曾说过："现在我们需要最佳的搬运铁块工人，最好他蠢得和冷漠得像公牛一样。这样他才会受到有智慧人的训练"。泰勒的科学管理理论认为人的活动仅仅出于个人的经济动机，工人最关心的是提高自己的金钱收入。

2）泰勒的科学管理理论只重视技术因素，而忽视了人群社会因素。"标准作业方法"、"标准作业时间"、"合理日工作量"，都是以身强体壮、技术最熟练的工人进行最紧张的劳动时所测定的时间为基础的，是大多数工人无法忍受和坚持的。

3）由于泰勒的自身条件、背景以及所处的社会条件，不可避免地会影响到其进行"科学管理"研究的方法、效率思路等，使其对管理的研究仅解决了个别具体工作的作业效率问题，没有解决企业作为一个整体如何经营和管理的问题，即对管理较高层次的研究相对较少，理论深度也显得不足。要解决这一问题，就需要进入下一个理论的学习。

拓展知识一：法约尔的一般管理理论

选读材料

亨利·法约尔（Henri Fayol，1841～1925年），法国人，1860年从圣埃蒂安国立矿业学院毕业后便被康门塔里-富尔香堡采矿冶金公司聘为采矿工程师，他很快就显露出非凡的管理才能，先后担任矿井经理、公司总经理职务。由于他的悉心经营，公司虽经变迁，但一直是法国经济实力较强的企业，他自己也一直担任着高级管理职务。

法约尔博览群书，知识渊博。他除了对大企业的管理有亲身的实践和研究之外，还在法国的邮政机关、烟草部门做过调查研究，担任过法国陆军大学和海军学校的管理教授。因此，他的管理理论虽以企业为研究对象，但涉及行政机关、军队、宗教等团体的管理问题，具有管理的普遍性。

法约尔从年轻时代起就从事管理工作，加之其在长达30年的公司经营管理实践中获得的成功，他把自己的实践经验和管理实践中存在着的问题进行了概括和总结，发表了一系列的论文和专著。1916年，法约尔发表了被认为是他的代表作的《工业管理和一般管理》一书，提出了他的一般管理理论，此书亦成为经典管理文献之一。法约尔对管理理论的突出贡献主要体现在他对管理职能和管理原则的归纳上，从而把管理科学提到一个新的高度，使管理科学不仅在工商业界受到重视，而且对其他领域也产生了重要影响。

（一）一般管理理论的主要内容

与科学管理理论不同，法约尔的一般管理理论以组织的整体利益为研究对象，主要内容体现在以下四个方面。

1. 企业的经营活动

通过对企业经营活动的长期观察和总结，法约尔提出，所有的工业企业的经营都包括技术、商业、财务、安全、会计及管理六大类基本活动（经营的六大职能），具体内容如下：

1）技术活动是指生产、制造和加工等活动。

2）商业活动是指购买、销售和交换等活动。

3）财务活动是指资本（资金）的筹集、运用和控制等活动。

4）安全活动是指财产（设备、商品）和人员的保护等活动。

5）会计活动是指盘存、资产负债表、成本和统计等活动。

6）管理活动是指计划、组织、指挥、协调和控制。

这六种职能活动，是企业中各级管理人员都多少不同地具有的，只不过由于职位高低和企业规模大小的不同而各有所侧重。

2. 管理要素

法约尔认为，经营和管理是两个不同的概念，管理只是经营的一部分，在六大经营职能中，管理活动居于核心地位。在对管理活动进行详细分析的基础上，法约尔提出，"所谓管理，就是计划、组织、指挥、协调和控制"。在这五大管理要素中，法约尔把计划和组织作为着重点。

1）计划是管理的首要职能，是指预测未来并制定行动方案，可简述为目标和经营规划的制定。

2）组织是物力和人力的组织问题，可简述成为完成已确定的目标而进行的各种资源的有效配置和组合。

3）指挥是为了使组织行动起来所必要的，可简述为通过有艺术的领导使组织全体成员都充分地发挥作用。

4）协调即让企业成员工作团结一致，和谐配合，以便使工作顺利进行。

5）控制是指核定工作的进行是不是与既定的计划、发出的指示以及确定的原则相符合，以便加以纠正和避免重犯。也就是保证企业中进行的一切活动符合所制定的计划和所下达的命令。

3. 14 条管理原则

法约尔根据对企业管理实践的总结，在其《工业管理与一般管理》一书中首次提出了企业管理的 14 条原则：

1）劳动分工。劳动分工即劳动的专门化，这样可以减少浪费，增加产出和便于培训工作。法约尔同泰勒一样，也认为劳动分工不仅限于技术工作，也可适用于管理活动。

2）权力和责任相称。权力是"下达命令的权利和强使别人服从的职权"。

权力和责任是相称的, 两者有一种必然的联系。要行使权力就必须承担责任, 要某人对其工作结果负责就应该给予他确保事情成功的应有权力。不能出现有权无责（导致腐败、无所欲为）和有责无权（没有积极性）的情况。

3）纪律严明。纪律就是组织的规则、规矩, 是企业领导人同下属人员之间在言行举止（服从、勤勉、积极、尊敬）等方面所达成的一种协议。组织内所有成员都必须根据协议控制自己在组织内的行为。纪律实质上是以组织及其成员之间的服从和尊重为基础的, 纪律是成功之本, 纪律是建立在尊重而不是畏惧的基础上的。纪律松弛是领导不力的必然结果, 而良好的纪律产生于优秀的领导人, 来源于劳资双方就组织的规定达成的明确的协议, 以及审慎地使用制裁（惩罚）措施。

4）统一命令。从下级面对上级的角度来讲, 一个雇员不管采取什么行动, 应该只接受一个上级的命令并向这个上级汇报自己的工作, 就像任何人都不能同时为两个主人效劳一样, 双重的命令对权力、纪律和稳定都是一种威胁。

5）统一领导。从上级对下级的角度来讲, 凡是从事同种工作或具有相同目标的活动只能由同一个管理者按一个统一的计划来加以领导。一个组织或一个部门不管有多少个"副职", 它也只能有一个"正职"。

6）个人利益服从整体利益。集体的目标必须包含成员个人的目标, 但个人和小集体的利益不能超越组织的整体利益。为保证这一点, 管理人员必须做出良好的榜样, 与员工建立合理的协议并经常进行监督。

7）报酬。报酬制度应当公平合理, 对工作成绩和工作效率优秀者给予奖励, 但奖励应该有一个限度。制定报酬制度应考虑三个条件, 即待遇公平、奖励成绩优良者、奖励不应超过合理界限。

📖 补充说明

法约尔认为, 任何优良的报酬制度都无法取代优良的管理。在现实生活中, 我们经常能发现这样的案例：工资再高, 但如果内部管理不善, 即使吸引了人才进来也无法真正留住人才, 反而会被一些暂时找不到工作的人利用——假装进来, 在拿着高工资的同时继续寻找另一份工作, 一旦找到就离开这家高薪低效的单位。

8）适当的集权和分权。任何增加下级作用的重要性的行动都是分权, 任何减少这种作用的行动则是集权。集权或分权的多与少本身并不能说明管理的好与坏, 究竟是分权多还是集权多要依据不同组织的具体情况而定。

9）等级制度。从最高权力机构到最低层管理人员, 中间有着不同的等级, 即权力等级。下级接受直接上级的领导, 上级对直接下级进行指挥。这种等级链表明等级的顺序和信息传递的途径。为了保证命令统一, 不能轻易违背等级链, 请示要逐级进行, 指令也要逐级下达。有时这样做会延误信息, 鉴于此, 法约尔设计了一种"跳板", 便于同级之间的横向沟通。但在横向沟通前要征求各自上级的意见，并且事后要立即向各自上级汇报，从而维护了统一指挥的原则。

10）秩序。人员、物料等应在合适的时间安排在合适的职位或地方，保证一切工作都能按部就班地进行。

11）平等。平等是仁慈和公正的产物，管理人员应以"善意与公道"相结合的态度对待下属。主管人员对下属仁慈、公正，就能使下属对上级表现出热心和忠诚。

📖 补充说明

等级制度和秩序强调的是职务上的高低，是维护统一命令的基础——这是对下级来讲的。

平等强调的是人格上的平等，指领导者要尊重下属，拉近距离，赢得追随——这是对管理者来讲的。

12）人员稳定。法约尔主张人员稳定，尤其管理人员不要频繁更换。

13）主动性（首创精神）。鼓励员工在一切工作中充满热情和发挥干劲。

14）团结精神。鼓励员工在组织内要紧密团结和发扬集体精神，保持和谐统一。"分裂敌人以削弱其力量是聪明的，但是分裂自己的队伍则是反对公司的一大罪状"。

📖 补充说明

法约尔强调，为了适应变化的需要，在运用管理原则时要有灵活性。原则是灵活的，而且能够适用于每一种需要，问题是要知道如何利用它们。这却是一项困难的艺术，它要求具有智慧、经验，处事必须果断、均衡。

4. 管理者的素质

法约尔认为，所有的管理人员都需要有下列这些品质和能力：

1）身体条件。健康、精力充沛、谈吐清楚。

2）智力条件。具有理解与学习的能力、判断能力，思想活跃，有适应能力。

3）精神条件。有干劲、坚定，愿意承担责任，主动、忠诚、刚毅、有尊严。

4）全面教育。对不属于职责范围内的事情有一般的了解。

5）特别的知识。技术活动、商业活动、财务活动、管理活动、会计活动等所特有的知识等。

6）经验。从本职工作中获得的知识。

（二）对法约尔一般管理理论的评价

1. 法约尔一般管理理论的贡献

虽然法约尔的管理思想和泰勒的管理思想都是古典管理思想的代表，但法约尔是以企业高层管理者的身份自上而下地研究管理的，关注的是企业作为一个整体如何经营和管理的问题。因此，法约尔管理思想的系统性和理论性更强，提出的管理理论比较全面。

虽然法约尔的管理理论是以企业为研究对象而建立起来的，但他首次指出管理理论具有普遍性，可以用于各个组织之中。他把管理视为一门科学。他关于管理职能的划分和分析为管理科学提供了一套科学的理论框架。后人根据这种框架，建立了管理学并把它引入了课堂。

2. 法约尔一般管理理论的局限性

法约尔一般管理理论的主要不足之处是他的管理原则缺乏弹性，以至于有时管理者无法完全遵守。以"统一指挥"原则为例，法约尔认为，不论什么工作，一个下属只能接受唯一一个上级的命令，并把这一原则当成一条定律。这和劳动分工原则可能发生矛盾。当某一层次的管理人员制定决策时，他就要考虑来自各个专业部门的意见或指示，但这却是统一指挥原则所不允许的。

同时，法约尔只是提出了管理的原则和要素，并没有告诉管理者如何使任何一个大型组织都可以更为系统地发挥作用，要解决这个问题，就需进入下一个理论的学习。

拓展知识二：韦伯的古典组织理论

选读材料

马克思·韦伯（Max Weber，1864～1920年），出生于德国一个有着广泛的社会和政治关系的富裕家庭，在斯特拉斯堡服兵役，对德国的军事生活和政治制度有相当的了解，这对他创立组织管理理论有相当大的影响。

1889年获柏林大学博士学位后，担任过大学教授、政府顾问、编辑、作家等。韦伯时期，德国正处于从旧的、以家族为基础的企业制度向大规模的资本主义企业制度过渡时期，新兴的资本主义企业制度急需一种效率高的管理体系，以适应时代需要。韦伯对管理理论的贡献主要是指出了理想的行政组织体系理论。由于韦伯是最早提出一套较完整的行政组织体系理论的人，他强调组织活动要通过职务或职称而不是通过个人或世袭地位来管理，因此，被称为"组织理论之父"，他的代表作是《社会组织与经济组织理论》。

德国著名社会学家韦伯感受到了为大型组织和大规模企业建立合理基

础的需要，在找寻答案的过程中提出了理想的行政组织体系理论（官僚集权理论），这一理论主要集中在其代表作《社会组织与经济组织理论》一书中。其管理思想主要体现在以下两方面。

（一）权力的种类

韦伯认为组织中的权力有三种纯粹的形式。

1．合理-合法的权力

它是以组织内部各级领导职位所具有的正式权力为依据的。这是正式任命的职务所具有的权力，如正式任命的人事部经理就具有其工作说明书中所规定的所有权力。

2．传统的权力

它是以传统的不可侵犯的信念，以及执行这种权力的人的地位的正统性为依据的。这是由于先例和惯例所形成的，如年长者就可以责问年轻人，教授理所当然就是专家等。

3．超凡的权力

它是以对个人的特殊的、神圣英雄主义或模范品德的崇拜为依据的。例如，大家都佩服一个人，这个人说的话就很管用，在大家眼里，这个人就具有超凡的权力；对英雄的敬意、明星效应等也在说明英雄和明星具有超凡的权力。

韦伯强调，组织必须以合理-合法的权力作为行政组织体系的基础。

📖 补充说明

行政性组织是指一和强调组织观念，超越人事因素，严格按行政手续办事的组织体制和形式。说它"理想"，并不意味着是最有利、最合乎需要的形式，而只是作为理论分析的一种标准模式。

（二）理想的行政组织体系的要素

韦伯认为理想的行政组织体系有如下特点：

1）明确的分工。把组织内所有工作分解，有明确的分工，明确规定每一个职位的权力和责任。

2）权力体系。各种职位按权力等级组织起来，下级人员要服从上一级人员的指挥和领导。

3）人员考评和教育。组织中人员的作用要根据职务的要求，通过正式的教育培训，考核合格后任命。

4）职业管理人员。管理人员有固定的薪金和明文规定的晋升制度，是一种职业管理人员，而不是组织的所有者。

5）遵守规则和纪律。组织中包括管理人员在内的所有成员必须严格遵守组织的规则和纪律，避免感情用事、滥用职权，减少摩擦和冲突，确保职权的正确使用。

6）组织成员之间的关系。这种关系以理性准则为指导，不受个人情感的影响。组织内部是这样，组织与外界的关系也是这样，不能任意解雇组织中的人员，应鼓励大家忠于组织。

（三）对韦伯行政组织体系理论的评价

韦伯的这一理论，强调组织的运转要以合理的方式（一套有连续性的规章制度）进行，降低人的随机、主观、偏见对整个组织运转的影响。适合于工业革命以来的大型企业组织的管理需要。对泰勒、法约尔的理论是一种补充，对后来的管理学家们，尤其是组织理论学家则有很大的影响。

但是韦伯的管理思想过分强调组织原则和恪守规章制度，从而抑制创造力、革新精神和冒险精神。同时他忽视了成员的情感方面的需求，忽视了在正式组织中存在着非正式组织，强调人际关系的非人格化，决策时只考虑规章和程序，不利于调动积极性。

补充说明

管理学上通常把在19世纪末至20世纪三四十年代产生与发展的管理理论称为古典管理理论，这一时期的管理理论主要是以泰勒为主的科学管理理论、法约尔的一般管理理论和韦伯的古典组织理论为代表。这些关于管理的不同理论是根据其研究人员不同的背景和兴趣，从各自不同的角度对管理所做出的解释，各种观点都为我们认识管理做出了重要的贡献，但难免又都有一定的局限性。

第五单元　理解行为科学理论

案例导入

在一个管理经验交流会上，有两个厂的厂长分别讲述了他们各自对如何进行有效管理的看法：

A厂长认为，企业首要的资产是员工，只有员工们把企业都当成自己的家，都把个人的命运与企业的命运紧密联系在一起，才能充分发挥他们的智慧和力量为企业服务。因此，管理者有什么问题，都应该与员工们商量解决；平时要十分注意对员工需求的分析，有针对性地给员工提供学习、娱乐的机会和条件；每月的黑板报上应公布出当月过生日的员工的姓名，并祝他们生日快乐；如果哪位员工生儿育女了，厂里应派车接送，厂长应亲自送上贺礼。在 A 厂长的厂里，员工们都普遍地把企业当作自己的家，全心全意地为企业服务，工厂日益兴旺发达。

B 厂长认为，只有实行严格的管理才能保证实现企业目标所必须开展的各项活动的顺利进行。因此，企业要制定严格的规章制度和岗位责任制，建立严格的控制体系；注重上岗培训；实行计件工资制等。在 B 厂长的厂里，员工们都非常注意遵守规章制度，努力工作以完成任务，工厂迅速发展。

请问：两个厂长对待员工的态度有什么不同？

泰勒、法约尔、韦伯等人开创的古典管理理论，完成了使管理从经验上升为科学的转变。但是，从某种程度上讲，古典管理理论的研究是以机械的观点来看待组织和工作，虽然也承认个人的作用，但强调的是对个人行为的控制和规范（认为人与机器没有多大差别），而且没有看到组织与外部的联系，是一种"封闭系统"的管理时代。与此同时，另一些学者从心理学、社会学等角度对人的行为以及产生这些行为的原因进行了分析研究，由此形成行为科学理论。行为科学理论始于 20 世纪 20 年代，早期被称作人际关系学说，以后发展为行为科学，又称为组织行为理论。

知识点一：梅奥的人际关系学说

（一）人际关系理论的主要内容

美国人乔治·埃尔顿·梅奥（George Eiton Mayo，1880～1949 年）是行为科学的早期代表人物，曾在美国哈佛大学任教，从事过哲学、医学和心理学方面的研究。1927 年，梅奥应邀参加并指导在芝加哥西方电气公司霍桑工厂进行的有关科学管理的试验，即被认为是对行为科学理论做出最重要贡献的"霍桑试验"（Hawthorne Experiment），研究工作环境、物质条件与劳动生产率的关系。

选读材料

霍桑试验是心理学史上最出名的事件之一。这一系列在美国芝加哥西部电器公司所属的霍桑工厂进行的心理学研究由哈佛大学的心理学教授梅奥主持。

霍桑工厂是一个制造电话交换机的工厂，具有较完善的娱乐设施、医疗制度和养老金制度，但工人们仍愤愤不平，生产成绩很不理想。为找出原因，美国国家研究委员会组织研究小组开展试验研究。霍桑试验共分四阶段，第一阶段试验失败后（1927 年）梅奥应邀加入研究小组。

1.   一：照明   （1924 11   1927 4   ）

当时关于生产效率的理论占统治地位的是劳动医学的观点，他们认为也许工人生产效率低是疲劳和单调感等，于是当时的试验假设便是"提高照明度有助于减少疲劳，使生产效率提高"。可是经过两年多试验发现，照明度的改变对生产效率并无影响。具体结果是：当试验组照明度增大时，试验组（变换工作场所的照明强度）和控制组（保持照明强度不变）都增产；当试验组照明度减弱时，两组依然都增产，甚至试验组的照明度减至 0.06 烛光时，其产量亦无明显下降；直至照明减至如月光一般、实在看不清时，产量才急剧降下来。可见，照明强度对生产率的影响微乎其微。

研究人员面对此结果感到茫然，失去了信心。从 1927 年起，以梅奥教授为首的一批哈佛大学心理学工作者将试验工作接管下来，继续进行。

2.   二：福   （1927   4   1928   4   ）

试验目的总的来说是查明福利待遇的变换与生产效率的关系。但经过两年多的试验发现，不管福利待遇如何改变（包括工资支付办法的改变、优惠措施的增减、休息时间的增减等），都不影响产量的持续上升，甚至工人自己对生产效率提高的原因也说不清楚。

后经进一步的分析发现，导致生产效率上升的主要原因如下：①参加试验的光荣感。试验开始时 6 名参加试验的女工曾被召进部长办公室谈话，她们认为这是莫大的荣誉。这说明被重视的自豪感对人的积极性有明显的促进作用。②成员间良好的相互关系。

3.   三：   （1928   1931   ）

研究者在工厂中开始了访谈计划。起初，他们按事先设计的提纲提问，以了解职工对工作、工资、监督等方面的意见，但收效不大。调查者认为重要的，工人却认为不重要。访谈了解到这一点，及时把访谈计划改为事先不规定内容，把访谈改由职工自由抒发意见，每次访谈的平均时间从 30 分钟延长到 1~1.5 个小时，多听少说，详细记录工人的不满和意见。由于采访过程既满足了职工的尊重需要，又为其提供了发泄不满情绪和提出合理化建议的机会，结果职工士气高涨，产量大幅度上升。访谈计划持续了两年多。工人的产量大幅提高。

工人们长期以来对工厂的各项管理制度和方法存在许多不满，无处发泄，访谈计划的实行恰恰为他们提供了发泄机会。发泄过后心情舒畅，士气提高，使产量得到提高。这说明"任何一位员工的工作绩效，都受到其他人的影响"。

4.   四：   （1931   1932   ）

梅奥等人在这个试验中是选择 14 名男工人在单独的房间里从事绕线、焊接和检验工作。对这个班组实行特殊的计件工资制度。试验者原来设想，实行这套奖励办法会使工人更加努力工作，以便得到更多的报酬。但观察的结果发现，产量只保持在中等水平上，每个工人的日产量平均都差不多，而且工人并不如实地报告产量。深入的调查发现，这个班组为了维护他们群体的利益，自发地形成了一些规范。他们约定，谁也不能干的太多，突出自己；谁也不能干的太少，影响全组的产量，并且约法三章，不准向管理当局告密，如有人违反这些规定，轻则挖苦谩骂，重则拳打脚踢。进一步调查发现，工人们之所以维持中等水平的产量，是担心产量提高，管理当局会改变现行奖励制度，或裁减人员，使部分工人失业，或者会使干得慢的伙伴受到惩罚。这一试验表明，为了维护班组内部的团结，可以放弃物质利益的引诱。由此提出"非正式群体"的概念，认为在正式的组织中存在着自发形成的非正式群体，这种群体有自己的特殊的行为规范，对人的行为起着调节和控制作用。同时，加强了内部的协作关系。

经过霍桑试验，梅奥取得了一系列重要成果，经过总结，发表了他的代表作《工业文明中人的问题》和《工业文明中的社会问题》，提出了人际关系学说的一系列思想。

1. 人是"社会人"

知识点

经济人和社会人是两种不同的人性假设。

亚当·斯密（Adam Smith）提出的"经济人"认为，人的本性是懒惰的、自私的，人们在经济行为中，追求的完全是私人利益。因此，在管理中主张用金钱来刺激人的积极性，同时对消极怠工者采取严厉的惩罚措施。

梅奥提出的"社会人"认为，人并非是单纯追求金钱的人，他们还有一系列的社会心理需要。因此，有效的管理必须要着重于对人的内在特性的研究，而不是着重于或仅仅从人的外在特性出发去看待和研究管理中的人的问题。

梅奥认为企业中的人首先是"社会人"，而不是单纯追求金钱收入的"经济人"。人们从事工作并不是仅仅追求金钱收入，还有社会心理等方面的需求，即他们还追求人与人之间的友情、安全感、归属感和受人尊重等，因此，管理者不能只从技术和物质条件着眼，而必须先从社会、心理方面来激励员工提高生产效率。

选读材料

亚当·斯密是英国古典政治经济学家，他对管理问题也有诸多的见解。

亚当·斯密对管理理论发展的一个贡献是他的分工观点。他认为分工是增进劳动生产力的重要因素，原因有以下几点：①分工可以使劳动者专门从事一种单纯的操作，从而提高熟练程度，增进技能；②分工可以减少劳动者的工作转换，节约通常由一种工作转到另一种工作所损失的时间；③分工可以使劳动简化，使劳动者的注意力集中在一种特定的对象上，有利于发现比较方便的工作方法，促进工具的改良和机器的发明。斯密的分工观点适应了当时社会对迅速扩大劳动分工以促进工业革命发展的要求，成为资本主义管理的一条基本原理。

斯密的另一个贡献是他的"经济人"观点。他认为，经济现象是由具有利己主义的人们活动产生的。人们在经济行为中，追求的完全是私人利益。"……人类几乎随时随地都需要同胞的协助，要想仅仅依赖他人的恩惠，那是一定不行的。他如果能够刺激他们的利己心，使有利于他，并告诉他们，给他做事，是对他们自己有利的，他要达到目的就容易得多了。不论是谁，如果他要与旁人做买卖，他首先就要这样提议。请给我所要的东西吧，同时，你也可以获得你所要的东西：这句话是交易的通义。我们所需要的相互帮忙，大部分是按照这个方法取得的"。斯密的经济人观点是资本主义生产关系的反映，它对于资本主义管理的实践和理论，都有重要的影响。

2. 生产效率主要取决于员工的工作态度和人们的相互关系

泰勒认为生产效率主要取决于工作方法、条件和工资制度等，因此，只要采用恰当的工资制度、改善工作条件、制定科学的工作方法就能提高生产效率。

梅奥则认为，在决定劳动生产率的诸因素中，置于首位的因素是工人的满意度，而生产条件、工资报酬只是第二位的。员工的满意度越高，其士气就越高，从而生产效率就越高。高的满意度来源于工人个人需求的有效满足，不仅包括物质需求，还包括精神需求。因此，新的领导能力在于提高工人的满意度。也就是说，管理者不仅要具有解决技术、经济问题的能力，而且还要具有与被管理者建立良好的人际关系的能力。应力求了解员工行为产生的原因，认识到满足员工各种需要的重要性；要改变传统的领导方式，使员工有机会参与管理，建立和谐的人际关系。

3. 重视"非正式组织"的存在和作用

古典管理理论强调的是效率、行为规范、等级制度，忽视了人们情感的需要。梅奥则认为企业中不仅存在"正式组织"，而且还存在着人们在共同劳动中形成的"非正式组织"（关于非正式组织，本书将在第十七单元做详细讲解），他们有着自己的规范、感情和倾向，并且左右着组织内每个成员的行为。

这种非正式组织的作用在于维护其成员的共同利益，使之免受其内部个别成员的疏忽或外部人员的干涉所造成的损失。为此非正式组织中有自己的核心人物和领袖，有大家共同遵循的观念、价值标准、行为准则和道德规范等。梅奥指出，非正式组织与正式组织有重大差别。在正式组织中，以效率逻辑为其行为规范；而在非正式组织中，则以感情逻辑为其行为规范。如果管理人员只是根据效率逻辑来管理，而忽略工人的感情逻辑，必然会引起冲突，影响企业生产率的提高和目标的实现。

"非正式组织"的存在对组织既有利，也有弊。例如，班级里爱好踢球的同学组成了一个小"球迷协会"，大家规定，要看球一起去，要上课也一起去上，要是逃课也一起逃。管理人员要想实施有效的管理，既要重视正式组织的作用，又要重视非正式组织的存在和作用。

（二）对人际关系学说的评价

梅奥的人际关系学说为管理思想的发展开辟了新的领域，标志着人们从早期科学管理思想单纯重视对组织形式及方法的研究，开始转向对人的因素在组织中的作用的研究。其主要贡献在于：注重人的因素，研究人的行为，关注人的社会、心理需求，改变了人与机器没有差别的观点。但也存在一定的局限性，主要体现在：过分强调非正式组织的作用；过多强调情感的作月；过分否定经济报酬、物质条件的影响。

📖 补充说明

当物质需求得到一定程度的满足时，劳动者劳动量的付出和物质待遇并不成正相关关系，也就是物质条件的改变并不会继续带来生产绩效的提高。在这种情况下要想促进生产效率的再次提高，管理者应该在保证一定的物质待遇的同时，不断激发员工的工作热情，改善人际关系，满足员工的社会、心理等精神层面的需求——这或许是人际关系学说给我们最大的启示。

知识点二：麦格雷戈的"X-Y"理论

X 理论与 Y 理论的提出者是美国著名的行为科学家道格拉斯·麦格雷戈（Douglas Mc Gregor，1906～1964 年）。在《企业中人的因素》一书中，麦格雷戈认为人的本性与人的行为是决定管理者行为模式的最重要的因素，管理者基于他们关于人的本性的假定，按照不同的方式对人进行组织、领导和控制。

（一）X 理论

X 理论所代表的是"关于指挥与控制的传统观念"，其假定如下：
1）人一般生来厌恶工作，只要有可能就想逃避工作。
2）人一般愿意受人指挥，希望逃避责任，把安全感看得重于一切。
3）大多数人工作是为了满足基本需要，没什么进取心，只有金钱和地位才能鼓励他们工作。
4）由于厌恶工作是人的本性，因此，对大多数人必须采用惩罚、强迫、威胁等强制措施迫使他们努力工作。
麦格雷戈认为，在现代工业的实践过程中，这种 X 假定是非常普遍的。

（二）Y 理论

尽管麦格雷戈确实注意到了由强性 X（差不多就是科学管理法）向软性 X（人际关系法）的转变，但他认为这种转变在对人性的假设方面并没有发生根本的变化。由此，他提出了作为"与人力资源管理相关的最为现代的新理论起点"的 Y 理论。Y 理论有如下假设：

1）一般人并非天生不喜欢工作。工作中所耗费的体力与脑力实质上与玩或休息时所耗费的体力与脑力是一样的，如果工作环境好，工作就像游戏一样自然。

2）正常情况下，人是愿意承担责任的。逃避责任、丧失进取心、强调安全感，通常是后天经验的结果，并非是人的天性。

3）大多数人胸怀大志，有自我满足和自我实现的需求，能发挥自己的聪明才智来实现组织的目标并以此作为个人最大的报酬。

4）外界控制与惩罚并不是使人努力工作的唯一手段，人们在执行任务时能够自我指导和自我控制。

麦格雷戈在旧的人际关系观念与新的人本主义之间起到了一种桥梁作用。麦格雷戈的基本信念是：组织中的和谐是可以做到的，但并不是靠硬性或软性的手段，而是靠改变对人性的假设，要相信他们是可以信任的，能够自我激励、自我控制的，具有将自己的个人目标与组织目标结合起来的能力。

案例解析

管理者对员工采取什么样的管理方式往往取决于管理者信奉什么样的人性假设：

信奉 X 理论的管理者认为员工必须严加管理，往往会采用"胡萝卜加大棒"式的管理方式——经济报酬作诱饵，惩罚、威胁来控制；而信奉 Y 理论的管理者就可能会实行仁政，采取参与式管理——启发、信任、激励员工。

信奉"经济人"假设的管理者往往会把金钱作为刺激员工的唯一手段；而信奉"社会人"假设的管理者则可能会提倡情感激励、注重人际关系。

"案例导入"中的 A 厂长与 B 厂长对待员工的态度的不同，在一定意义上就是他们所信奉的人性假设不同：A 厂长所持的是"Y 理论"和社会人假设，而 B 厂长似乎信奉的是"X"理论和经济人假设。

拓展知识：超 Y 理论

超 Y 理论最早由乔伊·洛尔施（Joy Lorson）和约翰·莫尔斯（John Morse）于 1970 年发表的《超 Y 理论》一文提出的。在麦格雷戈提出 X 理论和 Y 理论之后，洛尔施等人对这两种理论做了实验。发现在实际情况中，X 理论和 Y 理论都有优势和劣势。在此基础上，洛尔施等人认为：

1）不同的情况应采用不同的管理方式。X 理论和 Y 理论各有优劣，管理方式要由组织性质、工作内容和性质、成员素质等因素来决定。一般情况下将二者相结合，有针对性的解决管理中的问题，即按组织与成员对管理方式的不同要求，有针对性的选择合适于他们愿望的方式进行管理，以获得最理想的管理效果。没有适合任何组织、任何时间，任何个人的统一的管理方式。

2）不同的人对管理方式的要求不同。由于人的需要不同，能力各异，对不同的管理方式会有不同的反应。有人希望有正规化的组织与规章制度来要求自己的工作，而不愿意参与问题的决策去承担责任，这种人欢迎以 X 理论指导管理工作；有的人需要更多的自治责任和发挥个人创造性的机会，这种人欢迎以 Y 理论为指导的管理方式。

可以说超 Y 理论具有对人性认识的权变观。

提问

泰勒的科学管理理论和梅奥的人际关系理论分别基于什么样的人性假设？

第六单元 了解现代管理理论

案例导入

海伦、汉克、乔、萨利四人都是美国西南金属制品有限公司的管理人员。海伦和乔负责产品销售，汉克和萨利负责生产。他们刚参加过在大学举办的为期 5 天的培训班学习，在培训班里主要学习了权变管理理论、系统管理理论和一些有关职工激励方面的内容。他们对所学的理论有不同的看法，现在展开激烈的争论。

乔说："我认为对于我们这样的公司，系统管理理论是很有用的。例如，如果生产工人偷工减料或做手脚的话，如果原材料价格上涨的话，就会影响到我们的产品销售。系统理论中讲的环境影响与我们公司的情况很相似。我的意思是，在目前的这种经济环境中，一个公司会受到环境的巨大影响。在油价暴涨时期，我们当时还能控制自己的公司。现在呢？我们要想在销售方面每进一步，都要经历艰苦奋斗。这方面的艰苦，我们大概都深有体会吧。"

萨利插话说："你的意思我明白，我们的确有过艰苦的时期，但我不认为这与系统管理理论之间有什么必然的联系。我们曾在这种经济系统中受过伤害，当然你可认为这与系统管理理论是一致的。但是我并不认为我们就有采用系统管理理论的必要。如果每个东西都是一个系统，而所有的系统都能对某一个系统产生影响的话，我们又怎能预见这些影响呢？所以，我认为权变管理理论更适合我们。如果你所说的事物都是相互依存的话，系统理论又能帮我们什么忙呢？"

海伦对他们这样的讨论表示了不同的看法，他说："对系统管理理论我还没有好好的考虑。但是，我认为权变管理理论对我们是很有用的。虽然我们以前亦经常采用权变管理，但却没有意识到自己是在应用权变理论。例如，我们经常听到一些家庭主妇讨论关于孩子和如何度过周末等问题，从她们谈话中我们就知道她们要采购什么东西。我认为，如果我们花一两个小时与她们交谈的话，那肯定会扩大我们的销售量。但是，我也碰到一些截然不同的顾客，他们一定要我向他们推销产品，要我替他们在购物中出出主意。这些人也经常到我这里来走走，但不是闲谈，而是做生意。因此，你们可以看到，我每天都在用权变理论来对付不同的顾客呢。为了适应形式，我每天都在改变销售方式和风格，许多销售人员都是这样做的。"

汉克显得有些激动地说："我不懂这些理论是什么东西。但是，关于系统理论和权变理论的问题，我同意萨利的观点。教授们都把自己的理论吹得天花乱坠，他们的理论听起来很好，但是，这些理论却无助与我们管理实际，对于培训班上讲的激励因素我也不同意。我认为，泰勒在很久以前就对激励问题有了正确的论述，要激励员工，就要根据他们的工作及时支付给他们报酬。如果工人什么也没有做，就不用付任何报酬。你们和我一样清楚，人们只是为了钱而工作，钞票就是最好的激励。"

请问：海伦、汉克、乔、萨利的观点有什么不同？

案例中四个人的争论实际上是因对现代管理思想的认识不同而引起的。

现代管理思想最早起源于第二次世界大战，20 世纪 60 年代以后有了更迅速的发展。这一时期，科学技术得到迅猛的发展，科技成果广泛采用，导致了企业生产过程的自动化、连续化以及生产社会化程度的空前提高。企业规模的扩大，市场竞争的激烈，市场环境的变化多端都对企业管理提出了更高的要求，先前的管理理论已不能有效地指导企业在新形势下的管理，许多研究人员就企业如何在变化的环境中经营进行了多方面的研究，在此基础上形成了一系列不同的理论观点和流派，从而推动了管理思想的新发展。其中的一些管理学派对管理科学的发展有着重大的影响。

知识点一：系统管理理论

知识点

系统，由若干个相互联系、相互作用的部分组成，在一定环境中具有特定功能的有机整体。一切事物，都以系统的形式存在。

系统管理理论（Application of System Management Theory）源于一般系统论和控制论，侧重于用系统的观念来考察组织结构和管理的基本职能，代表人物为美国管理学者 F. E. 卡斯特（F. E. Kast）、J. E. 罗森茨韦克（J. E. Rosenzweig）和 R. A. 约翰逊（R. A. Johnson）。系统管理理论的主要观点是：

组织是一个以人为主体、由许多子系统构成的开放的大系统，并且是社会大系统的一个分系统，强调"组织要不断从外部环境获取资源以适应环境的变化"，管理必须建立在系统的基础上。

系统管理理论告诉我们，在管理实践中，管理者要从组织的整体利益出发，运用联系的观点，研究组织内部各部分以及组织与外部环境之间的关系并不断从外部环境获取资源（人、财、物、信息、时间等）以适应环境的变化。

运用系统观点来考察管理的基本职能，可以提高组织的整体效率，使管理人员不至于只重视某些与自己有关的特殊职能而忽略了大目标，也不至于忽视自己在组织中的地位和作用，提高了管理人员对管理所涉及的各种相关因素的把握和分析能力。

知识点二：权变管理理论

权变管理理论（Contingency Theory of Management）是 20 世纪 70 年代开始形成发展起来的，其代表人物是美国管理学家 F. 卢桑斯（F. Luthans）以及英国学者 J. 伍德沃特（J. Woodward）等人。权变管理理论在提出以后的几十年内，其理论价值和应用价值日益为管理实践所证明，故而得到了越来越多的人的支持，成为具有重大影响的管理学派之一。

补充说明

"权"——权衡，"变"——变化。"权变"——随机应变，也就是具体情况具体分析，具体处理。

权变管理理论认为，世界上没有一成不变的，普遍适用的"最佳的"管理理论和方法，管理者要根据组织所处的内外环境的变化随机应变，针对不同情况寻找不同的方案和方法。

权变理论在实际应用中，要注意分析权变因素对管理的影响，因地制宜地设计或选择适当的管理模式；要保持管理职能的适度弹性，以保证组织活动在正常进行的同时又能适应内外部环境的变化；要保持经营管理方略的高度灵活性；要注意提高管理人员的能力和技巧，增强其改革和创新观念，与时俱进。

比较一下权变管理理论与系统管理理论，不难发现，权变管理理论建立在系统管理理论基础之上，在对待环境的问题上，两者的观点是一致的：与外界联系并适应环境。只不过权变管理理论强调的是管理方法要适应环境的变化而变化；系统管理理论强调的则是要用联系和整体的观点从外部环境获取资源来适应环境的变化。

案例解析

"案例导入"中四个人观点的不同体现在：

1）海伦认为权变管理理论对他们是很有用的，但对系统管理理论还没有好好的考虑。

2）汉克认为权变理论、系统管理理论都只是听起来很好，但无助于实际，并认为"人们只是为了钱而工作，钞票就是最好的激励。"说明他认同以"X"理论和"经济人"假设为基础的泰勒的观点。

3）乔的观点是：系统管理理论对他们的公司很有用。

4）萨利则认为权变管理理论更适合他们的公司。

拓展知识一：决策理论

决策理论是在系统理论的基础上，吸收了行为科学、运筹学和计算机科学等研究成果而发展起来的。主要代表人物是美国人赫伯特·西蒙（Herbert Simon），其代表作是《管理决策新科学》。西蒙因其在决策理论、决策应用等方面做出的开创性研究，获得了 1978 年诺贝尔经济学奖。为了突出决策在管理中的地位，决策理论认为，管理的实质是决策，决策贯穿于管理的全过程，决定了整个管理活动的成败。如果决策失误，组织的资源再丰富、技术再先进，也是无济于事的。

关于决策，我们将会在本书第十一单元重点讲解。

拓展知识二：数理理论

数理理论又称管理科学理论，是泰勒科学管理理论的继续和发展。这一理论是第二次世界大战中产生和发展起来的。当时，英国通过数学家建立的资源最优分配模型，有效地解决了如何以有限的皇家空军力量来抵抗庞大的德国空军的问题。这种成效在战后引起了企业界的关注，其典型的特征就是将管理问题数量化、用数字说话，并借助电子计算机使管理过程模型化，是科学管理理论的发展。

拓展知识三：管理过程理论

管理过程理论是在法约尔管理思想的基础上发展起来的，主要研究管理的过程和职能，其代表人物是美国著名管理学家哈罗德·孔茨（Harold Koontz，1908～1984 年）。该理论的基本研究方法是：首先把管理人员的工作划分为一些职能，然后以管理职能为框架进行研究，从丰富多彩的管理实践中探求管理的基本规律。

管理过程理论的基本观点如下：

1）管理是一个过程，即让别人同自己一起去实现既定目标的过程。

2）管理过程的职能有五个，即计划、组织、人事、领导和控制。

3）管理职能具有普遍性，即各级管理人员都执行着管理职能，但侧重点则因管理级别的不同而异。

4）管理应具有灵活性，要因地制宜、灵活应用。

结束语：泰勒为提高生产车间的生产效率，提出了科学管理理论，但并没有解决企业作为一个整体如何有效管理的问题，法约尔虽然以组织的整体利益为对象，提出了他的一般管理理论，但又没有提出一个组织运行的基础是什么，韦伯的古典组织理论则提出必须以合理-合法的权力作为行政组织体系的基础。三大古典管理理论虽然各有成就，但忽视了组织中人的因素，也没有看到组织应该与外界环境之间的联系。以梅奥为代表的一些心理学家通过实验发现，人们在工作中不仅有物质需求，还有社会、心理等方面的需求，以人际关系学说为先驱的一系列行为科学理论逐渐形成。麦格雷戈从人性假设出发，针对不同的管理行为，提出了"X-Y"理论。第二次世界大战后，就企业如何适应并在变化的环境中经营，形成了系统管理理论、权变管理理论、决策理论等一系列不同的理论观点和流派，从而推动了管理思想的发展。

小　结

1. "科学管理之父"——泰勒的科学管理理论从企业生产现场的管理工作入手，主要内容包括工作定额、标准化、合理用人、有差别的计件工资制、计划职能和执行职能相分离和"例外原则"。

2. 梅奥通过"霍桑试验"提出了人际关系学说的一系列思想：人是"社会人"；生产效率主要取决于员工的工作态度和人们的相互关系；重视"非正式组织"的存在和作用。

3. 美国人麦格雷戈在《企业中人的因素》一书中，提出了"X-Y"理论。

4. 系统管理理论强调"组织要不断从外部环境获取资源以适应环境的变化"，管理必须建立在系统的基础上。

5. 权变管理理论认为，世界上没有一成不变的，普遍适用的"最佳的"管理理论和方法，管理者要根据组织所处的内外环境的变化随机应变，针对不同情况寻找不同的方案和方法。

6. 决策理论的代表人物是美国人西蒙，其主要观点是"管理的实质是决策"。

练　习　题

一、课内测试题

（一）单项选择题

1. 被誉为"科学管理之父"的是（　　）。

　　　　A．泰勒　　　　　　B．法约尔　　　　C．韦伯　　　　　　D．梅奥

2．标志着科学管理理论正式形成的一书是（　　　）。

　　　　A．《科学管理原理》　　　　　　　　　B．《工业管理和一般管理》

　　　　C．《社会组织与经济组织理论》　　　D．《工业文明中的人的问题》

3．"例外原则"的提出者是（　　　）。

　　　　A．彼得·德鲁克　　B．泰勒　　　　C．兰德公司　　　D．法约尔

4．科学管理理论的关注点是（　　　）。

　　　　A．企业生产现场　　　　　　　　　B．组织的整体利益

　　　　C．人的行为及产生行为　　　　　D．企业文化

5．一般管理理论研究的对象是（　　　）。

　　　　A．企业生产现场　　　　　　　　　B．组织的整体利益

　　　　C．人的行为及产生行为　　　　　D．企业文化

6．以下属于法约尔提出的管理理论是（　　　）。

　　　　A．例外原则　　　　　　　　　　　B．一般管理理论

　　　　C．14条管理原则　　　　　　　　D．理想行政组织理论

7．以下属于韦伯提出的管理理论是（　　　）。

　　　　A．例外原则　　　　　　　　　　　B．一般管理理论

　　　　C．14条管理原则　　　　　　　　D．理想行政组织理论

8．被称为"组织理论之父"的学者是（　　　）。

　　　　A．泰勒　　　　　　B．法约尔　　　　C．韦伯　　　　　　D．梅奥

9．法约尔认为，管理的首要职能是（　　　）。

　　　　A．计划　　　　　B．组织　　　　　C．指挥　　　　　D．控制

10．法约尔认为，企业的技术、商业、安全、财务、会计、管理六种职能的总体运动构成了（　　　）。

　　　　A．经营　　　　B．管理　　　　　C．生产　　　　D．销售

11．认为"人一般生来就厌恶工作"是哪一个理论的观点？（　　　）

　　　　A．Z理论　　　B．超Y理论　　　C．Y理论　　　D．X理论

12．认为"人们在执行任务时能够自我控制和自我指导"是哪一个理论的观点？（　　　）

　　　　A．Z理论　　　B．超Y理论　　　C．Y理论　　　D．X理论

13．认为"管理就是决策"的管理学家是（　　　）。

　　　　A．泰勒　　　　B．法约尔　　　　C．西蒙　　　　D．孔茨

14．认为在现实中不存在一成不变、普遍适用的管理方法，管理应随机应变的是（　　　）。

　　　　A．系统管理理论　　　　　　　　　B．权变管理理论

　　　　C．决策理论　　　　　　　　　　　D．数理理论

15．认为"组织是一个以人为主体、由许多子系统构成的开放的大系统，并且是社会大系统的一个分系统"，强调"组织要不断从外部环境获取资源以适应环境的变化"的是（　　　）。

A．系统管理理论　　　　　　　B．权变管理理论

C．决策理论　　　　　　　　　D．管理科学学派

16．韦伯认为，理想的行政组织的权力基础是（　　　）。

A．合理-合法的权力　　　　　B．个人崇拜式权力

C．传统的权力　　　　　　　　D．超凡的权力

17．一个科学管理的代言人，在管理工作中最有可能会放弃以下哪种管理行为？（　　　）

A．合适的岗位寻求合适的劳动者　B．分解工作流程，专业化分工

C．采取有效的精神奖励措施　　　D．通过经验进而标准化管理手段

18．以下哪一管理理论的研究对象是管理的过程和职能？（　　　）

A．决策理论学派　　　　　　　B．管理过程学派

C．系统管理学派　　　　　　　D．人际关系学说

（二）多项选择题

1．以下属于泰勒的科学管理理论的主要内容的有（　　　）。

A．工作定额与标准化　　　　　B．合理用人

C．有差别的计件工资制　　　　D．专业分工与例外原则

2．梅奥通过霍桑试验得出的一系列有关人际关系学说的主要观点有（　　　）。

A．企业中的人首先是"经济人"　B．企业中的人首先是"社会人"

C．生产效率主要取决于员工的工作态度和人们的相互关系

D．企业中存在非正式组织，要重视它们的存在

3．"经济人"假设认为（　　　）。

A．人的本性是懒惰的　　　　　B．人并非是单纯追求金钱收入

C．人的行为的目的在于追求利益最大化

D．满足社会心理需要是主要的

4．下列属于X理论的观点的有（　　　）。

A．人生来并不厌恶工作

B．外界控制是促使员工完成工作任务的主要手段

C．人生来就厌恶工作

D．应该通过员工的自我激励来实现组织的目标

5．下列属于Y理论的观点的有（　　　）。

A．人生来并不厌恶工作

B．外界控制是促使员工完成工作任务的主要手段

C．人生来就厌恶工作

D．应该通过员工的自我激励来实现组织的目标

6．"社会人"假设认为（　　　）。

A．人的本性是懒惰的

B．人的行为的目的在于追求利益最大化

C．人并非是单纯追求金钱收入

D．人们还有社会心理需要

7．泰勒的科学管理理论建立的人性论基础是（   ）。

A．经济人假设   B．社会人假设   C．Y 理论   D．X 理论

8．以下观点，属于系统管理理论的有（   ）。

A．组织本身是一个以人为主体的人造系统，它由许多相互联系的子系统组成

B．组织是社会大系统中的一个子系统

C．管理必须建立在系统的基础上

D．管理是一个过程

（三）问答题

1．简述"X 理论"和"Y 理论"对人性的基本假设，并简要谈谈你的认识。

2．简述人际关系理论的主要观点并简要谈谈其对管理实践的启示。

3．简述科学管理理论的主要内容。

二、课外思考与实践题

（一）思考讨论题

1．比较古典管理学派的三位杰出代表人物的管理思想，他们的管理思想过时了没有？在当今的管理实践中应当如何应用？

2．关于行为科学理论，你认为它在现实生活中对我们有哪些指导意义？

3．你认为在执行管理的各项职能的时候该如何应用权变管理理论，谈谈你的看法。

4．有的企业靠严厉的制度管理员工，提高了生产效率；有的企业靠实施人性化的管理措施笼络了员工的心，同样提高了生产效率。这两者看起来是矛盾的，你如何理解？

（二）实践题

查阅资料，比较一下"X-Y 理论"与古代中国"性本恶"、"性本善"学说。你能举出它们在现实生活中应用的实例吗？

第二篇

计划职能篇

　　计划工作是一座桥梁，它把我们所处的此岸和要去的彼岸连接起来，以克服这一天堑。

——哈罗德·孔茨

第三章　计划工作概述

❖ **学习重点** ❖
1. 计划工作的内涵
2. 计划工作的基本程序
3. 目标管理的内涵与基本步骤

第七单元　理解计划工作的内涵

案例导入

北京松下显像管有限公司（以下简称北京松下）是中外合资企业，自建成投产以来，以良好的经营业绩确立了在我国工业界的地位。曾经连续多次被评为全国"三资"企业中高盈利额、高出口额的十大"双优"企业。

北京松下高度重视计划工作，他们常说："制定一份好的计划就意味着工作完成了一半"，"什么是管理，执行计划就是管理"。公司对职员考核的五条标准之一就是制定计划的能力。

每年年初，公司总经理都要召开一年一次的经营方针发表会——制定计划，设定公司该年度的活动经营方针，制定该年度的活动计划，设定合适的目标。制定计划的目的在于推动以目标管理为中心的事前管理，克服无计划的随机管理。公司总经理曾形象地说："等着了火再去泼水，傻瓜都会，管理的责任在于防止火灾的发生。"

北京松下最具代表性的就是推行"事业计划"。它的编制往往始于该财政年度的前几个月，其内容包括生产、销售、库存、设备投资、材料采购、材料消耗、人员聘用、工资基数等一系列详细计划以及以此为前提的资金计划、利润计划和资产负债计划。"事业计划"来自于全体职工的集体智慧，其中的"标准成本"、"部门费用预算"等，使职工们看到各自的岗位与经济责任。总之，"事业计划"制的实施大大地加强了企业从投入到产出经营活动的可控性，指明了全体职工为实现经营目标而协调努力的方向。

请回答：什么是计划？计划在管理活动中有什么作用？

知识点一：计划的概念和内容

"计划"一词是人所共知、司空见惯的。但当我们谈论或引用"计划"

这个词时，往往会有以下两种不同的含义。

1）把"计划"视为动词或动名词（planning），即动态的计划概念，反映一种思考行为或程序、一项工作。这是计划作为管理职能之一的原本之意，即计划工作。计划工作有广义和狭义之分：

广义的计划是制定计划、执行计划和检查计划执行情况三个紧密衔接的工作过程，就是把管理活动纳入一个全面计划的过程中。

狭义的计划工作就是制定计划，即通过科学的预测，权衡客观的需要和主观的可能，提出组织在未来一定时期内要达到的目标以及实现目标的途径和方法。它主要包括三个方面的内容，即预测、确定目标、决策。

本书在此主要是指狭义的计划工作（如不做特殊说明，管理学中讲计划工作或计划职能通常都是指狭义的计划工作）。

2）把"计划"单纯视为名词（plan），即静态"计划"的概念。此时，"计划"将不再是指上述过程或工作的本身，而是指上述过程的最终结果，即指最后选择的方案，也就是通常所说的计划书。其内容常用 5W1H 来表示。

① 做什么（what）。即预先明确所要进行的活动的具体内容和要求。

② 为什么要做（why）。即明确所计划工作的原因、宗旨和目标，并对可行性进行论证，对宗旨认识得越清楚，就越有助于他们在计划中发挥主动性和创造性。

③ 谁去做（who）。即明确所要进行的活动由哪个主管部门负责，由哪些人员去实施。

④ 什么时候做（when）。规定计划中各项工作的开始时间和完成进度，以便进行有效的控制和对各种资源进行协调和平衡。

⑤ 在什么地方做（where）。规定计划实施的地点和场所，了解计划实施的环境条件和限制，以便合理安排计划实施的空间、组织和布局。

⑥ 怎么做（how）。制定实现计划所要采取的措施、方式、方法以及相应的政策和规则。

不难看出，动态的计划是一个过程，一个由一系列工作构成的活动过程，而静态的计划则是这一过程的结果，前者是产生后者的原因，后者是前者的结果。

知识点二：计划的特点

计划的特点主要体现为五个方面，即目的性、首位性、普遍性、效率性和创造性。

（一）目的性

这是因为计划可以给出方向，减少未来变化的冲击并设立标准以便于控制，体现在以下几个方面：

1）计划是一种协调过程，它给管理者和非管理者指明方向，当所有人明确目标后，可协调他们的活动，使他们团结协作。

2）计划工作促使管理者预测未来，考虑变化因素的冲击，制定相应对策，可以降低不确定性。

3）计划工作设定的目标和标准便于进行控制。通过计划设立目标，在实际管理过程中可以将实际成绩与目标进行比较，及时发现偏差和问题，采取必要的校对和调整。因此，没有计划就没有控制。

（二）首位性

首位性是指计划工作相对于其他管理职能处于首位。首位性表现在两个方面：一方面，是指计划职能在时间顺序上处在计划、组织、领导、控制四大管理职能的始发位置——任何事情开始之前都需要做计划；另一方面，是指计划职能对整个管理活动过程及其结果施加影响具有首要意义。例如，一项投资计划报告，当得出结果不合算时，就不必要进行随后的组织等工作了。所以，计划职能通常被称为管理的首要职能。

（三）普遍性

虽然计划的特点和范围随管理层次不同而有所不同，但它是所有管理者的一个共同职能，只不过是粗细、时间范围等不同而已。如学校要制定招生计划，教师要制定教学计划，学生也要制定学习计划。

（四）效率性

计划工作的任务不仅是要确保实现目标，而且要从众多的方案中选择最优的，以求资源的合理利用和提高效率。主要体现在三个方面：一是有效地实现组织与外部环境的协调，最大限度地减少由于这方面不协调给组织带来损失的可能性；二是有效地实现组织内部的协调，提高投入产出比；三是有效地实现组织目标与组织成员个人目标的协调。

从另一个角度来讲，没有计划的活动总是容易引发许多无用功，带来不必要的损失。因此，人们常说制定一份好的计划就意味着工作完成了一半。

（五）创造性

计划工作总是针对需要解决的新问题和可能发生的新变化、新机会做出决定，因而它是一个创造性的管理过程。类似于新产品的设计，计划是对管理活动的设计。因此，正如新产品的成功在于创新一样，计划的成功相当程度上也依赖于创新。

综上所述，计划是管理者进行指挥的依据和进行控制的标准，计划还是降低风险、掌握主动的手段，是减少浪费、提高效益的方法。因此，各个层次的管理者都必须进行计划。

知识点三：计划的类型

计划是对未来行动的安排，从不同的角度，计划可以有不同的种类划分。

（一）按组织层次分

计划按组织层次一般分为高层管理计划、中层管理计划和基层管理计划。高层管理计划着眼于组织整体的、长远的安排与定位；中层管理计划着眼于组织内部各个组成部分的定位和相互关系的确定；基层管理计划则着眼于每一个岗位、每一个人员、每一段时间的具体工作的安排和协调。

一般情况下，高层管理者制定出高层管理计划之后，中层管理者再根据高层管理计划制定出中层管理计划，基层管理者再根据中层管理计划制定出基层管理计划。

（二）按时间跨度分

财务人员习惯于将投资回收期分为短期、中期和长期。管理人员也采用同样的术语描述计划，即短期计划（short-term plan）、中期计划（medium-term plan）和长期计划（long-term plan）。短期计划一般指 1 年之内的期间；长期计划一般在 5 年以上，而中期则介于两者之间。

长期计划描述了组织在较长时间的发展方向和方针，规定了组织的各个部门在较长时间内从事某种活动应达到的目标和要求，绘制了组织长期发展的蓝图。

短期计划具体规定了组织的各个部门在目前到未来的各个较短的时间阶段，特别是最近的时段中，应该从事何种活动，从事该种活动应达到何种要求，因而为该组织成员在近期的行动提供了依据。

（三）按明确程度分

按明确程度可分为具体性计划（specific plan）和指导性计划（directional plan）。具体性计划指具有明确目标的计划，不存在模棱两可；而指导性计划只规定一些一般的方针和行动原则，给予行动者较大的自由处置权，它指出重点但不把管理者限定在具体的目标或特定的行动方案上。

例如，一个增加利润的具体性计划可能规定未来 6 个月内，销售额要增加 6%，成本要降低 4%；而指导性计划则可能只规定未来的 6 个月利润要增加 5%～10%。显然，指导性计划具有内在的灵活性，而具体性计划相对更易于执行、考核和控制，但是缺少灵活性。

一般来讲，越高层，计划越应该具有指导性，而越基层，计划越应该具有具体性；对于风险较小、预见性比较明显的工作，应该以具体性计划为主，而风险较大、可预见性较小的工作，则应以指导性计划为主；对于自觉性较强、素质较高的员工，一般可以以指导性计划为主，而理解能力、自觉性较差的员工，则具体性计划优于指导性计划。

（四）按程序化程度分

可分为程序性计划和非程序性计划。程序性计划（programmed plan）是对经常重复出现的例行性活动所作的计划；非程序性计划（nonprogrammed plan）是对不经常出现的非例行活动所作的计划。

西蒙把组织的活动分为两类：一类是例行活动，指一些重复出现的工作，如订货、材料的出入库等。有关这类活动的计划是经常反复的，而且具有一定的规律，因此，可以建立一定的程序，每当出现这类工作或问题时，就利用一定的程序来解决，而不需要重新研究。这就是程序性计划。例如，许多物流公司都建立了应对客户投诉、采购、仓储、客户服务等工作基本流程，每当遇到类似的情况时，工作人员只要按照规定的程序一步一步去做就行了。

另一类活动是非例行活动，不重复出现，如突发事件、一些临时性事件，处理这些问题没有一成不变的方法和程序，因为这些事情或问题要么在以前尚未发生过，要么因为不确定性因素太多难以用一套固定的方法去解决，因而需要用个别的方法加以处理，解决这类问题的计划就是非程序性计划。

（五）按综合性程度分

就企业而言，通常分为战略计划（strategic plan）、生产经营计划（management plan）和作业计划（business plan）三种基本类型。

1. 战略计划

战略计划也叫战略规划，决定的是企业在未来较长时间内的工作目标和发展计划，是企业最重要的一种计划，一般是由企业的高层管理人员制定。它有三个基本特征：一是长期性，一般涉及 3、5、10 年甚至更长时间；二是普遍性，即它的涉及面广，相关因素多，既包括企业内部的各部门和环节，也包括企业的外部环境；三是权威性，战略计划是一种指导性计划，它一经制定且被批准实施，就对企业的其他计划具有指导、约束作用。

名家观点

"战略问题是研究战争全局的规律性的东西"，"凡属带有全局性的战争指导规律，是战略学的任务"。

——毛泽东

知识点

企业战略就是根据对企业内外部环境的分析，为求得企业生存与长期稳定发展而做出的带有全局性、长远性、纲领性的总体谋划。

2. 生产经营计划

生产经营计划也叫管理计划，是企业各部门在战略计划的指导下，根据企业的经营目标、方针、政策等制定的计划。特点是整体性和系统性，一般包括利润计划、销售计划、生产计划、成本计划、物资供应计划等。另外，生产经营计划一般多以年度计划为主。

3. 作业计划

作业计划也叫业务计划，是企业生产经营计划的实施计划，是企业的短期计划。特点是具体明确，即它一般由基层管理人员或企业负责计划工作的职能人员制定，指标具体，任务明确。

生产经营计划和作业计划通常被称为战术性计划，也就是在战略计划指导下制定的，是落实战略性计划的计划。

对于不同层次的管理者，其相应的计划如表 3.1 所示。

表 3.1　计划分类表

高层管理者	高层管理计划	长期计划	指导性计划	非程序性计划	战略计划
中层管理者	中层管理计划	中期计划	指导性与具体性计划	程序性与非程序性计划	生产经营计划
基层管理者	基层管理计划	短期计划	具体性计划	程序性计划	作业计划

拓展知识一：对计划的认识

对于计划工作，我们应该有一个正确的认识。一般而言，正式的计划工作是和组织的较高利润、较高的资产回报以及其他正面的财务成果相联系的；其次，高质量的计划工作和对计划的贯彻执行将导致更高的组织绩效。但是，在实践过程中仍有不少人对计划工作有许多误解，有必要对此进行澄清。

（一）计划不是策划未来

人类是无法预言和控制未来的，试图指挥和策划未来是幼稚的，管理者能做的就是立足现在、预测未来，而后决定为了实现将来的目标现在采取什么样的行动。

（二）计划不是做未来的决策

计划工作包含有决策，但不是做未来的决策，而是为了实现未来的目标现在就做出决策，即为了未来现在就做决策。

（三）计划并不能消除变化

有道是"计划赶不上变化"，因为计划不能够消除变化，无论管理者如何计划，变化总是要发生的。但是，不能因计划不能消除变化就不做计划；相反，管理者制定计划的目的之一就在于预测变化并制定有效的应变措施，尽可能降低或消除变化可能带来的不利影响或抓住变化带来的机遇。如果不预测、不防范，灾难来临就会带来巨大的损失；机会来到我们却错失良机。

📖 **示例**

地震后余震的发生是我们无法改变与避免的，我们不能因为无法准确预测余震发生的时间就不做防范；相反，我们唯一要做的就是做好各种应急预案，一旦余震来临，我们就能做到不慌不忙，尽可能减少损失。

（四）计划并不减少灵活性

传统意义上人们认为，计划意味着承诺，一旦制订出来，就不能修改，所以计划就成为一种约束。实际上，计划应该是一种持续进行的活动，推理明确、构想清晰、白纸黑字写出来的正式计划比存在于头脑中的、模糊的假设更容易修改。再者，在制订计划的过程中也可以人为地增加其灵活性。因此，计划照样具有灵活性。

📁 **小提示**

管理人员是管计划的，而不是被计划管住的。所以，计划有没有灵活性不在于计划本身，而在于制定和执行计划的人。

（五）准确的计划并不浪费管理者的时间

一般不准确的计划可能体现在实现的最终结果与计划的结果的不一致性，但最终结果只是计划的目的之一，过程本身就很有价值，即使最终结果没有完全达到预期的目标，计划迫使管理者认真思考要干什么和怎么去干，搞清楚这两个问题本身就很有价值。因此，凡是认真执行计划的管理者将会有明确的方向和目标，就不会事到临头草率判断，将会使因偏离方向而引起的损失减到最小，这就是计划过程本身的意义。如果没有计划，管理者就会因盲目而做一些无用功，浪费时间和资源。

📁 **小提示**

"磨刀不误砍柴工"，如果没有计划，管理者就会因盲目而做一些无用功，浪费时间和资源。反过来，计划虽然会占用管理者一定的时间，但并不因此说计划会浪费管理者的时间。

拓展知识二：计划的层次体系

哈罗德·孔茨和海因茨·韦里克（Heinz Weihrich）从抽象到具体，把计划分为一种层次体系：目的或使命、目标、战略、政策、程序、规则、方案以及预算，如图 3.1 所示。孔茨和韦里克的分类对于我们理解计划及其计划工作是有裨益的。下面简要分析各种形式的计划。

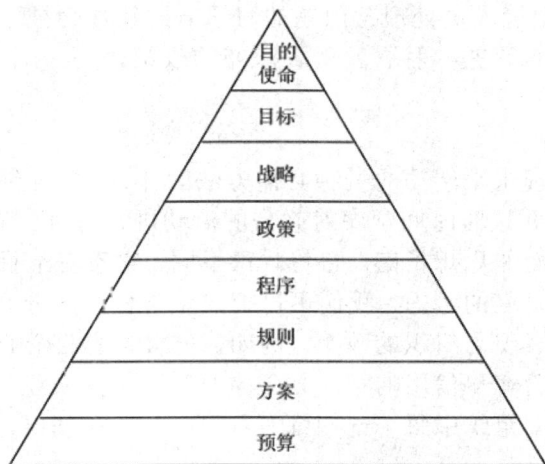

图 3.1　计划层次体系

（一）目的或使命

目的或使命即宗旨，它指明一定的组织机构在社会上应起的作用，所处的地位。它决定组织的性质，决定此组织区别于彼组织的标志，表明组织是干什么的，应该干什么。各种有组织的活动，如果要使它有意义的话，至少应该有自己的目的或使命。如大学的使命是教书育人和科学研究，医院的使命是治病救人，法院的使命是解释和执行法律，企业的目的是生产和分配商品和服务。

（二）目标

组织的目的或使命往往太抽象、太原则化了，它需要进一步具体为组织一定时期的目标和各部门的目标（在一定时期内要达到的具体成果）。组织的使命支配着组织各个时期的目标和各部门的目标，而且组织各个时期的目标和各部门的目标是围绕组织存在的使命所制定的，并为完成组织使命而努力的。虽然教书育人和科学研究是一所大学的使命，但一所大学在完成自己的使命时会具体化为不同时期的目标和各院系的目标，如最近 3 年培养了多少人才，发表了多少论文等。

（三）战略

战略是为了达到组织总目标而采取的行动和利用资源的总计划，主要指明奋斗方向和资源分配的优先次序，是思想的指南。其目的是通过一系列的主要目标和政策去决定和传达一个组织期望自己成为什么样的组织的情景。

（四）政策

政策是指导或沟通决策思想的全面的陈述书或理解书，是考虑问题的指南。但不是所有政策都是陈述书，政策也常常会从主管人员的行动中含蓄地反映出来。例如，主管人员处理某问题的习惯方式往往会被下属作为处理该类问题的模式，这也许是一种含蓄的、潜在的政策。

（五）程序

程序是制定处理未来活动的一种必需方法的计划。它详细列出必须完成某类活动的方式，并按照时间顺序对必需的活动进行排列。它与战略不同，它是行动的指南，而非思想指南。它与政策不同，它没有给行动者自由处理的权力。处于理论研究的考虑，我们可以把政策与程序区分开来，但在实践工作中，程序往往表现为组织的政策。例如，一家制造业企业的处理订单程序，财务部门批准给客户信用的程序，会计部门记载往来业务的程序等，都表现为企业的政策。组织中每个部门都有程序，并且在基层，程序更加具体化，数量更多。

（六）规则

规则没有酌情处理的余地。它详细、明确地阐明必需行动或无需行动，其本质是一种管理决策。规则通常是最简单形式的计划。

规则不同于程序。其一，规则指导行动但不说明时间顺序；其二，可以把程序看作是一系列的规则，但是一条规则可能是也可能不是程序的组成部分。例如，"禁止吸烟"是一条规则，但和程序没有任何联系；而一个规定为顾客服务的程序可能表现为一些规则，如在接到顾客需要服务的信息后30分钟内必须给予答复。

规则也不同于政策。政策的目的是指导行动，并给执行人员留有酌情处理的余地；而规则虽然也起指导的作用，但是在运用规则时，执行人员没有自行处理之权。

必须注意的是，就其性质而言，规则和程序旨在约束思想，因此，只有在不需要组织成员使用自行处理权时，才使用规则和程序。

（七）方案

方案是一个综合性的计划，它包括目标、政策、程序、规则、任务分配、要采取的步骤、要使用的预算以及为完成既定行动方针所需的其他因素。一项方案可能很大，也可能很小。通常情况下一个主要方案可能需要很多支持计划。在主计划进行之前，必须把这些支持计划制定出来，并付诸实施。

（八）预算

预算是一份用数字表示预期结果的报表，即数字化的计划。预算通常是为规划服务的，其本身可能也是一项规划。

第八单元　掌握计划工作的程序

案例导入

哈尔担任总经理将近一年了。他在审阅企业有关年终情况的统计资料时，发现结果是出乎意料的糟糕。记得他刚刚担任总经理时的第一件事，就是迅速制定了企业的一系列工作计划和目标。具体地说，他要解决企业的浪费、员工费用过高、废料运输费过多的问题。他提出了具体的要求：在一年内要把购买原材料的费用率降低15%～20%；把用于支付员工加班的费用从原来的13万美元减少到6万美元；要把废料运输费用降低4%等。他把这些计划指标告诉了有关方面的负责人。然而，年终统计资料表明：原材料的浪费比去年严重，消耗费率竟占公司费用总额的22%；职工加班费用也只降到11万美元；运输费用也没有降低等。

为此，他立即召开有关人员参加会议，打算对这些情况进行通报，研究一些问题和对策。会上，他严肃地批评了分管生产的副总经理。而生产副总经理则争辩说："我曾对员工强调过要注意减少浪费的问题，原以为员工会执行我的要求"；财务部门的负责人也附和着说"我已为削减超时的费用做了最大的努力，只支付那些必须支付的款项"；负责运输方面的负责人则说："我对未能把运输费减下来并不感到意外，因为我们已经想尽了一切办法。我预计明年的运输费可能要上升4%～5%"。会议成了抱怨会，无法正常进行，只好在与会人员的抱怨声中散会了。

会后，哈尔总经理分别与有关方面的负责人进行交谈与沟通，消除抱怨、听取建议，他详细查阅本企业有关的资料，具体研究本行业同类指标的水平，并组织有关部门的负责人分析企业内外情况，论证下年度工作计划和目标。在此基础上，哈尔总经理又把他们召集起来下达了新的计划指标，他说："生产部门一定要把原材料消耗的费用降低10%，人事部门一定要把职工超时费降到7万美元；即使是运输费用在提高，但也决不能超过今年的标准。这是我们明年的目标。到明年底我再看你们的结果。"与此同时，生产副总经理也提出了一些具体措施、改进的方法、奖惩意见，明确了责任部门、责任人、时间进度、重点环节、协调要求等。

请回答：哈尔总经理的计划工作有哪些变化？计划指标为什么下调？该如何搞好计划的执行？该企业的计划明年能够正常运行吗？

要回答这些问题，我们就要知道如何制定计划、如何有效地执行计划，只有这样才能使计划真正地发挥作用，使控制管理变成执行计划的过程。

知识点：计划工作的程序

程序的实质是对所要进行的活动规定时间顺序。计划本身是一种重复的例常性工作，制定计划都要经过以下步骤，如图3.2所示。

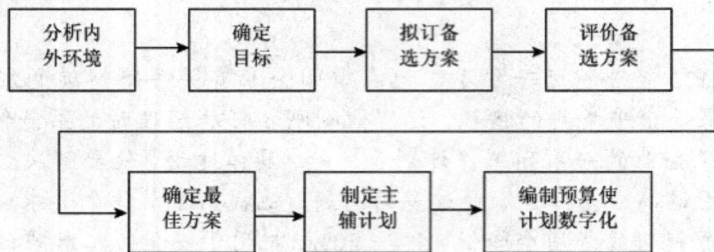

图3.2　计划步骤示意

（一）分析内外环境

分析内外环境就是分析外部环境带来的机会、威胁以及组织内部的优势、劣势。环境具有不确定性，只有分析内外部环境，才能认清形势，做出正确的计划。因此，计划的第一步就是要分析内外部环境，从而对未来进行预测。

关于内外部环境分析，我们将在本书第十单元做详细讨论。

（二）确定目标

具体来说，就是根据分析内外部环境的结果，为整个组织、其所属的下级单位确定活动的目标，指明前进的方向。确定的目标必须说明预期的成果，工作的重点和主要任务。我们将在本书第九单元目标管理中对如何确立目标进行讨论。

小提示

为便于指导、检验自己的工作，一般设定目标时尽量具体化、数字化、明确化。

（三）拟订备选方案

拟订备选方案即寻找能够实现目标的途径与方法。要实现确定的目标，就必须探索和考察可供选择的行动方案。这一阶段要集思广益，不怕备选方案多。

（四）评价备选方案

"条条大路通罗马"、"殊途同归"，都描述了实现某一目标的途径是多条的。因此，要对这些途径进行评价，在对各种备选方案进行考察并明确各自的优缺点后，按预先设定的目标来权衡各种因素，看看哪种方案能够提供最佳机会，能以最低的成本实现最大的利润。

（五）确定最佳方案

根据对备选方案的评价，根据满意原则确定最佳方案，即选出组织将采取的行动方针。选择时应考虑这样两个方面：一是可行性、满意性、可能性结合最好的方案；二是投入产出比率最高的方案。此外，还可以多选一个或几个以供备用。

上述（三）～（五）属于决策过程，我们将在本书第十一单元进行详细讨论。

（六）制定主、辅计划

制定主要计划就是将所选择的方案用文字形式正式表达出来，作为管理文件。计划要清清楚楚地确定和描述5W1H的内容。

辅助计划是指由主要计划所派生出来的计划，即对主要计划起支持性的计划。如在工业企业，除制定产销计划外，还需制定原料采购、设备维修、人员培训等计划。

示例

一家公司年初制订了"年销售额比上一年增长15%"的销售计划，与这一计划相关的还应该有原料采购计划、生产计划、销售人员培训计划、促销计划等。

再比如，某公司决定拓展一项新业务，势必就派生出招聘和培训新人员、资金筹集、广告宣传等计划。

（七）编制预算使计划数字化

预算是一种以数字表示预期收支结果的报告书。编制预算，一方面，是为了使计划的指标体系更加明确；另一方面，是使企业更加容易对计划执行进行控制，定性的计划往往在可比性、可控性和进行奖惩方面比较困难，而定量的计划更具有较硬的约束。

知识点

计划（书）的主要内容如下：

1）目标（任务、指标）（what）。

2）可行性分析（市场分析）——为什么会提出前面的目标（why）。

3）具体方案——实现目标的途径和方法，通过这一方案的实施就能够实现目标（who、when、where、how）。

4）经济效益分析。

5）附录（各种辅助资料——图纸、数据等）。

综上所述，计划工作就是在内外部环境分析的基础上，确定未来应达到的组织目标，并将组织目标具体化为行动方案。内外部环境的分析是计划工作的前提；目标管理是进行计划工作的主要方法和手段；决策是管理的基础，是计划工作的核心，也是主管人员的首要工作。

案例解析

"案例导入"中哈尔总经理的计划工作在方式与内容上发生了改变：

计划方式的变化。哈尔刚刚担任总经理时，"迅速制定了企业的一系列工作计划和目标"，并"把这些计划指标告诉了有关方面的负责人"。也就是说，这一次的计划是哈尔一个人做出的。一年后哈尔再做计划的时候，则是"分别与有关方面的负责人进行交谈与沟通，消除抱怨、听取建议，他详细查阅本企业有关的资料，具体研究本行业同类指标的水平，并组织有关部门的负责人分析企业内外情况，论证下年度工作计划和目标。"与此同时，生产副总经理也提出了一些具体措施、改进的方法、奖惩意见，明确了责任部门、责任人、时间进度、重点环节、协调要求等"。这说明，第二次的计划是经过充分论证和调研的，相应的负责人围绕计划的落实也有具体的实施要求。

计划的具体内容（指标）的变化。第一次计划的各项指标是："在 1 年内要把购买原材料的费用率降低 15%~20%；把用于支付员工加班的费用从原来的 13 万美元减少到 6 万美元；要把废料运输费用降低 4%等"。第二次则是"生产部门一定要把原材料消耗的费用降低 10%，人事部门一定要把职工超时费降到 7 万美元；即使是运输费用在提高，但也决不能超过今年的标准。"

不难发现，下调指标的原因是第一次制定指标并没有进行充分的调研和论证，同时也没有提出实现目标（指标）的具体要求。

计划工作应包括三个方面的工作：一是科学的预测，分析内外部环境；二是提出未来一定时期内要达到的目标；三是提出实现目标的途径、方法，然而哈尔总经理第一次做计划的时候只是提出了一个目标，也就是指标，既没有进行预测（调研论证），也没有提出实现目标的具体措施和要求，这使得他的计划注定失败。第二次他在论证的基础上提出各项指标，生产副总经理也提出了实现目标的具体措施，这样，才能保证指标的实现。

拓展知识：计划编制的方法

（一）滚动计划法

在管理实践中，由于环境的不断变化，在计划的执行过程中现实情况和预想的情况往往会有较大的出入，这就需要定期对计划做出必要的修正。滚动计划法正是一种可以定期修正未来计划，以保证其弹性和适应性的计划方法。

　　滚动计划法是按照"近细远粗"的原则制定一定时期内的计划，然后根据近期计划的执行情况和环境变化，调整和修订未来的远期计划，并逐期向后移动，由此把中短期计划和长期计划结合起来的一种计划方法。其基本特点是编制灵活，可以适应环境的变化。图 3.3 是一个 5 年期的滚动计划编制方法。

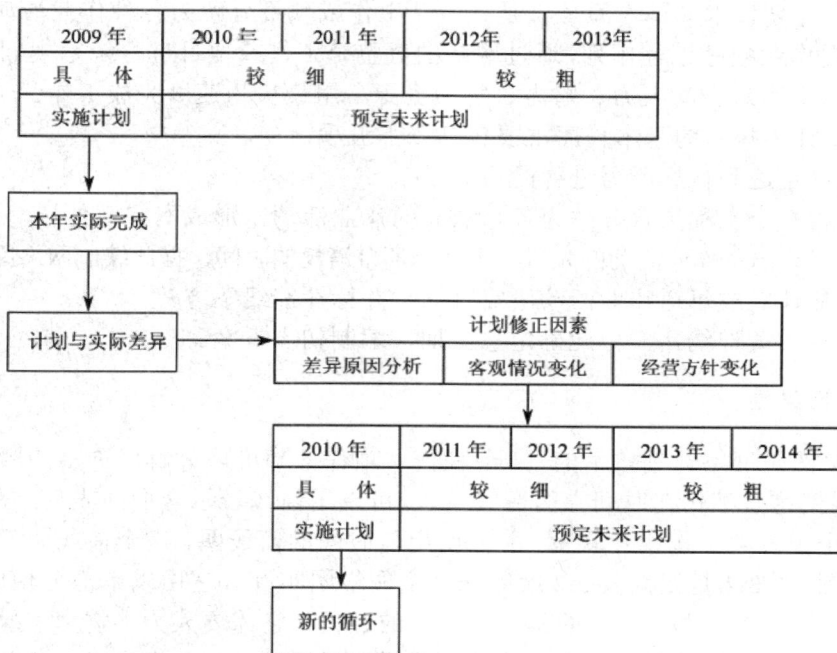

2009 年	2010 年	2011 年	2012年	2013年
具　体	较　细		较　　粗	
实施计划	预定未来计划			

本年实际完成

计划修正因素		
差异原因分析	客观情况变化	经营方针变化

计划与实际差异

2010 年	2011 年	2012 年	2013 年	2014 年
具　体	较　细		较　　粗	
实施计划	预定未来计划			

新的循环

图 3.3　滚动计划法

　　编制滚动计划时，应考虑影响计划的各种因素（计划修正因素），对计划进行调整和修订。这些因素统称为计划修正因素，主要有以下三点：

　　1）计划与实际的差异，即将计划的执行结果与原订的计划进行对比分析，找出两者的差距，分析出现差距的原因，以此作为调整计划的依据。

　　2）客观条件的变化，这种客观条件包括企业的内部条件和企业的外部环境。

　　3）企业经营方针的调整，企业的经营方针是企业制订计划最根本的依据，是企业生产经营活动的行动纲领，因此，企业经营方针必然影响企业计划的制订。

（二）网络计划技术

　　网络计划技术，即计划评审技术（program evaluation and review technique，通常称为 PERT 或 PERT 网络分析技术），起源于 20 世纪 50 年

代的美国。1958 年，美国海军武器计划处采用了计划评审技术，协调 3000 多个承包商和研究机构以及几万种复杂的活动，使北极星潜艇系统开发工程的工期由原计划的 10 年缩短为 8 年。1961 年，美国国防部和国家航空署规定，凡承制军用品必须使用计划评审技术制定计划。从那时起，网络计划技术就开始在组织管理活动中被广泛地应用。

1. 网络计划技术的基本原理与程序

网络计划技术的基本原理，是把一项工作或项目分解为各种作业活动，然后根据作业顺序进行排列，通过网络图对整个工作或项目进行统筹规划和控制，以便用最少的人力、财力、物力资源，用最快的速度完成工作。

网络计划技术的基本程序主要包括以下五项：

1）确定达到目标所需进行的活动。

2）将整个工程项目分解为各种独立的作业活动，形成网络事件。

3）确定这些作业活动的先后顺序以及各自消耗的时间，据此编制网络图。

4）估计完成每道作业活动所需时间，并标在箭线下方。

5）找出关键线路，由此确定总工期，编制初步方案。

2. 网络图

网络图是网络计划技术的基础。任何一项任务都可以分解成许多步骤的工作，根据这些工作在时间上的衔接关系，可以用箭线表示它们的先后顺序，画出一个由各项工作相互联系、并注明所需时间的箭线图，这个箭线图就称为网络图（图 3.4 是根据表 3.2 绘制的一个网络图实例），它由以下部分构成：

1）活动（"→"）。表示的是一项工作的过程，它需要人力、物力、财力等资源参加，经过一段时间才能完成。箭尾表示活动开始，箭头表示活动结束；箭线的长短与作业时间的长短无关。

2）事件（"○"）。事件是两个活动间的连接点。事件既不消耗资源，也不占用时间，只表示前一活动结束、后一活动开始的瞬间。

3）线路。指网络图中由始点事件开始，顺着箭头方向一直到终点事件为止，中间由一系列首尾相连的结点和箭线组成的通道。一个网络图中往往存在多条线路。

比较各线路的路长，可以找出一条或几条线路最长的线路。这种线路称为"关键线路"，即从始点到终点花费时间最长的线路。

关键线路上的活动称为关键活动。关键线路的路长决定了整个计划任务所需的时间。关键活动完工时间提前或推迟都直接影响着整个计划任务能否按时完工。

确定关键线路和关键活动，据此合理地安排各种资源，对各种活动进行进度控制，是利用网络计划技术的主要目的。因此，网络计划技术的突出特点在于使管理工作条理分明，容易抓住重点，进行管理控制。这是一种适用于组织活动的进度管理，特别适用于大型工程项目的生产进度安排，以达到合理安排一切可以动用的人力、财力和物力的一种计划编制、评价和审核的方法。

3. 网络图的绘制

网络图的绘制，要遵循以下主要原则：

1）网络图中，每一项活动只能用一条箭线表示。一般，将作业活动的名称或代号标注在箭线的上方，将该项活动的作业时间（用数字表示）标注在箭线下方。

2）箭线的首尾都必须有结点。结点一般要编号，以便于识别与计算。

3）网络图中不允许出现循环线路。

4）网络图中，只应有一个始点事件和一个终点事件。

表 3.2 所示为某印刷品印装过程。

表 3.2　某印刷品印装过程明细表

作业代号	作业名称	作业时间/天	紧后作业
A	正文印刷	4	C
B	封面、插图印刷	5	DE
C	折页、压页	5	FH
D	封面、插图干燥裁切	8	FH
E	制精装封面	5	I
F	套贴	5	G
G	配 订、包、切	5	—
H	精装书芯加工	7	I
I	上精装封面、压书	4	—

根据网络图绘制原则，对表 3.2 所示的某印刷品印装计划项目绘制网络图，得到图 3.4。

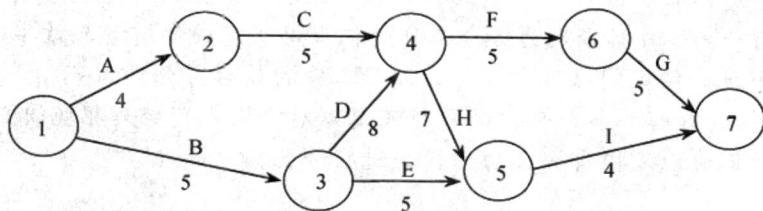

图 3.4　某印刷品印装项目网络

在该网络图中，①为始点事件结点，⑦为终点事件结点；从始点①连续不断走到终点⑦的线路有 5 条，即

线路一：①→②→④→⑥→⑦；

线路二：①→②→④→⑤→⑦；

线路三：①→③→④→⑥→⑦；

线路四：①→③→④→⑤→⑦；

线路五：①→③→⑤→⑦。

比较各线路的路长，5 条线路中，可以确定线路四即"①→③→④→⑤→⑦"为关键线路，总工期为 24 天。

第九单元　掌握目标管理的内涵与基本步骤

案例导入

某公司从 2004 年 7 月份开始实行目标管理，当时属于试行阶段，后来由于人力资源部人员的不断变动，这种试行也就成了不成文的规定执行至今，到现在运行了将近 1 年的时间。应该说执行的过程并不是很顺利，每个月目标管理卡的填写或制作似乎成了各个部门经理的任务或者说是累赘，总感觉占了他们大部分的时间或者说是浪费了他们的许多时间。每个月都是由办公室督促大家填写目标管理卡。除此之外就是一些部门，例如，财务部门每个月的常规项目占所有工作的 90%，目标管理卡的内容重复性特别大；另外一些行政部门的临时性工作特别多，每一个月之前很难确定他们的目标管理卡……

该公司的目标管理按如下几个步骤执行。

1. 目标的制定

1）总目标的确定。在前一年末的职工大会上公司总经理做总结报告，向全体职工讲明下一年的大体工作目标，再在年初的部门经理会议上总经理、副总经理和各部门经理讨论协商确定该年度的目标。

2）部门目标的制定。每个部门在前一个月的 25 日之前确定下一个月的工作目标，并以目标管理卡的形式报告给总经理，总经理办公室留存一份，本部门留存一份。目标分别为各个工作的权重以及完成的质量与效率。最后由总经理审批，经批阅以后方可作为部门工作的最后得分。

3）目标的分解。各个部门的目标确定以后，由部门经理根据部门内部的具体岗位职责以及内部分工协作情况进行分配。

2. 目标的实

目标的实施过程主要采取监督、督促并协调的方式，每个月月中由总经理办公室主任与人力资源部绩效主管共同或是分别到各个部门询问或是了解目标进行的情况。直接与各部门的负责人沟通，在这个过程中了解到哪些项目进行到什么地步，哪些项目没有按规定的时间、质量完成，为什么没有完成，并督促其完成项目。

3. 目标结果的　定与

1）目标管理卡首先由各部门的负责人自评，自评过程受人力资源部与办公室的监督，最后报总经理审批，总经理根据每个月各部门的工作情况，对目标管理卡遵行相应的调整以及自评的调整。

2）目标管理卡最后以考评得分的形式作为部门负责人的月考评分数，部门员工的月考评分数的一部分来源于部门目标管理卡。这些考评分数作为月工资发放的主要依据之一。但是最近，大多数部门领导人反映不愿意每个月都填写目标管理卡，认为这没有必要。不过，在执行过程中，部门员工还是能够了解到本月自己应该完成的项目，而且能了解到每一个项目应该到什么样的程度。当然，在最近的一次与部门员工的座谈中也了解到有的员工对本部门的目标管理卡不是很明确，其中的原因主要是部门的办公环境不允许把目标管理卡张贴出来（个别的部门），如果领导每个月不对部门员工解释明白，自己根本就不知道自己的工作目标是什么，只是每个月领导叫干什么就干什么，显得很被动……

也就是说，部门领寻如今不愿意做目标管理这一块，而且有一定数目的员工也不明白目标管理卡分解到他们那里的应该是什么。

请问：什么是目标管理？该公司的目标管理总体上存在哪些问题？该如何解决这些问题？

知识点一：目标的作用

目标的作用可以简单概括为以下几个方面。

（一）方向指引作用

目标使组织成员知道努力的方向和各自的任务，以便于据此安排好各项活动，具有方向指引作用。

示例

《西游记》中白龙马有目标地走了 10 年成了菩萨——终成正果；而他的兄弟毛驴无目的地围着磨床走了 10 年，终究还是只毛驴。

（二）激励作用

组织应使成员认识到目标既是客观的需要，同时又是他们自己的追求。激励作用表现为两个方面：一是只有明确了目标，而且该目标对成员具有吸引力时，才能调动他们的积极性，并创造出最佳成绩；二是个人只有实现了目标，才会产生成就感和满足感，并实现自己的个人目标。

目标不能过高，高不可攀，就会使人失去信心；也不能过低，不需要努力就能实现的目标，会使人产生惰性，没有动力。过高过低的目标都不具备激励作用。

具有激励作用的目标应该是经过一定的努力就能实现的目标，而且是实现后能给人一种成就感、很想再继续往更高层次努力的目标。

（三）凝聚作用

当目标能够充分体现成员的共同利益，每一个分目标都明确地指向总目标时，就会产生巨大的凝聚作用，大家既有明确分工，又能围绕目标密切合作，从而使员工迸发出奉献精神和创造力。

目标必须让全体员工都清楚地知道，而且要成为全体员工所共有的目标，并落实到每一个员工的行动中。如果企业有企业的目标，每个人只管每个人的目标，那这些人组合到一起是很难为实现企业的目标而共同努力的。

三个建筑工人在回答"你在做什么"的时候？一个说"我在卖力为我儿子赚学费"，一个说"我在为成为最棒的建筑师积累经验"，还有一位说"我在盖这个城市最好的大厦"。可以发现，只有第三位的目标是和企业的目标是一致的，因此，也只有他才能真正服务、服从于这个企业。而其他两位，当另一个公司给出更高的工资或职位时，很容易就会出现背离企业的行为。

不排除个人有自己的目标，但必须服从、服务于组织整体目标，任何一个国家的任何一个组织都是这样要求的。

（四）考核作用

是否达到目标是考核管理人员和员工绩效的客观标准，这样就能避免以往下级投上级所好或者说管理者主观用事的管理误区。

只有数量化也就是标准化的目标才便于理解、便于执行、便于检查、便于考核，从而便于管理。

目标应该数量化、标准化

许多企业都规定要实行微笑服务，对待客户要热情。那到底怎样才是热情，怎样才是微笑服务？没有明确，所以也不好给员工评分。沃尔玛（Walmart）规定微笑服务的标准就是——"三米之内，露出你的上八颗牙"。

解放军检查驻军与当地的军民关系的一个标准就是——缸满院净；要求

步调一致，标准就是"每分钟 116 步，每步 75 公分"。

知识点二：目标管理的含义

小提示

目标管理（management by objectives，MBO）是被誉为"现代管理学之父"、"当代管理大师"的彼得·德鲁克（Peter Drucker，1909～2005，又译彼得·杜拉克）于 1954 年首先提出来的，现已被世界各国广泛应用。

目标管理是以目标作为管理手段的一种管理方式。其基本思想是：让组织内各层次、各部门、各单位的管理人员，以及每个工作人员都根据总目标的需要，自己制定或者主动承担各自的工作任务，并在实现目标的过程中进行"自我控制"。

目标管理的实质就是：以目标作为各项管理活动的指南；以目标来形成组织的向心力和综合力；以目标来激励和调动广大组织成员的积极性；以目标的实现程度来评价每个单位和个人的工作好坏和贡献大小。

名家观点

德鲁克说："并不是有了工作才有目标，而是相反，有了目标才能确定每个人的工作，所以，管理者必须通过目标对下级进行管理。"

知识点三：目标管理的基本步骤

1. 制定组织的整体目标和战略

首先要确定为组织全体成员所接受和认同的总目标。这类目标一般由最高管理者负责制定，但也必须吸收一些中基层管理人员和职工参加，为此要向员工详细说明组织所处的环境和面临的问题、总目标的内容、实现的可能性、实现后对组织的意义等，并充分听取广大员工的意见，逐步形成共识。

2. 在经营单位和部门之间分配主要的目标

最高管理者把以总目标为核心的目标体系中的各分目标分别落实到下属的各单位和部门，分解以后的目标体系必须与组织结构相吻合，使每一项目标都落到实处。

3. 单位的管理者和他们的上级一起制定本部门的具体目标

在上下协调的基础上，组织各层次、各单位、各部门根据自己的职责范围制定出自己的具体目标。

4. 部门的所有成员参与制定自己的具体目标

各部门的成员结合自己特长和爱好，根据组织总体、部门目标制定出自己的个人目标，个人目标应符合实际和组织的整体目标。

知识点

有效目标的"SMART 原则"

1）specific——具体的、明确的。
2）measurable——可以量化考核的。
3）achievable——能够实现的。
4）result-oriented——注重结果的。
5）time-limited——有时间期限的。

5. 管理者与下级共同商定实现目标的行动计划

各个分目标制定以后，还必须从系统总体的角度进行协调，以免遗漏、重复或冲突，并让员工广泛参与制定出实现目标的行动方针和计划，并给予各单位、各部门相应的权利。

6. 实施行动计划

目标确定以后，组织各单位、部门以及每个员工都要紧紧围绕所制定的目标、肩负的责任、被授予的权利和权限，为实现目标而采取有效的措施，寻找有效的工作途径。

7. 定期检查实现目标的进展情况，并向有关单位和个人反馈

目标实施的过程中，一般来说，主要靠员工自己管理和自我控制，但是组织也必须定期地检查各项任务的完成情况，以便及时发现问题，调整计划进度和管理策略，从而更有效的完成目标。

8. 基于绩效的奖励促进目标的成功实现

一个周期之后，组织必须与有关下级逐个检查目标任务的完成情况，并与原定目标进行比较。完成好的，充分肯定成绩，并根据完成情况进行相应的报酬和奖励；未完成的，要分析原因，对非人为原因造成的延迟，一般不要采取惩罚措施，重点在于总结经验教训，为组织实现更长远的目标服务。

归结起来，目标管理的基本步骤就是：

1）明确目标：包括上述步骤 1～4，指的是从上至下，由下往上，民主参与制定组织总目标、部门的分目标以及个人的具体目标。

2）执行目标：包括上述步骤 5～6，首先是管理者与下级共同商定实现目标的行动计划，然后是实施行动计划，也就是在各自的职责范围内按照行

动计划为实现各自的目标去努力。

3）检查目标：包括上述步骤 7，定期或不定期检查实现目标的进展情况，以便及时发现问题，调整计划进度和管理策略，从而更有效地完成目标。

4）实行奖惩：包括上述步骤 8，根据目标的完成情况进行奖惩、总结，为实现更长远的目标打基础。

拓展知识：目标管理的优缺点

（一）优点

1. 有助于提高管理水平

目标管理促使主管人员考虑更多的问题：用什么方法来实现它，为此需要什么样的人员，需要什么样的资源和给予什么样的帮助；同时，还需要有一套明确的、具体的分目标。

2. 有利于提高组织的协同效应

明确的、一致的、系统化的目标体系有利于动态地把组织中的各种力量集中在总目标的实现上。

3. 有助于暴露组织机构中的缺陷

目标管理可以使主管人员把组织的作用和结构搞清楚，从而尽可能地把主要目标所要取得的成果落实到对实现目标负有责任的岗位上。

4. 有利于提高组织的应变能力

各级管理人员有了自主权限，能够对它所面临的各种意料不到的变化灵活地采取各种措施，从而增强了组织在基层的应变能力。

5. 有利于发挥组织成员的主动性和创造性

目标管理的最大优点在于它使得组织成员能够控制自己的成就。通过参与制定目标、承诺目标，会激发起组织成员想方设法地克服各种困难以实现目标的热情，激发他们的成就感、价值感和责任感。

6. 有利于更有效的控制

控制就是测定工作，就是采取措施以纠正计划在实施中出现的偏差，以保证任务的完成。管理控制的主要问题之一就是懂得如何监督，一套可考核的目标就是管理人员了解如何进行监督的最好指导。

（二）缺点

1. 适当的目标不易确定

不能忽视真正可考核的目标是很难确定的，特别是有些定性目标难于定量化。例如，行政人员的工作量就难以量化，对人员的工作态度、敬业精神也难以量化。

2. 目标一般是短期性的

由于长期的、准确的并且能够量化的目标很难确定，因此，几乎所有实行目标管理的组织所确定的目标都是短期的，很少超过 1 年，短期目标容易导致组织采取以牺牲长期所得为代价的、得不偿失的短期行为。

3. 组织整体缺乏灵活性

目标管理要取得成效，就必须保持目标的明确性和肯定性，但是计划面对的是不确定的未来，就需要保持组织整体上的灵活性，这是与目标管理的要求相矛盾的。

4. 强调上下协商会影响工作效率

由于可考核的目标难以确定，整体与个体的利益难以一致，同级主管的目标难以平衡等诸多原因，往往使得上下协调需要漫长的过程，从而影响工作效率。

虽然目标管理在现代管理中还有一些问题，但一旦被主管人员认识，并在此基础上灵活应用，那么目标管理在现代管理过程中将起到很大的作用。

◆ 案例解析

"案例导入"中公司的目标管理主要存在以下问题：

1）没有针对财务、市场、行政等部门在工作内容、方式等方面的不同来设计目标管理卡。

2）部门管理者意识不到目标管理的重要性和必要性因而不支持目标管理，觉得浪费时间甚至成为累赘。

3）没有吸引员工参与目标的制订因而出现"员工不知道他们的工作目标是什么，领导叫干什么就干什么"的情况。

要解决这些问题，可以从以下三方面入手：

1）各部门根据职能特点的不同设计不同的目标管理卡。

2）通过设定中长期目标，然后分解为短期目标，突出目标管理的重要性和必要性。

3）吸引员工参与目标的分解与实施计划的制定，让员工能够明确自己的目标。

结束语：计划职能是管理的首要职能，不管哪个层次的管理者都需要履行。现实生活中，管理者必须牢牢把握计划的基本程序，用科学的方法开展计划工作。一份论证充分、方案可行的计划，不仅可以节约管理者更多的时间，还可以减少浪费、争取主动。目标是计划的基础，目标管理实际上是计划实施的一种典型方法。

小　　结

1．计划工作就是通过科学的预测，权衡客观的需要和主观的可能，提出组织在未来一定时期内要达到的目标以及实现目标的途径和方法。它主要包括三个方面的内容，即预测、确定目标、决策。

2．计划具有目的性、首位性、普遍性、效率性和创造性等特点，它是管理者指挥的依据，是降低风险、掌握主动的手段，是减少浪费、提高效益的方法，还是管理者进行控制的标准。

3．计划的层次体系包括8个层次，即目的或使命、目标、战略、政策、程序、规则、方案以及预算。

4．计划工作的基本程序包括分析内外环境、确定目标、拟订备选方案、评价备选方案、确定最佳方案、制定主辅计划、编制预算使计划数字化。

5．一份完整的计划书，主要内容应该包括5W1H。

6．常见的计划编制方法有滚动计划法和网络图计划法。

7．目标管理是以目标作为管理手段的一种管理方式。其基本思想是：让组织内各层次、各部门、各单位的管理人员，以及每个工作人员都根据总目标的需要，自己制定或者主动承担各自的工作任务，并在实现目标的过程中进行"自我控制"。其基本步骤可简单地归纳为明确目标、执行目标、检查目标和实行奖惩。

练　习　题

一、课内测试题

（一）单项选择题

1．狭义的计划工作是指（　　）。
  A．制定计划　　　　　　　　B．执行计划
  C．检查计划执行情况　　　　D．预测

2．某营销计划中规定，2006年的销售额要比上年增加5%～10%，则该计划属于（　　）。
  A．战略性计划　　B．具体性计划　　C．指导性计划　　D．长期计划

3．以下对计划工作描述不正确的是（　　）。
  A．计划工作是为实现组织目标服务的
  B．计划工作具有普遍性和效率性

C．计划工作是管理活动的基础

D．由于环境的不确定性，所以计划再周详也是多余的

4．"虽然计划的特点和范围随管理层次不同而有所不同，但它是所有管理者的一个共同职能"说的是计划的（　　）特点。

    A．首位性　　　　　B．普遍性　　　　C．效率性　　　　D．创新性

5．"计划工作总是针对需要解决的新问题和可能发生的新变化、新机会做出决定"说的是计划的（　　）特点。

    A．首位性　　　　　B．普遍性　　　　C．效率性　　　　D．创新性

6．计划工作的第一步应该是（　　）。

    A．确定目标　　　　　　　　　B．分析环境

    C．寻求方案　　　　　　　　　D．确定重点问题

7．在计划的 8 个层次体系中，处于最高层位置的是（　　）。

    A．目标　　　　B．目的或使命　　C．预算　　　　D．战略

8．管理的所有职能中最基本的一项职能是（　　）。

    A．计划　　　　B．组织　　　　C．人员配备　　　D．控制

9．下列各种说法中，错误的是（　　）。

    A．计划工作普遍存在　　　　　B．计划工作居首要地位

    C．计划是一种无意识形态　　　D．计划工作要讲究效率

10．以下也被称为数字化的计划的是（　　）。

    A．政策　　　　B．目标　　　　C．策划　　　　D．预算

11．战略性计划一般由（　　）负责制定。

    A．操作者　　　　　　　　　　B．高层管理人员

    C．中层管理人员　　　　　　　D．基层管理人员

（二）多项选择题

1．以下对计划的认识，正确的有（　　）。

    A．计划不等于策划未来

    B．计划的灵活性不在于计划本身，而在于制订计划的人

    C．不管环境如何变化，计划都是必要的

    D．计划会浪费管理者一定的时间

2．一般，高层管理计划还属于（　　）。

    A．战略计划　　　B．长期计划　　　C．战术计划　　　D．指导性计划

3．以下说法正确的有（　　）。

    A．滚动计划法的原则是"近细远粗"

    B．滚动计划法主要用于长期计划的制订

    C．网络计划技术主要用于短期计划的制订

    D．网络计划技术特别适用于大型工程项目的生产进度安排

4．在实行目标管理的过程中，目标的作用主要体现在它具有（　　）。

    A．方向性和激励性　　　　　　B．层次性和多元性

C. 凝聚性和考核性　　　　　　　D. 细分性和时间性
5. 以下对目标管理的描述，正确的有（　　　）。
　　A. 注重结果而不重视过程　　　　B. 把目标作为管理的对象
　　C. 把目标作为管理的手段
　　D. 建立在"Y理论"的人性假设基础之上

（三）问答题

1. 既然"计划不如变化"，那为什么还要进行计划？
2. 什么是计划工作？简述计划工作的基本程序。
3. 简述目标管理的基本思想和基本步骤。

（四）案例分析

"A胶囊"商业计划书（纲要）

1. A　　　品的概况

A胶囊是JL药业集团公司研制开发的保健食品，内含体内平衡因子。经多年的实验证明，体内平衡因子具有改善胃肠功能和抗衰老的功效。对便秘、肥胖、色斑、粉刺及并发症等现代文明病有一定的预防作用和疗效。

2. A　　生　计划

2001年生产50万盒、2002年500万盒，2003年1 000万盒、2004年1 500万盒、2005年2 000万盒（每盒60粒）。

3. A　　的　场前　分析

（1）我国保健品市场发展现状及展望

2000年我国保健品销售额超过500个亿，其中年销量超过10亿的产品有红桃K、脑白金、昂立1号等。我国保健品市场在经过前些年的风雨洗礼后，已渐渐成熟，并被誉为"朝阳产业"。同时由于百姓消费观念的变化，花钱买健康将渐渐成为消费时尚。

A胶囊是一个具有国际品质的体内环保产品。体内环保在西方发达国家，如美国、日本等已形成一股热潮。公司审时度势，率先研制推出体内环保产品——A胶囊。

（2）国际上体内环保消费及产品开发情况（略）

（3）A胶囊的市场优势

人们由于年龄的增长、工作的压力、生活方式的改变和饮食环境的污染及药物的毒副作用，造成体内平衡因子不断减少，致使机理失去平衡。通过摄入A胶囊——体内平衡因子，可改善胃肠道功能，使体内保持平衡，恢复体内自然排毒除污的功能。

1）体内环保与排毒、洗肠的区别（略）。

2）产品定位点。

① A胶囊在我国首次提出"体内环保"概念，这一鲜明而独特的口号，必将冲破市场竞争的巨大压力，在市场竞争中取胜。

② 科学而富有创造性的"体内平衡因子"的概念，定能掀起我国体内环保的一场深刻革命和消费热潮。

3）市场机会点。

① 生态环境保护已深入人心，而A胶囊所倡导的"体内环保"概念，迎合了国际体内环保的消费潮流。

② 生态环境污染的破坏、工作的压力、饮食的改变等，是导致现代文明病如便秘、肥胖、色斑等的主要原因，特别是女性。便秘、粉刺、色斑、皮肤老化等病症将使她们成为A胶囊的庞大而稳定的消费群体，市场潜力巨大。

4）A胶囊的消费群体分析。

① 从性别的角度看，女性将是A胶囊消费的主力军。

② 从疗效的角度看，便秘、肥胖患者将成为主要消费对象。

③ A正是体内肠道的"清道夫"，人人都需要天天消除宿便。

④ 防治"现代文明病"的人越来越多。

因此，A胶囊市场发展潜力巨大。

4.　　策略

1）市场目标。在新产品上市的第一年度，以山东、湖南、广东、福建、湖北等省市为重点市场，将这些地区作为本年度的主攻市场；以东北、华北、西南为次重点市场，将这些地区作为公司下一步考虑的重点市场。在第一年里，公司不以利润为出发点，主要是做好市场部署工作，为以后的全国市场作演习。

2）营销策略。为达到上述目标，公司有针对性地实施差异化的市场策略，以重点市场为主要战场。在广告方面，以电视、报纸为主要媒体。

5. 经济效　分析（表略）

6.　　风　分析

1）行业风险。保健食品品种繁多，竞争激烈。

2）广告风险。广告投资较大。在广告大战中，如不注意搞好广告策划，建好终端销售网络，有可能失败。

7.　　说明

1）资金需求及用途。2001年生产50万盒A胶囊，需原材料、包装费等630万元。投入广告费、网络建设费1 700万元，收入2 375万元，广告投入与收入之比为 1：2。2002 年生产胶囊 500 万盒,需原材料、包装费 6 300 万元。广告费、网络建设费 5 000 万元,收入 23 750 万元,广告投入与收入之比为 1：5。从第三年开始,可以滚动发展,因网络已建好,广告费逐渐减少,广告效应会越来越大。

2）成立股份公司。

3）投资参股模式。投资方可直接为本项目主体公司进行投资,并按投资协议持有项目公司扩资后一定比例的股份。投资方可以委派人员进入董事会参与公司的经营管理,尤其是监督本项目的进展。

8. 　基本情况

（1）公司概况

JL 药业集团公司成立于 1991 年 11 月,是一家以生物工程为主导产业,从事医药、保健品、化妆品等。

（2）公司管理体系

1）集团管理架构（略）。

2）管理团队（略）。

3）人力资源计划（略）。

4）激励机制。公司计划推行员工持股计划。

请分析:

（1）一份完整的计划书需要包括哪些内容?

（2）该案例中的计划属于什么类型的计划?

二、课外思考实践题

（一）思考讨论题

1. 按 9 个同学为单位组成一家快餐公司。按 3 个人一个小组成立 3 个部门,其中,1 个为销售部,1 个为采购部,1 个为财会部。公司的目标是利润最大,通过各种途径,分别制定三个部门的目标和实现目标的方法,然后对这些目标和实现目标的方法进行讨论,形成一套比较完整可行的计划。

2. 谈谈你对"制定一份好的计划就意味着工作完成了一半"和"执行计划就是管理"的认识与评价。

3. 案例分析:某机床厂的目标管理。

某机床厂从 1999 年开始推行目标管理:为了充分发挥各职能部门的作用,充分调动一千多职能部门人员的积极性,该厂首先对厂部和科室实施了目标管理。经过一段时间的试点后,逐步推广到全场各车间、工段和班组。多年的实践表明,目标管理改善了企业经营现状,挖掘了企业内部潜力,增强了企业的应变能力,提高了企业素质,取得了较好的经济效益。

按照目标管理原则,该厂把目标管理分为三个阶段进行。

第一 ： 目标制定

（1）总目标制定阶段

该厂通过对国内外市场机床需求的调查，结合长远规划的要求，并根据企业的具体生产能力，提出了 2000 年"三提高"、"三突破"的方针。所谓"三提高"，就是提高经济效益、提高管理水平和提高竞争能力；"三突破"是指在新产品数目、创汇和增收节支方面要有较大的突破。在此基础上，该厂把总方针具体化、数量化，初步制定出总目标方案，并发动全厂员工反复讨论、不断补充，送职工代表大会研究通过，正式制定出全厂 2000 年的总目标。

（2）部门目标的制定

企业总目标由厂长向全厂宣布后，全厂就对总目标进行层层分解、层层落实。各部门的分目标由各部门和厂企业管理委员会共同商定，先确定项目，再制定各项目的指标标准：其制定依据是厂总目标和有关部门负责拟定、经厂部批准下达的各项计划任务，原则是各部门的工作目标值只能高于总目标的定量目标值，同时，为了集中精力抓好目标的完成，目标的数量不可太多。为此，各部门的目标分为必考目标和参考目标两种。必考目标包括厂部明确下达目标和部门主要的经济技术指标；参考目标包括部门的日常工作目标或主要协作项目；其中，必考目标一般控制在 2～4 项，参考目标项目可以多一些。目标完成标准由各部门以目标卡片的形式填报厂部，通过协调和讨论最后由厂部批准。

（3）目标的进一步分解和落实

部门的目标确定了以后，接下来的工作就是目标的进一步分解和层层落实到每个人。

1）部门内部小组（个人）目标管理，其形式和要求与部门目标制定相类似，拟定目标也采用目标卡片，由部门自行负责实施和考核。要求各个小组（个人）努力完成各自目标值，保证部门目标的如期完成。

2）该厂部门目标的分解是采用流程图方式进行的，具体方法是：先把部门目标分解落实到职能组，再分解落实到工段、工段再下达给个人。通过层层分解，全厂的总目标就落实到了每一人身上。

第二 ： 目标实

该厂在目标实施过程中，主要抓了以下三项工作。

（1）自我检查、自我控制和自我管理

目标卡片经主管副厂长批准后，一份存企业管理委员会，一份由制定单位自存。由于每一个部门、每一个人都有了具体的、定量的明确目标，所以在目标实施过程中，人们会自觉地、努力地实现这些目标，并对照目标进行自我检查、自我控制和自我管理。这种"自我管理"，能充分调动各部门及每一个人的主观能动性和工作热情，充分挖掘自己的潜力，因此，完全改变了过去那种上级只管下达任务、下级只管汇报完成情况，并由上级不断检查、监督的传统管理办法。

（2）加强经济考核

虽然该厂目标管理的循环周期为 1 年。但为了进一步落实经济责任制，及时纠正目标实施过程中与原目标之间的偏差，该厂打破了目标管理的一个循环周期只能考核一次、评定一次的束缚，坚持每一季度考核一次和年终总评定相结合。这种加强经济考核的做法进一步调动了广大职工的积极性，有力地促进了经济责任制的落实。

（3）重视信息反馈工作

为了随时了解目标实施过程中的动态情况，以便采取措施、及时协调，使目标能顺利实现，该厂十分重视目标实施过程中的信息反馈工作，并采用了两种信息反馈方法：

1）建立"工作质量联系单"来及时反映工作质量和服务协作方面的情况。尤其当两个部门发生工作纠纷时，厂管理部门就能从"工作质量联系单"中及时了解情况，经过深入调查，尽快加以解决，这样就大大提高了工作效率并减少了部门之间不协调现象。

2）通过"修正目标方案"来调整目标：内容包括目标项目、原定目标、修正目标以及修正原因等，并规定在工作条件发生重大变化需修改目标时，责任部门必须填写"修正目标方案"提交企业管理委员会，由该委员会提出意见交主管副厂长批准后方能修正目标。

第三　：目标成果　定

目标管理实际上就是根据成果来进行管理的，故成果评定阶段显得十分重要。该厂采用了"自我评价"和上级主管部门评价相结合的做法，即在下一个季度第一个月的 10 日之前，每一部门必须把一份季度工作目标完成情况表报送企业管理委员会（在这份报表上，要求每一部门自己对上一阶段的工作做一恰如其分的评价）；企业管理委员会核实后，也给予恰当的评分；如必考目标为 30 分，一般目标为 15 分。每一项目标超过指标 3%加 1 分，以后每增加 3%再加一分。一般目标有一项未完成而不影响其他部门目标完成的，扣一般项目中的 3 分，影响其他部门目标完成的则扣 5 分；加 1 分相当于增加该部门基本奖金 1%，减 1 分则扣该部门奖金的 1%。如果有一项必考目标未完成则扣至少 10%的奖金。

该厂在目标成果评定工作中深深体会到：目标管理的基础是经济责任制，目标管理只有同明确的责任划分结合起来，才能深入持久、具有生命力，达到最终的成功。

请讨论：

（1）你认为该厂在实行目标管理是成功的吗？在目标管理过程中，应注意哪些问题？

（2）你认为该厂在进行"目标实施阶段"中应该还要抓哪些工作？

（二）实践题

访问一下某个单位（或部门）的负责人，请他介绍一下他所在的单位或部门是如何制定计划的，然后和课本上所讲的理论进行比较，写出你的体会。

第四章 环境分析与决策

1. SWOT 分析法的内涵与基本程序
2. 决策工作的内涵与基本程序
3. 德尔菲法与头脑风暴法

现代管理理论认为，管理的重心是经营，经营的重心是决策，决策的基础是信息，信息的依据是调查。信息就是组织所处的外部环境信息和具备的内部条件信息。因此，组织要进行计划，首先必须在进行调查的基础上收集、整理外部环境和内部条件信息，进行环境分析与预测，在此基础上确定企业发展的目标，最后通过决策，为实现这一目标确定一个合适的实施方案。

第十单元 掌握 SWOT 分析法

案例导入

某炼油厂是我国最大的炼油厂之一，至今已有 50 多年的历史。目前己成为具有 730 万吨/年原油加工能力，能生产 120 多种石油化工产品的燃料、润滑油、化工原料型的综合性炼油厂。该厂有 6 种产品获国家金质奖，6 种产品获国家银质奖，48 种产品获 114 项优质产品证书，1989 年获国家质量管理奖，1995 年 8 月通过国际 GB/T19002-ISO9002 质量体系认证，成为我国炼油行业首家获此殊荣的企业。

该厂研究开发能力比较强，能以自己的基础油研制生产各种类型的润滑油。当年德国大众的桑塔纳落户上海，它的发动机油需要用昂贵的外汇进口。1985 年厂属研究所接到任务后，立即进行调研，建立实验室。在短短的 1 年时间内，成功地研究出符合德国大众的公司标准的油品，拿到了桑塔纳配套用油的许可证，1988 年开始投放市场。此后，随着大众公司产品标准的提高，该厂研究所又及时研制出符合标准的新产品，满足了桑塔纳、奥迪的生产和全国特约维修点及市场的用油。

但是，该炼油厂作为一个生产型的国有老厂，在传统体制下，产品的生产、销售都由国家统一配置，负责销售的人员只不过是作些记账、统账之类的工作，没有真正做到面向市场。在向市场经济转轨的过程中，作为支柱型产业的大中型企业，主要产品在一定程度上仍受到国家的宏观调控，在产品营销方面难以适应竞争激烈的市场。该厂负责市场销售工作的只有 30 多人，专门负责润滑油销售的就更少了。

上海市的小包装润滑油市场每年约 2.5 万吨，其中进口油占 65% 以上。之所以造成这种局面，原因是多方面的。一方面，在产品宣传上，进口油全方位大规模的广告攻势可谓是细致入微。到处可见有关进口油的灯箱、广告牌、出租车后窗玻璃、代销点柜台和加油站墙壁上的宣传招贴画，还有电台、电视台和报纸广告和新闻发布会、有奖促销、赠送等各种形式；而国产油在这方面的表现则是苍白无力，难以应对。另一方面，该厂油品过去大都是大桶散装，大批量从厂里直接售出了，供应大企业大机构，而很少以小包装上市，加上销售点又少，一般用户难以买到经济实惠的国产油，而只好狠下心来购买昂贵的进口油。

请问：该炼油厂该如何才能扭转市场营销方面的被动局面？

目标的确立是建立在对外部环境和自身条件准确的分析与预测的基础上的，也就是说，只有通过调查与预测，分析外部环境带来的机遇和威胁以及自身存在的优势和劣势，才能综合分析，为组织确立一个科学合理的目标。因此，该厂要想扭转被动局面，其基本思路应该是先分析该厂所面临的环境以及自身条件，然后抓住机遇、避开威胁、发挥优势、弥补劣势，采取有针对性的措施，这就是本单元的工作任务。

知识点一：组织外部环境分析

外部环境是组织生存的土壤，它既为组织经营提供条件，同时也对组织的经营起制约作用。组织只能根据外部能够提供的资源种类、数量和质量来决定生产、经营活动的具体内容和方向。

环境中各类因素的变化，可能给组织带来两种不同的影响：一是为组织的生存和发展提供机会；二是对组织经营构成威胁。要利用机会，避开威胁，就必须认识环境；要认识环境，就必须研究、分析环境。

外部环境主要包括宏观环境、中观环境和微观环境三个层次，基本内容如下。

（一）宏观环境

对组织产生影响的政治、经济、法律、技术、社会、文化等因素的集合。这些因素虽然与组织的经营活动不直接相连，但可以通过中观环境和微观环境向组织施加影响。

1）政治环境——政党、政府的方针、政策、社会政治气氛。

2）法律环境——与组织相关的社会法制系统及运行状态。组织既要受法律的保护，又要接受法律的限制，在法律规定的范围内开展活动。

3）经济环境——社会经济发展水平、政府的经济政策、居民消费水平和结构等。社会的经济发展水平、政府的经济政策往往是企业发展的风向标，居民消费水平和结构影响着企业的生产水平和结构。

4）科技环境——社会科技水平、科技力量、国家科技体制和政策等。社会科技发展水平制约着组织的技术发展水平。

5）社会环境——人口的流动性、人口结构和变化趋势、社会阶层结构、人们的生活及工作方式的改变等。社会环境的变化影响着社会对产品与服务的需求变化，因此，必然改变着组织的战略与决策。

6）文化环境——社会历史背景、意识形态、宗教信仰、语言、文学艺术、人们的价值观、风俗习惯等。

（二）中观环境

中观环境介于宏观与微观之间，与二者都有密切联系的客观环境，包括与组织所在行业的行业环境、组织所在地理位置环境以及与组织经营有关的部门和机构。

1）行业环境——行业在整个社会经济结构中所处的地位以及行业自身的特点、行业规模、结构、行业在其生命周期所处的阶段（如图 4.1 所示），都对组织的战略决策的制定具有非常重要的意义。例如，如果整个行业都不景气，那处于这个行业的企业也很难有多大的前途。

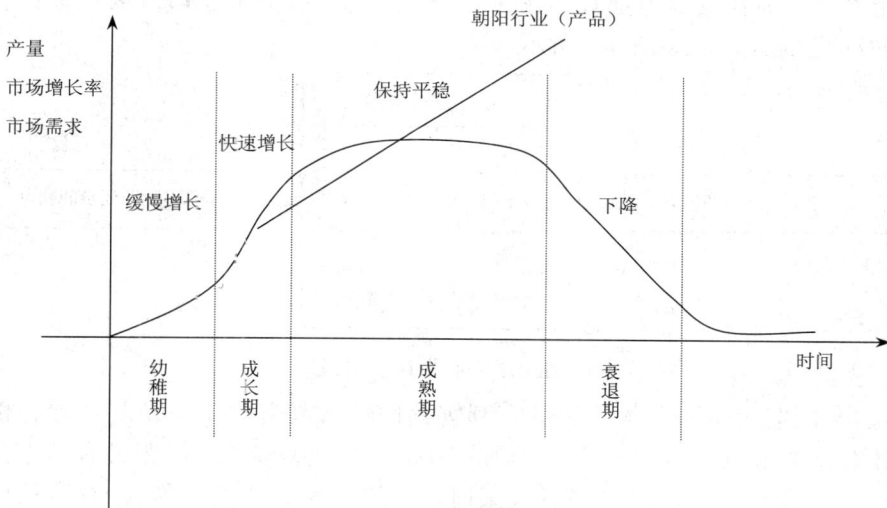

图 4.1　行业（产品）生命周期发展阶段

2）地理环境——组织所处的地理位置不同，在政策、自然、资源等方面就具有很大的差别。

3）与组织经营相关的部门和机构——包括国家政权机关、指导与协调部门、投资和新闻单位、信息咨询机构、相关社会团体等。他们是微观环境的管理者、监督者、支持者和限制者，一般采用政策、法令、制度、计划、财政、税收、信贷等经济手段或舆论宣传进行直接和间接控制。

（三）微观环境

与组织生产经营活动直接发生关系的客观环境，主要包括直接与市场有关的各种因素，所以又称市场环境。主要是顾客、供应者、竞争者和同盟者。

1）顾客——组织提供的产品或服务的购买者，包括终端用户和中间经销商。顾客需求的内容、趋势及特点，顾客的规模结构、消费心理、习俗及层次等影响着企业营销策略的制定，中间商的数量、规模分布以及其销售特定产品的比率等影响着企业营销策略的制定。同时，顾客也需要挖掘和创造。因此，需要积极引导消费，激发消费者产生正当的、新的消费需求，为组织开拓市场。

2）供应者——组织维持正常的生产经营活动的各种要素（人、财、物、信息、技术等）的来源单位。供应者提供要素的质量、数量和速度、价格在一定程度上制约着组织的经营成本和质量。

3）竞争者——与本组织争夺销售市场和资源的对手。从争夺市场来看，竞争者就是那些提供相同或功能相似（含替代品）的单位；从争夺资源来看，竞争者除了上述单位之外，还包括使用相同资源的单位。竞争者的数量、规模、分布、实力等对本组织是一个严重的威胁。一般与对手规模、实力相差不大时，容易导致价格战；二者如果规模相差较大时，竞争往往不在产品价格上体现，而在其他方面体现出来。一般认为，每个企业都要承受来自五个方面的竞争压力，如图 4.2 所示。

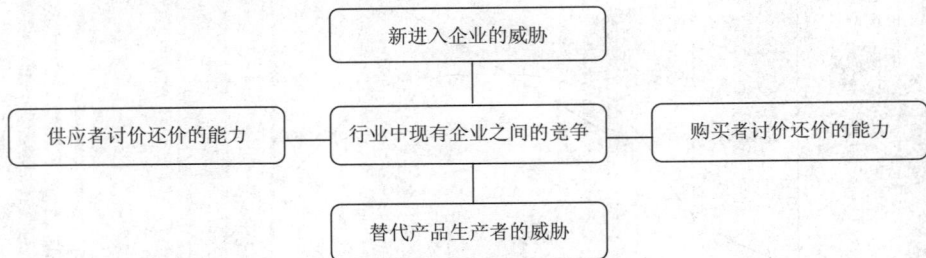

图 4.2　企业竞争构成

4）同盟者——与本组织具有利害共同性或具有优劣势及利益互补性的组织。一个组织与其同盟者的关系具有可变性及复杂性。同盟者有基本同盟者（全面合作）与临时同盟者（某时、某事、某方面的合作），有直接同盟者与间接同盟者，有现实同盟者与潜在同盟者，有长期同盟者与短期同盟者等；今天的同盟者可能成为明天的竞争者，昨天的竞争对手可能变为明天的同盟者。因此，组织必须慎重分析各种类型的同盟者的状况、发展趋势及特点。

知识点二：组织内部条件分析

进行组织内部条件分析，首先是为了认清组织自身的优势和劣势。组织的优势和长处是什么，优势有多大；劣势是什么，表现在哪些方面；与顾客的要求和对手的实力相比，差距有多大。不弄清楚这些，组织是不可能制订出科学正确的计划的。进行内部条件分析，还是为了查清造成劣势的原因。存在劣势和不足是正常的，关键是要找出原因，这样才能有针对性地采取正确的措施避开或弥补不足，挖掘潜力。

组织内部条件分析主要有两个方面的内容：一是组织一般情况分析，二是组织经营实力分析。

（一）组织一般情况分析

1）人员素质分析。主要是分析他们的思想道德素质、文化知识素质、专业技术素质、智能素质和身体素质能否与岗位工作的要求相适应。

2）管理素质分析。分析组织管理水平是高还是低；各级管理者的管理知识、管理技能、管理技术是强还是弱；组织是靠科学管理还是靠经验管理。

3）技术素质分析。分析企业设备水平，各种工艺设备、测试仪器和计量仪器水平，技术人员和技术工人的能力结构是高还是低，机器设备的役龄结构和工艺结构是否合理。

以上三种素质通常组成了组织素质。

4）发展情况分析。分析组织总体发展水平，看其是处于上升时期，还是稳定时期或是已进入衰退时期。

5）营销情况分析。分析企业产品的市场分布情况、市场份额、产品销售的渠道长短和宽窄情况，产品定价和顾客对价格的接受情况以及销售服务情况和顾客的评价。图4.3所示为产品结构合理构成。

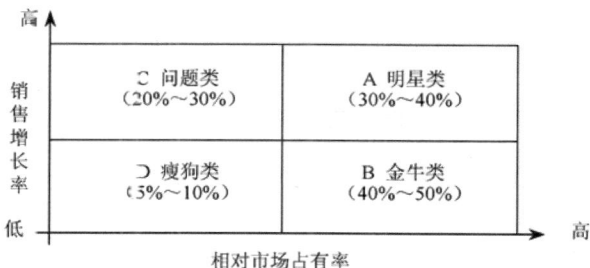

	高 ↑	
销 售 增 长 率	C 问题类 （20%～30%）	A 明星类 （30%～40%）
	D 瘦狗类 （5%～10%）	B 金牛类 （40%～50%）
低		高 →

相对市场占有率

图4.3 波斯顿矩阵（产品结构合理构成）

6）生产条件分析。分析企业生产过程组织和劳动组织是否适应市场的需要，能力结构与市场需求是否相适应；生产计划、现场管理等水平是高还是低。

7）财务、成本和经济效益分析。进行生产经营活动所投入的资本（金）和负债资本的运行情况、物资消耗和劳动消耗情况，即制造成本和期间成本（营销费用、管理费用等）情况以及所带来的销售收入、增加值和盈利情况进行分析。

8）组织资源分析。对组织的人、财、物、技术、信息及管理等资源的保证程度进行分析。

9）组织结构分析。分析组织的管理组织结构是否合理，是否适应企业战略及环境变化的要求。

（二）组织经营实力即经营能力分析

1）产品竞争能力分析。分析产品的品种、质量、成本、价格、信誉、商标、包装等，看其是否不断满足顾客的需要，是否比竞争对手高出一筹。

2）技术开发能力。分析企业对新技术、新产品开发的难易程度，看企业能否"以新取胜"。

3）生产能力分析。分析企业能否适时生产出适销对路的产品，能否及时调整自己的生产结构。

4）市场营销能力分析。分析企业选择销售渠道的能力和自销能力，看其能否根据市场变化调整营销方案，保证市场占有率。

5）产品获利能力。分析企业的利润率。

以上能力，通常被概括为企业活力，其中，2）～4）还体现出企业的适应能力。

知识点三：企业内外部环境的综合分析法——SWOT 分析法

SWOT 分析法是由旧金山大学的管理学教授海因茨·韦里克于 20 世纪 80 年代初提出来的，SWOT 四个英文字母分别代表优势（strength）、劣势（weakness）、机会（opportunity）、威胁（threat）。外部环境的影响，可以归结为机会和威胁，内部条件分析，在于明确组织拥有的优势和劣势。

因此，所谓 SWOT 分析法，是指通过对组织内部的优势、劣势和外部环境带来的机会、威胁，进行综合分析，据此构思、评价和选择企业战略方案的一种方法。进行 SWOT 分析，通常可按以下步骤进行。

1. 第一步：分析环境因素，获取信息

通过调查获取机会与威胁，优势与劣势等信息资料。即运用各种调查研究方法，分析出公司所处的各种外部环境和内部条件。外部环境包括机会和威胁，它们是外部环境对公司的发展直接有影响的有利和不利因素；内部条件包括优势和劣势，它们是公司在其发展中自身存在的积极和消极因素。在调查分析这些因素时，不仅要考虑到历史与现状，而且更要考虑未来发展问题。

1）优势是组织的内部因素，具体包括有利的竞争态势、充足的财政来源、良好的企业形象、技术力量、规模经济、产品质量、市场份额、成本优势、广告攻势等。

2）劣势也是组织的内部因素，具体包括设备老化、管理混乱、缺少关键技术、研究开发落后、资金短缺、经营不善、产品积压、竞争力差等。

3）机会是组织的外部因素，具体包括新产品、新市场、新需求、外国市场壁垒解除、竞争对手失误等。

4）威胁也是组织的外部因素，具体包括新的竞争对手、替代产品增多、市场紧缩、行业政策变化、经济衰退、客户偏好改变、突发事件等。

2. 第二步：整理信息，构造 SWOT 分析表

将外部环境与内部条件归类列表，按重要程度将各因素罗列出来。将调查得出的各种因素根据轻重缓急或影响程度等排序方式，构造 SWOT 分析表（如表 4.1 所示）。在此过程中，将那些对组织发展有直接的、重要的、大量的、迫切的、久远的影响因素优先排列出来，而将那些间接的、次要的、少许的、不急的、短暂的影响因素排列在后面。

表 4.1　某洗衣机厂 SWOT 分析表

外部环境	威　　胁	机　　会
	1. 城市中洗衣机滞销 2. 钢材价格涨价 40% 3. 新增洗衣机厂家两家	4. 郊区农民购买洗衣机者渐多 5. 政府准备对进口洗衣机的数量加以限制 6. 本厂 X 型号洗衣机有出口可能
内部条件	优　　势	劣　　势
	7. 技术力量雄厚 8. 产品质量稳步提高 9. 管理基础工作较好 10. 与协作企业和金融界有长期合作经验	11. 设备陈旧 12. 一线工人智力结构偏低 13. 生产场地紧张 14. 资金不足 15. 销售渠道不能适应出口产品的需要

3. 第三步：分析信息，制定行动计划

通过对表格进行 SW、OT、SO、WO、ST、WT 分析，制定出适合组织发展的战略方案。在完成环境因素分析和 SWOT 分析表的构造后，便可以将表内列举的各种环境因素相互匹配起来加以组合，进行 SW、OT、SO、WO、ST、WT 分析，从而构思出一系列公司未来发展的战略方案（如图 4.4 所示）。

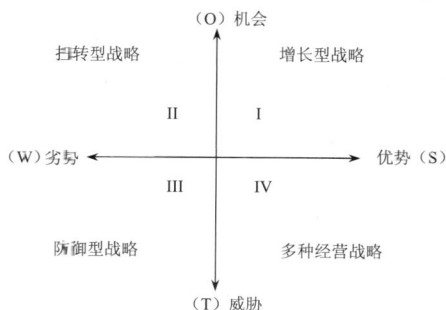

图 4.4　SWOT 分析

制定计划的基本思路是：

1）如何发挥优势来减少劣势或如何防止劣势会削弱优势（SW 分析）。

2）如何利用机会减少威胁（OT 分析）。

3）如何发挥优势来利用机会（SO 分析）。

4）如何利用机会减少劣势或如何防止劣势妨碍利用机会（WO 分析）。

5）如何利用优势来减少威胁或如何防止威胁削弱优势（ST 分析）。

6）如何克服劣势避开威胁或如何防止威胁加大劣势（WT 分析）。

这种反复对照提问可以刺激分析者的思考，有利于将各个因素组合起来，形成新的战略。

图 4.4 中，第 I 象限组织具有强大的内部优势和众多的环境机会，宜采用增长型战略，如开发市场，增加产量等；第 II 象限组织外部有机会但内部条件不佳，宜采用扭转型战略，改变内部劣势；第 III 象限组织外部有威胁，内部状况又不佳，应当设法避开威胁和消除劣势，宜采用防御型战略；第 IV 象限组织拥有内部优势而外部存在威胁，应利用优势开展多种经营，分散风险，寻求新的机会。

案例解析

第一步，将案例提供的材料，按优势、劣势、机会、威胁分类列表，如表 4.2 所示。

表 4.2　SWOT 分析

	机　　会	威　　胁
外部环境	1．上海市小包装润滑油市场每年需求量大 2．进口油价格昂贵、国产油经济实惠	1．国产油在上海市小包装润滑油市场处于劣势 2．与进口油相比，国产油在广告宣传力度上苍白无力
	优　　势	劣　　势
内部条件	1．原油加工能力强 2．产品质量好，多次获奖并通过 ISO9002 质量体系认证 3．研究开发能力比较强，能以自己的基础油研制生产各种类型的润滑油	1．受传统体系影响，产品营销方面难以适应竞争激烈的市场 2．市场营销工作人员不足，销售点少 3．产品大都是大桶包装，很少是以小包装上市

第二步，进行 SW、OT、SO、WO、ST、WT 分析。（过程略）

第三步，根据分析结果，为了扭转该炼油厂在市场营销方面的被动局面，可以考虑采取如下措施：

1）增加小包装产品。

2）增加营销人员和销售点。

3）利用研发能力强的优势开发新产品，同时继续提高产品质量和降低产品成本。

4）加大宣传力度，重点是产品质量优势。

拓展知识一：市场调查

组织为适应内外部环境变化，增强活力，在内外部环境分析的过程中，势必离不开环境调查与预测。这其中与市场有关的调查研究是最重要的。

（一）市场调查的主要内容

所谓市场调查，就是根据组织所面临的市场问题，运用科学的方法，有针对性地收集有关市场信息，为研究市场规律、预测市场未来变化趋势、进行经营决策提供依据。市场调查的内容主要有以下四个方面。

1. 顾客调查

对顾客的需求及购买能力等情况的调查研究，是市场调查的重点。主要是对现有用户的购买人数、购买力、购买动机及欲望、购买水平、消费结构及趋势等方面的调查，以及对潜在顾客的调查。潜在顾客是未开发的市场，是与竞争者争夺的重点，因此，必须做深入的调查。

2. 产品调查

产品调查是对产品投放市场后，用户对产品的功能、效用、质量、外观、包装、价格、备件、服务、广告宣传等方面的反映和意见的调查，同时还包括对竞争产品、新产品、新技术等的调查。

3. 销售调查

对销售活动进行全面的审查。包括销售量、销售范围、分销渠道、促销活动等方面的调查。如对市场容量、市场占有率、销售趋势、竞争形势等进行的调查；对市场上可用的和已用的销售渠道所做的调查；对顾客潜在需求的调查、产品的市场潜量与销售潜量。当然，还应包括对竞争对手销售情况的调查，以方便进行优劣势比较。

4. 政府行为调查

政府的法令与政策对于组织的经营有着重要的作用。因此，应了解政府政策和控制方式的变动对市场的影响，以便对市场进行综合分析。

总而言之，组织所处的外部环境和具备的内部条件在一定程度上都是市场调查的对象，只是组织应根据不同的需要有所选择罢了。例如，技术部门和生产部门调查的重点可能在新技术、新产品的开发情况上；管理部门的调查的重点可能在政府行为上，而营销人员的调查重点可能是在销售和顾客方面。

（二）市场调查的步骤

市场调查是一项复杂而又细致的工作，因此必须按预定目标，有组织、有计划、有步骤地进行。其基本步骤如图 4.5 所示。

```
┌──────┐   ┌──────┐   ┌──────┐   ┌──────┐   ┌──────┐
│确定调│──▶│制定调│──▶│进行调查│──▶│资料的整│──▶│提出调│
│查问题│   │查计划│   │收集资料│   │理与分析│   │查报告│
└──────┘   └──────┘   └──────┘   └──────┘   └──────┘
   ▲          ▲
   │      ┌──────────────────┐
   └──────│  资料不充分或不可靠  │
          └──────────────────┘
```

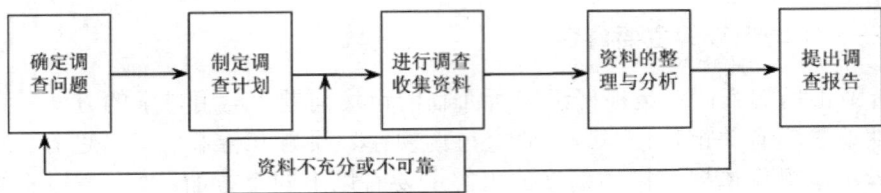

图 4.5　市场调查过程

1. 确定调查问题与重点

确定调查问题与重点即提出并界定市场调查所要解决的问题和重点。调查的问题要根据组织当前要解决的各类现实问题来确定。要调查的问题,既不可过于宽泛,也不宜过于狭窄,要有明确的界定并充分考虑调查结果的实效性。其次,在确定问题的基础上,进一步确定调查的重点。

示例

某航空公司在决定进行一项关于在飞机上提供电话服务的调研活动时,首先提出"去探索你能够发现的空中旅客所需要的一切"。结果,尽管得到了大量的信息,但有关电话服务方面的信息少之又少,大多数信息集中在价格、次数、食物等其他的服务方面。

于是,他们又提出"探求是否有足够的乘客在某航线的飞行中愿意使用电话,使这项服务不致亏损。"结果问题一提出,大家就纷纷认为,"如果这项服务能增加新的旅客,不是可以从机票中盈利吗?那现在的调查不就没什么意义了。"

经过多次反复,最后确定以下重点问题:乘客在航行期间打电话的主要原因是什么?哪些类型的乘客喜欢在航行中打电话?有多少乘客可能会打电话?各种层次的价格对他有何影响?这一新服务会增加多少新乘客?这项新服务对公司的形象会产生积极影响吗?电话服务和其他因素如航班次数、食物和行李处理等相比,重要性如何?

这些问题表述清楚,重点突出,确保了调查结果的成功和所得信息的有效性。

2. 制订调查计划

调查计划的主要内容有以下几方面:

1)调查项目与目的。
2)资料来源——第二手资料,第一手资料。
3)调查方法——观察法、访问法、问卷法、实验法。
4)调查工具——调查表、仪器。
5)调查范围——市场范围、收集资料的范围、抽样的范围。
6)接触方法——电话、邮寄、面谈。

7）调查人员、调查进度和费用预算。

8）要求达到的结果。

调查一般从第二手资料开始，调查表和仪器是获取第一手资料的主要工具。观察、访问、问卷和实验是获取第一手资料的主要方法。

第一步和第二步属于准备工作，因此，一定要注意集思广益、细致、充分，做好充分的准备，否则调查结果就不会很理想。

3．进行调查收集资料

在制订调查计划之后，就由调研人员按照计划进行资料的实际收集工作。调查人员的水平直接影响调查结果的正确性，因此，要做好调查人员的选择、训练和管理工作。

4．资料的整理与分析

资料的整理与分析是对收集到手的资料进行审查、整理、分类、比较及全面分析。审查的重点是资料的可靠性，整理是检查资料的完整性，分类是为了便于使用和管理资料，比较分析是将实际调查的资料与组织的现状进行比较，从中发现组织的优势和劣势，市场的机会和威胁。

整理资料一定要客观、实事求是，记住要保存好原始资料，以备后用。如果发现资料不够充分或是可靠性不足，就应该分析是调查计划的问题还是实际调查工作中的失误，如果是前者，那就必须重新制订调查计划，如果是后者，那就重新进行调查。

5．提出调查报告

调查报告是市场调查结果的文字记录，是提供决策的重要文件。其主要内容有本次调查的主要目的，调查所用的方法，对调查资料的分析和结果，根据调查结论提出的建议，调查报告的附件，如统计图表、参考资料、典型资料等。

（三）市场调查的方法

市场调查的方法主要有观察法、访问法、实验法和问卷调查法。

1．观察法

观察法就是调查者不直接向当事人提出问题，而是通过观察事件的发生经过或是用仪器记录。其优点是能比较客观地收集资料，调查结果比较切合实际，缺点是容易受到调查人员素质的局限性影响。

2．访问法

访问法也叫面谈法。就是调查人员按照预先准备好的调查提纲或调查表，通过口头、电话或书面方式，向被调查者了解情况，收集资料。既可以采用个别面谈（一对一），也可以采用集体面谈（一对多、多对一、多对多）、电话询问、邮件访问等多种方式进行。其优点是被访问者回答问题直接、明确，便于围绕问题收集资料；缺点是访问者工作量大，有时会因为访问方法不当不能取得真实、全面的资料，因此，对访问者的沟通技巧、公关礼仪知识有一定要求。

3. 实验法

实验法即从影响调查问题的许多因素中选出一两个关键因素，将其置于一定的条件下或一定范围内进行小规模试验，然后对实验结果进行分析，研究其利弊并确定是否值得大规模推广。产品试销、试用是实验调查的常用方式。其优点是获取的资料真实可靠，缺点是实验市场不好选定，而且花费一定的时间和费用。

4. 问卷调查法

通过发放事先设计好的问卷进行调查（调查之前要确定好是全面调查还是抽样调查，如何抽样，以及抽样范围），然后用数理统计原理对结果加以计算和分析。

拓展知识二：市场预测

（一）市场预测的概念和内容

预测是人们对客观事物未来发展的预料、估计、分析、判断和推测。在预测的时候，都是借助于对过去和现在已知情况的探讨，推断未知和未来的情况。

市场预测就是借助历史统计资料和市场调查，运用科学的预测技术，对未来一定时期内市场需求状况及其发展变化趋势进行预算、分析和推断的一种活动。

一般来说，市场调查只能了解现在和近期的情况，如果想了解未来，就需要在调查的基础上再加以预测。市场预测的内容主要包括组织所在地区社会商品购买力水平及发展趋势的预测，组织所提供的产品或服务的需求预测，产品寿命周期及新产品市场前景预测，销售前景预测，经济效益预测，科技发展趋势预测，政府政策预测，其他相关因素的预测。

（二）市场预测方法

预测方法包括定性和定量两类，我们在此只讲几种常见的定性预测方法。

1. 个人判断法

个人判断法是由组织内相关人员或其他有关专家凭个人的直觉经验，对市场情况进行分析判断，提出预测结果的一种方法。这种方法受预测者个人的知识面、经验水平、社会地位等因素的影响。

2. 专家座谈法

专家座谈法是聘请有关方面的专家，通过座谈讨论，互相启发、集思广益、取长补短，从而得出预测结论。这种方法容易被权威所干扰，假如有权威存在，与会者可能不能畅所欲言，专家也不便公开修改个人意见，容易出现"从众"现象，结果可能是多数人的错误意见被采纳，而少数人的正确意见被忽视或压抑；另外，专家召集困难，费用较高。

3. 德尔菲法

德尔菲法（Delphi Method）又叫专家预测法、专家调查法。一般采用不记名投寄的方式征询专家意见，并进行统计归纳做出预测或决策。其一般过程为：

1）拟订调查表、选择专家，即由调查人员提出各种要调查和预测的问题，发给有关专家填写。

2）通讯调查，专家们根据调查表所列的问题，背对背地提出自己的意见。

3）整理反馈，由调查人员汇集整理各专家的意见，并把整理的分析结果反馈给各专家，并由专家填写后再寄回。

4）结果处理，对每一次的结果都要运用科学的方法进行整理、统计、分析，经过多次反复，直至得到令人满意的结果为止（典型的德尔菲法共进行四个循环）。

小提示

德尔菲法由美国兰德（Rand）公司在 20 世纪 40 年代提出，其要旨是就某一问题征集有关专家的意见，做出决策。

德尔菲法能充分发挥专家作用。背对背的形式，可以排除心理影响，而且，带有反馈的意见测试，使各种意见相互启迪，从而做出正确的决策。但是这种方法比较烦琐，所需的时间和成本都比较高。

第十一单元　理解决策的内涵与基本程序

案例导入

安娜大学毕业 10 年来，一直在某中等规模的电脑公司当程序设计员，现在她的年薪为 5 万美元。这家电脑公司，每年要增加 4～6 个部门，有的职工属于管理职位。公司对管理职位的年薪加年终分红，每年付给 9 万美元。公司曾提升过程序员担任过公司经理的职务，虽然还没有让女性担任过这样的管理职位，但安娜相信，凭她的工作资历和这一行业中女性的增加，不久的将来她会得到这样的机会。安娜感到前途还是很乐观的。

安娜的父亲雷森先生自己开了一家电脑维修公司，主要是维修计算机硬件，并为一些大型电脑公司做售后服务。最近，雷森先生由于健康和年龄的原因，不得不退休。他聘请了一位刚从大学毕业的学生来临时经营电脑维修公司，店里的其他部门继续由安娜母亲经营。雷森想让女儿安娜回来经营她将要继承的电脑维修公司。由于近年来购买个人电脑的人数不断增加，电脑维修行业的前景十分看好，并且雷森先生在前几年的经营过程中，建立了良好的信誉，不断有知名电脑公司委托其做该城市的售后维修中心。因此，雷森的维修公司发展和扩大的可能性很大。安娜和双亲讨论时，得知维修公司一年的营业额大约为 40 万美元，而毛利润差不多是 17 万美元。由于雷森先生的退休，他和他的太太要提支工资 8 万美元，加上每年 6 万美元的经营费用，交税前的净利润为每年 3 万美元。自雷森先生退休以来，从维修公司得到的利润基本上和从前相同。目前，他付给他新雇佣的大学生薪金为每年 35 000 美元，雷森先生自己不再从维修公司支取薪金了。

如果安娜决定担任起维修公司的管理工作，雷森先生打算付给她 5 万美元的年薪。他还打算，开始时，把维修公司经营所得利润的 25% 作为安娜的分红；两年后增加到 50%。因为雷森夫人将不在该公司任职，就必须再雇佣一个非全日制的办事员帮安娜经营维修公司，他估计这笔费用大约需要 16 000 美元。雷森先生得知已有人试图出 60 万美元买他的维修公司。这笔款项的大部分，安娜在不久的将来是要继承的。对雷森夫妇来说，他们的经济状况并不需要过多地去用这笔资金来养老送终。

请问：对安娜来说，有哪些行动方案可供选择？如果你是安娜，你会如何选择？

安娜遇到的问题是一个决策问题。生活中我们经常会遇到各种"十字路口"：外出旅游是乘飞机还是坐火车；毕业后是专升本、自考本科还是直接就业……类似于这样从多个选择中做出决定的过程就是决策的过程。

知识点一：决策的概念

决策是指为今后的行动确定目标，并从多种可以相互替代的方案中选择一个合理或满意方案的分析判断过程。从这一概念中，可以看出决策的四个基本特点：

1）目标性，即决策必须有明确的目标。决策是理性行动的基础，行动是决策的延续，目标选择不准和无目标的决策是盲目的行动，很难正确。

2）选择性，即决策必须有两个或两个以上可供选择的可行方案，如果只存在一个方案，就不存在决策。

📓 **补充说明**

所谓可行方案，一般应是能够实现预定的目标，各种影响因素均能进行定性和定量的比较，在现行的技术经济条件下能顺利实施的方案。

3）满意性，即选择方案遵循的原则是"满意"或"合理"。由于决策者在认识能力和时间、经营、信息来源、未来状况等方面的限制，不能要求最理想的状态，因而决策的准则只能是"令人满意的"或"足够满意化"。

✏️ **知识点**

不同的人，受价值观、对风险的态度、环境、工作经历、伦理道德观等因素的影响，其满意的标准不同。这些因素即为影响决策的因素。

4）科学性，即决策要通过科学的分析、评价进行选优。一般地说，每一个行动方案都会存在利弊和优缺点，必须通过科学的、全面的、综合的分析判断，才能在多种可行方案中选择一个较为理想的合理方案。

📖 **案例解析**

影响决策的因素很多，而且由于决策遵循的是"满意"原则，因此，不同的人，遇到的环境、个人的经历、价值观、伦理道德观、对待风险的态度等不同，面对同一问题，对"满意"的感受不同，做出的决策也就不同。

以"案例导入"中的安娜为例，价值观影响着她的决策，是冒险改行可父亲的公司还是继续留在现任公司平稳地做自己感兴趣、觉得有前途的工作；是继承父母的财产，还是放弃继承父母的财产，安娜的决策将反映出她的价值观。

知识点二：决策的类型

从不同的角度对决策过程进行分类，有助于决策者把握各类决策的特点，根据决策问题的特征，按不同的决策种类，采用不同的方法，进行有效的决策（如表4.3所示）。

表 4.3　决策分类

高层管理者	高层决策	战略决策	非程序性决策	不确定性与风险性决策	非数量化决策
中层管理者	中层决策	管理决策	程序性与非程序决策	确定性与风险性决策	数量化与非数量化决策
基层管理者	基层决策	作业决策	程序性决策	确定性决策	数量化决策

（一）按决策活动的层次划分

按决策活动的层次分为战略决策、管理决策和作业决策，具体内容如下：

1）战略决策侧重于资本过程，是所有决策问题中最重要的，通常包括确定组织目标方针、组织机构的调整、产品的更新换代、重大的技术改造等涉及组织全局的长期性、方向性的决策。

2）管理决策侧重于价值过程，属于执行战略决策过程中的全局性的具体决策，旨在实现组织内外之间和组织内部各环节活动的高度协调和资源的合理利用，以提高经济效益和管理效能。

3）作业决策侧重于劳动过程，属于日常工作中常规性、局部性的决策，范围小。

管理决策与作业决策统称为战术决策。

（二）按决策活动的规范性划分

按决策活动的规范性可分为程序性决策和非程序性决策，具体内容如下：

1）程序性决策是对日常的、反复发生的例行问题（已有处理经验）采用例行程序所做的决策。也就是按照既定的程序所进行的决策。对于经常发生的需要决策的问题，往往可以制定一个例行程序，凡遇到这一类问题，就按照既定程序进行决策。

2）非程序性决策是对偶然发生的、新颖的、性质和结构不明的、不重复出现的或具有重大影响的例外问题（无先例可循）所做的决策。当问题的涉及面广，又是新发生的，或者问题极为重要而复杂，没有例行程序可以遵循，就要进行特殊处理，对这类问题的决策就是非程序性决策。企业高层决策中非程序性决策居多。

（三）按决策活动结果的确定性划分

按决策活动结果的确定性可分为确定性决策、风险性决策和不确定性决策，具体内容如下。

1）确定性决策是指事先可以肯定唯一结果的决策。确定性决策的方法比较简单和直观，因为每一种方案的结果都是已知的，决策者可以做出理想而精确的决策，这并不是做大多数决策的情况，它比实际更理想化，在此不做介绍。（见"拓展知识"中例4.4）

2）风险性决策是指未来情况不完全确定，但是能够确知各种后果以及各种后果出现概率的决策，即事先可以用概率把握的多种结果的决策。风险状态下的决策分析更为常见和实际，这种估计结果的能力来源于个人经验或是对第二手资料的分析，决策者应有指导他估计不同方案概率的历史或调研数据，否则只能采用主观概率。（见"拓展知识"中例4.1和例4.2）

3）不确定性决策是指无法把握其后果的多少和概率的决策，这种情况下的选择，主要取决于决策者的经验与态度。（见"拓展知识"中例4.3）

（四）按决策的风格划分

按决策的风格可分为个人决策和群体决策，具体内容如下：

1）个人决策是指选定最后决策方案时，由某一个最高领导人或决策者最后做出决定的一种决策形式。个人决策的特点是决策迅速，责任明确。个人决策主要用于处理常规的管理问题以及信息较为准确、简单的决策问题。只要信息无误，决策效果较好，决策效率较高，取得的经济效益就会相当显著，而且能够充分发挥最高领导人或决策人的个人主观能动性。但是这类决策往往受领导个人本身的性格、学识、能力、经验，魄力等制约，所以具有局限性。

2）群体决策是指由两个或两个以上的人组成的决策群体做出最后的决定。群体决策是相对于个人决策而言的，它包含有两种含义：一种是通过会议集体讨论，充分发挥领导集团的智慧，集思广益，进行决策；另一种是通过领导机构与下属机构相结合，也称领导与群众相结合，对一些重大的决策课题进行充分的分析、研究、论证，然后做出决策。

示例

通用公司的"全民决策"管理制度

美国通用电气公司（GE）是一家集团公司，1981年杰克·韦尔奇（Jack Welch）接任总裁后，认为公司管得太多，而领导的太少，"工人们对自己的工作比老板清楚的多，经理们最好不要横加干涉"。为此，他实行了"全民决策"制度，使那些平时没有机会互相交流的职工、中层管理人员都能出席决策讨论会。"全民决策"的开展，打击了公司中官僚主义的弊端，减少了烦琐的程序。实行了"全民决策"，使公司在经济不景气的情况下取得巨大进展。他本人被誉为全美最优秀的企业家之一。

知识点三：决策的基本程序

决策是一个提出问题、分析问题和解决问题的系统分析过程，要达到有效的决策目的，必须遵循科学的决策程序。一般地说，决策的基本程序包括研究现状、确定目标、寻求可行方案、方案评价、方案选择与实施和反馈等几个环节，如图4.6所示。

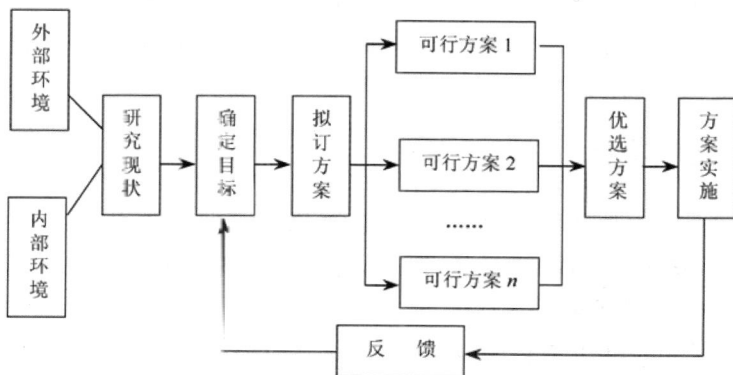

图 4.6　决策程序

（一）研究现状、发现问题

发现问题是决策的起点。决策是为了解决一定问题而制定的，研究现状的目的是为了找出现状与期望状态之间的差距，这种差距的大小及其根源是组织诊断和进行相应决策的原因和目的所在。在这一阶段，追查问题的根源，正确界定要解决的主要问题是此后各步骤科学有效的基础。

（二）确定决策目标

确定目标是决策的前提。这一阶段的目的在于澄清解决问题的最终目的，明确应达成的目的，并对目标的优先顺序进行排序，从而减少以后决策过程中不必要的麻烦。决策目标是由上一阶段明确的有待解决的问题决定的，在决定过程中，首先必须把要解决问题的性质、结构、症结及其原因分析清楚，才能有针对性地确定出合理的决策目标。

（三）寻求可行方案

在诊断出问题的根由并澄清解决此问题的真正目标后，应寻求所有可能用来消除此问题的对策及有关的限制因素。在寻求可行方案时，必须充分发扬民主、集思广益、群策群力，尽可能多地提出各种可行方案。

（四）方案的评价和选择

首先要对每一个方案进行可行性论证，论证时，要注意突出技术上的先进性、操作上的可能性以及经济上的合理性；在论证的基础上进行综合评价；最后，从众多方案中选取一个最优的方案。方案的选择主要与决策者的价值观念、决策所面对的不确定性和决策者所掌握的决策方法有关。

（五）决策的实施和反馈

做出了决策，并不等于决策过程的结束，更重要的是决策方案的实施。而且，要判断一项经营决策正确与否，只有通过实施结果才能做出正确的判断。因此，在决策执行过程中建立信息反馈系统，及时地将实施结果与规划目标进行分析比较，如有差异，查明原因，采取必要的措施进行调整，从而保证决策目标的实现。

知识点四：定性决策方法

定性决策方法也称决策的"软技术"，是依靠专家的知识、经验、智慧，运用社会学、心理学、组织行为学的理论，对决策问题做出科学判断。所以定性决策是一种主观决策。本书在此简要介绍一种常用的定性决策方法——头脑风暴法（Brain-storming）。另外，前面已经讲过的预测方法中的德尔菲法，也经常用于决策。

头脑风暴法又称集思广益法、畅谈会法，原是美国创造学奠基人 A. F. 奥斯本（A. F. Ostowrne）于 1939 年提出的一种培养创造性思维、激发创造力的方法。一般是针对需要决策的问题，召集有关人员，在一种无拘无束的环境下敞开思想、畅所欲言、集思广益，在相互启发中发表意见，从而进行决策的一种方法。其要点有以下几方面：

1）强调思路宽广、无拘无束，鼓励多提意见，意见越多越受欢迎（可根据意见的多少进行物质激励）。

2）将每个点子都记录在大家能看到的地方，一是供大家参考，相互启发；二是留待以后整理、分析。

3）鼓励结合他人的想法提出新的构想。

4）不允许私下交谈，但允许有人经协商后联合提出某个设想。

5）与会者不分职位高低，在意见面前一律平等，不允许以集体或权威意见的方式影响他人提意见。

6）不允许在点子汇集阶段对别人的意见进行结论性评价和反驳，甚至最荒唐的想法也不允许受到嘲笑。

示例

头脑风暴小游戏——粉笔有哪些用途？

要求：反应速度要尽可能快，不能重复别人说过的，但可以更加具体，保持安静，不能嘲笑、反驳别人（我们只对事不对人），可以把别人的想法记录下来。

头脑风暴法集中了各种人的各种意见和想法，比较全面地考虑事物的各种可能性，但参加人数有限不可能广泛征集意见，而且多数人的意见往往对少数人造成压力，即使真理掌握在少数人手里，也要服从多数人。另外，集体有时也容易被个别权威人士的意见左右。

拓展知识：定量决策方法

定量决策方法，也就是把与决策有关的变量与变量之间、变量与目标之间的关系，用数学方法表示，然后通过数学计算求得所需数据，以便决策者从中选优的一种决策方法。定量决策方法通常被称为是决策的"硬技术"，常用的定量决策方法有以下几种。

（一）风险性决策方法

1. 损益期望值法

"损"就是亏损，"益"就是盈利。损益值就是企业（或某个投资项目）盈利或者亏损的数额。损益亦称财务成果，企业的利润或亏损。在一定时期内，企业各项收入抵补各项支出后的差额，就是经营的最终成果。收入超过支出，就是纯益（正数表示）；反之，则是纯损（负数表示）。

损益期望值是指某一行动方案在各种自然状态下所可能期望得到的平均损益值，通常用符号 E 表示，它等于每一自然状态概率与相应的损益值的乘积之和。其计算的基本公式为

$$E(A_i) = \sum_{j=1}^{m} V_{ij} \cdot P_j$$

式中，A_i——表示第 i 个方案；

$\quad\quad E(A_i)$——表示 A_i 方案的损益期望值；

$\quad\quad V_{ij}$——表示 A_i 方案在第 j 种自然状态下的损益值；

$\quad\quad P_j$——第 j 种自然状态出现的概率；

$\quad\quad m$——自然状态种数。

即每个备选方案的损益期望值等于它在不同自然状态下的损益值与概率乘积的和。

损益期望值法，即计算出每个行动方案的损益期望值，然后比较大小，根据"损益期望值最大规则"选择满意方案。

【例 4.1】 有一项引进的工程项目，某保险公司为此需要决定是否开办一个新的险种，经调查研究发现，如果开办而不出险，则每年收益 5 万元；但如果开办并出现责任事故，则将给保险公司带来 100 万元的损失（包括调研费）；如果不开办，则不管是否出险，保险公司每年都要付出调研费 5 000 元，根据过去不完全的统计资料，预测不出险的概率为 0.96，出险的概率为 0.04，在这种情况下，保险公司对工程项目究竟是否承保，如何决策？

解：保险公司可选择的方案有两种——开办新险种和不开办新险种；不管哪种方案，结果都能知道是两种中的一种：出险（出现责任事故）和不出险（不出现责任事故），但究竟出现哪一结果无法事先确定。虽无法确定到底是哪一种结果，但每一种结果发生的概率（可能性）是知道的。因此，属于风险型决策，可以采用损益期望值法解题。

第一步：根据题中条件，可列出表 4.4。

表 4.4 各方案在不同状态下的损益值 　　　　　　　　单位：元

自然状态		不出险	出　险
概率（P）		0.96	0.04
方　案	承保（A_1）	50 000	−1 000 000
	不承保（A_2）	−5 000	−5 000

第二步：计算各方案的损益期望值：

承保方案（A_1）的期望值 $E(A_1) = 0.96 \times 50\,000 + 0.04 \times (-1\,000\,000)$
$\quad\quad\quad\quad\quad\quad\quad\quad = 8\,000$（元）

不承保方案（A_1）的期望值 $E(A_2) = 0.96 \times (-5\,000) + 0.04 \times (-5\,000)$
$\quad\quad\quad\quad\quad\quad\quad\quad = -5\,000$（元）

第三步：选择方案：因为承保方案的期望值 8 000 元大于 −5 000 元，所以选择承保方案为最优方案，即开办该险种。

2. 决策树法

对于比较复杂的风险型决策，除了采用损益期望值法外，还经常采用决策树法。决策树法是以方块和圆圈为结点，并由直线连接而成的一种树状结构。一般来说，每个可行方案，又可能有多种状态，因此，图像由左向右，由简到繁，形成一个树状结构。决策过程由右向左，逐步后退，根据末端的损益值和状态的概率值计算出同一方案不同状态下的期望值，然后根据其大小决定决策，标出被舍弃方案的对应分支，最后决策结点留下一条分枝即为满意方案（期望值最大的方案）。

【例 4.2】 某企业计划生产某种产品，现提出三种生产方案（如表 4.5 所示），根据有关资料，已知未来市场面临三种状态，每个方案在各状态下的损益期望值见下表，请用决策树法做出决策，选出满意方案。

表 4.5 各方案在不同状态下的损益值　　　　　　　单位：万元

备选方案	各种自然状态下的损益值		
	销路好 $P=0.5$	一般 $P=0.3$	销路差 $P=0.2$
大批生产（A_1）	30	10	−15
中批生产（A_2）	20	6	2
小批生产（A_3）	15	4	4

解：第一步：根据表格画出决策树，如图 4.7 所示。

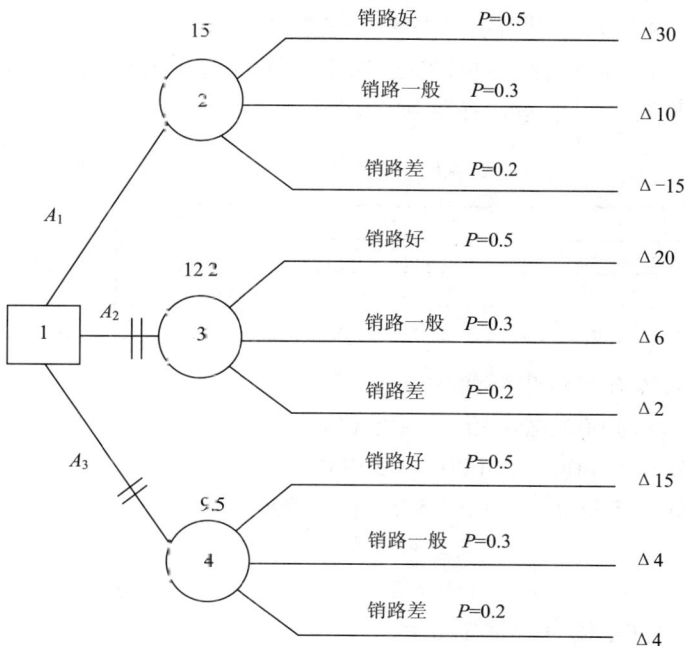

图 4.7 决策树示意

第二步，计算出各状态点的损益期望值，并标到各状态点上。

状态点 2：$E(A_1) = 30 \times 0.5 + 10 \times 0.3 + (-15) \times 0.2 = 15$（万元）

状态点 3：$E(A_2) = 20 \times 0.5 + 6 \times 0.3 + 2 \times 0.2 = 12.2$（万元）

状态点 4：$E(A_3) = 15 \times 0.5 + 4 \times 0.3 + 4 \times 0.2 = 9.5$（万元）

第三步，比较各状态点的期望值大小，剪去较小的两个方案枝。

经过比较，决策剪去 2、3 方案，大批生产（A_1）方案满意方案。

决策树中，方块（□）表示决策（节）点，由决策点引出的一级树枝叫方案枝，它表示该项决策中可供选择的几种备选方案，分别用带有编号的圆形（○）状态（节）点（如②、③和④）来表示，各状态点上可标出对应方案的损益期望值；由圆形结点进一步向右引出的枝条称为方案的状态枝（或概率枝），每一状态出现的概率可标在每条直线的上方，直线的右端的三角（△）称为效果（节）点，可标出该状态下方案执行所带来的损益值。

（二）不确定性决策方法

1. 乐观法

乐观法也叫最大决策法、大中取大法。即当决策者面临情况不明的决策时，以争取最好结果的乐观态度来选择他的决策方案。决策时，首先计算各方案在不同自然状态下的收益，并找出各方案所带来的最大损益值，然后从中选出损益值最大的方案作为满意方案。

【例 4.3】 某百货公司准备购进一批电视机，根据未来需求情况和过去的销售经验，当未来出现高需求时能卖 100 台，一般需求时能卖 50 台，低需求时能卖 10 台，因而提出三种方案，进货 100 台、50 台和 10 台，其损益表如表 4.6 所示，但该商场并不知道未来电视机市场需求到底是哪一种情况，也不知道其发生的概率，在这种情况下，如何决策？

表 4.6　损益值表　　　　　　　　　　　　　　单位：元

方　案	高需求	一般需求	低需求
方案一　100 台	50 000	20 000	−25 000
方案二　50 台	25 000	25 000	−5 000
方案三　10 台	5 000	5 000	5 000

解：先求出各方案带来的最大损益值：

Max I = Max{50 000, 20 000, −25 000} = 50 000

Max II = Max{25 000, 25 000, −5 000} = 25 000

Max III = Max{5 000, 5 000, 5 000} = 5 000

然后从三个最大损益值中求取最大值：

Max{I, II, III} = Max{50 000, 25 000, 5 000} = 50 000

50 000 对应的方案为进货 100 台。

2. 悲观法

悲观法亦称保守决策法、小中取大法。即决策者面临着各种状态发生的概率不清时，首先分析各种最坏的可能结果，然后再从中选择最好的，以此对应的方案为决策方案。决策时先找出各方案的最小损益值，再从中选取最大值对应的方案作为比较满意的方案。

仍以例 4.3 为例，这次需先求出每个方案带来的最小损益值，然后从最小值中选择最大值。即

$$Maxmin = Max\{-25\,000,\ -5\,000,\ 5\,000\} = 5\,000$$

对应的方案为采购 10 台。

3. 后悔值法

后悔值法也叫最小机会损失决策法。后悔值是指在各种自然状态下最大收益值与每个决策方案对应收益值之差，即

后悔值＝各自然状态下最大收益值－各方案在该状态下的收益值

后悔值法就是先计算出各方案的最大后悔值，然后从中选出最小值，这个最小值对应的方案，即为入选方案。决策时，首先找出各状态下最大损益期望值；然后计算各状态下不同方案的后悔值；接着找出每一方案所对应的最大后悔值；最后从第三步结果中找出最小值，对应方案为满意方案。

仍以例 4.3 为例。

首先，找出各状态下最大损益期望值并计算各状态下各方案的后悔值。

高需求状态下的最大期望值为 50 000，因此，方案一、二、三在高需求状态下的后悔值分别为：50 000－50 000；50 000－25 000；50 000－5 000。

一般需求下的最大期望值为 25 000，因此，方案一、二、三在一般需求状态下的后悔值分别为：25 000－20 000；25 000－25 000；25 000－5 000。

低需求下的最大期望值为 5 000，因此，方案一、二、三在低需求状态下的后悔值分别为：5 000－（－25 000）；5000－（－5 000）；5 000－5 000。

把损益值表换算成表 4.7 所示的后悔值表。

然后找出每一方案所对应的最大后悔值并从中找出最小值，对应方案为满意方案。

$$Minmax\{Ⅰ，Ⅱ，Ⅲ\} = Min\{30\,000,\ 25\,000,\ 45\,000\} = 25\,000$$

对应的方案为进货 50 台。

表 4.7　后悔值表　　　　　　　　　　　　　　　　　单位：元

方　　案	高需求	一般需求	低需求
方案一（100 台）	0	5 000	30 000
方案二（50 台）	25 000	0	10 000
方案三（10 台）	45 000	20 000	0

（三）确定性决策方法

对于确定性决策，我们只讲一个"量、本、利"分析法。

所谓"量、本、利"分析法，就是根据销售量、成本和利润三者之间的相互依赖关系，对企业的盈亏平衡点和盈利情况的变化进行分析的一种方法，又称盈亏分析法。在盈亏分析中，将企业的"总成本"按照性质分为"固定成本"和"变动成本"（或"可变成本"）。所谓固定成本，是指不随销售量变化的那部分成本，例如，折旧费、设备大修理费、办公费、新产品研制费等；变动成本则是指随销售量变化而变化的那部分成本，如原材料、工时费、燃料和动力费等。

利用"量、本、利"分析法进行决策关键是找出企业不盈不亏的产量（保本产量），此时总收入等于总成本。因此又称保本分析法。

【例4.4】 一个体户买了一台复印机，假设它的固定成本为每年1万元，单位变动成本每复印一张纸（墨粉、电费、纸张、人工费）为0.15元，对外每张复印费为0.30元，那么每年最少复印多少张才能保本？

分析：这是一个典型的确定性决策，因为保本张数肯定是一个唯一值。

解：假设为 X 张，根据盈亏分析保本点的特性，得

$$0.3X = 10\ 000 + 0.15X$$

或

$$X = 10\ 000/(0.30 - 0.15)$$

得

$$X = 66\ 667 \text{ 张。}$$

答：一年至少复印66 667张才能保本。

结束语：在任何组织中，所有的管理者都必须进行预测与决策，而这些预测与决策的影响最终将不仅仅局限在组织绩效的某个方面，有时甚至会关系到组织的生存与发展。作为管理者必须掌握预测与决策的基本知识，认识和重视预测与决策，不断提高预测与决策技能，这是组织发展的客观要求。

在我们的生活与工作中，也随处可见预测与决策。例如，我们需要预计我们在大学期间努力学习与不努力学习对我们自己未来的影响会是怎样的，依此，我们需要选择在大学期间是努力学习，还是不努力学习。

小　结

1. 所谓SWOT分析法，是指通过对组织内部的优势、劣势和外部环境带来的机会、威胁，进行综合分析，据此构思、评价和选择企业战略方案的一种方法。其基本步骤是分析环境因素，获取信息；整理信息，构造SWOT分析表；分析信息，制定行动计划。

2．决策是指为今后的行动确定目标，并从多种可以相互替代的方案中选择一个合理或满意方案的分析判断过程。其基本程序包括研究现状、确定目标、寻求可行方案、评价方案、选择并实施方案和反馈等几个环节。

3．德尔菲法又叫专家预测法、专家调查法，是通过不记名投寄的方式征询专家意见，多次循环反复后进行统计归纳做出预测或决策的一种定性预测或决策方法。

4．头脑风暴法作为一种定性决策方法，是指将对解决某一问题有兴趣的人集合在一起，在完全不受限制、无拘无束的条件下敞开思路、畅所欲言。

5．常用的定量决策方法有期望值法、决策树法、乐观法、悲观法、后悔值法、量本利分析法等。

练 习 题

一、课内测试题

（一）单项选择题

1．采用匿名方式，书面征询意见，多次循环反馈，最终获得收敛的决策或预测方法，被称之为（　　）。

  A．经理人员决策法   B．集思广益法

  C．德尔菲法   D．头脑风暴法

2．决策是工作和日常生活中经常进行的活动，但人们对其含义的理解不尽相同，以下理解较为完整的是（　　）。

  A．出主意   B．拿主意

  C．既出主意又拿主意 D．评价各种主意

3．面对未来可能呈现的多种状态，决策者虽无法事先确定究竟呈现何种状态，但可判断各种状态出现的概率，并用概率来把握多种结果，这种决策属于（　　）。

  A．确定性决策   B．风险性决策

  C．不确定性决策   D．非程序性决策

4．面对未来可能呈现的多种状态，决策者由于无法把握其后果有多少种可能，只能主要依靠经验和态度来进行的决策属于（　　）。

  A．确定性决策   B．风险性决策

  C．不确定性决策   D．非程序性决策

5．针对欧美国家对我国纺织品的配额限制，某公司决定在北非投资设立全资子公司，这种决策属于（　　）。

  A．作业决策 B．战略决策 C．战术决策   D．确定性决策

6．在进行不确定性决策的时候，乐观法的做法通常可描述为（　　）。

    A．大中取大　　B．小中取大　　C．小中取小　　D．大中取小

7．在进行不确定性决策的时候，悲观法的做法通常可描述为（　　）。

    A．大中取大　　B．小中取大　　C．小中取小　　D．大中取小

8．针对某一问题，将有关人员召集到一起，在一种无拘无束的氛围中收集意见、并进行决策的方法是（　　）。

    A．因果分析法　　　　　　　　B．回归分析法

    C．头脑风暴法　　　　　　　　D．德尔菲法

（二）多项选择题

1．决策具有以下哪些特点（　　）。

    A．目标性　　B．选择性　　　　C．满意性　　　　D．科学性

2．按决策活动的层次划分，可将决策划分为（　　）。

    A．战略决策　　B．管理决策　　C．作业决策　　　D．风险决策

（三）问答题

1．什么是 SWOT 分析法，简述其基本步骤。

2．什么是决策，结合实际谈谈决策的基本程序。

3．简要回答预测和决策的区别与联系。

（四）计算题

1．某城市拟利用公共汽车站、火车站和轮船码头进行某种宣传。在上述三种地点皆可以建宣传站，由于不能确定来往客人的准确流量，可把估计的客流量分为大、中、小、微，相应达到的宣传效果也不一样。经过测算，三种方案在四种不同客流量的情况下分别获得的宣传效果如表 4.8 所示。

表 4.8　三种方案在四种不同客流量的宣传效果

宣传效果 可行方案	自然状态			
	S_1 流量大	S_2 流量中	S_3 流量小	S_4 流量微
A_1 建在轮船码头	30	15	10	5
A_2 建在汽车站	50	35	25	20
A_3 建在火车站	60	30	25	15

请分别用悲观法、乐观法、后悔值法进行决策。

2．某厂生产 Y 型号电风扇，已知：销售价格为 100 元/台，该厂固定成本为 46 万元，电风扇的单位变动成本为 70 元，假定该时期家用电器的税率为 10%。求保本产量及当工厂目标利润为 10 万元时应达到的产量。

（五）案例分析题

根据表 4.9 给出的信息，对该洗衣机厂进行一个战略分析。

表 4.9　某洗衣机厂 SWOT 分析表

外部环境	威　胁	机　会
	16. 城市中洗衣机滞销	19. 郊区农民购买洗衣机者渐多
	17. 钢材价格涨价 40%	20. 政府准备对进口洗衣机的数量加以限制
	18. 新增洗衣机厂家两家	21. 本厂 X 型号洗衣机有出口可能
内部条件	优　势	劣　势
	22. 技术力量雄厚	26. 设备陈旧
	23. 产品质量稳步提高	27. 一线工人智力结构偏低
	24. 管理基础工作较好	28. 生产场地紧张
	25. 与协作企业和金融界有长期合作经验	29. 资金不足
		30. 销售渠道不能适应出口产品的需要

二、课外思考与实践题

（一）思考讨论题

1. 有一家四层楼的百货商店，在安装了两部电梯以后仍听到顾客、特别是女顾客的抱怨，说等电梯的时间太长。老板不想再减少铺面来增加自动扶手梯或电梯。请你为该商店设计至少三种创造性的解决方案。（方案越多越好，不一定很成熟，哪怕就一个点子一句话都行，只要能把问题说清楚）

2. 案例分析：新厂长的产品决策。

某工具厂从 1990 年以来一直经营生产 A 产品，虽然产品品种单一，但是市场销路一直很好。后来由于经济政策的暂时调整及客观条件的变化，A 产品完全滞销，企业职工连续半年只能拿 50%的工资，更谈不上奖金了，企业职工怨声载道，积极性受到了极大的影响。

新厂长上任后，决心一年改变工厂的面貌。他发现该厂与其他部门合作的环保产品 B 是成功的，于是决定下马 A 产品，改产 B 产品。一年过去，企业总算没有亏损，但工厂日子仍然不十分好过。

后来市场形势发生了巨大的变化。原来的 A 产品市场脱销，用户纷纷来函来电希望该厂能尽快恢复 A 产品的生产。与此同时，B 产品销路不好。在这种情况下，厂长又回过头来抓 A 产品，但一时又无法搞上去，无论数量和质量都不能恢复到原来的水平。为此，集团公司领导对该厂厂长很不满意，甚至认为改产是错误的决策。厂长感到很委屈，总是想不通。

请讨论：

（1）该厂长的决策是否有错误？请做详细的分析。

（2）如果你是该厂厂长，你在决策过程中应该如何去做？

3. 案例分析：促销带来的难题。

有一家著名的消费品制造厂目前面临的主要问题是：经常出现延迟交货甚至缺货的现象，顾客的抱怨越来越多。就在几个月前，销售部主任判定：通过加强促销宣传，有可能从主要竞争对手中夺到 15%的市场份额。于是，决定给予能够赢得更多生意的促销员以额外奖金，对于能够争得新订货的批发商，则给予更多的鼓励。

在实行这种促销活动的 3 个月里，公司接到的订货增加了 12.5%，这证明销售部主任的判断是正确的。可是，不幸的是，在促销活动开始以前，公司生产这些产品的能力就已经饱和了，再无潜力可挖。为了应付新的订货，公司将不得不增加 550 万元的投资来提高生产能力。但是，公司目前既无资金，也无场地，无法进行扩大生产，怎么会这样呢？

请讨论：

（1）促销宣传的成功带来了什么难题？为什么会这样？

（2）如果你是销售部主任，当初决定加强促销宣传时，你会怎么做？

（二）实践题

1．在老师的指导下运用 SWOT 分析法，为自己制订一个学业（职业）生涯规划。

2．以"如何建设我们的班级"为主题，应用头脑风暴法召开一次主题班会，然后分析一下生活中应用头脑风暴法有哪些优缺点？在运用过程中要注意哪些问题？

第三篇

组织职能篇

　　为了使人们能为实现目标而有效地工作，就必须设计和维持一种职务结构，这就是组织职能的目的。

——哈罗德·孔茨

第五章 组织结构设计

❖ 学习重点 ❖
1. 组织工作的基本内容和程序
2. 组织结构设计的概念、任务与基本原则
3. 集权、分权与授权

第十二单元 掌握组织工作的内涵与工作程序

案例导入

　　鸿远公司 6 年来从艰难创业到成功的经历可以说历历在目。公司由初创时的几个人，发展到今天的年营业额 5.8 亿元，经营业务从单一的房地产开发拓展到以房地产为主，集娱乐、餐饮、咨询、汽车维修、百货零售等业务于一体的多元化实业公司。鸿远公司已经成为在全市乃至全省较有实力和知名度较高的企业。鸿远公司是由中美合资建立的企业，主营高档房地产，在本地市场先入为主，很快打开局面。随后其他业务就像变魔术似的，一个变两个，两个变八个地拓展起来，近年来公司上下士气高涨，从高层到中层都在筹划着业务的进一步发展问题。房产建筑部要求开拓铝业装修，娱乐部想要租车间搞服装设计，物业管理部甚至提出经营园林花卉的设想。有人提出公司应介入制造业，成立自己的机电制造中心。作为公司创业以来一直担任总经理的赵弘，在成功的喜悦与憧憬中，更多着一层隐忧。在今天的高层例会上，他在首先发言中也是这么讲的："鸿远公司成立已经 6 年了，在过去的几年里，公司可以说经过了努力奋斗与拼搏，取得了很大的发展，公司现在面临着许多新的问题，管理信息沟通不及时，各部门的协调不力，我们应该怎样进行组织设计来改变这种情况。"在会上各位高层领导都谈了各自的想法。

　　主管公司经营与发展的刘副总，前年加盟公司，管理科班出身，对管理业务颇有见地，他在会上谈到："公司过去的成绩只能说明过去，面对新的局面必须有新的思路。公司成长到今天，人员在不断膨胀，组织层级过多，部门数量增加，这就在组织管理上出现了阻隔。例如，总公司下设 5 个分公司：综合娱乐中心（下有嬉水、餐饮、健身、保龄球、滑冰等项目）、房地产开发公司、装修公司、汽车维修公司、物业公司，各部门都各自成体系。公司管理层级过多，总公司有三级，各分公司又各有三级以上管理层，最为

突出的是娱乐中心的高、中、低管理层竟多达七级，且专业管理部门存在着重复设置。总公司有人力资源开发部，而下属公司也相应设置人力资源开发部，职能重叠，管理混乱，管理效率和人员效率低下，这从根本上导致了管理成本的加大，组织效率低下，这是任何一个大公司发展的大忌。从组织管理理论角度看，一个企业发展到1 000人左右，应由以管理机制代替人治，企业由自然生成转向制度生成，我公司可以说是处于这一管理制度变革的关口，过去创业的几个人，十几个人，到上百人，靠的是个人的号召力；但发展到今天，更为重要的是依靠健全的组织机构和科学的管理制度。因此，未来公司的发展的关键在于进行组织改革。我认为今天鸿远公司的管理已具有复杂性和业务多样化的特点，现有的直线职能制组织形式也已不适应我公司的发展了。事业部制应是鸿远公司未来组织设计的必然选择。事业部组织形式适合我们公司这种业务种类多、市场分布广、跨行业的经营管理特点。整个公司按事业部制运营，有利于把专业化和集约化结合起来。当然搞事业部制不能只注意分权，而削弱公司的高层管理。另外搞组织形式变革可以是突变式，一步到位；也可以是分阶段的发展式，以免给成员造成过大的心理震荡。"

公司创立三元老之一，始终主管财务的大管家——陈副总经理，考虑良久，非常有把握地说道："公司之所以有今天，靠的就是最早创业的几个人，不怕苦、不怕累、不怕丢了饭碗，有的是一股闯劲、拼劲。一句话，公司的这种敬业、拼搏精神是公司的立足之本。目前我们公司的发展出现了一点问题，遇到了一些困难，这应该是正常的，也是难免的。如何走出困境，关键是要加强内部管理，特别是财务管理。现在公司的财务管理比较混乱，各个分部独立核算后，都有自己的账户，总公司可控制的资金越来越少。由于资金分散管理，容易出问题，若真出了大问题怕谁也负不了责。现在我们上新项目或维持正常经营的经费都很紧张，如若想再进一步发展，首先应做到的就是要在财务管理上集权，该收的权利总公司一定要收上来，这样才有利于公司通盘考虑，共同发展。"

高层会议的消息在公司的管理人员中间引起了震荡，甚至有些人在考虑自己的去留问题。

请问：鸿远公司的问题出在哪？公司的出路在哪？

知识点一：组织工作的含义

（一）定义

和"计划"一词一样，"组织"一词也具有两种词性。作为名词来使用时，组织是指按照一定的目的、任务和正式结构建立起来的社会实体，如企业单位、政府机关、大学、医院等。作为动词来使用时，就是指管理的一项基本职能，即组织工作，其意为：根据组织目标和计划的需要设置部门、岗位，为每个岗位配备人员，明确部门与岗位的职责、职权以及相互之间的关系。

如果说一个人就能完成某项工作，那么就不需要组织，而如果一件事情一个人无法完成而需要多个人共同完成的时候，那就需要合理安排这些人的分工，还要让他们劲往一处使（也就是合作），如何分工与合作，这就是组织工作。组织工作的结果就是形成一个分工合理、团结一致的组织。

（二）组织工作的基本内容

从组织工作的定义来看，设计、建立并保持一种组织结构，基本上就是管理人员的组织工作的内容。具体地说，组织职能的内容包括以下四个方面：

1）设计与建立组织结构。根据组织目标设计和建立一套组织机构和职位系统，即设置部门和岗位。

2）合理分配职权与职责。确定职权关系，即确定各部门和岗位的职责、权力，以及各部门、各岗位之间的关系，从而把组织上下左右联系起来。

3）选拔与配置人员。为各个部门、岗位配备合适的人力资源，以保证所设计和建立的组织结构有效地运转。

4）推进组织的协调与变革。根据组织内外部要素的变化，适时地调整组织结构和人员。

归纳起来，1）和2）构成了组织（结构）设计，3）则属于人力资源管理，4）则属于组织变革。由于人力资源管理已形成独立的专业，本书就不再做详细讲解。

知识点二：组织工作的基本程序

虽然各个组织所处的环境、采用的技术、制定的战略、发展的规模不同，所需的职务和部门及其相互关系也不同，但任何组织在进行机构和结构的设计时都有一些共同的基本程序，如图5.1所示。

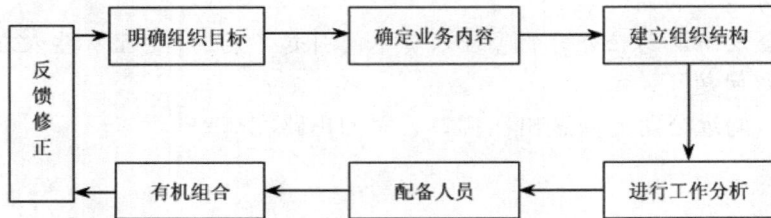

图 5.1　组织工作基本程序

（一）明确组织目标

组织目标是进行组织设计的基本出发点。任何组织都是实现其特定目标的工具，如果没有目标，组织就失去了存在的意义。因此，组织工作首要的是明确在计划工作中提出的目标。

（二）确定业务内容

确定业务内容也就是分解组织目标，即依据组织目标的要求，确定为完成组织目标所必须进行的业务管理工作的内容，明确各类活动的范围界限和大概工作量，进行业务活动的总体设计，使总体业务活动程序优化。例如，一个企业提出生产总目标后，为了实现这一目标（总任务），就必然细化出采购、技术研发、销售、人员配备、后勤保障等不同的业务。

（三）建立组织结构

依据组织规模、内外环境、技术特点，借鉴同类其他组织设计的经验教训，研究应采取什么样的管理组织形式，需要设计哪些单位和部门，并根据业务的性质、业务量的大小把性质相同或相近的管理业务工作划归适当的单位和部门负责，建立层次化、部门化的组织结构。

以前例来讲，该企业可以设置生产部、技术研发部、供销部（负责采购和销售业务）、人事后勤部（负责后勤和人事工作）等不同的部门。

（四）进行工作分析

🖊️ **知识点**

工作分析就是分析工作，是指收集、分析和记录与工作相关的信息的过程，目的是了解工作的性质、内容和方法以及确定从事这项工作所需要的条件和任职资格。在我国，工作分析在许多企业都叫做职务分析或岗位分析。

依据组织目标的要求，进行工作分析，以规定各单位、各部门及其责任者对其管理业务工作应负的责任以及考核工作绩效的标准；依据搞好业务工作的实际需要，赋予各单位、各部门及其责任者的相应权力；建立各种管理规范和运行制度。

（五）配备人员

配备人员即依据工作分析提出的任职条件和资格，挑选、配备人员，并明确其职务、职权和职责。

🖊️ **知识点**

人力资源管理5P原则：

1）识人（perception）——了解员工的所思、所想、所需及特长能力。

2）选人（pick）——选择适合企业发展需要的人。

3）用人（placement）——合适的时候把合适的人放到合适的位置上。

4）育人（professional）——培训、教育员工，使之成为岗位上的专家。

5）留人（preservation）——留人要留"心"。

（六）进行有机组合

进行有机组合即通过明确规定各单位、各部门之间的相互关系，以及他们之间信息沟通、协调控制的原则、方法和手段，把各组织单元上下左右有机地组合起来，建立一个能够即时沟通协调、高效运作的管理组织系统。

（七）不断反馈、修正

在组织运行过程中，根据出现的新问题、新情况，对原有组织结构及人员构成适时进行修正，使其不断完善。

拓展知识：组织工作的作用

由于人类受到生理的、心理的和社会的种种限制，为了达到某种目的就必须进行合作，而合作之所以能有更高的效率、能更有效地实现某种目标，在多数情况下就是组织工作执行得当的缘故。

不难发现，在每项管理业务中，都要做大量的组织工作，组织工作的优劣在很大程度上决定着这些管理活动的成败。例如，实际生活中，既有"三个臭皮匠顶得上一个诸葛亮"的现象，也有"三个和尚没水吃"的状况。因此，组织工作是管理活动的根本职能，是其他一切管理活动的保证和依托。

小提示

如何解决"三个和尚没水吃"的难题

有一句老话，叫"一个和尚挑水吃，两个和尚抬水吃，三个和尚没水吃"。如今，这三个观点过时了，现在的观点是"一个和尚没水吃，三个和尚水多得吃不完。"

有三个庙，这三个庙离河边都比较远。怎么解决吃水问题呢？第一个庙，和尚挑水路比较长，一天挑了一缸就累了，不干了。于是三个和尚商量，咱们来个接力赛吧，每人挑一段路。第一个和尚从河边挑到半路停下来休息，第二个和尚继续挑，又转给第三个和尚，挑到缸里灌进去，空桶回来再接着挑，大家都不累，水很快就挑满了。这是协作的办法，也叫"机制创新"。

第二个庙，老和尚把三个徒弟都叫来，说我们立下了新的庙规，要引进竞争机制。三个和尚都去挑水，谁挑得多，晚上吃饭加一道菜；谁水挑得少，吃白饭，没菜。三个和尚拼命去挑，一会儿水就挑满了。这个办法叫"管理创新"。

第三个庙，三个小和尚商量，天天挑水太累，咱们想想办法，山上有竹子，把竹子砍下来连在一起，竹子中心是空的，然后买了一个辘轳。第一个和尚把一桶水摇上去，第二个和尚专管倒水，第三个和尚在地上休息。三个人轮流换班，一会儿水就灌满了。这叫"技术创新"。

由三个和尚没水喝，到三个和尚通过不同的办法达到共同的目的，关键在于不局限于固有的思维，发扬了团结协作、良性竞争、开拓创新的精神。

组织职能的基本作用可以概括为以下三个方面。

（一）将个体汇集成集体

单个的人对于整个组织而言，力量是渺小的，只有把人们联合起来，互相协作，才能把每个人的力量汇集起来。组织工作就是通过各种形式把个人力量汇集成一个整体力量，进而借助集体的力量人们才能在复杂的环境之中实现个人的价值，集体也才能有效地发挥个人的力量实现集体的目标。

（二）提高个体和集体的能力

当个体汇集成集体之后，个体的能力和集体的能力就会发生变化。集体的能力有可能等于组成集体的个体能力的简单相加，也可能大于或小于个体能力之和。组织工作的作用就在于使集体的能力大于组成集体的各个个体能力之和，即使"整体大于部分之和"，这既是对个体能力的超越，也是对集体能力的超越。

示例

组织职能的产生是人类为了克服个人能力的限制而有意识集体协作的结果。例如，如果一个人无法推动一块巨石，而当两人或多人合力就能推动这块巨石时，他们就会认识到两人或多人的力量大于个人的力量，他们之间就会建立起一种协作关系。将这种关系固定下来，就形成了组织职能。

（三）实现组织目标的重要保证

要创建一个组织，就是要把适当的人在适当的时候放到适当的位置上，也就是把组织活动的各个要素、各个环节，从时间上、空间上组合成纵横交错的关系网，使每一个成员都能职责分明地工作，为实现组织的目标提供重要保障，这就是组织工作。因此，可以这样讲，组织职能就是确保"事有人做，人有事做，事得其人，人得其事"，以保证组织目标的实现。

案例解析

从"案例导入"中三位老总的发言可以看出鸿远公司在组织工作方面出现了以下问题：管理沟通信息不及时、各部门之间的协调不力；人员在不断膨胀、组织层次过多、部门数量增加，职能重叠，组织结构不能适应公司新形势；财务管理方面权力过于分散，总公司对各分公司的控制权在不断减少。

针对这些问题，鸿远公司可以在工作分析的基础上，规范各项规章制度，合理分配各分公司、各部门的职责和权限，理顺各部门之间的关系，建立一个能保证沟通信息传递及时、准确，分权适度的组织结构，同时以岗定编，尽可能减少组织层级和部门、人员的数量，提高人员素质。

第十三单元　理解组织结构设计的概念、任务与基本原则

案例导入

有一个在医院里实习的牙科医生，由于是第一次给病人拔牙，所以非常紧张。当他用镊子刚把一颗龋齿拔下来时，不料手一哆嗦，没有夹住，牙齿便掉进了病人的喉咙里。

"先生，非常抱歉。"这个牙科医生说，"你的病已不在我的职责范围内，你去找一下喉科医生吧。"

当这个病人捂着嘴巴来到耳鼻喉科室时，他的牙已被其咽下肚了。

喉科医生给他做了检查。"非常抱歉，"医生说，"你的病已不在我的职责范围内，你应该去找胃病医生。"

胃病专家用 X 光为病人检查后，说："非常抱歉，牙齿已经到你的肠子里了，你应该去找肠病专家。"

肠病专家同样做了 X 光检查后，说："非常抱歉，牙齿已不在肠子里，它肯定到了更深的地方了，你应该去找肛门科专家。"

最后，病人趴在肛门科医生的检查台上，医生用内窥镜检查了一番，然后吃惊地叫道："啊，天啊！你这里长了颗牙齿，赶紧去找牙科医生！"

请问：这个医院科室齐全，可为什么解决不了这个拔牙病人的问题？

这个问题并不难，因为很明显是各科室之间的协调机制不健全的必然结果。的确，细化企业部门并没有错，但若只知道设立很多的部门，而没有有效的协调机制，就会出现相互推卸责任的现象。这是一个企业，特别是大企业最容易出现的致命弱点。那一个组织在设计组织结构时，到底该如何克服这一致命弱点呢？

知识点一：组织结构的含义

（一）组织结构的定义

合理的组织结构是实现组织计划的关键。所谓组织结构，就是组织内的全体成员为实现组织目标，在管理工作中进行分工协作，通过职务、职责、职权及相互关系构成的结构体系。简单地讲，就是人们的职、责、权关系，因此，组织结构又可称为权责关系，其本质上则是组织成员间的分工协作关系。

（二）组织结构的内容

组织结构具体包括以下内容。

1. 横向结构

横向结构包括职能结构和部门结构。职能结构说的是组织有多少项业务以及各业务之间的关系；而部门结构说的是组织有多少个部门以及各部门之间的关系。

一个企业可能有很多项业务，因此，可能有很多个部门，有时一个部门承担一项业务，也可能承担多项业务。因此，业务的数量和部门的数量不一定是相等的。

示例

一个企业有采购、销售、生产、技术、后勤、人事等不同的业务，为此，某企业设置了生产部（负责生产业务）、技术部（负责技术业务）、经销部（负责采购和销售业务）、财务部（承担财务管理职能）、人事部（承担人事管理职能）、后勤部（负责后勤业务）等业务和职能部门，它们的工作任务都是为实现企业的总体目标服务，但各部门的权责关系却不同。

2. 纵向结构

纵向结构包括层次结构和职权结构。层次结构是指管理层次的构成，职权结构是指各层次、各部门在权力和责任方面的分工及相互关系。

知识点二：组织结构设计的概念和任务

（一）组织结构设计的概念

组织结构设计也就是设计组织结构，是指对一个组织结构进行规划、构造、创新或再造，以确保组织目标的有效实现。由于组织结构包括横向和纵向两个方面，因此，组织结构设计的实质是对组织人员进行横向和纵向分工。

（二）组织结构设计的任务

组织结构设计的任务主要包括两个方面，即提供组织结构图和编制职务说明书。

1. 组织结构图

组织结构图作为组织的框架体系，决定着组织的形状，通过结构图就能知道组织有多少个部门、多少个岗位，它反映出来的是管理人员横纵向分工关系。如图5.2所示。

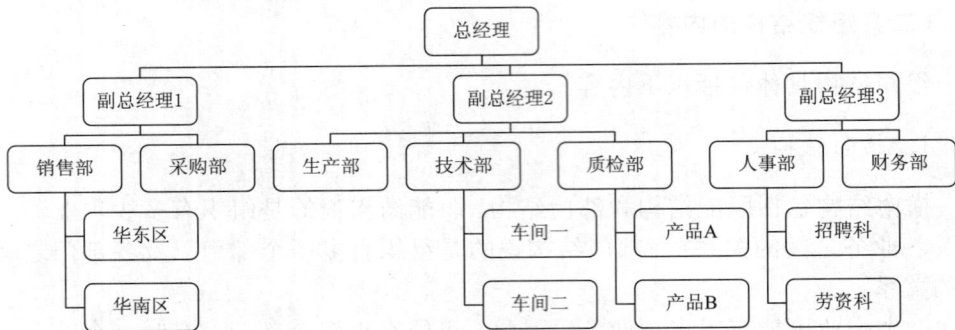

图 5.2 组织结构

2. 职务说明书

职务说明书要求简单明确地指出该岗位的工作内容、职责与权力；与其他部门和职务的关系；承担该职务的员工必备的基本素质、知识背景、工作经验、能力等条件。目前，在我国的许多组织，还在沿袭老的做法和称呼——岗位职责，这实际上只是《职务说明书》的一部分。

不难发现，组织结构图只能显示组织有多少个部门和岗位，但不能明确显示各个部门和岗位的职责、职权以及相互关系，而通过职务说明书，就能知道各部门、各岗位的职责及相互之间的关系。

示例

××公司仓库主管职务说明书

1.　　　标

岗位名称：仓库主管
隶属部门：制造部
岗位编码：123
直接上级：制造部经理
工资等级：9
直接下级：仓库管理员、运输工
可轮换岗位：无

2.　　　工作概述

负责原材料库、备件库的日常管理工作，负责材料库、备件库消耗统计、成本核算，负责材料库、备件库入库发票的统计，负责库存积压材料、过期材料的报警，努力降低仓储成本，负责库房与各职能部门的协调工作，负责库存物资的安全。

3. 工作职责与任务

1）负责仓库的管理工作。
① 制定库存物资的管理方法。
② 负责 5S 工作效果。
③ 负有防火防盗的责任。
④ 及时将库存积压和过期原材料的情况向制造部经理汇报。
⑤ 考核下级工作绩效，并报上级和人事部。
2）负责原材料、备件的入库工作。
3）指导下级工作并承担提高下级工作能力的责任。
① 负责编制仓库各岗位的工作指导说明书。
② 工作现场指导。
③ 评估下级工作绩效之后进行评价面谈，提出工作改进意见，并与下级一道制订其工作改进计划，检查改进计划实施情况。
④ 根据下级工作表现制订下级人员的培训计划并报人事部。
4）负责材料、备件消耗统计、成本核算。
5）负责与其他部门的沟通，解决跨部门合作问题。
6）本岗位 5S 定置管理工作。
7）完成领导委派的其他工作。

4. 工作绩效标

1）保证库存物资的安全。
2）完成成本控制任务 。
3）对异常情况的汇报要及时、准确。
4）5S 定置管理符合要求。

5. 工作关系

1）内部关系。
① 所受监督：在工作计划、整体绩效、特殊任务、重大问题等方面，接受制造部经理的指示和监督。
② 所施监督：在向部门内部人员下达工作任务和绩效改进计划实施等方面，对保管员、运输工实施监督。
③ 合作关系：提供物资数据，各种物资进、出库方面与公司各部门进行合作与沟通。
2）外部关系。
一般情况本岗位不直接与公司外部机构或人员发生工作联系。

6. 工作权

1）对部门内部人员的任免建议权。

2）对下级工作绩效的考核权。

3）对部门日常业务活动的支配指导权。

4）对工作改进具有建议权。

7. 　　工作时

在公司制度规定的正常班时间内工作，有时需要加班加点。

8. 　　工作环境

在操作现场工作，在库区会接触到刺激性的酸、碱等气体。

9. 知识及教　　平要求

1）仓库管理知识。

2）计算机基础知识、办公软件知识。

3）化工材料知识。

10. 　　技能要求

1）具有良好的领导沟通技能。

2）能熟练运用办公软件。

3）熟悉各种化工材料的性能。

4）能熟练使用灭火器。

11. 工作经　要求

大学专科以上学历，具备3年以上相关工作经验。

12. 其他　　要求

1）任职者需具有健康的体魄，充沛的精力。

2）强烈的责任心；工作细致耐心。

3）无特殊性别与年龄要求。

知识点三：组织结构设计的基本原则

管理人员在设立或变革一个组织的结构时，他们就是在进行组织结构设计的工作。为了能设计出适合组织实际的高效的组织结构，组织结构设计应遵循一些基本的原则，这些原则也是组织工作必须遵循的原则。

（一）目标可行原则

也就是说，组织结构的设计，必须有助于组织目标的实现。

从根本上讲，组织结构是一种实现目标的工具，所以必须先于组织结构的开发而系统地提出一套目标。规定各项目标，会使组织机构有一种明确的方向感,以便指导工作的实施和促进全面管理的过程;如果没有明确的目标,不仅会使组织机构的工作盲目无序,而且也将丧失组织机构存在的理由。

(二)因事设职与因职用人相结合的原则

组织设计的根本目的是为了保证组织目标的实现,是使目标活动的每项内容都落实到具体的岗位和部门,即"事事有人做"。因此,组织设计中,逻辑性地要求首先考虑工作的特点和需要,要求因事设职、因职用人,而非相反。因事设职是指根据业务(事情)的需要设置相应的职位,确保"事有人做";而因职用人指的是根据职位的需要配备适当的人(数量和质量),确保"事得其人"。必须说明,这样做并不意味着组织设计中可以忽视人的因素,忽视人的特点和人的能力。

📖 **补充说明**

现代管理理论认为:企业应该是因事设职、因职用人,也就是根据任务的需要才安排岗位,并且根据岗位的需要安排合适的人员从事这项工作——也就是先找事,再找人来做;但在现实生活中,许多组织都是先引进人员,再给他安排职位给他找事做,所以经常出现人比事多、事却没人做的现象。

(三)分工合理原则

劳动分工,即并非一个人完成全部工作,而是将工作划分为若干步骤,由一个人单独完成其中的一个步骤。在组织内部合理分工:一是要根据业务的需要来分工,确保事事有人做(不留下空挡、不出现重叠)、人人有事做(避免"人浮于事")。即不留有空当,也不出现重叠。如果组织中出现了空当和重叠,即有些事情没人去干,有些事情争着去做,那么,给想干事的人制造了麻烦,给不想干事的人提供了借口。二是要根据工作能力来分工,保证"有能力的人有机会去做他们能胜任的工作"——工作与能力相适应,确保"人得其事"。三是分工不可过细,要精简高效。虽然分工有许多优点,可以带来经济性,但过细的分工也可能带来某些负面影响,产生非经济性,因为过细的劳动分工会使工作变得高度重复、枯燥、单调,导致职工产生厌烦和不满情绪,甚至会造成缺勤、离职和工作质量下降等消极后果。四是分工不分家,要通过制度来确保分工的同时还有协作。

总之,分工必须合理,以是否有利于组织目标的实现为原则。

(四)统一指挥原则

除了位于组织金字塔顶部的最高行政指挥外,组织中的所有其他成员在工作中都会收到来自上级行政部门或负责人的命令,根据上级的指令开始或结束、进行或调整、修正或废止自己的工作。但是,一个下属如果同时接受两个上司的指导,而这些上司的指示并不总是保持一致的话,那么他的工作就会造成混乱。如果两位上司的命令相互矛盾，下属便会感到无所适从，这时，下属无论依照谁的指令行事，都有可能受到另一位上司的指责。当然，如果下属足够聪明，且有足够的胆略的话，他还可利用一位上司的命令去影响另一位上司的指示，不采取任何执行行动，这显然也会给整个组织带来危害，这种现象是组织设计中应注意避免的。组织工作中不允许存在的"多头领导"现象，与之相对立的"统一指挥"或"命令统一"的原则指的是组织中的任何成员只能接受一个上司的领导。

示例

护士长的烦恼

10 月的某一天，产科护士长王娜给医院的院长戴博士打来电话，要求立即做出一项新的人事安排。从王娜的急切声音中，院长感觉到一定发生了什么事，因此要她立即到办公室来。5 分钟后，王娜递给了院长一封辞职信。"戴院长，我再也干不下去了。"她开始申诉："我在产科当护士长已经四个月了，我简直干不下去了。我有两个上司，每个人都有不同的要求，都要求优先处理。要知道，我只是一个凡人。我已经尽最大的努力适应这种工作，但看来这是不可能的。""我给举个例子。这只是一件平平常常的事。可是像这样的事情，每天都在发生。"

"昨天早上 7:45，我来到办公室就发现桌上留了张纸条，是张萍（医院的主任护士）给我的。她告诉我，她上午 10 点钟需要一份床位利用情况报告，供她下午向院务会做汇报。这样一份报告至少要花一个半小时才能写出来。半小时以后，乔丽斯（王娜的直接主管，基层护士监督员）走进来质问我为什么我的两位护士不在班上。我告诉她雷医生（外科主任）从我这要走了她们两位，说是急诊外科手术正缺人手，需要借用一下。我告诉她，我也反对过，但雷医生坚持说只能这么办。你猜，乔说什么？她叫我立即让这些护士回到产科部。她还说，1 小时以后，她会回来检查我是否把这事办好了！我跟您说，这样的事情每天都发生好几次的。一家医院这样运作还能正常工作吗？"

（五）权责对等（相符）原则

在管理组织中，每个部门和职务都必须完成规定的工作，而为了从事一定的活动，都需要利用一定的人、财、物等资源。因此，为了保证"事事有人做"、"事事都能正确地做好"，则不仅要明确各个部门的任务和责任，而且在组织设计中，还要规定相应的取得和利用人力、物力、财力以及信息等工作条件的权力。从各级管理机构到各级管理人员，都应该具有责任和权限，并使二者最佳结合从而形成约束力量。责任是核心，组织中每个部门、每个管理人员都应对自己所从事的业务活动，所做出的决策以及对组织目标，对本单位的利益负责。权限是前提，有多大的责任，就应该有多大的权限，权责必须对等。

有效管理的组织必须是责权相互制衡。有责无权，责任就难以落实；责任大于权限，则大部分责任就会难以实现；有权无责，就会滥用职权；权限大于责任，则多余的权限就会节外生枝。因此，必须实现责权的对等和统一。

![小提示]

为什么"有些事抢着干，有些事没人干"

传统的部门和岗位职责都是"一个人，一张纸，一支笔"自己写自己的，能想起多少条就写多少条。甚至有的条款是另一条款的一部分或说明。这必然使职权规定不充分。例如，生产部的职责可能有 30 条，实际起草时可能才想起 15 条。假如 A 部门实际规定了 m 条职责，B 部门实际规定了 n 条职责。如果某一天有一件与 A、B 部门职责相关的事需要马上办理，但这件事在包括 A、B 部门的职责内都没有明确规定，则干与不干就取决于两个部门负责人的主动性、责任心和事情的性质了。如果这件事是"好事"则都抢着干，否则都不干。

可见，职责规定不充分即"工作流程规定不明确，工作接口关系不清晰"是"扯皮"和"有些事抢着干，有些事没人干"的主要原因，因此，解决问题的关键是建立健全各项管理制度，将职权规定充分。但是，再完善的管理规定也不可能做到100%，因此，要减少"扯皮"现象还需要企业文化作为保障——当没有制度规定的时候，需要的是主动性、积极性、责任心和团队精神。

（六）精简效能原则

组织机构必须坚持精简效能原则。要精简一切可有可无的机构，剔除多余的或不能胜任工作的人员，以精简的机构、精练的人员，进行低成本、高效能地运转。

机构臃肿、层次重叠、人浮于事、冗员众多是现代组织常见的毛病。这必然造成相互推诿、相互扯皮、专务清谈、不讲实际、脱离群众、高高在上，从而大大降低了组织的效能。坚持精简效能原则，就是要对组织机构能取消的取消、能合并的合并、能代替的代替，通过职能转变、机构消肿，以及人员精简来提高组织效率。

（七）有效管理幅度原则

管理幅度也称管理跨度、管理宽度，是指一名领导者直接领导的下属人员的数目。在这需要引起我们注意的是"直接"这个词的含义，那些间接地被领导者不应被算做管理幅度的范畴。例如，某公司总经理下设三个部门，每个部门设有部门经理一人，每个部门有员工 15 人。那么，该公司总经理的管理幅度是 3 个人，而每个部门经理的管理幅度是 15 人。

管理幅度并不是越大越好。事实上，由于领导者受时间和精力等方面因素的限制，往往不能够直接指挥组织各方面活动。如果管理幅度过大，超出领导者的能力，就会造成组织管理的混乱；而管理幅度过小，则会造成管理费用高、资源浪费。因而需要确定一个适宜的管理幅度。

影响管理幅度的因素有很多，例如，管理层次、管理者与下属的素质及能力、工作内容与性质、工作条件、工作环境等。

1）管理层次。管理层次亦称组织层次，是指从组织最高管理层到基层工作人员之间职位等级的数目。管理幅度与管理层次成反比关系，在组织规模一定的情况下，组织层次越少，管理幅度越宽；反之，组织层次越多，管理幅度越窄。

2）上下级双方的素质和能力。上下级双方素质越高、能力越强，越有利于管理，因此，管理幅度可以越大。

3）工作内容和性质。一般来讲，工作越复杂、越困难、越具有战略性，管理幅度越小；工作越简单、越重复、越相似，管理幅度越大。

4）计划的完善程度。计划越完善、越详尽周到，管理幅度就越大；反之亦反。

5）工作条件。条件越好，也就是管理越规范，相互沟通、联络越方便，管理幅度就越大。

6）工作环境。环境变化越快、越不稳定，管理幅度越小；相反，环境越稳定，管理幅度越大。

拓展知识：集权、分权和授权

（一）集权与分权的概念

一般认为，集权是指组织的决策权较多地由高层管理者集中掌握，体现的是上级的重要性；而分权则是指决策权较多地分散于组织的中低层管理者由其来掌握与运用，体现的是下级的重要性。所谓决策权，指的是决定做什么，怎样做与由谁来做的权力。

（二）集权与分权的优缺点

1. 集权的优缺点

集权的优点主要体现在适度集权，有利于实现组织的统一指挥和控制，维护组织政策的统一性，并能促进组织的各个层次行动一致，能迅速地贯彻执行已经做出的决策以提高组织运作效果。

然而，现代社会组织规模大型化、组织活动多样化和外部环境复杂多变的特点也使高度集权的弊端日益暴露：高度集权有可能从正确性和及时性两个方面损害决策的质量；组织的决策、管理权限过度集中会极大地压制组织成员的工作热情和创造性；削弱整个组织对环境变化的应变能力。

2. 分权的优缺点

尽管存在集权，但组织中也总是存在着分权的倾向，尤其是当组织规模扩大、组织内的单位增多、现场作业活动分散之时，中下层主管会有很强的分权要求，希望获得更多自主决策和自治的权力。于是，适度分权，可以减轻高层管理者的决策负担，提高决策质量；提高组织对环境的应变能力；调动下属积极性。

然而，决策权力的分散也受到两个限制：一是有可能破坏组织政策的统一性，带来组织活动失控的危险。如果各层次，各部门从局部利益出发制定规则和措施，尤其是在某些原则问题上自定规矩，必然引起某种混乱，最终损害组织的整体利益。二是基层管理人员所具备的素质和能力。基层管理者具有能够正确、有效运用决策权的能力时，分权才能取得好效果；否则，经常发生一些大大小小的失误只会反过来给上级主管添麻烦，影响组织目标的实现。

（三）分权的标志

分权的标志即衡量集权与分权程度的标准。集权与分权是同时存在的两种倾向，是一个相对的概念，走向极端的绝对集权与绝对分权就只剩下了个体，组织不复存在。不同组织之间，只有集权与分权程度的差别。一般认为，衡量组织分权程度的标准有以下几条。

1. 决策的频度

决策的频度也就是决策的数量。一般来讲，如果组织中较低层次上的管理者所做的决策数量越多，则意味着组织的分权程度越高。例如，A 企业的车间主任每天做 20 项决策，B 企业的车间主任每天做 10 项决策，则我们可以认为 A 企业的分权程度高于 B 企业。

2. 决策的幅度

决策的幅度也就是决策的范围。一般来讲，如果组织中较低层次上的管理者所做的决策范围越广，涉及的职能越多，则意味着分权程度越高。例如，A 企业的生产部经理能在员工的聘用、奖惩以及设备的采购等方面拥有决策权，B 企业的生产部经理却不拥有人事方面的决策权，则我们可以认为 A 企业的分权程度高于 B 企业。

3. 决策的重要性

如果组织中较低层次的管理者所做的决策越重要，则意味着组织的分权程度越高。如果 A 公司的部门经理有权决定给每个员工配备一台计算机，而 B 公司的部门经理只有权决定给每个员工配备一张办公桌，则由于计算机的重要性大于办公桌，所以 A 公司的分权程度要比 B 公司高。

4. 决策的影响面

较低层次的管理者所做的决策影响面越大、越长远，涉及的费用越大，则意味着组织的分权程度越高。例如，由于药品的质量问题会对组织和社会有很大的影响，所以制药厂对质检部门的分权程度要比家具厂对质检部门的要大。如果药品发现质量问题，则质检部门有权要求立即停止该药的生产、销售，甚至可以要求重新研发；而家具厂的质检部门则只能提出改进生产措施或对部分不达标准的产品降价销售的建议。

5. 决策的审批手续

决策的审批手续即对决策的控制程度。如果较低层次的管理者做决策时需要办理的审批手续越简单，也就是高层次对较低层次决策的控制程度（低层次向上"事先请示，事后报告"的次数）越少，则意味着分权程度越高。如果外资企业在 A 市申请注册只要盖一颗图章，而在 B 市申请注册要盖 148 颗图章，则 A 市的政府机关分权程度要高于 B 市的分权程度。

📖 **补充说明**

一句话：越能体现下属重要性的做法意味着分权程度越高。

（四）影响分权和集权程度的因素

什么样的组织适合分权，哪些组织适合集权？主要考虑的因素有以下几个方面。

1. 组织规模的大小

组织规模小时，由于管理者处理的事务相对较小，组织较适合集权；如果组织规模增大，由于管理事务的增加，就需要管理者适当分权，进一步增大组织的分权程度有利于提高组织的有效性。

2. 政策的统一性

在保证政策的统一性方面，集权比分权有利。如果组织中政策统一，则集权程度高可以提高组织的有效性；如果组织中各部门政策差别较大，则应提高组织的分权程度。如我国实行"一国两制"的策略，就是基于港澳地区与内地政策的差别性，在港澳地区与内地政策的差别性，在港澳特别行政区的分权程度要高于内地省市。

3. 员工的基本素质

如果组织中员工基本素质低，则组织倾向于集权程度高。如劳动密集型企业与高新技术企业相比，劳动密集型企业更适合于高度集权。

4. 组织的可控性

可控性主要指经营环境条件和业务活动性质。如果组织的可控程度高，意味着经营环境稳定，业务活动较为程序化，则组织倾向于集权程度高；如果环境变化快、业务活动灵活，对分权要求较多。一般情况下，生产部门位置相对集中，可控性好，集权程度高；销售部门由于地理位置比较分散，可控性差，所以一般分权程度高。

5. 领导者个性

领导者个性表现为自信、好强、独裁时，更多地表现出集权管理。如果领导者认为分权更有效，则更多地表现出分权管理。

6. 组织的历史

如果组织是由小到大发展而来的，一般倾向于集权；如果组织是由合并或兼并而来，则一般倾向于分权。

补充说明

一句话：分权程度高好还是集权程度高好？只要有利于组织目标的有效实现就是好。

（五）分权与授权

组织权力的分散可以通过两种途径来实现：组织设计时的权力分配即（制度）分权与主管人员在工作中的授权。因此，（制度）分权与授权的结果是相同的，都是使较低层次的管理人员行使较多的决策权，即实现权力的分散化。

补充说明

授权并不表示上级将权力无限制下放，也不表示授权之后上级就把一切工作都交给别人了；相反，授权是指上级管理者依据任务或组织目标的需要委授给下属一定的权力，使下属在一定的监督之下享有一定的自主权和行动权。在授权过程中，授权者对于被授权者还有指挥权和监督权，被授权者对授权者负有报告工作以及完成任务的责任。

所谓制度分权，指的是在组织结构设计时或在组织变革过程中，按照工作任务的要求将一定的决策权限划分到相应的管理职位中，由规章制度正式确认的、相对稳定的分权方式；而授权则是指主管人员在实际工作中为调动下属积极性和提高工作效率将原本属于本职位的部分职权委托给向其直接报告工作的下属或某些职能部门使用，使他们在一定的监督之下自主解决问题，处理业务。

分权和授权的区别主要体现在三个方面：

1）分权具有必然性，授权具有随机性。分权是在工作分析时，根据岗位工作的需要规定给该岗位的必要的职责和权限，不论是谁，只要在这个岗位上，就拥有这一权限；而授权则要根据实际工作的需要和下属的工作能力来决定，一般是管理者觉得精力有限而下属能力又能够承担时才会授权。

补充说明

通常情况下，我们所说的"分权"，指的就是"制度分权"，只不过为了简化而将"制度"两字省去。

2）分权具有相对稳定性，授权具有灵活性。分权针对的是岗位，是预先从制度上明确规定了的属于某岗位的权力，不能随便调整；授权针对的是某项工作和人，是活动过程中把一部分原本属于管理者的权力因某项工作的需要临时或长期委任给某个下属，但可以随时调整。

3）分权是一项组织工作的原则，授权则是一项领导艺术。分权是在组织设计时对管理人员的一种纵向分工，是一项制度，一旦规定就必须严格执行；而授权主要在于调动下属才干和积极性，可以灵活把握。

由于工作分析时不可能把每个岗位所需的权限规定得非常清楚，因为无法完全预料这些岗位可能发生的变化，因此，制度分权有时不能完全保证某个岗位完成工作的权限需要，这时，就需要各层次管理者在工作中授权来补充。所以，授权是对分权的必要补充。

第十四单元　了解组织结构的基本类型

案例导入

某小城市的图书馆共有员工18人。其中馆长1人和馆员17人，馆员中有5人是图书馆专业的硕士毕业生，其余为非专业人员。馆长为该图书馆设计了一种组织结构，确定了每个人的任务，制定了许多规章制度，并采用集中决策方法。馆长直接管理的有3人：1名助理；1名负责图书编目和技术服务的副馆长；1名负责日常工作和参考资料编辑的副馆长。两名副馆长常常跟馆长抱怨，馆长在做出重要决策时，即使这些决策会影响到两名副馆长各自管理的部门，馆长也从不与他们商量。对此馆长回答说："我们只是一个很小的图书馆。我熟悉馆内的所有事情，知道下一步将发生什么事和应该怎样去做。所以协调馆内工作最好的办法，就是由我一人做出决策。"

请问：该图书馆的组织结构是怎样的？

设置组织结构需要选择适当的组织结构形式，因为不同的组织有不同的特点，不可能用统一的模式，但各组织在进行组织结构设计时，可以把已有的组织结构模式作为参考。常见的一些组织结构的基本类型有直线制、职能制、直线职能制、事业部制、矩阵制等。下面以企业为例介绍几种基本的组织结构形式。

知识点一：直线制组织结构

（一）基本特点

直线制组织结构是最早、最简单的一种组织结构形式。它最初产生于手工业作坊，当时老板和工场主都是实行"个人管理"，对生产、技术、销售、财务等各项事务都亲自处理。它的特点是：组织中各种职务按垂直系统直线排列，各级主管人员对所属下级拥有直接的一切职权，组织中每一个下属只能向一个直接上级报告。直线制组织结构形式如图 5.3 所示。

（二）优缺点

直线制组织结构的优点在于结构比较简单、权力集中、责任分明、命令统一、联系简捷。其缺点是缺乏弹性、容易导致专制、不利于组织总体管理水平的提高。另外，所有的管理职能都集中由一人承担，往往由于个人的知识及能力、精力有限而感到难以应付，顾此失彼，可能会发生较多的失误。

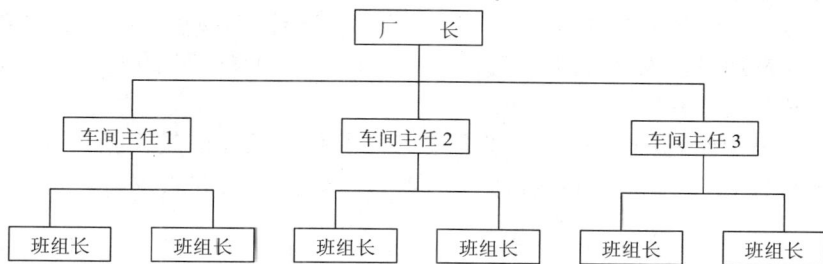

图 5.3　直线制组织结构

（三）适用范围

直线制组织结构形式一般只适用于生产规模较小、产品单一、管理简单、业务性质单纯、没有必要按职能实行专业化管理的小型组织或者是现场的作业管理。

案例解析

"案例导入"中的图书馆实行的就是直线制组织结构。

知识点二：职能制组织结构

（一）基本特点

职能制组织结构的主要特点是：按照专业分工设置相应的职能部门，实行专业分工管理,各职能部门在自己的业务范围内有权向下级下达命令和指示,即下级除了要服从直接上级行政领导的指挥以外,还要接受上级各职能部门的指挥。职能制组织结构形式如图 5.4 所示。

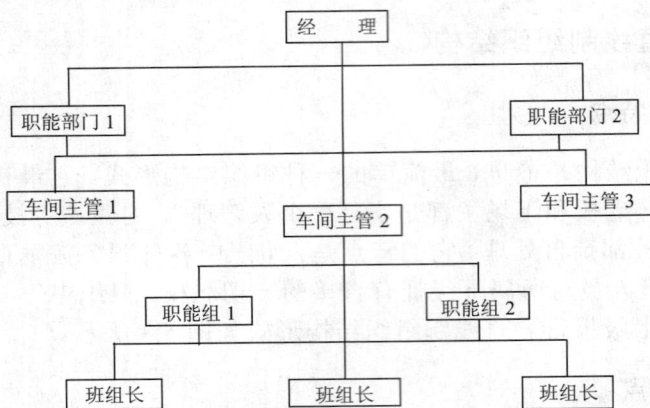

图 5.4 职能制组织结构

(二)优缺点

职能制组织结构的优点在于它可以在很大程度上实现职能专业化的优越性。例如,将同类专家归在一起可以产生规模经济,减少人员和设备的重复配置,以及通过给员工们提供与同行们"说同一种语言"的机会而使他们感到舒适和满足。

职能制组织结构的明显缺点在于它违背了组织设计的统一指挥原则,容易导致多头领导,不利于明确各级管理者和职能机构的职责权限,易造成管理混乱。

(三)适用范围

职能制组织结构形式适用于任务复杂的社会管理组织和生产技术复杂、各项管理工作需要具有专门知识的组织。实际上,实际生活中没有纯粹的职能制组织结构。

知识点三: 直线职能制组织结构

(一)基本特点

从名称上就可以看出这是一种综合直线制和职能制两种类型组织特点而形成的组织结构形式。其特点在于将组织中的管理人员划分为两类:一类是直线指挥人员,他们拥有对下级实行直接指挥和命令的权力,并对该组织的工作负全部责任;另一类就是职能管理人员,他们是直线指挥人员的参谋,他们只能对下级机构进行业务指导,而不能直接进行指挥和命令。它把直线指挥的统一化思想和职能分工的专业化思想相结合,在组织中设置纵向的直线指挥系统和横向的职能参谋系统。它与直线制的区别就在于设置了职能机构；与职能制的区别在于，职能机构只是作为直线管理者的参谋和助手，它们不具有对下面直接进行指挥的权力。直线职能制组织结构形式如图 5.5 所示。

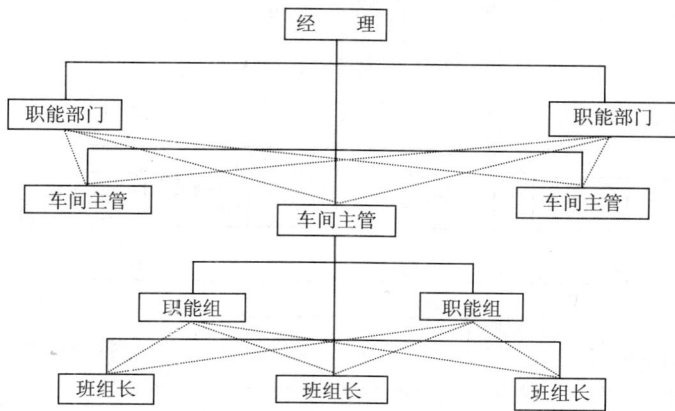

实线表示直接领导关系（领导权力）

虚线表示业务指导关系（职能权力）

图 5.5　直线职能制组织结构

（二）优缺点

直线职能制组织形式保持了直线制和职能制的优点：一方面，各级行政负责人有相应的职能机构作为助手（参谋），以发挥其专业管理的优点；另一方面，每个管理机构内又保持了集中统一指挥。

但是，直线职能制组织形式的专业分工必然会带来协作配合难题。由于各个职能部门分管不同业务，观察和处理问题的角度不同，彼此之间往往会产生这样或那样的矛盾，如果相互配合不好，就会妨碍管理工作的顺利进行；同时，职能机构对下级虽不能直接指挥，却可以在业务范围内对下级单位提出工作部署和要求，如果各部门提出的要求不能协调一致，就会使下级单位无所适从，妨碍下级机构中心工作的执行，仍然可能形成"上面千条线，下面一根针"的多头指挥现象。

（三）适用范围

直线职能制是目前大中型企业和各级组织采用较多的结构之一。尤其适合产品品种比较简单、工艺比较稳定、市场销售情况比较容易掌握的企业。

知识点四：事业部制组织结构

（一）基本特点

20 世纪 20 年代，事业部制组织结构由美国通用汽车公司（GM）首创。

事业部是这种企业的第二级机构，是以产品、地区或客户为依据，由相关的职能部门组合而成的相对独立的单位。其特点在于，每个事业部都有自己的产品和市场，按照"统一政策，分散经营"的原则，实行分权化管理，各事业部独立核算，自负盈亏，彼此之间的经济往来要遵循等价交换原则，这种组织结构的形状，如图 5.6 所示，可略见一斑。

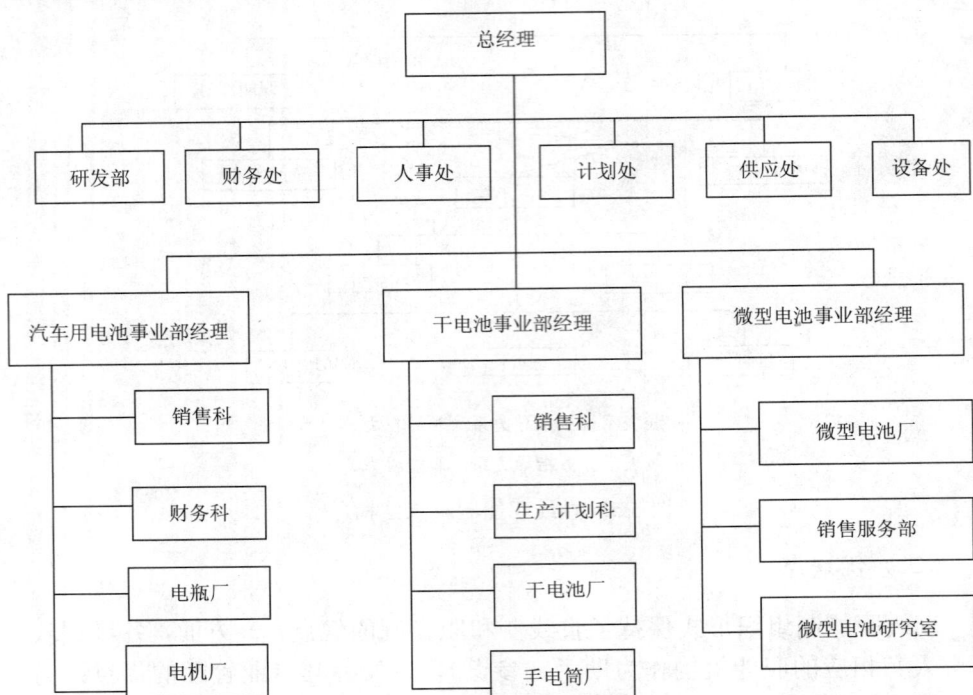

图 5.6　事业部制组织结构

（二）优缺点

事业部制结构有利于发挥各事业部的积极性、主动性，事业部制结构也使总部人员摆脱了关注日常运营具体事务的负担，使他们能专心致志于长远的战略规划。分部形式也是培养高级经理人员的有力手段。各分部经理们在运营其自治单位的过程中获得了范围广泛的经验，个人责任感和独立性也给他们提供了品尝经营一个完整企业的酸甜苦辣的充分机会。所以，一个具有 15 个事业部的大型组织，也就有 15 位分部经理在发展着高层经理所必需的多方面才能和全局视野。

事业部制结构的主要缺陷是活动和资源出现重复配置。例如，每一个分部都可能有一个市场营销部门，而在不采用自治分部的场合，组织的所有市场营销活动都集中地进行，其成本远比分部化以后的总花费低得多。因此，事业部制结构的职能重复配置就导致了组织总成本的上升和效率的下降。另外，各事业部之间容易产生不良竞争，总公司协调任务加重。再者，容易出现过度分权，削弱公司整体领导力；或者分权不足，影响事业部的经营自主性。

（三）适用范围

事业部制主要适用于规模大、产品（或服务）种类繁多或分支机构分布区域广的现代大型企业。

知识点五：矩阵制组织结构

（一）基本特点

矩阵制组织结构又叫规划——目标结构，它由纵横两套管理系统叠加在一起组成一个矩阵。矩阵制创造了双重指挥链，使用职能部门化来获得专业化经济，但在这些职能部门之上，配置了一些对组织中的具体产品、项目和规划负责的经理人员。图5.7为一家航空公司的矩阵型结构。在图中的上部排列的是工程、会计、人事等职能，但在纵坐标上增加了该航空公司目前正在开展的各类项目，每一个项目由一名经理人员领导，他将为其负责的项目从各职能部门中抽调有关人员。这样在横向的传统职能部门基础上增加纵向坐标的结果，就将职能部门化和产品部门化的因素交织在了一起，因此，称之为矩阵。

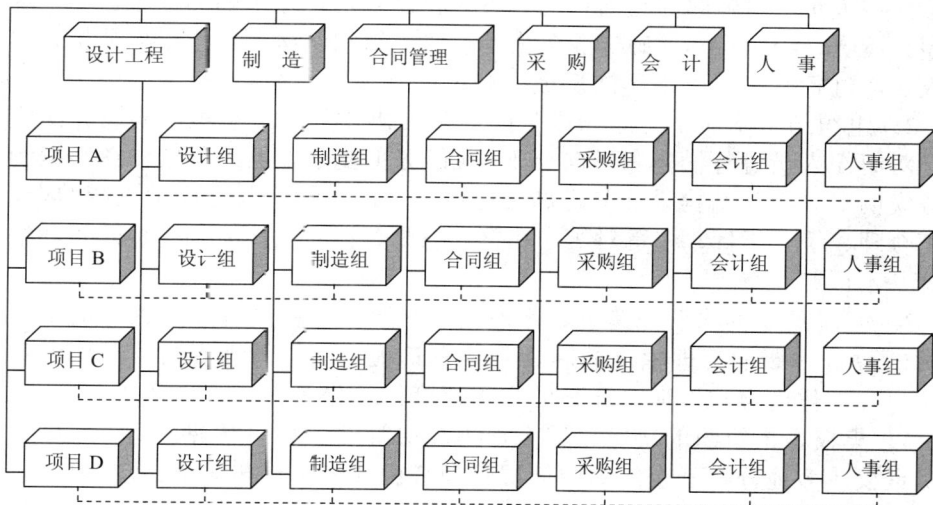

图 5.7　某航空公司的矩阵组织结构

（二）优缺点

由这种矩阵关系形成的总体结构，可以兼有职能部门化和产品部门化的优点，而避免它们各自的缺点。矩阵制的优点在于它能促进一系列复杂而独立的项目取得协调，同时又保留将职能专家组合在一起所具有的经济性。专业人员和专业设备随用随调、机动灵活，不仅使资源保持了较高的利用率，也提高了组织的灵活性和应变能力；各种专业人员通过共同完成一项工作培养了他们的合作精神和全局观念，且容易互相激发，取得创新性成果。

矩阵制的主要缺点在于它容易造成混乱，员工工作位置不稳定，容易产生临时观念，也不易树立责任心；而且双重职权关系，难以分清责任。例如，各部门经理与项目经理之间的关系通常并不是由规则和程序确定的，而是经由两者相互协商，而这就容易产生权力斗争。是否采用矩阵制，要求管理者妥善地权衡这些利弊。

（三）适用范围

矩阵制组织结构形式适用于经营涉及面广、产品品种多、临时性的、复杂的重大工程项目组织。

结束语：良好的计划需要有合适的组织结构予以支持。为了保证组织能够高效运转，就必须设计合理的组织结构，配备"一流的员工"，做到"事事有人做，事事得其人，人人有事做，人人得其事。"

小　　结

1. 组织工作就是根据组织目标和计划的需要设置部门、岗位，为每个岗位配备人员，明确部门与岗位的职责、职权以及相互之间的关系。其基本程序为：明确组织目标，确定业务内容，建立组织结构，进行工作分析，配备人员，进行有机组合，不断反馈、修正。

2. 组织结构本质上是组织成员间的分工协作关系。组织结构设计的实质是对组织人员进行横向和纵向分工。其任务主要是提供组织结构图和编制职务说明书。组织结构设计应遵循目标可行、因事设职与因职用人相结合、分工合理、统一指挥、权责对等（相符）原则、精简效能原则、有效管理幅度等基本原则。

3. 管理幅度也称管理跨度、管理宽度，指一名领导者直接领导的下属人员的数目。影响管理幅度的因素主要有管理层次，管理者与下属的素质及能力，工作内容与性质，计划的完善程度，工作条件，工作环境等。

4. 集权是指组织的决策权较多地由高层管理者集中掌握，而分权则是指决策权较多地分散于组织的中低层管理者由其来掌握与运用。授权则是指主管人员将属于本职位的部分职权委让给向其直接报告工作的下属或某些职能部门。

练　习　题

一、课内测试题

（一）单项选择题

1. 确保"事有人做，人有事做，事得其人，人得其事"这是管理职能中的（ 　　　）。

　　A．计划工作　　　B．组织工作　　　C．领导工作　　　D．控制工作

2．组织结构实际上就是组织中的（ 　　　）。

　　A．分工协作关系　　　　　　　B．部门之间的职权关系

　　C．上下级之间的权力关系　　　D．权利的关系

3．用组织理论去分析腐败现象，可以得出的结论是（ 　　　）。

　　A．权力和责任总是一致的　　　B．没有责任的权力将产生腐败

　　C．责任比权力更为重要　　　　D．集权比分权更为重要

4．某企业总经理下设 2 个副总经理、每个副总经理下设 3 个部门经理、每个部门有 6 名员工，则该总经理和每个副总经理的管理幅度分别是（ 　　　）。

　　A．2 人和 3 人　　B．5 人和 6 人　　C．11 人和 9 人　　D．5 人和 6 人

5．某企业老板碍于情面，录用了一位政府官员的儿子（机械制造专业），可该公司并不需要这种专业的人才，但公司老板还是为小伙子安排了公司办公室副主任一职。这一做法主要违背了以下哪一组织设计原则（ 　　　）。

　　A．分工合理原则　　　　　　　B．统一指挥原则

　　C．精简效能原则　　　　　　　D．因职用人原则

6．组织结构设计的基本出发点是（ 　　　）。

　　A．组织目标　　　B．工作分析　　　C．配备人员　　　D．设置岗位

7．上级把权力或职权委任给中、下层管理人员的组织过程是（ 　　　）。

　　A．制度分权　　　B．劳动分工　　　C．管理幅度　　　D．授权

8．图 5.8 显示的酒店餐饮部组织结构主要违背了以下哪一组织设计原则（ 　　　）。

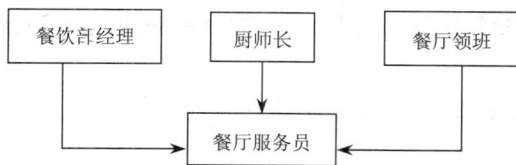

图 5.8　某酒店餐饮部组织结构

　　A．分工合理原则　　　　　　　B．统一指挥原则

　　C．精简效能原则　　　　　　　D．因职用人原则

9．某总经理把产品销售的责任委派给一位主管经营的副总经理，由其负责所有地区的经销办事处，但同时总经理又要求各地区经销办事处的经理们直接向总会计师汇报每天的销售数字，而总会计师也可以直接向各经销办事处经理们下指令。总经理的这种做法违背了（ 　　　）。

　　A．分工合理原则　　　　　　　B．统一指挥原则

　　C．精简效能原则　　　　　　　D．因职用人原则

10．组织结构设计的实质是（ 　　　）。

　　A．工作分析　　　　　　　　　B．组织分工

　　C．提供组织结构图　　　　　　D．编制职务说明书

11．下列（　　）组织最适宜采用矩阵式组织结构。

　　A．医院　　　　B．学校　　　　　　C．电视剧制作中心　　D．汽车制造

12．中国古代名相管仲治理齐国时，只令三十户为一邑，每一邑设一司官；十邑为一卒，每卒设一卒师；十卒为一乡，每乡设一乡师；十乡为一县，每县设县师；十县为一属，每属设一大夫；全国共五属，设五大夫，直接归中央指挥。这种组织设计为何种形式，其管理层次为（　　）。

　　A．直线制，管理层次为 7　　B．直线制，管理层次为 8

　　C．直线职能制，管理层次为 7　D．直线职能制，管理层次为 8

13．在组织规模一定时，管理幅度与管理层次（　　）。

　　A．没有什么必然联系　　　　B．呈正比关系

　　C．有明显的间接联系　　　　D．呈反比关系

（二）多项选择题

1．组织结构设计的主要任务有（　　）。

　　A．提供组织结构图　　　　　B．配备人员

　　C．进行工作分析　　　　　　D．编制职务说明书

2．以下属于组织结构设计应遵循的原则有（　　）。

　　A．目标可行原则　　　　　　B．分工合理原则

　　C．权责对等原则　　　　　　D．统一指挥原则

3．以下体现分权的做法有（　　）。

　　A．王总授权秘书小吴处理办公室临时业务

　　B．在职权范围内，王经理可以直接做决策而不用向总经理汇报

　　C．除了一些涉及公司发展方向的战略决策外，王总一般不对下属所做的决策进行干预

　　D．各业务部门虽有自主权，但部门经理在做决定之前应先请示副总，严禁先斩后奏

4．以下说法不正确的有（　　）。

　　A．管理幅度就是一个领导者所领导的下级人员的数目

　　B．一般来说，管理者能力的大小不影响管理幅度的大小

　　C．计划越模糊，给基层自由度越大，上级的管理幅度也就越大

　　D．组织最高管理者个人权欲的大小影响组织集权或分权的程度

（三）问答题

1．什么是组织工作？简述组织工作的基本程序。

2．什么是管理幅度？影响管理幅度的主要因素有哪些？它们如何影响管理幅度？

3．什么是授权？简述授权与分权的异同与联系。

4．什么是分权，什么是集权？影响分权与集权程度的因素有哪些？

二、课外思考实践题

（一）思考讨论题

1．一个组织可以没有结构吗？为什么？

2．古典管理学家认为最高管理层的管理幅度不应超过4～8人。但在罗马天主教廷，有750个三教和200个其他人员向教皇直接报告工作。怎样把这个事实与管理幅度的概念一致起来？

3．直线制、职能制、直线职能制、事业部制、矩阵制，哪一种组织结构你最愿意在其中工作？哪一种又最不愿意呢？请给出理由。

4．尽管皇帝身边的太监其身份、地位很低，但文武大臣对其却毕恭毕敬；尽管秘书并没有多大的权限，但年薪10万的部门经理会对年薪只有3万的董事长秘书小心谨慎，市长会用格外隆重的规格招待省长秘书……这些现象说明什么？有什么克服办法？

5．案例分析：如何设计组织？

王为和张林1年前创办了自己的一家设计公司，主要为饭店、酒吧做设计。公司的发展很好，在短短的1年里，已发展成为拥有10人的公司，除了他们之外，还有4位设计师，2位美工人员，1名销售人员和1名秘书。新的一年充满了新的希望。王为和张林决定继续扩大规模。他们打算再雇20人，但是如何使30人的公司成为更有效的组织系统呢？王为和张林感到十分棘手。王为认为首先应该建立职能部门，建立严格的等级，建立正式的制度和规范，这样才能对员工实施严格的管理。但张林并不这样看，他认为没有必要建立这些条条框框，本来设计就是一个讲究风格和个性的职业，如果管得太严就会束缚员工的思想。可以采用小组的形式，以小组为单位来开展活动。两人都认为自己有道理，争得面红耳赤。

王为和张林面临的难题是许多组织都会面临的。组织一般都会经过一个发展壮大的阶段，都会面临外界的挑战，都会历经环境的变化。

请讨论：

（1）两个人的矛盾出现在哪？

（2）如何为这家公司设计一个合适的组织结构？

6．案例分析：饭店组织结构改革。

某饭店于1996年开创时只是一家小的路边店，到2006年因经营得法，已发展成为拥有5家分店的大型餐饮企业。拥有10辆小型客车，可接送市区和近郊的小型团体顾客，公司员工达400人。从创业之初到现在，企业一直是家族式经营管理，老板张总夫妇和弟弟分别担任总经理、副总经理和经理助理。

早在2002年，张总还在读大学的儿子张广源就提出，父亲的经营管理方式已经落后了，劝他编制组织结构图，明确公司各部门的权责，使管理更有条理。张总却认为，他能取得成功的关键就是因为不懂管理理论，不被条条框框所束缚。没有组织图，他就能机动地分配各部门的任务。正式的组织机构图会限制他的经营方式，使他不能适应环境和职员能力方面的变化。虽然对父亲的理论不以为然，但毕竟自己还没有经营管理的实践经验，张广源也不好再说什么，就按当时的实际情况编制了一张组织结构图。如图 5.9 所示。

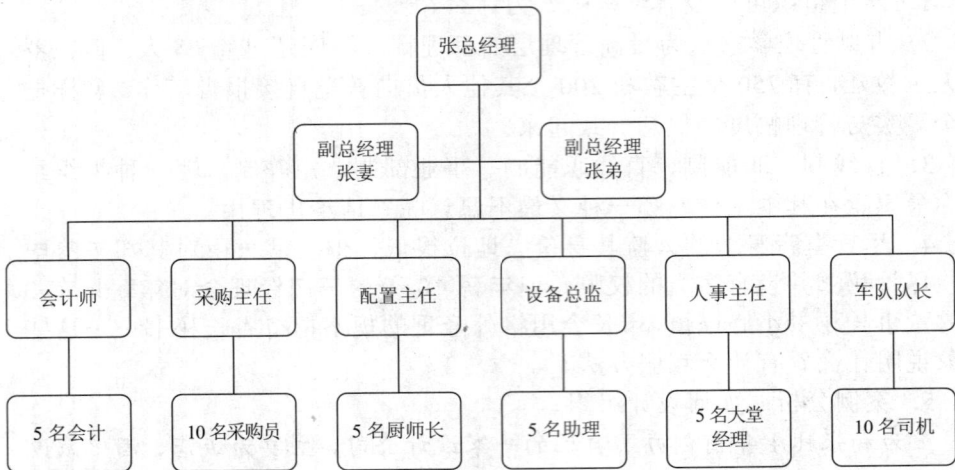

图 5.9　某饭店组织结构

2007 年张总突然去世，家人协商由刚读完研究生的张广源任总经理，掌握公司大权。张广源首先想到的是改革公司的组织结构，经过反复思考，设计出一张组织结构图，如图 5.10 所示。

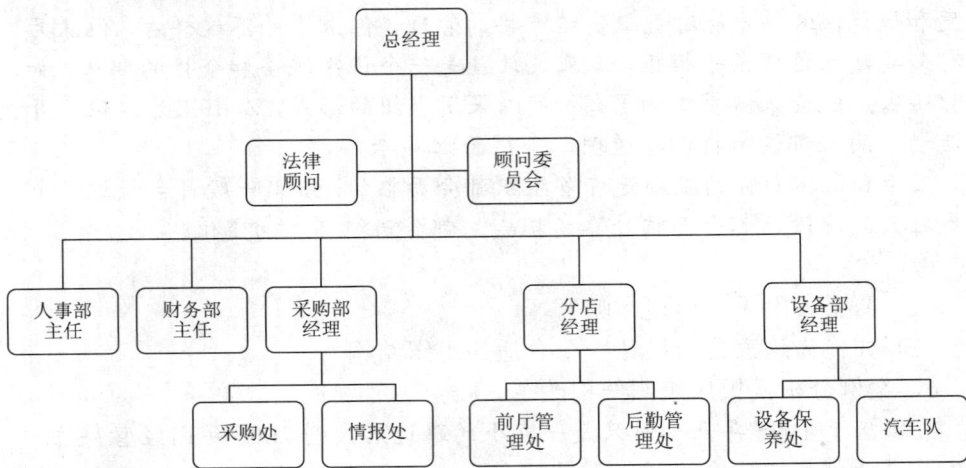

图 5.10　经过改革后的饭店组织结构

张广源自认为这一改革有许多好处，对公司发展有利。但又感到也会遇到一些问题，例如，将家庭成员从重要职位上调开，可能使他们不满。于是他准备逐步实施这项改革，争取用 1 年左右的时间去完成它。

请讨论：

（1）张广源为什么要把组织结构改成现在的样子，原先的结构有什么问题？

（2）张广源改革组织结构可能遇到什么问题？他应如何分步骤地予以实施？

（二）实践题

通过调查了解，明确你所在的学校采取的是什么样的组织结构？如果从理论的角度上去分析和看待，找出其合理与不足之处并提出改进意见。

第六章　组织变革与组织文化

❖◇○◆◇●◇◆○◇◆○◆◇●◇◆○◇◆◇●◇◆○◆◇●◇◆○◇◆◇●◇◆○◆◇●◇◆○◇◆◇●◇◆○◆◇●◇◆○◇◆○◆◇●

❖ 学习重点 ❖

1. 组织变革的内涵
2. 组织文化的基本内涵
3. 如何正确对待非正式组织

❖◇○◆◇●◇◆○◇◆○◆◇●◇◆○◇◆◇●◇◆○◆◇●◇◆○◇◆◇●◇◆○◆◇●◇◆○◇◆◇●◇◆○◆◇●◇◆○◇◆○◆◇●

第十五单元　了解组织变革的内涵

案例导入

一位年轻有为的炮兵军官上任伊始，到下属部队视察操练情况。他在几个部队发现相同的情况：在一个单位操练中，总有一名士兵自始至终站在大炮的炮管下面，纹丝不动。军官不解，究其原因，得到的答案是：操练条例就是这样要求的。军官回去后反复查阅军事文献，终于发现，长期以来，炮兵的操练条例仍因循非机械化时代的规则。站在炮管下面的士兵的任务是负责拉住马的缰绳（在那个时代，大炮是由马车运载到前线的），以便在大炮发射后调整由于后座产生的距离偏差，减少再次瞄准所需的时间。现在大炮的自动化和机械化程度很高，已经不再需要这样一个角色了，但操练条例没有及时地调整，因此，出现了"不拉马的士兵"。军官的发现使他获得国防部的嘉奖。

这个小案例告诉我们，当外部环境发生变化时，组织要及时审视自己的结构、规章条例是否依然适用，否则就会影响组织的正常运转。

知识点一：组织变革的内涵与动因

（一）组织变革的内涵

亚蒙·哈默（Hamer Armand）和卡洛·阿泽利奥·钱皮（Carlo Azeglio Ciampi）曾在《公司再造》一书中把"3C"力量，即顾客（customers）、竞争（competition）、变革（change）看成是影响市场竞争最重要的三种力量，并认为三种力量中尤以变革最为重要，"变革不仅无所不在，而且还持续不断，这已成了常态"。

组织变革就是组织根据内外环境的变化，及时对组织中的要素（如组织的管理理念、工作方式、组织结构、人员配备、组织文化等）进行调整、改进和革新的过程。其目的是适应未来组织发展的要求，增强组织活力，实现组织目标，并最终实现组织的可持续发展。由于环境变化无时不在，因此，组织变革伴随着组织发展的各个阶段，是组织发展过程中的一项经常性活动。

（二）组织变革的动因

组织变革动因可用图 6.1 表示出来。

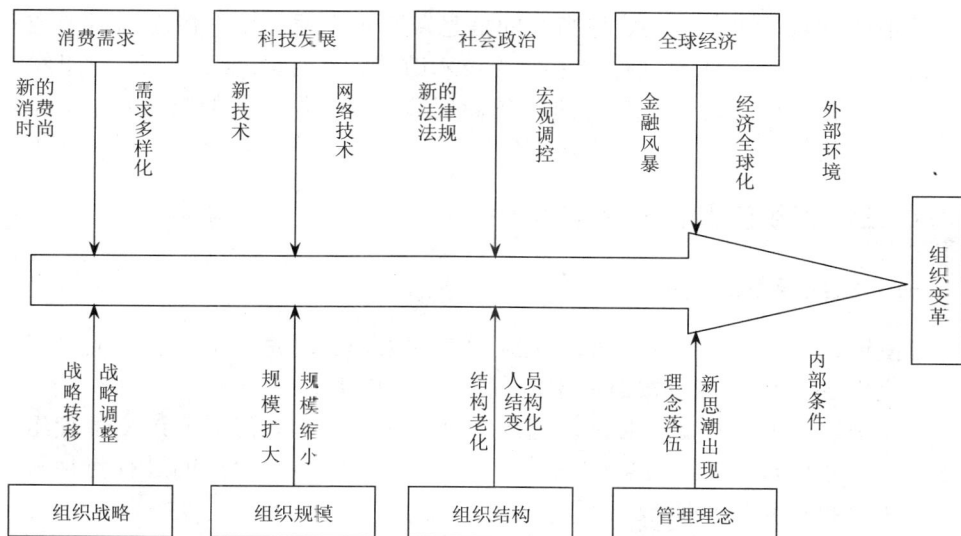

消费需求	科技发展	社会政治	全球经济
新的消费时尚　需求多样化	新技术　网络技术	新的法律法规　宏观调控	金融风暴　经济全球化

外部环境

组织变革

战略转移　战略调整	规模扩大　规模缩小	结构老化　人员结构变化	理念落伍　新思潮出现
组织战略	组织规模	组织结构	管理理念

内部条件

图 6.1 组织变革原因示意

知识点二：组织变革的内容

组织变革具有互动性和系统性，组织中的任何一个因素改变，都会带来其他因素的变化。然而，就某一阶段而言，由于环境情况各不相同，变革的内容和侧重点也有所不同。综合而言，组织变革过程的主要变量因素包括人员、结构、任务和技术，具体内容如下。

（一）对人员的变革

人员的变革是指员工在态度、技能、期望、认知和行为上的改变。组织发展虽然包括各种变革，但是人是最主要的因素，人既可能是推动变革的力量也可能是反对变革的力量。变革的主要任务是组织成员之间在权力和利益等资源方面的重新分配。要想顺利实现这种分配，组织必须注重员工的参与，注重改善人际关系并提高实际沟通的质量。

（二）对结构的变革

结构的变革包括权力关系、协调机制、集权程度、职务与工作再设计等其他结构参数的变化。管理者的任务就是要对如何选择组织设计模式，如何制定工作计划，如何授予权力以及授权程度等一系列行动做出决策。现实中，固化式的结构设计往往不具有可操作性，需要随着环境条件的变化而改变，管理者应该根据实际情况灵活改变其中的某些要素组成。

（三）对技术与任务的变革

技术与任务的改变包括对作业流程与方法的重新设计、修正和组合，包括更换机器设备，采用新工艺、新技术和新方法等。由于产业竞争的加剧和科技的不断创新，管理者应能与当今的信息革命相联系，注重在流程再造中利用最先进的计算机技术进行一系列的技术改造，同时，组织还需要对组织各个部门或各个层级的工作任务进行重新组合，如工作任务的丰富化，工作范围的扩大化等。

知识点三：组织变革的过程与程序

（一）组织变革的过程

为使组织变革顺利进行，并能达到预期效果，必须先对组织变革的过程有一个全面的认识，然后按照科学的程序组织实施。

一般来讲，成功的变革必须对组织的现状进行解冻，然后通过变革使组织进入一个新阶段，同时对新的变革予以再冻结，即组织变革的过程包括解冻、变革、再冻结三个阶段。

1. 解冻阶段

这是改革前的心理准备阶段。组织在解冻期间的中心任务是改变员工原有的观念和态度，组织必须通过积极的引导，激励员工更新观念，接受改革并参与其中。

2. 变革阶段

这是变革过程中的行为转换阶段。进入到这一阶段，组织上下已对变革做好充分的准备，变革措施就此开始。组织要把激发起来的改革热情转化为改革的行为，关键是要能运用一些策略和技巧减少对变革的抵制，进一步调动员工参与变革的积极性，使变革成为全体员工的共同事业。

3. 再冻结阶段

这是变革后的行为强化阶段，其目的是要通过对变革驱动力和约束力的平衡，使新的组织状态保持相对的稳定。由于人们的传统习惯、价值观念、行为模式、心理特征等都是在长期的社会生活中逐渐形成的，并非一次变革所能彻底改变的，因此，改革措施顺利实施后，还应采取种种手段对员工的心理状态、行为规范和行为方式等进行不断地巩固和强化；否则，稍遇挫折，便会反复，使改革的成果无法巩固。

（二）组织变革的程序

组织变革程序可以分为以下几个步骤。

1. 通过组织诊断，发现变革征兆

组织变革的第一步就是要对现有的组织进行全面的诊断。这种诊断必须要有针对性，要通过搜集资料的方式，对组织的职能系统、工作流程系统、决策系统以及内在关系等进行全面诊断。组织除了要从外部信息中发现对自己有利或不利的因素之外，更主要的是能够从各种内在征兆中找出导致组织或部门绩效差的具体原因，并确立需要进行整改的具体部门和人员。

2. 分析变革因素，制定改革方案

组织诊断任务完成之后，就要对组织变革的具体因素进行分析，如职能设置是否合理，决策中的分权程度如何，员工参与改革的积极性怎样，流程中业务衔接是否紧密，各管理层级间或职能机构间的关系是否易于协调等。在此基础上制定几个可行的改革方案，以供选择。

3. 选择正确方案，实施变革计划

制定改革方案的任务完成之后，组织需要选择正确的实施方案，然后制定具体的改革计划并贯彻实施。推行改革的方式有多种，组织在选择具体方案时要充分考虑到改革的深度和难度、改革的影响程度、变革速度以及员工的可接受和参与程度等，做到有计划、有步骤、有控制地进行。当改革出现某些偏差时，要有备用的纠偏措施及时纠正。

4. 评价变革效果，及时进行反馈

组织变革是一个包括众多复杂变量的转换过程，再好的改革计划也不能保证完全取得理想的效果。因此，变革结束之后，管理者必须对改革的结果进行总结和评价，及时反馈新的信息。对于没有取得理想效果的改革措施，应当给予必要的分析和评价，然后再做取舍。

拓展知识一：组织变革的阻力及其克服

（一）组织变革的阻力

组织变革是一种对现有状况进行改变的努力，任何变革都常常会遇到来自各种变革对象的阻力和反抗。产生这种阻力的原因可能是传统的价值观和组织惯性，也有一部分来自于对变革不确定后果的担忧。我们可以用表 6.1

将组织变革的阻力来源及成因表示出来。

表 6.1　组织变革阻力来源及成因

个体和群体方面的阻力	组织的阻力	外部环境的阻力
固有工作和行为习惯 就业安全需要 经济收入变化 对未知状态的恐惧心理 对变革认识存有偏差 群体原有规范的约束 群体原有人际关系受到威胁 群体领导人物与变革发动者之间的恩怨、摩擦和利益冲突 组织利益相关群体对变革的顾虑 保守心理	现行组织结构的束缚 组织运行的惯性 对权力和地位的威胁 保守的组织文化 资本（金）限制	缺乏竞争性的市场环境 传统的社会文化和民族文化特征 社会舆论 伦理价值观

（二）降低变革阻力的策略

1）教育与沟通。通过教育与沟通，与阻力方建立一种信任关系，帮助他们正确认识变革的好处。

2）吸引参与。吸引阻力方参与变革的决策，这样就不容易形成阻力。

3）支持与促进。提供支持性措施（如培训）促进员工的调整。

4）谈判。与阻力方谈判进行条件交换。

5）操纵与收买。用一种"欺骗性"意图使员工接受变革，"收买"反对派领袖人物参与变革。

6）强制。直接对抵制者使用威胁力和控制力。

📖 补充说明

如果你把一只青蛙放进沸水中，它会立刻试着跳出。但是如果你把青蛙放进温水中，不去惊吓它，它将呆着不动。如果你慢慢加温，青蛙仍显得若无其事。可悲的是，当温度慢慢上升时，青蛙将变得愈来愈虚弱，最后无法动弹。虽然没有什么限制它脱离困境，青蛙仍留在那里直到被煮熟。为什么会这样？

青蛙内部感应生存威胁的器官，只能感应出环境中激烈的变化，而对缓慢、渐进的变化则感应不出来。

组织的变革不能是被动地跟随模仿，必须是有计划、有预见地进行。

组织变革的最大阻力来自于组织成员的怀旧心理，来自于他们对现状的满足。一旦遇到变革改变自身利益时，不管是利益受害者还是实际利益的获得者，大家都会说："变革什么，还是以前的好。"

克服组织及其成员的惰性，增强他们对外界的感应能力，及时快速地对外界进行反应，增强环境的适应能力，这是组织变革的首要任务。

拓展知识二：现代组织理论及结构新潮流

随着经济的发展、技术的进步，市场竞争日趋激烈，许多管理学家提出了新的组织理论及组织结构，具有代表性的有以下几个。

（一）"组织再造"理论

"组织再造"理论是美国麻省理工学院的教授迈克尔·哈默（Michael Hammer）提出来的。他对再造下的定义是：将组织的作业流程做根本的重新思考与彻底翻新，以便在成本、品质、服务与速度上获得戏剧化的改善。其中心思想是强调组织必须采取激烈的手段，彻底改变工作方法，强调组织流程要"一切重新开始"，摆脱以往陈旧的流程框架。

长期以来，人们对企业生产经营系统、管理组织结构的变革都持一种比较慎重的态度，主张月改良、完善的办法来改善和加强管理，对管理组织结构也是要求保持稳定性和灵活性的统一，避免出现大的震动，造成工作秩序的混乱。而"组织再造"理论认为，在时代变迁的今天，传统的办法已成为束缚组织发展的桎梏，为适应新环境对组织生存和发展的要求，必须对组织的工艺流程、管理组织系统进行重组、再造，构建授权型、扁平化和弹性组织。

1. 授权型

授权即是指上级管理者将一部分权力下放给下属，让员工承担更大的责任和更独立地开展工作，以大大增强员工参与决策的兴趣，提高员工的积极性。在授权过程中，某些任务或职责被授予下级，同时也授予其一定的权力，使之能够完成被分配的任务或职责。事实上，对许多复杂的第一线工作，基层人员通常比他们的管理者更清楚如何把工作做得更好。今天的管理者们也逐渐认识到，有效授权对管理者、员工及企业三方都有利。对于管理者，授权可以让他们空出较多工作时间做策略性的思考。对于员工，授权可以让他们学习新的技巧和专长，有机会发展能力，在事业生涯中更上层楼。对于公司也可以增进其整体的效能，会使质量、生产率和雇员的责任感等方面得到改进。

小提示

有效授权十一项要诀

1. 要 一： 要 问 " 了 "

授权之后，管理者习惯性会问员工"懂了吗？"、"我讲的你明白了吗？"。这种情况下，许多对细节还不太懂的员工都会反射性地回答"知道"、"明白"，他们不想当场被主管看扁。最好的办法就是让员工重述你的授权内容。

2. 要 二：明确绩效指标与期

授权不是把事丢给员工，还要让他明白管理者期盼些什么。员工必须了解自己在授权下必须达到哪些具体目标，以及在什么时间内完成，清楚了这些才能有基本的行动方向。

3. 要 三：授权后 要 时 间

授权以后不能不闻不问，只等着他们把成果捧上来。你可以不必紧盯人，但仍要注意员工的状况，适时给予"这儿不错"、"那样可能会比较好"之类的意见。如果任务特别需要"准时"，也可以提醒他注意进度与时间。

4. 要 四：为下次授权做" "

每次的授权后，管理者应找员工讨论他这次的表现，以便检讨改进。管理者也可以让员工描述自己在这次过程中学到了什么，再配合管理者自己观察到的状况，作为下次授权的参考。

5. 要 五：授权 一定要是大事

即使只是一次再寻常不过的小事，都可以是"授权"，未必一定要是什么大方案、大计划，才要授权。尤其对于新进员工，从小事授权起，可以训练他们负责任的态度，也建立他们的自信。

6. 要 六：先 再授权

简单来说，主管可以先列出每天自己所要做的事，再根据"不可取代性"以及"重要性"删去"非自己做不可"的事，剩下的就是"可授权事项清单"了。这会更有系统、有条理。

7. 要 七：授权的 要 明

有些员工会自作主张，做出一些超出授权的事。因此，最好在授权时能特别交代"底限"，一旦快触碰到了，他们就应该刹车，这可以防止他们擅自跨过界限。

8. 要 八： 对你 授权的人

你所指定的人，如果经验多但对于该项任务不擅长或意愿较低，未必会比经验较浅、有心学习而跃跃欲试的人适合。

9. 要 九：排定

告知员工，当他们有问题时，可以向谁求助，并且提供他们需要的工具或场所。当主管把自己的工作分配给员工时，确定也把权力一起转交。此外，主管要让员工了解，他们日后还是可以寻求主管的意见和支持。

10. 要 十：授了权就

与其紧迫盯人，不如在开始时就交代清楚，然后放手让员工做。这样管理者既可以省一些精力，员工也可以试一试自己的能力。

11. 要 十一： 工设想 成长 目

就某种角度来说，授权也是一种训练员工成长的方式。因此，在授权时就要想想如果员工能通过你的授权，那么在实施过程中这个员工能学到什么。如果授权他做只是因为你忙不过来，那就不能叫授权，只能算是"帮主管打杂"。

2. 扁平化

现代信息技术的飞速发展，特别是网络技术的日臻完善，使信息资源的共享性大大提高，并实现了信息分散处理，这使得信息的获得和沟通变得容易，基层人员可直接与高层管理人员沟通，这为组织的扁平化打下了基础。此外，为了提高组织对外部环境变化的快速反应能力，必须对传统的集权组织进行大胆改革，减少管理层次，扩大管理幅度，实现组织扁平化。

授权型、扁平化组织的出现，不仅使管理层次大大减少，提高了组织效率，而且促成了权力结构转换，改变了员工和管理人员的传统角色，员工拥有决策权和更大的责任。管理人员也不能一味发号施令，而要学会做一名普通的团队成员，主要起激励、指导、协调和组织的作用。

3. 弹性

为了建立对组织外部环境变化具有响应能力和对组织内部因素变化具有适应能力的组织体系，必须使管理系统弹性化，这主要体现在以下几个方面。

（1）企业规模适度化

长期以来人们把追求规模经济效益作为经营目标，但历史进入 20 世纪 90 年代以来，随着社会生产力的发展，"大就是美"的时代已告结束。自 20 世纪 70 年代以来，为美国创造大量就业机会，开发无数科技产品的是小公司，而且大多为高新技术公司。它们灵活性大、创造力强、敢于冒风险，所以有人认为美国经济能在国际竞争中取胜，全靠这些小公司。但这也并不意味着"小才是美"，今后提倡的是适度规模，要认识到大有大的好处（如拥有丰富的资源和广大的营销网），小有小的优势（如弹性大、效率高），宜大则大，宜小则小，以经营灵活、效益好为标准。

（2）倡导团队式组织形式

建立跨职能、跨企业的团队成为管理中的新生事物，这些团队可以共同合作，也可以随着不同时间不同需要或成立或解散。团队这个概念是不断演进的，最初对团队的理解是指一群有共同技艺、共同完成一个部门的工作的人；以后团队的概念又扩展为由不同职能部门的人组成的一个项目小组；现在的团队观念又融入了客户的需求，强调一切以客户为中心，团队不仅是跨职能，更要为顾客需要而成立。在这样的观念下，企业组织动作的元素由过去的个人、部门取代而成为团队，一些大公司更是以客户为核心，变成由一个个团队组成的公司。这样，传统的直线式、职能式的管理结构，向以"团队"为核心的扁平式管理结构发展，权力结构从正金字塔变为倒金字塔，强调顾客至上的观念，而服务于顾客的第一线员工变得越来越重要，管理变成一种"服务"或"满足"，管理人员扮演的主要角色是"教练"，给予员工以技术协助与精神支持。

（3）建立战略联盟

战略联盟是指两个或两个以上的企业间或特定的事业和职能部门间为实现共同的目标，通过建立公司或联合组织等方式而结成的一种网络式的联合体。如有些公司为了发挥各自的优势，共同开发一种或多种关联产品，并使它们很快推向市场，这就需要组织开发该产品的联合体。战略联盟是现代企业组织制度创新的一种形式，它使企业间的合作得到加强，形成了"你中有我，我中有你"错综复杂的企业网络，体现了"昔日是竞争对手，今天是合作伙伴"的灵活策略。

（二）"学习型组织"理论

"学习型组织"理论是美国麻省理工学院教授彼得·M. 圣吉（Peter M. Senge）在其著作《第五项修炼》中提出来的。该书出版后，受到了管理学界和企业家们广泛关注，于 1992 年荣获世界企业学会（World Bussiness Academy）最高荣誉的开拓者奖（Pathfinder Award）。

1. 学习型组织的含义

"学习型组织"理论认为：传统的组织类型已经越来越不适应现代环境发展的要求，未来真正出色的企业，将是能够设法使组织成员全心投入，并有能力不断学习的组织。所谓"学习型组织"，指的是一种通过培养弥漫于整个组织的学习气氛，充分发挥员工的创造性思维能力而建立起来的能持续发展的组织。

补充说明

学习型组织、学习型社会就是要引导全体组织成员、全体社会成员，能够树立一个终身学习、终身教育的理念。这里的学习，不仅仅是一个学习的概念，也就是说不是我们一般理解的狭义上的读书活动。学习实际上还是发展的一个前提和基础，是提高我们人的创造力、创新能力的一个途径。学习型组织（或社会）应该是一个人人向学，"人人是学习之人，处处是学习之所"，而且充满生机和活力，积极进取、积极发展的组织（或社会），应该是有相应的机制促进和保障终身学习和全民学习的组织（或社会）。

学习型组织的真谛体现在以下三个方面：

1）学习力。学习力是组织获得生存与发展的基本条件，它由三个要素组成，即学习的动力、学习的毅力和学习的能力。学习的动力来自学习的目标；学习的毅力反映了学习者的意志；学习的能力则来源于学习者掌握的知识及其在实践中的应用。一个人或组织是否具有很强的学习力，完全取决于这个人或组织是否有明确的奋斗目标、坚强的意志和丰富的理论知识以及大量的实践经验。持续的学习能力是学习型组织的基础，学习不仅导致知识、信念、行动的变化，还增强了组织的创新能力和成长能力。

2）活出生命的意义。一个企业中，只有全体员工能通过工作体验到自己的生命意义的时候，他们才愿意、才能够把自己所有的潜能都发挥出来。学习型组织特别强调"生命意义"。它强调通过学习和激励，让人在工作过程中通过自我超越的创造过程，能够实现快乐地工作。

补充说明

学习型组织的学习特点

一是学习与工作不可分离，即"工作学习化，学习工作化"。工作学习化就是把工作的过程看成是学习的过程；学习工作化就是要求组织对待学习要像对待工作那样有严格的要求，即持续地学习、终身学习。

二是组织的学习。组织的学习对应于个人的学习，是指组织通过各种途径和方式不断获取知识，在组织内传递知识并创造出新知识，以增强组织自身实力，带来行为或绩效的改善的过程。强调知识的共享。

三是学后要有新行为。学习型组织非常强调新行为，要求学习后付诸行动、拿出成果，要产生新的行为（要有创新）。

3）创新。学习型组织的核心理念就是创新，而且是持续的创新。彼得·圣吉在描述学习型组织时说：如果用两个字回答那就是"创新"，如果用四个字回答就是"持续创新"。

2．五项修炼的内容

学习型组织的形成必须建立在组织成员五项修炼的基础上，其主要内容是以下几个方面。

（1）系统思考

这是五项修炼的核心，它强调把各个独立、片断的事件联系起来看，以发现其内在的互动关系。因此，组织在处理问题时，必须扩大思考空间和时间范围，了解前因后果，才能辨识问题的全貌。动态系统的变化，可以通过计算机模拟将情境推演出来,并借此建立企业常需处理问题的系统模型(system models),熟悉它们就能轻而易举地看出问题的全貌。

（2）自我超越

这是五项修炼的基础,强调组织成员应能不断认识自己,认识外界的变化,不断给予自己新的奋斗目标,做事要精益求精,永远努力发展自我、超越自我。在这个过程中,并非降低理想来与现实相符,而是提升自我以实现理想,由此培养出创意与能力,并以开阔胸襟来学习、成长和不断超越自我。

（3）改善心智模式

人人都有根深蒂固的心智模式,如那些既有的习惯、偏见、假设或印象等理所当然的想法,往往会阻碍人们的创新、改变和进步。如果一个人无法掌握市场的契机和在组织中推行变革,而是墨守成规,很可能是因为这些契机和变革与他自己心中隐藏的强有力的心智模式相抵触。因此,学习如何将自己的心智模式摊开,并加以分析和改善,才能有助于突破对周围世界的既有认识。改善心智模式,要求组织成员要善于改变传统的认识问题的方式和方法,要用新的眼光看世界。

（4）建立共同愿景

所谓共同愿景,是指能鼓舞组织成员共同努力的愿望和远景,它包括远景（企业将来要实现的蓝图）、价值观（实现蓝图应该遵循的一些基本原则）、目的和使命（组织存在的理由）、目标（在短期内达到的里程碑）等内容。"愿景"强调的是大家共同愿意去做的远景,因此,与纯粹只是告诉大家什么是"远景"不同。有了衷心渴望实现的共同目标,大家才会努力学习,才会追求卓越,不是因为他们被要求这样做,而是由衷想要如此。因此,组织需建立共同的理想、文化和使命,并使组织成员一起为共同的目标而努力,才能有所成就,进行这一项修炼的目的是强调把企业建成一个生命共同体。

（5）团队学习

这是组织中沟通与思考的对话工具,强调彼此在不本位、不自我防卫、不预设立场、不敬畏的情况下共同学习,以发挥协同作用,充分体现集体智商大于每个人的智商之和的效力。因此,团队学习的修炼,也包括学会找出不利于组织学习的障碍,如局限思考、归罪于外、缺乏整体思考的主动积极性、专注于个别事件、疏忽渐变恶化、经验主义错觉和屈服于压力的妥协等。团队学习也是适应环境剧变的最佳方式,唯有大家一起学习、成长、超越和进步,才能让组织免遭冲击,创造持续佳绩。开展团队学习,其目的是为了使组织成员学会集体思考,以激发群体的智慧,开展团队学习后,由于团队成员理解彼此的感觉和想法,因此,能凭借完善的协调和一体的感觉,发挥出综合效率。

（三）几种新型组织结构

随着新的管理思想和组织理论的出现,一些组织尤其是企业的组织结构逐渐呈现出网络化、扁平化、灵活化、多元化、全球化等趋势（如表 6.2 所示），伴随着这些趋势，柔性组织、虚拟组织和无边界组织等新型组织结构类型也不断涌现出来。

表 6.2　组织发展趋势

趋　　势	说　　明
网络化	以跨职能团队为单位 信息网络化，各部门广泛协作 更好地满足客户需求，与供应商及组织的利益相关者保持密切关系
扁平化	管理层次减少，管理幅度增加 更多的授权 办公自动化，信息传递迅速 人力资源数量减少，而质量提高
灵活化	需要主动、灵敏、高素质的人力资源 满足客户个性化的需求 更加灵活地适应外界变化
多元化	人力资源多元化 职业途径多元化、流动性强 激励系统多元化、多种激励和报酬措施
全球化	市场全球化 竞争更激烈

1．柔性组织结构

柔性，是一种能够适应各种变化，可以及时地根据变化迅速做出调整的能力。在现代企业，尤其是现代高科技企业中，迫切需要创建柔性组织系统来平衡"控制权"与"自主权"，协调"集权"与"分权"，提高组织的灵活性。

在传统的组织结构中，往往有一个核心机构和许多分支机构。核心机构负责制定组织战略，统一规划，统一调配；而分支机构则在核心机构的指挥下，负责某一方面的工作。这种模式越来越无法适应信息时代的飞速变化，而柔性组织结构则是一和多极化、多元性的组织结构，核心机构负责公司总体战略和整体事务；各分支机构在地位上与核心机构平等，相互依赖，互为补充，就像组成联盟。因此，柔性组织结构是集权与分权的有机统一。为了弥补柔性的不足，实现柔性与稳定性的和谐并存，有的公司成立了临时性的项目组或多功能团队，来集中处理关键问题。

2．虚拟组织结构

虚拟组织结构的最大特点是组织决策集中程度很高，但部门化程度很低，或者根本不存在实体的部门。虚拟组织结构的灵活性很强，如果他们认为其他公司在生产、销售、服务等某一方面具有更强的优势，他们就与这些公司联合，或是把自己相对劣势的部门转让出去。虚拟组织结构的形式包指产品联盟、技术联盟、知识联盟和战略联盟等。

示例

耐克（Nike）公司是世界上最大的一家旅游鞋供应商和制造商，也是利用虚拟公司抢占市场成功的公司之一。公司将主要的财力、物力、人力投入到产品的设计和销售上，甚至样鞋也不靠自己生产，其生产活动完全在台湾企业和其他地区的企业中进行。公司的许多经理经常穿梭全球寻找合适的生产合作伙伴。20世纪70年代，耐克与菲律宾、马来西亚、英国、爱尔兰的制鞋厂合作，80年代耐克转向台湾地区、韩国等地谋求合作，90年代耐克对中国内地、印度尼西亚、泰国等国又信心十足。耐克的成绩是惊人的，从1985年到1992年，耐克的纯利润增长了24倍。耐克成功的关键是恰当地组建虚拟公司，并在虚拟公司中处于领导地位，从而获得了低成本、高利润。

3. 无边界组织结构

你知道吗

"无边界组织"一词由通用电器公司总裁杰克·韦尔奇创造的。他设想把公司变成一个年销售额达600亿美元的家庭式杂货店，减少公司内部的垂直界限和水平界限，消除公司与客户、供应商之间的外部障碍。

无边界组织结构就是要减少命令链，不限制管理幅度，取消各职能部门，代之以工作团队的新型组织结构类型。表6.3反映了无边界组织结构的目标及其措施。

表6.3 无边界组织结构的目标及其措施

目 标	措 施
减少垂直界限	引入跨等级团队（由高级主管、中级主管、基层主管和基层员工组成） 员工参与决策
减少水平界限	多功能团队取代职能部门 人员横向调动 不同职能领域的工作轮换
消除外部障碍	经营全球化 战略联盟 远程办公方式

第十六单元 了解组织文化的基本内涵

案例导入

TCL集团股份有限公司创办于1981年。经过20多年的发展，TCL集团现已形成了以王牌彩电为代表的家电、通讯、信息、电工四大产品系列。特别是进入20世纪90年代以后，连续12年以年均50%的速度增长，是全国增长最快的工业制造企业之一。2001 年，TCL 集团销售总额 211 亿元，利润 7.15 亿元，税金 10.8 亿元，出口创汇 7.16 亿美元。2001 年 TCL 品牌价值 144 亿元，在全国知名品牌中排第 5 名。

TCL 的企业宗旨是"为顾客创造价值，为员工创造机会，为社会创造效益"。

"为顾客创造价值"。这是 TCL 文化生生不息的价值根本，明确企业最重要的工作目标就是用高质量的产品、全方位的服务满足社会广大顾客的需求，通过卓有成效的工作，让更多的顾客认同 TCL 产品和服务的价值。这就要求 TCL 人在生产经营的每一个环节，都必须把顾客的需求放在第一位。

"为员工创造机会"。这是 TCL 文化生生不息的动力源，明确员工既为手段又为目的。TCL 要建立一个科学、公平的员工考核和价值评价体系，建立员工教育和培训制度，建立合理的薪酬和福利制度，使员工在企业能获得更好的成长和发展机会，实现自己的事业追求，同时也获得合理的回报和生活福利保障。

"为社会创造效益"。这是 TCL 文化生生不息的生态链。TCL 是国有控股企业，企业所创造的效益，在更大程度上是为社会创造效益，是为国家经济的振兴、为民族工业的发展尽力尽责，这是所有 TCL 人的使命。

TCL 倡导的企业精神是"敬业、团队、创新"。

"敬业"是鼓励为事业献身的精神，这种敬业实质上是 TCL 过去"艰苦拼搏"精神的延续；追求更高的工作目标，勇于承担工作责任，掌握更好的工作技能，培养踏踏实实和精益求精的工作作风。

"团队"是要求企业内部要有协作和配合的精神，营造企业和谐健康的工作环境，员工不但要对自己的工作负责，同时也对集体的工作负责，对整个企业负责，提倡员工间互相鼓励、互相关心和帮助。

"创新"精神一直是 TCL 高速发展的重要动力。创新包含了"开拓"的内涵。

TCL 提出的企业经营目标、宗旨、精神，构成了一个相互支撑的企业文化体系。

请问：TCL 的企业文化有哪些特征？该文化为其企业管理发挥了哪些作用？

组织具有自己的各种构成要素，把这些要素有机地整合起来除了要有一定的正式组织和非正式组织以及"硬性"的规章制度之外，还要有一种"软件"的协调和凝合剂，它以无形的"软约束"力量构成组织有效运行的内驱力。这种力量就是被称为"管理之魂"的组织文化。

知识点一：组织文化的概念

"文化"一词来源于古拉丁文，本意是指"耕作"、"教习"、"开化"的意思。在中国古书籍中最早把"文"和"化"两个字联系起来是《易经》，"观乎天文，以察时变；观乎人文，以化成天下。"意思是指圣人在考察人类社会的文明时，用儒家的诗书礼乐来教化天下，以构造"修身齐家治国平天下"的理论体系和制度，使得社会变得文明而有秩序。然而在欧洲的历史中，文化一词主要是指由于人类在思维和理性方面的发展而引起的整体社会生活的变化。英国文化人类学家爱德华·泰勒（Edward Teller）在 1871 年出版的《原始文化》一书中第一次把文化作为一个中心概念来使用，并系统表述为"文化是一个复杂的总体，包括知识、信仰、艺术、道德、法律、风俗以及人类在社会里所获得的一切能力与习惯。"

文化是各个成员之间长期相互作用而积淀下来的共同价值、规范、态度和信念等的总和。一旦某项文化融入某个组织，便和组织相互作用逐渐形成了组织中的全体成员所特有的凝聚力、行为准则和价值观等，指导着他们的行为和价值取向。所以我们给组织文化的定义是：组织文化就是组织在长期的实践活动中所形成的并且为组织成员普遍认可和遵循的具有本组织特色的价值观念、基本信念、行为规范和思维模式等的总和。其核心是共同的价值观。

知识点二：组织文化的特征及构成

（一）组织文化的特征

组织文化理论之所以成为 20 世纪 80 年代以来管理学界的新热点，其原因就是它把组织管理对人的个体研究上升到人的整体研究，以企业——"人的集合体"为研究对象，从而把现代管理理论提高到了一个新的高度，更深刻地揭示了人性假设，以"全面发展文化自由人"的观点出现。组织文化表现出的一般特征有如下几个方面。

1. "内在"与"外在"的有机结合

组织文化所包含的各种精神因素、信念、道德、心理、智能因素等，是作为一种内质存在于组织员工之中，成为指导员工行为、形成组织行动的基础，是一种无形的存在而又表现出本质的内涵。组织文化的外在表现为员工行为、厂风厂规、产品形象、服务等，是其内质的载体，使内在与外表形成有机结合。

2. "软"与"硬"的有机结合

组织文化是在组织特定的环境中，由职工间的共同利益繁衍出共同的价值观，形成了一套行为规范，指导、暗示、驱动员工去做或者不做什么事，它是依靠潜移默化来影响、控制、规范人们的行为，是非强制性的"软管理"。同时，在组织长期的运作中，又把道德、精神与科学技术相结合，形成组织的规章制度，以约束、规范员工有秩序的行动，这又构成了有形的带强制性的"硬管理"。

3. 稳定与发展相统一

随着组织的诞生而司时产生的，并随着组织的发展而不断充实的组织文化，具有相对的稳定性，能长期地对组织的运转及员工的行为产生影响，原因是这种文化是组织员工经长期的实践而认同的，是组织在长期发展中逐渐累积而成的，具有较强的稳定性，不会因组织结构的改变、战略的转移或产品与服务的调整而变化。一个组织中，精神文化又比物质文化具有更多的稳定性，如松下幸之助的经营哲学并未因他的退休而被公司废弃，但组织文化在社会环境中因环境的变化而得到发展。强势、健康的文化有助于组织适应外部环境的变革，而弱势、不健康的文化则可能导致组织的不良发展。改变现有的组织文化，重新设计和塑造健康的组织文化过程就是组织适应外部环境，改变员工价值观念的过程。

4. 融合和继承相统一

每一个组织都是在特定的文化背景之下形成的，必然会接受和继承这个国家和民族的文化传统和价值体系。但是，组织文化在发展过程中，也必须注意吸收其他组织的优秀文化，融合世界上最新的文明成果，不断地充实和发展自我。也正是这种融合继承性使得组织文化能够更加适应时代要求，并且形成历史性与时代性相统一的组织文化。

（二）组织文化的构成

哈佛大学的特伦斯·E.迪尔（Terence E. Deal）教授和麦金斯咨询公司顾问阿伦·A.肯尼迪（Allan A.kenndy）在 1982 年 7 月出版的《公司文化——公司生活的礼节和仪式》一书中，提出企业文化的构成要素的五个方面：

1）企业环境。企业环境是形成企业文化的最重要的因素，包括竞争者、顾客、政府等综合因素而成的环境。

2）价值观。价值观是组织的基本思想和信念，构成了企业文化的核心。

3）英雄人物。指的是那些体现企业文化的人物，他们把企业的价值观人格化且本身成为组织成员效法的楷模。

4）典礼和仪式。这是组织有系统有计划地处理日常事务，向职工们表明他们所期望的行为模式，表达企业的组织文化，为员工提供组织所赞扬的范例。

5）文化网络。文化网络是企业的价值观念、英雄事迹等信息的传递渠道，是体现企业价值观和英雄人物传奇故事的"运载工具"。

一般情况下，普遍认为组织文化的构成大致可分为三个层次，即精神层、制度层和物质层，如图 6.2 所示。

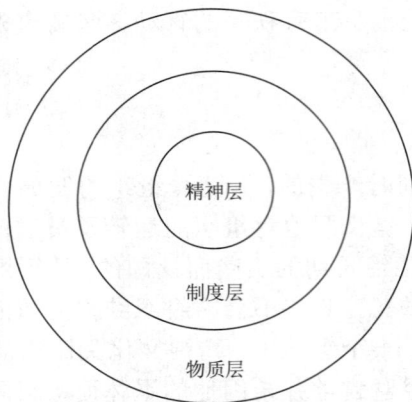

图 6.2 组织文化构成示意

1. 物质文化

物质文化是组织文化的表层部分，是形成制度层和精神层的条件。它是指由企业职工创造的产品和各种物质设施等所构成的实物文化，是能够看得见摸得着的文化形态。它主要指企业形象，如组织标志、标准色、标准字、产品品牌设计、建筑（厂房、雕塑，纪念碑）风格、厂服、厂歌、厂徽、厂旗、产品（包括包装）款式等。

物质文化是企业和员工的理想、价值观、精神面貌的具体反映，是现代企业在社会上的外在形象的具体写照，是社会对企业进行总体评价的起点。

2. 制度文化

制度文化介于深层理念和具体实物文化之间，是组织文化的中间层次，包括各种规章制度、行为规范、领导风格、职工修养、人际关系等。这些内容都以成文或不成文的规定为组织所有的员工接受和奉行。

每一个组织都有自己的制度文化，没有规矩不成方圆。成文的制度使组织进入良性运行机制。而那些不成文的行为规范、传统习惯、领导风格等，在某种程度上比成文的规定所起的作用还大。制度文化主要包括工作制度、责任制度、特殊制度和组织风俗四个方面，这些都是组织精神、价值观和组织目标的动态反映。

3. 精神文化

精神文化是组织文化的深层，所以又称深层文化或观念文化，指组织的生产经营活动过程中领导和职工共同信守的组织精神、组织道德、价值观念、组织目标和行为准则等。它是组织文化的核心内容，是形成物质文化和制度文化的基础，是衡量一个组织是否形成自己的文化的标志和标准。精神文化包括五个方面，即经营哲学、组织最高目标、组织精神、组织风气和道德。

组织文化的三个层次形成了组织文化由物质文化到精神文化的有序结

构。物质文化最为具体实在，构成组织文化的物质载体；制度文化是观念形态的转化，成为组织硬外壳的支撑；而精神文化则是观念形态和文化心理，为组织文化的核心和灵魂。三个层次浑然一体，不可分割，共同构成了完整的组织文化。因此，建设组织文化，必须以这些内容为重点。

知识点三：组织文化的功能

建设组织文化的目的，在于把组织的价值观变成组织成员共有的价值观，进行内化控制，使组织成员以共有价值观为准则自觉监督和调整自己的日常行为，借以增强组织的凝聚力，最终实现组织的目标。

通过组织文化和组织的价值观体系的建立，组织文化可以对组织的管理和发展起到以下几个方面的作用。

1. 强化组织成员对组织的认同感

组织实践过程，实质上是组织价值观转变为全体成员所有的过程，通过培育组织成员的认同感和归属感，建设成员与组织之间的相互信任和依存关系，使个人的行为、思想、感情、信念、习惯以及沟通方式与整个组织有机地整合在一起，形成相对稳固的文化氛围，培养群体意识，统一全体成员的思想，增强组织的凝聚力。

2. 实现内化控制和约束作用

组织文化引导塑造和约束员工的态度和行为，强调共同的价值观体系，从而保证组织中的每一个人都朝同一个方向努力，实现个人目标和组织目标的高度一致，这是组织文化最重要也是最有用的一个功能。

3. 增强整个组织的稳定性和协调作用

组织文化像一种黏合剂，通过为组织成员提供言行举止的标准，减少了组织内部各个部门之间的摩擦，把整个组织聚合起来，创造和谐的工作环境。

4. 具有激励作用

组织文化强调非理性的感情因素，把人的因素放在首位，因而组织文化有利于最大限度地激发组织成员的工作热情、进取精神和创新精神。

5. 塑造组织形象的作用

组织文化最集中地概括和体现了组织的宗旨、价值观和行为规范，它有利于提高组织的声誉，扩大组织的社会影响。

6. 提高组织对环境的适应性

组织文化能从根本上改变员工的旧有价值观念，建立起新的价值观念，使之适应组织外部环境的变化要求。组织文化具有某种程度的强制性和改造性，其效用是帮助组织指导员工的日常活动，使其能快速地适应外部环境因素的变化。组织目标与群众认知的结合，为组织提供了强大的认识环境、适应环境和改造环境的力量。

拓展知识：塑造组织文化的主要途径

组织文化的塑造是个长期的过程，同时也是组织发展过程中的一项艰巨、细致的系统工程，从途径上讲，组织文化的塑造需要经过以下几个过程。

1. 选择组织价值观标准

组织的价值观是整个组织文化的核心，选择正确的组织价值观是塑造良好组织文化的首要战略问题。选择组织价值观要立足于本组织的具体特点，根据自己的目的、环境要求和组织性质等选择适合自身发展的组织文化模式。其次要把握住组织价值观与组织文化各要素间的相互匹配，达到组织文化的整体优化。

2. 强化员工的认同感

在选择并确立了组织价值观和组织文化模式之后，就应该把基本认可的方案通过一定的强化方法使其深入人心。具体做法包括利用组织一切宣传媒体，宣传组织文化的内容和精要，以创造浓厚的环境氛围；培养和树立典型，以其特有的感召力和影响力为组织成员提供可以效仿的具体榜样；加强相关培训教育，有目的的培训和教育，能够使组织成员系统地接受组织的价值观并强化员工的认同感。

3. 提炼定格

组织价值观的形成不是一蹴而就的，必须经过分析、归纳和提炼方能定格。在经过群众性的初步认同实践后，应当将反馈回来的意见加以剖析和评价，详细分析和比较实践结果与规划方案的差距。在系统分析的基础上，进行综合化的整理、归纳、总结和反思，去除那些落后或不适宜的内容与形式，保留积极进步的形式和内容，把经过科学论证和实践检验的组织精神、组织价值观，组织伦理与行为规范，予以条理化、完善化、格式化，再经过必要的理论、加工和文字处理，用精练的语言表述出来。

4. 巩固落实

要巩固落实已提炼定格的组织文化，首先，要建立必要的制度保障。在组织文化演变为全体员工的行为之前，要使每一位员工在一开始就能自觉主动地按照组织文化和组织精神的标准去行为比较困难，即使在组织文化业已成熟的组织中，个别成员背离组织宗旨的行为也是经常发生的。因此，建立某种奖优罚劣的规章制度十分必要。其次，领导者在塑造组织文化的过程中起着决定性的作用，应起到率先垂范的作用。领导者必须更新观念并能带领组织成员为建设优秀组织文化而共同努力。

5. 在发展中不断丰富和完善

任何一种组织文化都是特定历史的产物，当组织的内外条件发生变化时，组织必须不失时机地丰富、完善和发展组织文化。这既是一个不断淘汰旧文化和不断生成新文化的过程，也是一个认识与实践不断深化的过程。组织文化由此经过不断的循环往复以达更高的层次。

组织文化的塑造是一项复杂的系统工程，必须按照以上提到的塑造途径，整体规划，分步实施，循序渐进地逐步推进。同时组织文化的成功塑造还必须要有组织领导者的支持和相关配套措施的落实。领导者是组织文化建设的提倡者，组织文化建设的前提是领导者的高度重视。只有在领导者重视和理解组织文化建设的重大意义的基础上，才能获得员工的理解和配合，才能切实地把组织文化塑造工作深入推行下去。在确立了目标组织文化之后，应根据计划将财务、人员配置、考核、待遇、激励和约束机制等完善地建立起来，从而形成整套完整的优良组织文化，从而最终完成组织从现存文化向目标文化的过渡。

第十七单元　认识非正式组织

案例导入

阳贡公司是一家中外合资的集开发、生产、销售于一体的高科技企业，其技术在国内同行业中居于领先水平，公司拥有员工100人左右，其中的技术、业务人员绝大部分为近几年毕业的大学生，其余为高中学历的操作人员。目前，公司员工当中普遍存在着对公司的不满情绪，辞职率也相当高。

员工对公司的不满始于公司筹建初期，当时公司曾派遣一批技术人员出国培训，这批技术人员在培训期间结下了深厚的友谊，回国后也经常聚会。在出国期间，他们合法获得了出国人员的学习补助金，但在回国后公司领导要求他们将补助金交给公司所有，于是矛盾出现了。技术人员据理不交，双方僵持不下，公司领导便找这些人逐个反复谈话，言辞激烈，并采取一些行政制裁措施给他们施加压力。少数几个人曾经出现了犹豫，却遭到其他人员的强烈批评，最终这批人员当中没有一个人按领导的意图行事，这导致双方矛盾日趋激化。最后，公司领导不得不承认这些人已形成一个非正式团体。由于没有法律依据，公司只好作罢。因为这件事造成的公司内耗相当大，公司领导因为这批技术人员"不服从"上级而非常气恼，对他们有了一些成见，而这些技术人员也知道领导对他们的看法。于是，陆续有人开始寻找机会"跳槽"。一次，公司领导得知一家同行业的公司来"挖人"，公司内部也有不少技术人员前去应聘，为了准确地知道公司内部有哪些人去应聘，公司领导特意安排两个心腹装作应聘人员前去打探，并得到了应聘人员的名单。谁知这个秘密不胫而走，应聘人员都知道自己已经上了"黑名单"，于是在后来都相继辞职而去。

请问：对于公司中存在的非正式组织，阳贡公司的处理方法是否得当？如果是你，你会怎么做？

知识点一：非正式组织的内涵

（一）非正式组织的概念

非正式组织是相对正式组织而言的。正式组织是指为了完成组织所规定的特定目的与特定工作而产生的正式的官方组织机构，如一个企业的车间、科室等。

非正式组织是未经正式筹划而由人们在交往中自发形成的一种关于个人与社会的关系网络，这种关系网络并非由法定的权力机构所建立，也不是出于权力机构的要求，而是在人们彼此交往的联系中自发形成的。如知青会、校友会、钓鱼协会、桥牌协会都属于非正式组织。一般而言，非正式组织可以存在于任何一种群体之中，只要群体中的成员对这种组织形式有一定的需求。

非正式组织没有正式组织机构，一般也不具备自觉的共同目标，它产生于与工作有关的联系，并由此形成一定的看法、习惯和准则，它是代表一定利益的团体。

（二）非正式组织的基本特征

非正式组织有以下基本特征。

1. 自发性

非正式组织中共同的个人行动虽然有时也能达成某种共同的结果，但人们并不是本着有意识的共同目的参与活动的。他们只是由于自然的人际交往（如以某种共同利益、观点和爱好为基础）而自发地产生交互行为，由此形成一种未经刻意安排的组织状态。

2. 内聚性

非正式组织虽然没有严格的规章制度来约束其成员的行为，但它通过成员的团队意识、团队固有的规范和压力以及非正式领导者的说明和影响作用而将人们团结在一起，并产生很强的凝聚力。

3. 不稳定性

由于非正式组织是自发产生、自由结合而成的，因此，呈现出不稳定性，它可以随着人员的变动或新的人际关系的出现而发生改变，从而使其结构表现出动态的特征。

知识点二：非正式组织与正式组织的关系

任何正式组织中都有非正式组织的存在，二者常常是相伴而存、相促而生的。非正式组织是伴随着正式组织的运转而形成的。在正式组织展开活动的过程中，组织成员必然发生业务上的联系，这种工作上的接触会促进成员之间的相互认识和了解。他们会渐渐发现在其他同事身上也存在一些自己所具有、欣赏、喜爱的东西从而相互吸引和接受，并开始工作以外的联系，频繁的非正式联系又促进了他们之间的相互了解。这样，久而久之，一些正式组织的成员之间的私人关系从相互接受、了解逐步上升为友谊，一些无形的、与正式组织有联系，但又独立于正式组织的小群体便慢慢地形成了。这些小群体形成以后，其成员由于工作性质相近、社会地位相当、对一些具体问题的认识基本一致、观点基本相同，或者在性格、业余爱好以及感情相投的基础上，产生了一些被大家所接受并遵守的行为规则，从而使原来松散、随机性的群体渐渐成为趋向固定的非正式组织。

形成过程和目的的不同，决定了它们的存在条件也不一样。正式组织的活动以成本和效率为主要标准，要求组织成员为了提高活动效率和降低成本而确保形式上的合作，并通过他们在活动过程中的表现予以正式的物质与精神的奖励或惩罚来引导他们的行为，因此，维系正式组织的主要是理性的原则。而非正式组织则主要以感情和融洽的关系为标准，它要求其成员遵守共同的不成文的行为规则，不论这些行为规范是如何形成的，非正式组织都有能力迫使其成员自觉或不自觉地遵守。对于那些自觉遵守和维护规范的成员，非正式组织会予以赞许、欢迎和鼓励，而那些不愿就范或犯规的成员，非正式组织则会通过嘲笑、讥讽、孤立等手段予以惩罚。因此，维系非正式组织的，主要是接受与欢迎或孤立与排斥等感情上的因素。

由于正式组织与非正式组织的成员是交叉混合的，由于人们感情的影响在许多情况下要胜于理性的作用。因此，非正式组织的存在必然要对正式组织的活动及其效率产生影响。

正式组织与非正式组织共存于一个统一体内，它们之间既可能是相互排斥的关系，也可能是相互促进的关系。正式组织与非正式组织的相互排斥关系表现在二者的价值准则不同。正式组织受"效率的逻辑"的支配，而非正式组织则为"感情的逻辑"所支配，因此，在二者之间可能会产生冲突。非正式组织在某些情况下，又有利于促进正式组织目标的实现。当非正式组织意识到正式组织的目标符合他们的利益、愿望和要求的，或正式组织的管理人员得到非正式组织的赞同时，或者非正式组织的领导受到正式组织的重视而愿意协作时，非正式组织就能够促进正式组织目标的实现。

知识点三：非正式组织的作用

非正式组织的存在及其活动既可对正式组织目标的实现起到积极促进的作用，也可能对后者产生消极的影响。

（一）非正式组织的积极作用

1. 可以满足职工的需要

非正式组织是自愿性质的，其成员甚至是无意识地加入进来，他们之所以愿意成为非正式组织的成员，是因为这类组织可以给他们带来某些需要的满足。例如，工作中或作业间的频繁接触以及在此基础上产生的友谊，可以帮助他消除孤独的感觉，满足他们"被爱"以及"施爱心于他人"的需要；基于共同的认识或兴趣，对一些共同关心的问题进行谈论，甚至争论，可以帮助他们满足"自我表现"的需要；从属于某个非正式群体这个事实本身，可以满足他们"归属"、"安全"的需要等，组织成员的许多心理需要是在非正式组织中得到满足的。而我们已经知道，这类需要能否得到满足，对人们在工作中的情绪，从而对工作的效率是有着非常重要的影响的。

2. 增强团队精神

人们在非正式组织中的频繁接触会使相互之间的关系更加和谐、融洽，从而易于产生和加强合作的精神。这种非正式的协作关系和精神如能带到正式组织中来，则无疑有利于促进正式组织的活动协调地进行。

3. 促进组织成员的成长

非正式组织虽然主要是发展一种业余的、非工作性的关系，但是它们对其成员在正式组织中的工作情况也往往是非常重视的。对于那些工作中的困难者、技术不熟练者，非正式组织中的伙伴往往会给予自觉地指导和帮助。同伴的这种自觉、善意的帮助，可以促进他们技术水平的提高，从而可以帮助正式组织起到一定的培训作用，促进组织成员的成长。

4. 维护正式组织正常的活动秩序

就像对环境的评价会影响个人的行为一样，社会的认可或拒绝也会左右非正式组织的行为。非正式组织为了群体的利益，为了在正式组织中树立良好的形象，往往会自觉或自发地维护正式组织正常的活动秩序。虽然有时也会出现非正式组织的成员犯了错误互相掩饰的情况，但为了不使整个群体在公众中留下不受欢迎的印象，非正式组织对那些严重违反正式组织纪律的害群之马，通常会根据自己的规范并利用自己特殊的形式予以惩罚。

（二）非正式组织的消极作用

1．可能与正式组织产生冲突

非正式组织的目标如果与正式组织冲突，则可能对正式组织的工作产生极为不利的影响。例如，正式组织力图利用职工之间的竞赛以达到调动积极性、提高产量与效益的目标；而非正式组织则可能认为竞赛会导致竞争，造成非正式组织成员的不和，从而会抵制竞赛，设法阻碍和破坏竞赛的展开，其结果必然是影响企业竞赛的气氛。

2．可能束缚组织成员的发展

非正式组织要求成员一致性的压力，往往也会束缚成员的个人发展。有些人虽然有过人的才华和能力，但非正式组织一致性的要求可能不允许他冒尖，从而使个人才智不能得到充分发挥，对组织的贡献不能增加，这样便会影响整个组织工作效率的提高。

3．可能影响组织的变革

非正式组织的压力还会影响正式组织的变革，发展组织的惰性。这并不是因为所有非正式组织的成员都不希望改革，而是因为其中大部分人害怕变革会改变非正式组织赖以生存的正式组织的结构，从而威胁非正式组织的存在。

知识点四：正确对待非正式组织

不管我们承认与否、允许与否、愿意与否，非正式组织总是客观存在的，它对正式组织的正反两方面的作用也客观存在。要想有效实现正式组织的目标，就要求充分发挥非正式组织的积极作用，努力克服和消除它的不利影响。

（一）允许存在，谋求吻合

利用非正式组织，首先要认识到非正式组织存在的客观必然性和必要性，允许乃至鼓励非正式组织的存在，为非正式组织的形成提供条件，并努力使之与正式组织吻合。例如，正式组织在进行人员配备工作时，可以考虑把性格相投、有共同语言和兴趣的人安排在同一部门或相邻的工作岗位上，使他们有频繁接触的机会，这样就容易使两种组织的成员基本吻合。又如，在正式组织开始运转以后，注意展开一些必要的联欢、茶话、旅游等旨在促进组织成员间感情交流的联谊活动，为他们提供业余活动的场所，在客观上为非正式组织的形成创造条件。

促进非正式组织的形成，有利于正式组织效率的提高。人通常都有社交的需要，如果一个人在工作中或工作之后与别人没有接触的机会，则可能心情烦闷，感觉压抑，对工作不满，从而影响效率；相反，如果能有机会经常与别人聊聊对某些事情的看法，摆摆自己生活或工作中的障碍，甚至发发牢骚，那么就容易卸掉精神上的包袱，以轻松、愉快、舒畅的心理状态投身到工作中去。

（二）积极引导，不断规范

通过建立和宣传正确的组织文化来影响非正式组织的行为规范，引导非正式组织做出积极的贡献。非正式组织形成以后，正式组织既不能利用行政方法或其他强硬措施来干涉其活动，也不能任其自由，因为这样有产生消极影响的危险。因此，对非正式组织的活动应该加以引导，这种引导可以通过借助组织文化的力量，影响非正式组织的行为规范来实现。

如果说合理的结构、严格的等级关系是正式组织的专有特征的话，那么组织文化则有可能被非正式组织所接受。正确的组织文化可以帮助树立正确的价值观念和工作与生活的态度，从而有利于产生符合正式组织要求的非正式组织的行为规范。

结束语：环境在变，组织内的各要素要随之发生变革，否则就只有等死。在变的过程中，要逐渐形成自己的软实力——组织文化。

小　　结

1. 组织变革就是组织根据内外环境的变化，及时对组织中的要素进行调整、改进和革新的过程。其目的是适应未来组织发展的要求，增强组织活力，实现组织目标，并最终实现组织的可持续发展。

2. "组织再造"理论认为，为适应新环境对组织生存和发展的要求，必须对组织的工艺流程、管理组织系统进行重组、再造，构建授权型、扁平化和弹性组织。

3. "学习型组织"，指的是一种通过培养弥漫于整个组织的学习气氛，充分发挥员工的创造性思维能力而建立起来的能持续发展的组织。学习型组织的真谛体现在三个方面，即学习力、活出生命的意义和创新（核心理念）。

4. 组织文化大致可分为精神层、制度层和物质层三个层次，其核心是精神层面的共同价值观。

5. 正确对待非正式组织，就是要允许存在、谋求吻合，通过积极引导、不断规范，充分发挥其积极作用。

练　习　题

一、课内测试题

（一）单项选择题

1. 学习型组织的核心理念是（　　　）。
   A. 学习力　　B. 活出生命的意义　C. 创新　　　　D. 系统思考
2. 组织文化的核心是（　　　）。
   A. 以人为本　B. 组织精神　　　　C. 规章制度　　D. 组织形象

（二）多项选择题

1. 公司总经理发现公司中存在许多小团体，以下态度中，可取的有（　　　）。
   A. 立即宣布这些小团体为非法，予以取缔
   B. 正视小团体的客观存在性
   C. 只要小团体的存在不影响公司的正常运行，可以对其不闻不问
   D. 深入调查，积极引导，不断规范
2. 非正式组织具有以下哪些积极作用（　　　）。
   A. 可以满足职工的需要　　　　　B. 增强团队精神
   C. 促进组织成员的成长　　　　　D. 维护正式组织的正常秩序
3. 非正式组织具有以下哪些特征（　　　）。
   A. 自发性　　　　B. 内聚性　　　C. 不稳定性　　D. 合法性
4. 非正式组织的消极作用主要体现在（　　　）。
   A. 可能与正式组织产生冲突　　　B. 可能束缚组织成员的发展
   C. 可能影响组织的变革　　　　　D. 可能会取代正式组织
5. 组织再造理论提出，为适应环境的变化，组织的管理系统必须弹性化，主要体现在（　　　）。
   A. 企业规模适度化　　　　　　　B. 倡导团队式组织形式
   C. 建立组织战略联盟　　　　　　D. 扁平化
6. 与传统的金字塔式的组织结构相比，扁平化的组织结构具有以下哪些特点（　　　）。
   A. 管理层次减少，管理幅度增加
   B. 管理层次增加，管理幅度减少
   C. 更多的授权
   D. 自动化办公程度提高，信息传递速度加快
7. 《第五项修炼》提出，学习型组织的形成必须建立在组织成员五项修

炼的基础上。以下属于五项修炼内容的有（　　）。

    A．系统思考与自我超越

    B．改善心智模式与建立共同愿景

    C．团队学习与建立战略联盟

    D．共同学习与终身学习

8．学习型组织的真谛体现在（　　）。

    A．学习力　　B．活出生命的意义　　C．创新　　　D．系统思考

9．学习型组织理论认为学习的特点有（　　）。

    A．学习与工作不可分离　　　　　　B．组织的学习

    C．学后要有新行为　　　　　　　　D．系统思考

10．以下哪些做法可以降低组织变革的阻力（　　）。

    A．与反对变革者进行沟通，消除其心理顾虑

    B．与反对变革者进行谈判

    C．吸引反对变革者参与决策过程

    D．"收买"反对派"头头"

（三）问答题

1．什么是组织变革？为什么要进行组织变革？如何进行组织变革？

2．谈谈你对组织文化的认识。

二、课外思考实践题

（一）思考讨论题

1．阅读完本书第十七单元"案例导入"后，讨论一下可以采取哪些措施来改善阳贡公司目前的状况。

2．案例分析：变革之痛。

S 是中原某市一家民营企业的老板。经过 20 年的发展，该企业由从前的一家小餐馆逐渐发展成为资产过亿元的集房地产、物流、餐饮娱乐于一体的多元化企业集团。随着企业规模的扩大，现有的以家族成员为主的管理层结构和组织制度日益暴露出弊端。于是管理上力不从心的 S 开始寻求变革，他邀请了具有良好教育背景、企业管理背景的 M 加入推进组织变革。

M 走马上任后，根据调研分析，历时三个月，编写出了一套适用 S 公司的管理模式草案。包括调整 S 公司组织结构，制订相应部门职能、岗位描述；预算制度及预算编制、控制程序的制定；建立和完善 S 公司的各种制度和主要工作程序；命令下达、开会、公文处理等指挥程序设定；设立各种检查方式，建立检查反馈渠道等内容。

新的管理模式撤消了徒有虚名的董事会，成立了总经理办公室，下设总经理室和监理室。总经理办公会是公司的最高决策机构，总经理室和监理室

分别是总经理办公会授权下的管理机构和监督审计机构。M 在公司全体干部培训时曾形容监理室和总经理室的关系是"狼与鹿"的关系。"狼"的任务就是监督"鹿"的一切行为是否符合规范和程序，而"鹿"若不想被"狼"叼住，就必须每时每刻如临深渊、如履薄冰。从这个意义上来说，管理的过程就是"狼与鹿"博弈的过程，而不断博弈的最终结果，则会使企业的管理逐步走向规范化、制度化，使企业由"人治"转为"制度治理"。

令 M 没有想到的是，推行备受管理层崇拜的新管理模式，正式推广起来却是阻力重重。新的组织机构正式运行后，M 忽然发现企业原有的管理模式根本毫无改变，几乎所有的干部大小事项都无一例外的请示 S 及其家族主要成员，而无论他们在新的组织中但任何职。总经理室形同虚设，各项制度及其运作规则、程序如同废纸一张。M 大感意外，通过多日调研他发现，干部们之所以这样做，实际与家族成员有关，他们认为，这个企业是我们辛辛苦苦打下的天下，凭什么让一个外人来指手画脚，而非家族成员则认为，要想端稳这个饭碗还是要听老板的。尤其是身居高、中层的管理者为保住位子，这种想法就更加根深蒂固。甚至个别高官还"告诫"中层干部："别听他（指 M）叫唤，他是"兔子尾巴长不了"。你们一定要认清这个企业是谁的！

为全力推动变革，M 先后主持召开总经理办公会议和工作会议，就进一步贯彻变革精神，理顺管理程序，明确各机构、各部门职能多次做了说明，再三强调任何人、任何机构都不得越位、错位。并强调：任何越位指示和错位请示的行为都将受到制度的惩处。

在得到 S 的首肯和总经理办公会议批准后，M 先后免去了下属两家变革阻力最大的经营单位经理的职务；大力招聘新的职业经理人。M 的意图很明显，杀一儆百，先排除最大的阻力，然后让新的职业经理人成为强势群体，以改变原有的文化。同时，M 又针对下属餐饮企业高达数百万应收账款，许多陈年旧账连欠款人都不知去向的不利现状，加大催缴欠款力度，并列入了年终考核和年薪分配制度中。

但 M 没有想到，他一连串的举措，招来了更强烈的抵触。首先是来自某些家族成员的抵制。尽管在调整部分领导班子之前，M 就反复与某些家族成员沟通，告诫他们支持新领导的工作就是支持企业的工作。M 原以为，家族成员总不会拿企业开玩笑，但他过高地评估了某些家族成员的基本素质和觉悟。

其次是来自部分"老"经理人的抵制。个别能力较弱的"老"经理人视"新"经理人是随时可能将其取而代之的竞争对手。于是，与家族成员结成利益同盟，共同抵御"新"经理人。再次是来自个别老客户的抵制。S 公司下属的餐饮企业大都地处城郊，当地人用餐大都是先签单，每隔半年或一年再结账。但往往是签单时牛气十足，结账时不见踪影。M 加大催缴欠款力度以来，S 公司的财务人员受了不少委屈，收效却甚微。

结果可想而知，在众多压力与阻力下，S 与 M 的关系日益紧张。最终，变革以失败告终，M 不得不离开为之奋斗 8 个月之久的公司。

请讨论：M 变革失败的原因何在？大家有什么好的建议？

3. 案例分析：百度公司（Baidu）的硅谷文化。

总裁兼 CEO 李彦宏很愿意承认，他一直寻求将美国的硅谷创业模式移植到中国。这种模式在美国已有 30 年的历史，但在中国仅有几年。

实际上，百度一直是在参照美国公司长大的，这和李彦宏 8 年的美国背景关系密切。百度有着浓厚的"硅谷气"：每个员工都有股票期权，公司人员穿着随便，没有上班打卡的限制，上班时间网上聊天被视为正常，都管李彦宏叫他的英文名字"罗宾"。这些都是有道理的，李彦宏在美国网络公司 Infoseek 工作期间，观察到这个高速发展的公司有很多案例都值得借鉴，他像整理自己的信息情报资料一样，把他看到的东西放在自己脑子里入了档。例如，在互联网公司的高速发展当中，工作压力总使人达到"崩溃"，同事们会打赌："下一个会是谁？"招李彦宏入 Infoseek 的工程师正好就是让人大跌眼镜的下一个，这个温和的中年人如往常一样拿着可乐边喝边上班，然后径直将可乐罐"啪"地放在上司的桌上，叫道："我要休假"。其他的崩溃方式还有突然去踢墙壁等诸如此类的方法。"对于这些我已经有所准备"，李彦宏如是说。

在百度实施防备 Google 进攻的"闪电计划"时，李彦宏在办公室给工程师铺起了行军床。"压力很大，但没事。"李彦宏说："对于一家技术性公司，要发生什么，我基本上都知道。"在那样的重压下，同事们都挺过来了，大家开玩笑说："中国的工程师只知道扛活，几乎不知道什么是崩溃。"

李彦宏认为，公司发展到现在，有 50% 得益于这种硅谷文化——轻松、有创造力。

请讨论：

（1）百度公司的文化特点是什么？

（2）这种组织文化是如何形成的？

4. 案例分析：学习型组织：JAC 的"40＋4"培训模式。

JAC（江淮汽车）从 1996 年开始进行学习型组织的创建，从那个时候起就提出了核心理念：系统思考，团队学习。每个 JAC 人都应该以开放，包容的学习心态待人待事，吸纳他人所长，学会合作共事，不断提升 JAC 的整体搭配能力。

JAC 认为学习是一项回报颇丰的投入，学习被视为一种投资而不只是单纯的花钱。在 JAC 有一个全员参与的"40＋4"的培训，就是每周工作 40 小时，再加上 4 个小时的学习培训。JAC 认为，培训是对员工的最大福利，对员工的最高奖赏就是提供一次免费的外出学习机会。为了给大家提供这样的机会，JAC 培训是采取竞争的方式，尤其是研究生班的培训和境外培训。

JAC 有一个 150 人组成的兼职教师培训队伍，这些人都是由各个单位推荐出来，然后由培训中心进行考核，对考核合格者颁发培训师证书。培训师队伍中有工人、管理人员、中层干部和公司的高级领导。培训使用的教材都是 JAC 自己设计开发的，使用自己企业的案例更为生动、更容易为员工所接受。

在 JAC 的培训系统中，有一个课题组，开发设计出课题后，首先对培训师进行培训；然后，这些培训师又组成若干个校验小组，他们会根据自己单位的实际举出案例，进行二次开发，最后再对全体员工实施这样的培训，目的是提升培训的效果。这种岗位练兵也是实实在在的，每个单位都有量化的标准。

请讨论：JAC 的学习型组织有哪些特征？你怎么评价 JAC 的"40＋4"培训模式？

（二）实践题

1．在你的生存环境内能否找到非正式组织？如找到了，请列举它的作用。

2．请在查阅资料的基础上分析一下未来企业组织结构的发展趋势。

第四篇

领导职能篇

领导是一种影响力，是一种对人们施加影响的艺术和过程，从而使人们心甘情愿地为组织目标努力。

——哈罗德·孔茨

第七章 领 导 工 作

❖ **学习重点** ❖

1. 如何提升领导者的影响力
2. 四分图理论和管理方格理论的基本原理
3. 费德勒模型、领导生命周期理论和途径——目标理论的基本内容

第十八单元 理解领导的作用及其影响力

案例导入

一个人去买鹦鹉，看到一只鹦鹉前标着：此鹦鹉会两种语言，售价200元。另一只鹦鹉前则标着：此鹦鹉会四种语言，售价400元。该买哪只呢？两只鹦鹉毛色光鲜，非常灵活可爱。这人转来转去，拿不定主意。突然发现一只老掉了牙的鹦鹉毛色暗淡散乱，标价800元。这人赶紧把老板叫了过来说：这只鹦鹉是不是会八种语言？店主说："不。"这人觉得奇怪，又问：它又老又丑，又没有能力，为什么更值钱？店主回答：因为另外两只鹦鹉管这只鹦鹉叫"老板"。

真正的领导人，不一定自己能力有多强，只要懂信任、懂放权、懂珍惜，就能团结比自己强的力量，从而提升自己的身价。相反许多能力非常强的人却因为过于完美主义，事必躬亲，什么人都不如自己，最后只能做优秀的公关人员、销售代表，却成不了优秀的领导人。

请问：什么是领导？如何才能成为一名优秀的领导人？

知识点一：领导的含义

一个组织在制定行动计划、安排好分工等工作之后，在实施计划的过程中，员工往往会出现动力不足、关系不和谐、理解出现偏差等情况，因此，就需要对他们进行激励、给足动力，协调相互关系、保证团结，指导具体工作、给出前进的方向，这些工作，就是领导工作，简称领导。

当然，这里的领导是动词意义，是把领导作为一项管理工作、管理职能来看待，通过该项职能的行使，领导者能促成被领导者努力地实现既定的组织目标。

而现实生活中，"领导"一词还有一种名词含义，即组织中确定和实现

组织目标的首领，也就是领导者，是从事领导工作的人。

一般情况下，管理学中讲"领导"指的是动词词性的领导工作，而讲名词词性的领导时往往直接说"领导者"。

在具体的语境中，我们很容易对"领导"的词性进行分辨。例如，动词词性的有"您领导我们去干吧！""我完全服从您的领导！"名词词性的有"您是我们的领导，当然得听您的"。

1. 领导工作的含义

那到底什么是领导工作呢？国内外的管理学家对此有不同的解释和表述，例如，领导是影响人们自动为实现团体目标而努力的一种行为；领导是人们促使其部属充满信心，满怀热情来完成他们任务的艺术；领导是对组织内群体或个人实施影响的活动过程；领导是影响一个集体走向目标的能力；领导是关于影响别人来完成某项目标所发生的两个人或更多人之间相互关系的过程等。

从上述对领导的定义中，可概括出领导的三层含义：

1）领导一定得有领导者与被领导者，否则就不称其为领导。

2）领导本身是一个活动过程，这个过程是由领导者、被领导者和所处环境之间相互作用构成的。

3）领导的目的是指引和影响个体或群体完成组织所期望的目标。

因此，我们把领导工作定义为：领导就是影响个体或群体来完成组织目标的各种活动过程。这一过程具体包括通过沟通，激励下属、调动他们的积极性和能力，指导他们的活动、推动他们的工作，协调下属的行为、解决下属之间的冲突。于是，在一定意义上，可以说，凡是通过指导、激励和协调来影响他人心理或行为的活动就是领导工作。

2. 领导者的含义

与此相对应，领导者指的就是那些能够影响（指导、协调、激励）别人的人。领导者有两种类型：一种是居于管理职位上的人，即组织予以任命的管理者，他们是实现组织目标的首领，如部门经理、科室主任等，这些人总是不可避免地要通过职位权力对下属进行指导、激励和协调，这是他们的法定职责。因此，他们是领导者。另一种是不处于正式的管理岗位但能对他人心理和行为产生影响的人，如德高望重的老教授、在某一领域有特殊造诣的专家，他们虽不在管理岗位上，但他们的言行，总是会对身边的人产生这样那样的指导、激励和协调作用。因此，这些人也在一定意义上成为领导者。

知识点二：领导（者）的作用

有研究表明：管理工作中的预测、决策、计划、人事、控制等工作可以引发组织成员 60%的才智，而领导工作则可以引发其余的 40%的才智。领导工作有赖于领导者，领导者在一个组织或群体中充当着重要角色，在带领和指导群体为实现共同目标而努力的过程中，起着关键作用。主要体现在以下几个方面。

1. 指导作用

在人们的集体活动中需要有头脑清晰、胸怀全局、能高瞻远瞩的领导者来帮助人们认清所处的环境，明确活动的目标和实现目标的途径，因此，领导者有责任指导组织各项活动的开展。即把握全局的同时对组织成员的行为进行技术上和方法上的指导，使它们具有完成任务的能力，帮助并引导组织成员认识并适应组织和环境正在发生和将要发生的变化。

2. 协调作用

在集体活动中，即使有了明确的目标，但由于每一位成员的能力、性格、地位等的不同，加上各种外部因素的作用，个体在思想上产生各种分歧、行动上出现偏离目标的情况也是不可避免的。因此，需要领导者来协调群体内成员之间的关系，解决相互间的冲突，使各成员之间保持和谐的关系，共同为实现组织的目标而努力工作。

3. 激励作用

在一个群体中，人们的需求是多种多样的，工作动机也是不同的，而满足人们需要的条件和手段总是有限的。这样，每个成员不可能每时每刻都以极大的热情，发挥百分之百的潜力投入工作。这就需要领导者用高超的领导艺术来激发鼓励其成员，调动其积极性，为实现目标而努力工作。

补充说明

领导者的作用，可归结为两类：一是类似于"领头羊"的作用，即调动组织成员的积极性，协调并引导他们自觉自愿地为实现组织的目标而努力工作；二是类似于"教练员"的作用，即对组织成员的行为进行技术上和方法上的指导，使他们具有完成任务的能力。

知识点三：领导者的影响力

管理学认为，一个领导者要实现有效的领导，关键在于他的影响力如何。领导工作的实质，就是领导者通过自己的影响力影响一个群体尽其所能地实现目标。所谓影响力，就是影响他人的能力，即一个人在与他人的交往中，影响和改变他人心理和行为的能力。领导者的业绩大小取决于他的影响力大小。依据构成领导影响力的要素的不同，可以把影响力分为权力性影响力和非权力性影响力两种。

补充说明

领导就是影响，影响力就是领导力。

（一）权力性影响力

权力性影响力也称职权影响力，指的是领导者依靠他所拥有的职位权力来影响他人的能力。也就是说，领导者对他人进行指导、激励和协调靠的是职位权力。职位权力是组织赋予某个职位完成岗位职责所必需的权力，是这个职位所具有的合理、合法的、正式的权力，又称法定权力。一般包括决策权、指挥权、人事权、奖惩权等。

1. 决策权

决策权是指领导者在其职权范围内就某项工作做出决策和实施决策的权力。领导者如果没有决策权或缺乏相应的决策权，就会出现事事得（向上级）请示、件件要（向上级）报告的现象，直接影响组织的办事效率和应变能力，危及组织目标的实现和生存。

2. 人事权

人事权是指领导者根据工作计划和目标的需要，对机构设置、权力的分配、岗位分工和人员挑选、录用、使用等做出安排的权力，也叫人事组织权。例如，规定必要的组织纪律，确定合适的人员编制，进行人员的挑选、录用、培养、调配、任免等。

3. 指挥权

指挥权是指领导者向其下级下达命令、指示，要求他们为实现目标和任务而进行各项活动的权力。指挥权是领导者实施决策或计划的必要保障。如果没有这种保障，领导者便无法完成自己应有的职责和使命。

4. 奖惩权

奖惩权是指领导者根据下属的功过表现或业绩大小进行奖励或惩罚的权力。其中，奖励权是给予奖励、报酬，以鼓舞组织成员的积极性的权力。这一权力建立在下级追求满足的期望之上，即下属感到领导者有能力奖赏他，使他觉得愉快或使他某些需求得到满足。惩罚权（或强制权）则是指通过精神、情感或物质上的威胁，强迫下属服从的权力，它建立在下级的恐惧感之上。惩罚权对那些能认识到不服从命令就会受到惩罚的下属是最有效的。

由于以上四种职位权力都是与组织中的某个职位联系在一起的，来自领导者所担任的职务，因此，谁有了这个职务，谁就拥有这些法定的权力。这些权力是实现组织目标所必须的，是管理者实施领导行为的基本条件，没有这些职位权力，管理者就难以有效地影响下属，从而实现真正的领导。

因此，作为拥有一定职位权力的管理者，要想实现真正的领导，首先要树立正确的权力观，要牢记权力是用来为事业服务而不是牟取私利，遵循权力行使的原则，凡事做到公平公正，科学地运用权力，合理授权，以发挥权力性影响力的作用。

然而，由这四种权力构成的权力性影响力，都不是领导者的现实行为造成的，而是外界赋予的。这种影响力通过正式渠道发挥作用，对下级的影响带有强制性和不可抗拒性。它来自并属于领导者所拥有的职务，对被领导者的作用主要表现为被动的服从。而且，不同的组织或是同一组织中不同的管理岗位，职位权力的构成和大小也不同。所以，它对人的心理和行为的影响作用是有限的。因此，仅仅依靠权力性影响力是不够的，还必须借助于非权力性影响力。

示例

官大一级压死人，仅仅依靠权力性影响力容易出现口服心不服的现象。

（二）非权力性影响力

非权力性影响力是与权力性影响力相对应的，它既没有正式的规定，也没有组织授予的形式，所以，非权力性影响力属于自然性影响力，是领导者依靠自身的威信和以身作则的行为来影响他人的能力。构成非权力性影响力的因素主要有以下几种。

1. 品德因素

高尚的品德会给领导者带来巨大的影响力。正所谓"德高望重"、"人格的力量是无穷的"。人们常说，无"德"是危险品，无"智"是次品，无"体"是废品。由此可见，人们对"德"的重视。

2. 才能因素

领导者的才干、能力是其影响力大小的主要因素。才能不单单反映在领导者能否胜任自己的工作上，更重要的是反映在工作结果是否成功上，它是通过实践来表现的。一个有才干的领导者会给事业带来成功，使人们对他产生敬佩感，敬佩感是一种心理磁力，他会吸引人们自觉地去接受其影响。

3. 知识因素

"知识就是力量"，一个领导者更需要这种力量。知识丰富的领导者，容易取得人们的信任，并由此产生信赖感，其影响力必然大。

📂 **小提示**

亚伯拉罕·林肯（Abraham Lincoln）说："一位好的领导者是不会停止学习的"。在管理心理学上定义的"学习"是"行为的改变"，这与一般定义的学习，只是去上课、了解或认识一些理论，有很大不同。那是因为行为的改变只有在思想观念改变之后才改变，而且，行为改变，命运才会随之而改变，所以我们要终身学习。

4. 感情因素

人与人之间感情关系的好与坏，与其相互间的影响力成正比。一个领导者能否与下级建立融洽的关系，保持良好的感情，直接影响领导者的影响力的大小。所谓"以情动人"、"以情感人"，也说明了感情因素的力量。

📖 **补充说明**

领导者自身的威信和以身作则的行为构成了
领导者的专家权和感召权

专家权：由个人的特殊才干或某些专业知识而产生的权力。如公司只有小张一人懂得电脑维修，那公司里的电脑出了故障就必须找他，他在这方面就是专家，就能说了算，大家都得听他的。但如果这时公司又引进了一名电脑维修水平和小张不相上下的员工，那小张的专家权可能就消失了。

感召权：与个人的魅力、品质、经历、背景、人缘、感情等相关的权力。领导魅力是领导者个人特质在领导活动中的综合反映，是一种能对他人产生强烈吸引的力量。领导魅力包括工作魅力、学识魅力、性格魅力、仪表魅力、人格（品质）魅力。

由品德、才能、知识、感情等因素构成的非权力性影响力来自并属于具有这个影响力的人自身，是领导者自身的品质与行为造成的，这种影响力是巨大的、持久的。在现实生活中，有许多人往往不听正式任命的管理者的领导，反而听命于一个普通的人，就是因为这个普通的人具有这种非权力性影响力。例如，我们可能不听班长的指挥，却听另一个学习好、对人又友好的普通同学的劝解；我们可能不服学习委员，但对那些数学学习成绩好的同学提供的数学答案视若至宝。

📂 **小提示**

权力性影响力来自并属于某个职位，不管是谁在这个职位上都具有这些权力，一旦离开这个职位，一切都会消失；而非权力性影响力来自并属于具有这个影响力的人自身，不管他在哪里，都能发挥出来，别人夺不走。

因此，要想成为一个有效的领导者，必须同时拥有和善用权力性和非权力性这两种影响力。一个有效的管理者，不仅要正确、有效地运用权力性影响力，而且要努力提高自身素质，扩大非权力性影响力的作用。

管理者要提升自己的非权力性影响力，就必须培养高尚的道德品质和健全的心理素质，做到自重自省、慎独自律、性情开朗、意志坚强、胸襟开阔、气度博大；塑造良好的外在形象，做到着装得体规范、外表干净整洁、举止文雅有礼；进一步提升工作能力，如科学的决策能力、知人善用的用人能力、开拓进取的创新能力、恰当得体的表达能力；构建合理的知识结构，包括政治理论知识、学科专业知识、领导业务知识以及相关领域的科学文化知识；和下属建立良好的人际关系，保持良好的感情。

拓展知识：领导者的素质理论

领导者是一个组织中的关键人物，对于组织目标的实现起着决定性作用。从前面的讲解中可以发现，不是什么样的人都能成为领导者，领导者发挥其影响力，必须具备一定的素质。那么，什么样的人能够成为领导者？领导者与其他人有什么不同？有效的领导者应具备什么样的素质？领导者的素质理论就是研究这些问题的理论。

（一）西方早期领导特质理论

如果你问一问走在大街上的普通人，他们心目中的领导者应该是什么样的，你可能会得到一系列的品质特征，如智慧、热情、正直、自信、公正等。这些回答反映出的是领导的特质理论的本质，领导者特质理论寻求的是区分领导者与非领导者的特质或特性。

20世纪30年代以前，西方的一些管理学家一直把领导者个人品质特征作为描述和预测其领导成效的因素，他们对领导者的探索，着重于探索有效领导者和无效领导者之间、高层领导者与基层领导者之间的个人品质差异。有的甚至认为，领导者的品质与生俱来，领导者是天生的"伟人"，不具有领导才能的人，就不能成为有效的领导者。所以，这一时期的特质理论又称为"伟人论"，这一理论的研究者的观点也不尽相同。

吉普（Gibb）的研究认为，天才的领导者应具备下列品质：善言、外表潇洒、智力过人、具有自信心、心理健康、较强的支配欲、外向而敏感。

斯托格迪尔（Stogdill）比较了成功的领导者与被领导者之间的差异，认为领导者有自信、毅力、顽强，社会性和责任心强。

我们将众多学者的研究成果进行总结，从以下四个方面归纳出了领导者的特质。

罗伯特·洛德（Robert Lord）将"领导者"特质依其重要性排列，列出12项，详细如下：聪明的、外向的、体谅的、条理的、积极的、果敢的、勤劳的、关怀的、明断的、投入的、教化的、穿着贴切的。

对照以上依据领导者特质理论而列出领导者的特性，检讨你自己已经拥有哪些特质，还有哪些领导特质需要改进。

1. 人格特质

领导者表现出的具有信心、主动、积极、外向、坚毅、勇敢、热忱、正直、高度投入及努力、有领导欲望、乐观、有教养等内在人格特质。

2. 社会特质

领导者表现出的具有待人技巧高、富有同情心、能体谅及关怀别人、情商高、出身背景良好等社会性特质。

3. 生理特质

领导者具有身高较高、仪表出众、穿着贴切、精力旺盛等外在表征。

4. 智力特质

领导者具有聪明、教育程度高、知识渊博、有条理的独立思考能力强等理性特质。

领导特质理论认为领导者的素质是天生的，这受到越来越多的人的怀疑和否定，但是，特质理论所描述的一些领导者应具备的素质对我们进行自我培训，提升自己的领导素质还是有一定的积极作用的。

（二）现代领导者的素质理论

20世纪70年代以来，国外一些学者在对领导者的素质进行研究时，虽然否定了"特质理论"的观点，但认为有效的领导者必须具备一定的素质，只不过这些素质不是天生的，而是在实践中逐步形成和积累起来的，可以通过教育进行培养。此外，选择领导者需要有明确的标准，对领导者的使用和培训也需要有具体的方向和内容。比较有代表性的观点有以下几种。

1. 德鲁克的观点

管理大师德鲁克认为，一个有效的领导者，必须具有以下五项习惯：

1）要善于处理和利用自己的时间，把认清自己的时间花在什么地方作为起点。

2）注重贡献，确定自己的努力方向。

3）善于发现和利用人之所长，包括自己的、上级的和下级的长处。

4）能分清工作的主次，集中精力于少数主要的领域。

5）能做有效的决策，知道一项有效的决策必是在"议论纷纷"的基础上做出的判断，而不是在"众口一词"的基础上产生的。

2. 鲍莫尔的"十大条件"论

美国普林斯顿大学教授威廉·J. 鲍莫尔（William J. Baumol）提出了企业领导人应具备的"十大条件"论。这十大条件是：

1）合作精神——愿与他人一起工作，能赢得人们的合作，对人不是压服，而是感动和说服。

2）决策能力——依赖事实而非想象进行决策，具有高瞻远瞩的能力。

3）组织能力——能发掘部属的才能，善于组织人力、物力和财力。

4）精于授权——能大权独揽，小权分散。

5）善于应变——机动灵活，善于进取，而不抱残守缺，墨守成规。

6）敢于求新——对新事物、新环境和新观念有敏锐的感受能力。

7）勇于负责——对上级、下级和产品用户及整个社会抱有高度的责任心。

8）敢担风险——敢于承担企业发展不景气的风险，有创造新局面的雄心和信心。

9）尊重他人——重视和采纳别人意见，不盛气凌人。

10）品德高尚——品德上为社会人士和企业员工所敬仰。

3. 日本企业界的"双十"论

日本企业界将领导者的素质归结为"十项品德"和"十项能力"。

（1）十项品德

十项品德包括使命感、责任感、信赖感、积极性、忠诚老实、进取心、忍耐心、公平、热情和勇气。

（2）十项能力

十项能力包括思维决定能力、规划能力、判断能力、创造能力、洞察能力、劝说能力、理解人的能力、解决问题的能力、培养下级的能力和调动积极性的能力。

不同的研究者对领导者素质的描述各不相同，那是因为，领导者的素质不是天生的，必须是在社会实践中逐步培养锻炼而形成的。对领导者素质的要求不是一个静态的活动，而是同领导者所处的环境相关，它必须适应时代的要求。所以，我们必须根据时代的要求，努力培养锻炼自己的领导素质。

第十九单元　了解领导行为理论

案例导入

ABC 公司是一家中等规模的汽车配件生产集团。最近，该公司对三个重要部门的经理进行了一次有关领导类型的调查。

1.

韦毓对他本部门的产出感到很自豪。他总是强调对生产过程、产量控制的必要性，坚持下属人员必须很好地理解生产指令，以得到迅速、完整、准确的反馈。当韦毓遇到小问题时，会放手交给下级去处理，但若是问题很严重时，他就会委派几个有能力的下属人员去解决问题。通常情况下，他只是大致规定下属人员的工作方针、完成期限及完成后如何写出工作报告。韦毓认为只有这样才能导致更好的合作，避免重复工作。

韦毓认为对下属人员采取敬而远之的态度，对一个经理来说是最好的方式，所谓的"亲密无间"会松懈纪律。他不主张公开谴责或表扬某个员工，并相信他的内阁下属人员都有自知之明。据韦毓说，在管理中的最大问题是下级不愿意接受责任。他谈到，他的下属人员原本可以有机会做更多事情，但以前他们并不是很努力地去做。他不能理解过去他的下属人员如何能与一个毫无组织能力的前任经理相处，他说，上司对他们现在的工作运转情况非常满意。

2.

张强认为每个员工都享有人权，他偏重于管理者有义务和责任去满足员工需要的学说。他说，他常为他的员工做一些小事，如给员工两张下月在杭州城举办的艺术展览的入场券。他认为，每张门票才 80 元，但对员工及其妻子（丈夫）来说，其价值远远超过 80 元。通过这种方式，也是对员工过去几个月工作的肯定。

张强说，他每天都要到工厂去一趟，与至少 25% 的员工交谈。

张强不愿意为难别人，他认为韦毓的管理方式过于死板，韦毓的员工也许并不那么满意，但除了忍耐别无他法。张强说，他已经意识到在管理中有不利因素，但大都是由于生活压力造成的。他的想法是以一个友好、粗线条的方式对待员工。他承认尽管在生产率上不如其他部门，但他相信他的员工有高度的忠诚度的士气，并坚信他们会因他的开明领导而努力工作。

3.

吴刚说他面临的基本问题是与其他部门的职责分工不清。他认为不论是否他们的工作任务都安排在他们部门，上级似乎并不清楚这些工作应该由谁来做。吴刚承认他没有提出异议，他说这样做会使其他部门的经理产生反感。尽管他们把吴刚看成是朋友，而吴刚却不这样认为。吴刚说过去在不平等的分工会议上，他感到很窘迫，但现在已适应了，其他部门的领导也不以为然了。

吴刚认为纪律就是促每个员工不停的工作，预测将会发生的各种问题，他认为作为一个好的管理者，没有时间像张强那样握紧每一个员工的手，告诉他们正在从事一项伟大的工作。他相信如果一个经理为了决定将来的提薪与晋职，而对员工的工作进行考核，那么员工会更多的考虑他们自己，并由此而产生很多问题。

吴刚主张，一旦给一个员工分配了工作，就让他们以自己的方式去做，取消任何工作检查，他相信大多数员工知道自己把工作做的怎么样。如果说存在问题，那就是在生产过程中他的工作范围和职责混淆不清。吴刚的确想过，希望公司领导叫他到办公室听听他对某些工作的意见。然而，他并不能保证这样做会使情况有所改变。他正在考虑这些问题。

请问：这三个部门经理分别采取的领导方式有什么不同？哪一种方式更有效？

案例告诉我们，不同的领导者，在他们的实际工作中总是表现出不同的行为。实际上，从 20 世纪 40 年代开始，许多研究者就开始将目光转向具体的领导者所表现出来的行为上，因而这一系列研究得出的理论被称为领导行为理论。这种理论主要研究什么样的行为是最有效的领导行为，并认为有效领导与无效领导的区别在于他们的行为，有效的领导行为在任何环境中都是有效的。

知识点一：勒温的领导风格理论

美国社会心理学家 K. 勒温（K.Lewin）通过试验研究不同的工作风格对下属群体行为的影响，把领导者在领导过程中表现出来的极端的工作风格分为三种类型，即专制型、民主型和自由放任型。

1. 专制型领导

专制型领导又称独裁专断型领导。具有专制作风的领导人是指以力服人，即依靠权力和强制命令让人服从的领导人。这种类型的领导者个人决定一切，所有的政策、步骤、工作分配、奖惩等均由领导者单独决定，并要求下属绝对服从和执行，领导者就像拥有全部职权的大家长、独裁者。

2. 民主型领导

具有民主作风的领导人，是指那些以理服人，以身作则的领导人。这种类型的领导者针对有关决策同下属磋商，集思广益、发扬民主，经群体讨论后再做决定，领导者与被领导者共享职权并给下属一定的工作自由度，依靠个人的权力和威信使下属服从，上下级关系较为融洽。

3. 自由放任型领导

自由放任型作风的领导人，工作事先无布置，事后无检查，权力完全给予个人，一切悉听尊便，毫无规章制度。这种类型是指领导者极少运用其权力，放手不管，工作进行全赖于各人自行负责。领导者仅提供资料及信息，并不主动干涉，亦即如老子所说的"无为而治"的领导方式。职权虽被领导者拥有，但领导者可以完全授权到弃权。

勒温于 1939 年做了一次实验，比较了"专制、民主、自由放任"三种管理方式下各实验小组的效率与群体氛围。结果表明，不同的领导或管理方式对群体凝聚力和士气有不同的影响。其中，实行民主领导方式的小组比实行专制和放任领导方式的小组，成员间更友爱、更活跃、更能团结协作，群体成员有较强的参与意识，因而群体凝聚力更强，小组成员在工作中不仅达到了社交目标，也达到了工作目标，工作积极主动，显示出了较高的创造性；而专制型和放任型的领导方式往往会降低群体凝聚力；特别是独裁型领导方式下，小组成员关系紧张，消极态度和对抗性情绪不断增长，缺乏主动性。

小提示

不同的环境，也需要造就不同类型的领导方式。我们不能千篇一律地说民主型领导方式是最好的领导方式，领导者必须运用权变方法，根据管理目标、任务、环境、对象以及自身因素灵活选择领导方式，最适应组织状况的领导方式才是最好的领导方式。

例如，对于自觉性和能力都很差的下属，专制型作用可能会大些；对于自觉性和能力都很高的下属，在较短时间内放任型也不能不说是一种好方式。

拓展知识：领导者行为连续统一体理论

针对勒温提出的三种较为极端的领导方式，一些学者则认为，领导方式是多种多样的，从专权型到放任型，存在着多种过渡类型。美国学者罗伯特·坦南鲍姆（R. Ttannenbaum）和沃伦·施米特（W. Schmidt）于 1958 年提出了领导者行为连续统一体理论，如图 7.1 所示。

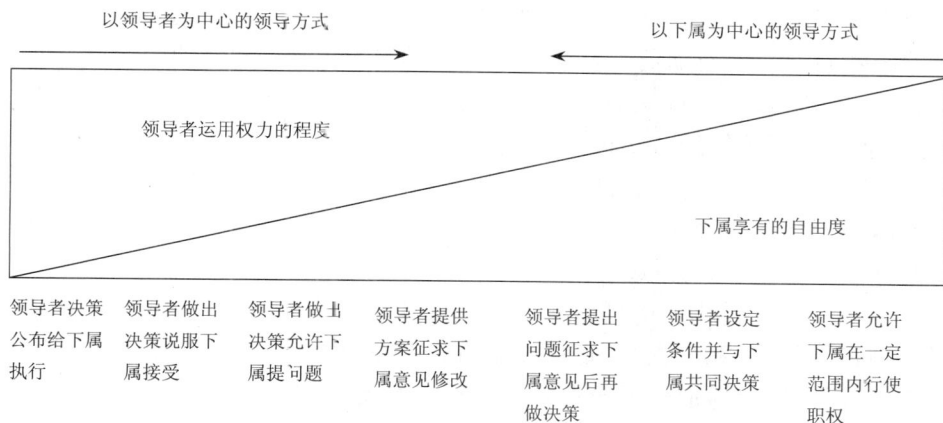

图 7.1　领导者行为连续统一体理论模型

模型的最左边是一种以领导者为中心的领导方式——专制型：领导者做决策，公布给下属执行。随着连续流向右移动，授予下属的权力相应增加，模型最右端是一种以下属为中心的领导方式——自由放任型。从左至右，领导者对权力的控制越来越少，下属的自由度越来越高。

领导者可以从这些行为中做出自己的选择，而且可以改变原有的行为和作风，但在确定采用何种领导行为之前，应当考虑许多影响下属行为的因素：下级有无独立自主的要求？下属是否做好了承担责任的准备？下属是否理解所规定的目标和任务。如果答案是肯定的，那么领导者就应该给下级较大的自主权。

知识点二：四分图理论

四分图理论是由美国的一些领导行为研究者提出来的。其中最有名的有俄亥俄州立大学根据关怀及定规的高低而画的领导行为坐标，以及密西根大学根据体恤及主动结构的高低而画的领导行为坐标。他们将领导行为的内容分为两个方面——以工作为中心和以人为中心。具体内容如下：

1）以工作为中心（包括"定规"和"主动结构"）是一种工作导向或任务导向型领导行为，即关心工作、重视规章制度、组织任务和目标实现的领导行为。此导向型的领导者重视组织设计、规章制度、责权关系和工作程序，关心的是群体任务的完成情况。主要表现有注重工作的组织和计划，确定工作目标和要求，规定成员的工作职责、建立明确的信息沟通渠道，制定工作程序、方法和制度等。一些典型的说法如："领导人安排好要做的工作进度计划"、"领导人制定好考核绩效的明确标准"、"领导人要求组织成员遵守有关规章制度"等。

2）以人为中心（包括"关怀"和"体恤"）是一种关系导向型领导行为，即关心人、重视人际关系的领导行为。此导向型的领导者注重建立领导者与被领导者之间的友谊、尊重和信任关系，主要表现有关心员工，非常尊重员工的感受和意见，让下属觉得受重视，加强与员工的交流、沟通，给下属以较多的工作自主权，鼓励员工参与决策注重满足下属的需要，平易近人，平等待人等。一些典型的说法如："领导人能找出时间听取群体成员的意见"、"领导人能注意照顾组织成员的个人福利"、"领导人平易近人和蔼可亲"等。

研究发现，领导者对工作或对人的关心程度均存在高低两种状态，由此，可以用两个坐标的平面组合将领导者分为四种基本类型，这就是所谓的领导行为四分图。如图 7.2 所示。

从图 7.2 可以看出，有四种结果：高"工作导向"高"关系导向"、低"工作导向"高"关系导向"、低"工作导向"低"关系导向"、高"工作导向"低"关系导向"。通过四分图，可以区别领导类型。

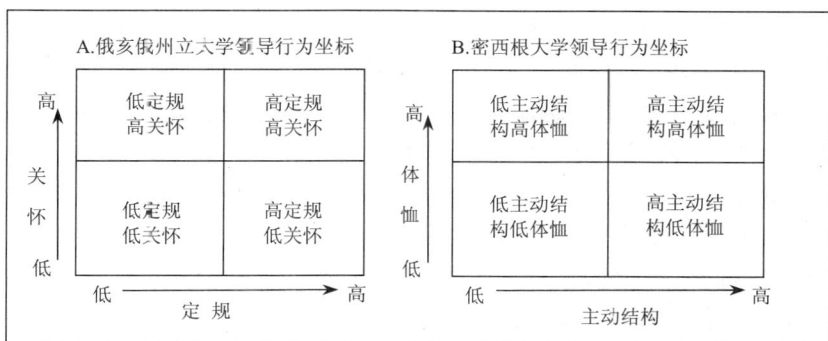

图 7.2　领导行为四分图

重要说明

关于横纵坐标的设置：由于管理者首先要考虑或最根本的考虑是实现组织任务，因此，必须把关心生产或工作任务的实现放在第一位——设为横坐标。

1. 高"工作导向"高"关系导向"型领导者

这种类型的领导者注重严格执行规章制度，建立良好的工作秩序和责任制，同时也重视人际关系，关心爱护下属，经常与下属交流信息，想方设法调动成员的积极性，在下属心目中可亲可敬。这是一种相对高效成功的领导者类型。

2. 低"工作导向"高"关系导向"型领导者

这种类型的领导者重视人际关系，但不采用严格的控制方式，所以组织内规章制度不严、工作秩序不佳。这是一种相对仁慈的领导者类型。

3. 高"工作导向"低"关系导向"型领导者

这种类型的领导者注意严格执行规章制度，建立良好的工作秩序和责任制，但是不注意关心爱护下属，很少与下属交流信息，与下属关系不融洽。这是一个相对严厉的领导者类型。

4. 低"工作导向"低"关系导向"型领导者

这种类型的领导者不注意关心爱护下属，不与下属交流信息，与下属不融洽，而且也不注意执行规章制度，工作无序、效率低下。这是一个相对无能、不合格的领导者。

必须说明的是，上述四种领导行为的效果只是相对而言的，在实际工作中，领导者应该根据组织的实际情况来选择相应的领导行为。

知识点三：管理方格理论

罗伯特·R. 布莱克（Robert R. Blake）和简·S. 莫顿（Jane S. Mouton）

在俄亥俄州立大学所提出的管理四分图理论的基础上，于1964年就企业中的领导行为方式提出了管理方格理论（Management Grid Theory）。

该理论设计了一个管理方格图，横坐标表示领导者对生产的关心程度，纵坐标表示领导者对人的关心程度。其中，"对生产的关心度"指的是领导者对生产任务、工作绩效等事项的关心程度，诸如对组织目标的实现、政策决议的质量、程序与过程、研究工作的创造性、职能人员的服务质量、工作效率和产量等的关心程度。"对人的关心度"指的是领导者对组织成员的关心程度，如对工作环境状况、人际关系状况、信息沟通状况等的关心程度。

方格图的横、纵坐标都划分为9个尺度，纵横交叉就形成了一个共有81个小方格的管理图，每个小方格代表一种领导方式，这样，这一管理图就表示了"关心生产"和"关心人"这两个因素不同程度结合的81种领导方式，如图7.3所示。

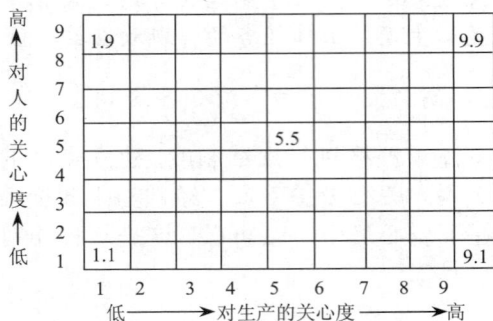

图7.3　管理方格图

布莱克和莫顿在管理方格中列出了五种典型的领导方式。

1. 1.1型领导方式

1.1型领导方式又称"贫乏"型管理方式。其特征在于：对必须的工作付出最少努力以维持恰当的组织成员关系。

这种类型的领导者对员工和生产几乎都漠不关心，对组织运行放任自流、无所事事、无所作为，放弃领导应有的责任。这种领导方式将会导致失败，这是很少见的极端情况。

2. 9.1型领导方式

9.1型领导方式又称"任务第一"型管理方式。其特征在于：由于工作条件的安排达到高效率的运作，使人的因素的影响降到最低程度。

这种类型的领导者十分关心生产和工作，关心组织目标的实现，但对人的关心不够，很少注意员工的发展和士气，组织内工作气氛不佳，员工积极性不高。

3. 1.9 型领导方式

1.9 型领导方式亦称"乡村俱乐部"型管理方式。其特征在于：对员工的需要关怀备至，创造了一种舒适、友好的氛围和工作基调。

在这类管理中，主管人员很少甚至不关心生产，而只关心人，组织内人人都能感受到轻松、友谊与快乐的环境，但很少甚至没有人去关心通过协同努力以实现组织的目标。

4. 9.9 型领导方式

9.9 型领导方式又称"团队"或"集体协作"型管理方式。其特征在于：工作任务的完成来自于员工的奉献，领导者与被领导者之间由于共同的目标而形成了相互的依赖，创造了信任和管理的关系。

这种类型的领导者对生产和人都极为关心，努力使员工个人的需要和组织的目标最有效的结合，注意使员工了解组织的目标，关心工作的成果，建立了"命运共同体"的关系，因而员工关系协调、士气旺盛，能进行自我控制，生产任务完成得也极好。

5. 5.5 型领导方式

5.5 型领导方式又称"中庸之道"型管理方式，这是一种中间型管理方式。其特征在于：通过保持必须完成的工作和维持令人满意的士气之间的平衡，使组织的绩效有实现的可能。

这种领导方式对人的关心度和对生产的关心度虽然都不算高，但是能保持平衡。一方面能比较注意管理者在计划、指挥和控制上的职责；另一方面也比较重视对员工的引导鼓励，设法使他们的士气保持在必需的满意的水平上。但是，这种领导方式缺乏创新精神，只追求正常的效率和可以满意的士气。

布莱克和莫顿认为 9.9 型的领导方式是最有效的，领导者应该客观地分析组织内外的各种情况，努力创造条件，将自己的领导方式转化为 9.9 型，以求得最高的效率。

管理方格理论在识别和区分领导者管理作风方面是一个非常有用的工具，可用来指导和调整领导者的领导方式。

拓展知识：四分图理论和管理方格理论的应用

管理者在实际管理工作中应用四分图理论和管理方格理论，应特别注意以下几点。

1. 人与工作并重

这也就是说，既要关心人，又要关心工作，两者均不可偏废，一般至少应维持在一个基本满意的水平，如管理方格理论中的 5.5 型。

2. 权变管理

这也就是说，到底是关心人多一点，还是关心工作多一点，不能一概而论，应根据不同工作时期或阶段，针对不同的目标、任务，结合各种主客观条件，适度强化某一因素。

示例

当面临紧急任务时，管理者必须集中精力于工作，而在紧急任务后，可将主要精力转到做人的工作上来。

没有规矩，不成方圆。以工作为导向，建立一系列规章制度来保证取得一定的生产效率，但同时又必须以关系为导向，通过人际关系的调整来提高生产效率。

3. 动态平衡，谋求最好

完全理想的"高关系、高工作"以及 9.9 型领导方式在现实中很难达到，管理者只能是 5.5 型为下限，各有侧重地动态平衡，并向"双高"或 9.9 型努力。

案例解析

1）韦毓——"总是强调对生产过程、产量控制的必要性，坚持下属人员必须很好地理解生产指令，以得到迅速、完整、准确的反馈"，"认为对下属人员采取敬而远之的态度，对一个经理来说是最好的方式，所谓的'亲密无间'会松懈纪律。不主张公开谴责或表扬某个员工，并相信他的每一个下属人员都有自知之明。""通常情况下，只是大致规定下属人员的工作方针、完成期限及完成后如何写出工作报告"。可见，他重视工作，不重视人际关系，做法和"高工作、低关系"的领导方式相一致。

2）张强——"认为每个员工都享有人权，他偏重于管理者有义务和责任去满足员工需要的学说。""每天都要到工厂去一趟，与至少 25%的员工交谈"。"不愿意为难别人"，想"以一个友好、粗线条的方式对待员工"，他的做法和"低工作、高关系"的领导方式相一致。

3）吴刚——对待人际关系，认为"没有时间像张强那样握紧每一个员工的手，告诉他们正在从事一项伟大的工作"，对待工作，"一旦给一个员工分配了工作，就让他们以自己的方式去做，取消任何工作检查，他相信大多数员工知道自己把工作做的怎么样"，可见，他属于"低工作、低关系"的领导方式。

第二十单元 掌握领导权变理论的基本思想

约翰从美国中西部的一所名牌大学拿到会计专业的学士学位后，到一家大型的会计师事务所的芝加哥办公处工作，由此开始了他的职业生涯。5年后，他成了该公司的一名最年轻的合伙人。公司执行委员会发现了他的领导潜能和进取心，遂指派他到纽约郊区开办了一个新的办事处。其工作最主要是审计，这要求有关人员具有高程度的判断力和自我控制力。他主张工作人员之间要以名字直接称呼，并鼓励下属人员参与决策制定。办事处发展的很迅速。5年后，专业人员达到了 30 名。约翰被认为是一位很成功的领导者和管理人员。

约翰在次年的年初被提升为达拉斯的经营合伙人。他采取了帮助他在纽约工作时取得显著成效的同种富有进取心的管理方式。马上更换了几乎全部的 25 名专业人员，并制定了短期的和长期的客户开发计划。职员人数增加的相当快，为的是确保有足够数量的员工来处理预期扩增的业务。很快，办事处有了约 40 名专业人员。

但在纽约成功的管理方式并没有在达拉斯取得成效。办事处在一年时间内就丢掉了最好的两个客户。约翰认识到办事处的人员过多，因此，决定解雇前一年刚招进来的 12 名员工，以减少开支。

他相信挫折只是暂时性的，因而仍继续采取他的策略。在此后的几个月时间里又增雇了 6 名专业人员，以适应预期增加的工作量。但预期中的新业务并没有接来，所以，又重新缩减了员工队伍。两年后的夏天，13 名专业人员被解雇了。

伴随着这两次裁员，留下来的员工感到工作没有保障，并开始怀疑他的领导能力。公司的执行委员会了解到问题后将约翰调到新泽西的一个办事处，在那里他的领导方式又显示出了很好的效果。

请问：约翰在纽约取得成功的策略，为什么在达拉斯没能成功？

纽约的办事处是由约翰新开的办事处，而达拉斯的办事处则是已有的办事处，其工作群体的性质比如人际关系、以往的工作方式、员工个性特点等显然不同于前者，因此，需要的管理方式也必定不同，约翰没有考虑到环境变化照搬在纽约的成功经验，只能注定其失败的结局。

约翰的教训告诉我们，管理者应该及时根据工作环境的变化调整自己的管理方式，一个管理方式能否取得成功取决于是否与环境变量相匹配，而不是取决于以前是成功还是失败。

因此，研究领导效能就不能脱离人们的动机和态度，以及当时当地所处的环境，决不能认为某一种领导方式可以普遍应用于所有的情况和所有的人群；相反，必须把这种环境因素，包括人员的动机与态度因素同时考虑，这就是领导权变理论的基本观点。

下面介绍几种有代表性的领导权变理论。

知识点一：费德勒模型

美国管理学家费莱德·费德勒（Fred Fiedler）经过长期的调查研究提出了一个著名的"有效领导的权变模式"，简称"费德勒模型"（Fiedler Contingency Model）。费德勒认为任何领导类型都不可能十全十美，也不会一无是处，关键是要与环境情景相适应。他还认为，领导工作是一个过程，在这个过程中，领导者施加影响的能力取决于群体工作环境，领导者的风格和个性，以及领导方法对群体的适合程度。

（一）确定领导风格

费德勒相信，影响领导成功的关键因素之一是领导者个人的领导风格。费德勒认为，领导风格分为任务取向型和关系取向型两类，而且，一个人的领导风格是与生俱来，固定不变的。

为了测量领导者的领导风格是任务取向型还是关系取向型，费德勒设计开发了最难共事者问卷（least-preferred co-worker questionnaire，LPC）。问卷由 16 组对照形容词构成（如快乐-不快乐，高效-低效，开放-防备，助人-敌意）。如果以积极的、善意的词汇描述最难共事者（LPC 得分高），说明作答者乐于与同事形成友好的人际关系，则该领导方式属于关系取向型（高 LPC 型）；如果对同事的评价不是很友善的话（LPC 得分低），则作答者可能是把主要兴趣放在生产或工作任务上，因而被称为任务取向型（低 LPC 型）。

（二）确定权变因素

费德勒提出领导效果的好坏取决于三个基本因素，即职位权力、任务结构和领导者与被领导者的关系。

1. 职位权力

职位权力是指领导者所处的职位具有的权威和权力的大小。

职位权力由领导者对其下属的实有权力（如雇佣、解聘、训诫、晋升、加薪等）所决定。职位权力明确，即领导者所处的职位能提供的权力和权威明确、充分，在上级和整个组织中所得到的支持有力，对雇佣、解雇、纪律、晋升和加薪的影响程度高，组织成员将会更顺从地服从他的领导，有助于提高工作效率。

2. 任务结构

任务结构是指任务的明确程度和有关人员对这些任务的理解和负责

程。

当工作任务本身十分明确，组织成员对工作任务的理解也很清楚并对任务负责时，领导者对工作过程易于控制，整个组织完成工作任务的方向就更加明确。

3. 领导者与被领导者的关系

领导者与被领导者的关系即上下级关系，是被领导者对领导者的接受程度，即信任、喜爱、忠诚和愿意追随的程度，以及领导者对下属的爱护、关心程度。

这一点对履行领导职能是很重要的，因为职位权力和任务构成可以由组织控制，而领导与被领导者之间的关系是组织无法控制的。

费德勒指出，上下级关系越好，任务结构化程度越高，职位权力越强，则领导者拥有的控制和影响力也越高。

（三）领导者与情境的匹配

费德勒根据三个权变因素的情况，把领导所处的环境从最有利到最不利共分为八种类型。费德勒通过对 1 200 个团体进行调查分析，得到的情况如表 7.1 所示。他认为，对于各种情景来说，只要领导风格能与之相适应，都能取得良好的领导效果。

表 7.1　费德勒对领导方式与绩效的调查总结表

环境类型	有　利			中间状态				不　利
	1	2	3	4	5	6	7	8
上下级关系	好	好	好	好	差	差	差	差
任务结构	明确	明确	不明确	不明确	明确	明确	不明确	不明确
职位权力	强	弱	强	弱	强	弱	强	弱
领导方式	任务取向型			关系取向型		无资料	未发现什么关系	任务取向型

他通过实证研究各种情景下不同领导风格的领导者的不同绩效，证明了如下观点：当情景处于有利的（表中第 1、2、3 类情景）及最为不利的（表中第 8 类情景）状态下时，采用"以任务为中心的指令型"（任务取向型）领导方式，效果比较好；当领导工作处于中间状态（第 4、5、6、7 类情景）的情景条件时，则"以人为中心的宽容型"（关系取向型）领导方式比较有利。

（四）模型的应用

由于费德勒认为，一个人的领导风格是与生俱来，固定不变的，因此，要提高领导的有效性，只有两条路：要么替换领导以适应环境，要么改变领导者所处的环境以适应领导者。如果一个组织的环境因素最好或最坏，就要选择任务取向型风格的领导者；反之，应选择关系取向型风格的领导者。一般可以通过重新构建任务（改变任务结构）或调整职位权力大小来改变环境。

例如，一个任务取向型领导处于状态 4 这一环境时，他可以通过强化职权而让环境改变为状态 3，这时，环境就与领导者的风格相适应，从而有利于他的领导了。

如果抛开费德勒"领导风格不变"的观点，我们就可以根据费德勒模型得出"领导者领导方式的选择，要视环境因素而定"的结论。例如，当领导者处于最好或最坏的环境之中时，应采取"工作取向"型领导方式，以工作为中心；而当他处于中间状态的环境中时，就应该调整自己的行为，转而采取"关系取向"型领导方式，以员工为中心。

知识点二：领导生命周期理论

费德勒模型为我们提供了在不同的环境中可以采用的不同的管理方式。那当我们面对不同的员工时，又该如何选择不同的管理方式呢？

领导生命周期理论（Situational Leadership Theory，SLT）将为我们提供答案。

领导生命周期理论也叫领导寿命循环理论。这个理论是由美国心理学家科曼（Karman）首先提出来的，后由保罗·赫西（Paul Hersey）和肯尼斯·布兰查德（Kenneth Blanchard）予以发展起来的。

（一）权变因素

科曼等人在分析领导行为四分图时加入了第三个因素——被领导者的成熟程度。他们认为，高工作、高关系的领导并不经常有效，低工作、低关系的领导也不一定完全无效，这要看下级的成熟程度而定。

赫塞和布兰查德将成熟度（maturity）定义为：个体对自己的直接行为负责任的能力和意愿。它包括两项要素：工作成熟度和心理成熟度。其中，工作成熟度包括个人的知识和技能。心理成熟度指的是一个人做某事的意愿和动机。工作成熟度高的个体拥有足够的知识、能力和经验完成他们的工作任务而不需要别人的指导。心理成熟度高的个体不需要太多的外部鼓励，他们靠内部动机激励。

他们发现，被管理者的成熟周期由四个阶段构成，即不成熟、初步成熟、比较成熟、成熟。

（二）与不同情景相匹配的四种领导方式

研究发现，工作行为、关系行为与成熟度之间是一种曲线关系。管理者对处在不同阶段的被管理者应采取不同的领导方式，图 7.4 中的曲线就表明了这种关系，具体可划分为四个象限，并形成命令式管理、说服式管理、参与式管理和授权式管理四种基本的领导方式。

1. 命令式管理

第一象限（Ⅰ）：高工作、低关系，即高度重视工作，而不怎么注意关系。

处于这一象限的被管理者很不成熟：他们对执行任务既无能力又不情愿，他们既不胜任工作又不能被信任。

管理者必须采用命令式管理：明确下达指示、命令，告诉下属应该干什么、怎么干以及何时何地去干，给予下属明确而具体的指导，同时还要严格要求。

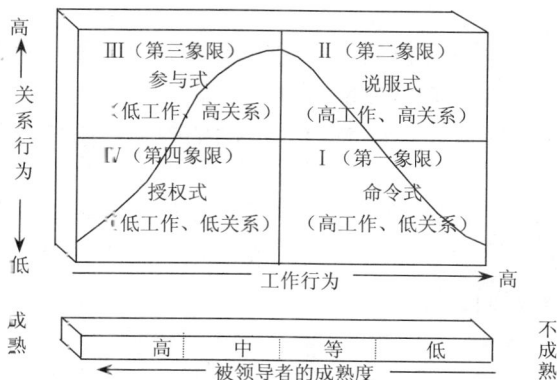

图 7.4　领导生命周期理论

2. 说服式管理

第二象限（Ⅱ）：高工作、高关系，既要高度重视工作，又要高度重视关系。

处于这一象限的被管理者初步成熟：他们缺乏能力，但却愿意从事必要的工作任务，他们有积极性，但目前缺乏足够的技能。

管理者不能再纯粹用命令式的管理方式，而应该改用说服式管理：在加强管理和指导的同时以双向信息沟通方式和情感因素关心、支持、激励下属，也就是提供指导性的行为同时还要提供支持性的行为。高工作行为能弥补下属能力的欠缺，高关系行为则能让下属体会领导者的意图。

3. 参与式管理

第三象限（Ⅲ）：低工作、高关系，即不必以太多精力过问工作，却要很重视关系。

处于这一象限的被管理者比较成熟：他们有能力但对领导者希望他们做的工作热情不高。

管理者应采取参与式管理：关心下属，与下属进行双向沟通，实行民主管理，吸引下属参与决策过程，并为下属提供便利条件，激发下属的工作热情。

4. 授权式管理

第四象限（Ⅳ）：低工作、低关系，即管理者既不必太关心工作，也不必太关心关系。

处于这一象限的被管理者大都达到了相当成熟的程度：他们既有能力又愿意干领导让他们干的工作。

管理者可采取授权式管理：通过授权给被管理者，让其自主行使权力，用高度的信任来调动下属的积极性，管理者只起总体控制作用，下级也完全能自我控制、士气高昂、对工作胜任。管理者真正达到一种"无为而治"的境界。

领导者生命周期理论充分说明了：对不同成熟程度的下级，只有采用不同的领导方式，才能获得最为有效的领导效果。不难发现，随着下属成熟度的不断提高，领导者不但可以不断减少对活动的控制，还可以不断减少关系行为。

我们可以发现，领导生命周期理论提出的这四种领导风格与管理方格理论中的四个角极为相同。我们可以认为，这是对管理方格理论的改进，增加了下属成熟度的四个方面。

示例

对于刚刚进入某个工作岗位的员工，常常会因为不熟悉工作而不知道能否胜任工作，没有信心，容易打退堂鼓（既无能力又无积极性），因此，管理者要严加管理并明确告诉下属该如何去做（命令式）；随着时间的延长，员工逐渐对工作感兴趣了但还是缺乏足够的技能（有积极性但能力不够），这时管理者就应该鼓励并指导员工（说服式）；再后来，随着对工作的熟悉，能力得以提高，员工可能会对工作产生疲倦（有能力但积极性下降），这时管理者就必须设法调动员工的工作热情（参与式）；经过管理人员的努力，把这些有能力的人调动起来并给他自己的自由度让他们充分展示自己的才能是完全可能的（授权式）。

知识点三：途径-目标理论

途径-目标理论是由加拿大多伦多大学教授罗伯特·豪斯（Robert House）于1971年提出的。途径-目标理论的核心在于，领导者的工作是为下属的工作提供必要的指导和支持并帮助下属达到他们的目标。也就是说，领导者一方面要对下属阐明任务的要求和目标，另一方面还要明确指明实现目标的途径，在下属实现目标的过程中不断满足他们的需要，为他们的发展提供机会，帮助下属排除实现目标的障碍，使之能顺利达成目标。

"途径-目标"的概念来自于这样一种信念，即有效的领导者通过明确指明实现工作目标的途径来帮助下属，并为下属清理路程中的各种障碍和危险从而使下属的这一"旅行"更为顺利，真正体现了"领导就是服务"的管理理念。

（一）领导方式

为了达到上述目标，领导者必须采用不同类型的领导行为以适应特殊环境的要求。途径-目标理论归纳了四种领导方式，可供同一领导者在不同环境下选择使用。

1. 指导型

指导型即四分图中的高工作、低关系型，该类型的特点是领导者向下属人员明确组织目标，并对应该如何完成目标提供具体的指导，而且确信相应的目标和指导能得到下属的认可和接受。该类型的领导者需要有严格的计划、固定的工作标准，并强调下属人员遵守标准和规则，但下属人员的参与性差。

2. 支持型

支持型即四分图中的低工作、高关系型，该类型的领导者对下属人员较为关心、态度友好、平易近人，注意与下属人员的感情联络，但不太注意通过工作使员工满意。

3. 参与型

参与型即四分图中的高工作、高关系型，领导者在做决策时注意征求下属的意见，认真考虑和接受下属的建议，并相信员工的参与对实现组织目标大有益处。

4. 成就导向型

成就导向型即四分图中的低工作、低关系型，领导者向下属提出挑战性的目标，希望下属最大限度地发挥潜力并相信他们能达到目标，而且不断制定新的目标，使下属经常处于被激励状态。

（二）权变因素

途径-目标理论提出，领导者究竟要选择哪种领导方式要考虑下属个性特点和环境两方面的因素。

1. 下属的个性特点

下属的个性特点包括下属的领悟能力、教育程度，对成就的需求，对独立的需求，愿意承担责任的程度等。

2. 环境因素

环境因素包括工作群体的性质、权力结构、任务结构。

不难发现，该理论提出的两个权变因素实际上是综合了前两个理论提出的变量因素。

小提示

费德勒模型提供的参考是：什么环境采用什么管理方式。

领导生命周期理论提供的参考是：什么样的员工采用什么样的管理方式。

途径-目标理论提供的参考则是：不同环境下的不同的员工，应该采用不同的管理方式。

（三）引申假设

以下是由途径-目标理论引申出的一些假设。

当下属执行结构化任务（也就是任务很明确、职责很清楚）时，支持型领导容易导致员工高绩效和高满意度；相比于那些具有高度结构化和安排好的任务来说，当任务不明且下属感觉压力过大时，指导型领导有利于员工产生更高的满意度；当任务结构不清、下属能力却较强时，成就导向型领导可能会提高下属的努力水平，从而达到预期的高绩效。

工作群体的性质也会影响领导方式的选择。组织中正式权力关系越明确、越层级化，领导者越应表现出支持型行为，减少指导性行为；当组织内部存在激烈的冲突时，指导型领导会带来更高的员工满意度。如果工作群体为个体提供了支持与满足，则支持型的领导方式就不为下属所需要，而指导型和成就导向型的领导方式则更受欢迎。

内控型的员工（把所发生的事情看作是由他们自己控制和影响的员工，即相信自己可以掌握命运的员工）愿意接受参与型的领导，而外控型的员工（把所发生的事情看作是由外在环境的力量控制和影响的员工）对指导型的领导更为满意。例如，当下属人员感到自己能力不足时，指导型的领导方式就比较受欢迎；反之，当下属人员有足够的能力去完成工作任务时，则喜欢参与式的领导方式；对于领悟能力强的下属，指导型领导不如支持型领导适合。

员工的特殊需求也会影响到他们对不同领导类型的接受程度，对于成就动机非常高的员工，成就导向的领导较受欢迎；而重视人际关系的员工，则更喜欢支持型、参与型的领导。

总之，根据途径-目标理论，对于一个领导者来说，没有什么固定不变的领导方式，一定要根据下属的不同特点及环境因素的变化选用适当的领导方式。

示例

途径-目标理论告诉我们：领导者可以而且应该根据不同的环境特点来

调整自己的领导风格。

当领导者面临一个新的工作单位或一项新的工作任务时，他可以采取指导型领导方式，指导下属建立明确的任务结构和各自的工作任务，接着可以采取支持型领导方式，有利于与下属形成一种和谐、积极向上的工作氛围。当领导者对组织的情况进一步熟悉，组织正常运行后可以采取参与型领导方式，积极主动地与下属沟通信息，共同决策。在此基础上的管理者就可以采用成就导向型的领导方式，领导者与下属一起制定具有挑战性的组织目标，然后为实现目标而努力工作，并且运用各种有效的方法激励下属实现目标。

结束语：要成为一名优秀的领导者，不仅要具备一定的素质，还应该根据环境及下属的不同采用不同的领导方式。

小　　结

1．领导就是影响个体或群体来完成组织目标的各种活动过程。领导者指的就是那些能够影响别人的人，其作用体现在三方面：指导作用、协调作用和激励作用。

2．领导者的影响力是指领导者影响和改变下属心理和行为的能力。依据构成领导影响力的要素的不同，可把影响力分为权力性影响力和非权力性影响力两种。

3．美国社会心理学家勒温把领导者在领导过程中表现出来的极端的二作作风分为三种类型，即专制型、民主型和自由放任型，并用实验证明民主型领导方式相对有利于增强组织凝聚力和提高组织工作效率。

4．四分图理论将领导者分为高"工作导向"高"关系导向"、低"工作导向"高"关系导向"、低"工作导向"低"关系导向"和高"工作导向"低"关系导向"四种类型。并认为高"工作导向"高"关系导向"相对最有效。

5．管理方格理论归纳出了五种典型的领导方式："贫乏"型、"任务第一"型、"乡村俱乐部"型、"团队"或"集体协作"型、"中庸之道"型，并认为团队式领导方式是最有效的。

6．费德勒模型确定了三项变量，即职位权力、任务结构、上下级关系。在最有利和最不利的两种情况下，以任务取向型领导者能取得好的效果；在处于中间状态的环境中，关系导向型领导者才能干得更好。

7．领导生命周期理论认为存在四种领导风格，即命令式、说服式、参与式和授权式。领导者选择何种风格取决于下属的工作成熟度和心理成熟度。

8．途径-目标理论指出有两类权变变量：环境变量和下属个性特点。领导者依据这两个变量的不同所选取的领导风格有指导型、支持性、参与型和成就导向型。

练 习 题

一、课内测试题

（一）单项选择题

1. 某公司副总经理根据文件规定，在自己的职权范围内给予两名保卫公司财产的部门经理各 1 万元的奖励，这一举动激发了公司员工"爱厂如家"的热情。该副总经理在此利用的是（   ）。

  A．权力性影响力　　　　　　　　B．非权力性影响力

  C．金钱影响力　　　　　　　　　D．行为影响力

2. 通过人格魅力来影响和改变下属的做法，利用的是（   ）。

  A．权力性影响力　　　　　　　　B．非权力性影响力

  C．职位影响力　　　　　　　　　D．行为影响力

3. 领导行为理论认为，有效的领导者区别于那些不成功的领导者的是他们特殊的（   ）。

  A．个性　　　B．管理能力　　　C．领导行为　　　D．领导愿望

4. 美国社会心理学家勒温用实验证明，相对于另几种领导方式而言，有利于增强组织凝聚力和提高组织工作效率的领导方式是（   ）。

  A．专制型　　　　　　　　　　　B．民主型

  C．自由放任型　　　　　　　　　D．工作与人际关系并重型

5. 四分图理论认为，相对高效成功的领导者类型应该是（   ）。

  A．高"工作导向"高"关系导向"型

  B．低"工作导向"高"关系导向"型

  C．低"工作导向"低"关系导向"型

  D．高"工作导向"低"关系导向"型

6. 在管理方格中，"1.1"型管理方式被称为（   ）。

  A．贫乏型　　　　　　　　　　　B．任务第一型

  C．乡村俱乐部型　　　　　　　　D．集体协作式

7. 在管理方格中，"1.9"型管理被称为（   ）。

  A．贫乏型　　　　　　　　　　　B．任务第一型

  C．乡村俱乐部型　　　　　　　　D．集体协作式

8. 在管理方格中，"9.1"型管理被称为（   ）。

  A．贫乏型　　　　　　　　　　　B．任务第一型

  C．乡村俱乐部型　　　　　　　　D．集体协作式

9. 管理方格理论认为，最有效的领导方式是（ ）。

    A．1.1 型   B．1.9 型   C．9.1 型   D．9.9 型

10. 按照费德勒模型，当组织内上下级关系好、任务结构明确、职位权力强时，应选择的领导者类型是（ ）。

    A．任务取向型   B．关系取向型

    C．工作与人际关系并重型   D．以领导者为中心型

11. 按照费德勒模式，当组织处于最好或最坏的环境时，适应选择（ ）的领导者。

    A．任务取向型   B．关系取向型

    C．工作与人际关系并重型   D．以领导者为中心型

12. 领导生命周期理论提出的变量因素是（ ）。

    A．下属的成熟度   B．任务结构

    C．上下级关系   D．职位权力

13. 按照领导者生命周期理论，对那些有能力但积极性不高的被管理者，宜采用（ ）。

    A．参与式管理   B．授权式管理

    C．说服式管理   D．命令式管理

14. 按照领导者生命周期理论，对那些既没有能力又缺乏积极性的被管理者，宜采用（ ）。

    A．参与式管理   B．授权式管理

    C．说服式管理   D．命令式管理

15. 按照领导者生命周期理论，对那些积极性高但能力欠缺的被管理者，宜采用（ ）。

    A．参与式管理   B．授权式管理

    C．说服式管理   D．命令式管理

16. 按照领导者生命周期理论，对那些工作能力强、工作态度积极的被管理者，宜采用（ ）。

    A．参与式管理   B．授权式管理

    C．说服式管理   D．命令式管理

17. 根据途径-目标理论，对那些喜欢把所发生的事情看作是由外在环境的力量控制和影响的员工，合适的领导方式应该是（ ）。

    A．指导型   B．支持型   C．参与型   D．成就导向型

18. 途径-目标理论提出，权变因素除了工作场所的环境特点外还包括（ ）。

    A．上下级关系   B．下属的个性特点

    C．任务结构   D．职位权力

19. 根据途径-目标理论，当下属执行结构化任务时，合适的领导方式应该是（ ）。

    A．指导型   B．支持型   C．参与型   D．成就导向型

20. 根据途径-目标理论，对高成就需要的员工，比较合适的领导方式应该是（　　）。

    A. 指导型　　　　B. 支持型　　　　C. 参与型　　D. 成就导向型

21. 根据途径-目标理论，对那些喜欢把所发生的事情看作是由自己控制和影响的员工，合适的领导方式应该是（　　）。

    A. 指导型　　　　B. 支持型　　　　C. 参与型　　D. 成就导向型

22. 根据途径-目标理论，当任务不清、下属感觉压力较大时，合适的领导方式应该是（　　）。

    A. 指导型　　　　B. 支持型　　　　C. 参与型　　D. 成就导向型

23. 按照领导者生命周期理论，对那些有能力但积极性不高的被管理者，宜（　　）。

    A. 吸引参与，民主管理　　　　　　B. 大胆授权，自主管理
    C. 多加指导、鼓励支持　　　　　　D. 严加管理、具体指导

24. 按照领导者生命周期理论，对那些既没有能力又缺乏积极性的被管理者，宜采用（　　）。

    A. 吸引参与，民主管理　　　　　　B. 大胆授权，自主管理
    C. 多加指导、鼓励支持　　　　　　D. 严加管理、具体指导

25. 按照领导者生命周期理论，对那些积极性高但能力欠缺的被管理者，宜采用（　　）。

    A. 吸引参与，民主管理　　　　　　B. 大胆授权，自主管理
    C. 多加指导、鼓励支持　　　　　　D. 严加管理、具体指导

26. 按照领导者生命周期理论，对那些工作能力强、工作态度积极的被管理者，宜采用（　　）。

    A. 吸引参与，民主管理　　　　　　B. 大胆授权，自主管理
    C. 多加指导、鼓励支持　　　　　　D. 严加管理、具体指导

（二）多项选择题

1. 构成非权力性影响力的因素主要有（　　）。

    A. 品德因素　　　B. 才能因素　　　C. 感情因素　　　D. 知识因素

2. 在带领、引导和鼓舞部下为实现组织目标而努力的过程中，领导者的具体作用有（　　）。

    A. 指导作用　　　B. 协调作用　　　C. 激励作用　　　D. 凝聚作用

3. 费德勒模型确定的变量因素有（　　）。

    A. 下属的成熟度　B. 任务结构　　　C. 上下级关系　　D 职位权力

4. 四分图理论将领导行为划分为两个维度，这两个维度分别代表两种领导风格，分别是（　　）。

    A. 任务导向型　　　　　　　　　　B. 关系导向型
    C. 关系、任务并重型　　　　　　　D. 支持型

（三）简答题

1．什么是影响力？它有哪些类型？领导者应如何提升自身的影响力？

2．有学者将领导方式归结为"集权"、"分权"、"权变"三种。所谓集权领导方式，是指领导者个人决定一切，下属只管执行。这种领导者要求下属绝对服从命令，并认为决策是自己个人的事；分权领导方式是指领导者将权力完全下放给下属，为下属提供信息并与企业外部进行联系，以此有利于下属的工作；权变领导方式是指领导者根据情境来确定与之相适宜的领导方式。请在简要分析的基础上将这三种领导方式分别与 X 理论、Y 理论、超 Y 理论对应起来。

二、课外思考实践题

（一）思考讨论题

1．如果让在大街上的普通人解释为什么一个人会成为领导，他们倾向于描述这个人有能力、坚韧持久、自信、能够激发共识、对未来的目标更倾注热情，以及支持下属。你是否能将这些描述与本章提出的领导概念协调起来。

2．你能从本书所列举的有关领导者素质理论中学到什么？人能否通过学习成为有效的领导者？

3．讲授本课程的老师采用何种领导风格？是否有效？如果并不有效，你认为应采用什么样的风格更为有效？

4．领导的"四分图理论"和"管理方格"理论要点分别是什么？它们对于我们今天的管理工作有什么指导作用？

5．比较本书所列举的领导行为理论，你认为它们有哪些相似之处？

6．分别讨论本书所列举的几种权变领导理论的主要内容及其启示。

7．案例分析：电子银行系统公司的管理方法。

电子银行系统公司（Electronic Banking System Inc.）的业务属于一个规模不大却又发展迅速的金融服务种类——开箱处理。原先很多公司和慈善组织都是自己处理信件的，现在则把这些工作外包给像电子银行系统公司这样的公司，由他们把捐款分门别类。

电子银行系统公司生意很兴旺。办公楼里，许多女工坐在桌子旁负责拆开信封，按信的内容进行分类，并填写"控制卡"，记录拆开了多少封信、花了多长时间。从事这项工作的工人每分钟必须处理三封信。不远处，另外一些女工则在敲击键盘，其规定速度是每小时 8 500 下。房间很安静，这里不允许交谈。窗户是封闭的，工人桌子上不允许有咖啡杯或其他装饰性物品。除了午饭时间没有其他的休息时间，在工作时间内不允许工人喝咖啡或吃东西。

在楼上的某间办公室里，有一个电子监视器，可以通过安装在公司 8 个地方的摄像机对工人进行监督。工作的性质决定了必须要有严格的监视。因为在电子银行系统公司，工人处理着成千上万美元的支票和现金。监视器可以帮助公司制止可能的偷窃行为。对前来考察的客户，电子银行系统公司也可以向其保证公司安全保卫工作的严密性。因为如果公司没有秩序，客户就会以为公司管理混乱，生意就会泡汤。严密的观察同时也可以帮助公司对工人的生产效率进行监控。把那些速度较慢的工人剔除掉。

电子银行系统公司将所有的精力都放在提高生产力上，但这样做的结果却使很多工人有孤独和受监禁的感觉。员工凯瑟琳说："如果你头不转动，只用嘴角窃窃私语，工头一般是不会听到的。"即便这样，她还是有被隔离的感觉。午饭时间，工人就会聚集在外面的停车场上聊个不停。凯瑟琳说："我们很多人吃不了多少，因为你吃得越多聊得就越少。"并且下班后有一项家务令她无法忍受。"我不愿付账单，因为我一封信也不想拆，我会让信在信箱里躺好几天。"

请讨论：电子银行系统公司应用的是哪种管理理论？你怎样评价电子银行系统公司的管理方法？

（二）课外实践题

采访你周围的某位领导者，看看他是如何认识领导工作的，并由此分析他的领导风格。

第八章　激　　励

❖ **学习重点** ❖

1. 激励的基本过程及如何提高激励效果
2. 六大经典激励理论的内涵及其对管理实践的启示

第二十一单元　理解激励的基本内涵与步骤

案例导入

　　1998 年，琼丝创立了友谊卡片公司。2003 年 3 月，琼丝决定让员工去享公司的成功，她宣布，在即将来临的六、七、八 3 个月中，友谊卡片公司星期五也成为休息日。这样，所有员工将拥有三天的周末时间，而与此同时，他们仍得到与五天工作制一样的薪水。

　　在实施三天周末工作制一个月后，琼丝最信赖的一位员工向她坦白，他宁愿得到加薪而不是额外的休息时间，而且他相信很多员工与他的想法相同。

　　琼丝十分惊讶，她的大多数员工不到 30 岁，而年均收入 35 000 美元，这已超过从事相似工作的员工收入的 20%。对于她自己来说，如果年收入已达 35 000 美元，再让她在钱和休息时间之间进行选择的话，她毫无疑问将选择后者，她以为她的员工也会如此。不过琼丝十分开明，在接下来的大会上她召集了所有员工，问他们：“你们是希望得到夏季的四天工作制呢，还是希望得到 4 000 美元的奖金？结果大多数人选择希望得到 4 000 美元的奖金。

　　请问：琼丝为什么会惊讶？她该如何激励她的员工？

　　案例告诉我们，成功的管理者们应该知道哪些措施对人们有作用，哪些措施对人们的影响微乎其微甚至完全不起作用。如果管理者希望他们的员工付出最大的工作努力，就应调整自己的激励实践以满足员工的需求和愿望。为此，我们需要知道什么是激励，如何开展激励。

知识点一：什么是激励

　　什么是激励？下面这个管理培训实践或许有助于我们弄清这个概念。

1．目的

通过游戏让同学们对动机、激励有一个感性的认识和理解，并了解激励的正确方法。

2．程序

首先告诉大家："字典上对动机的定义是'发自内心的，而非来源于外在的做某事的想法'"。

1）对同学们说："请大家全部站起来"。当大家站起来后说："谢谢大家"并请大家坐下。

2）问大家："你们为什么站起来？"

3）得到几个答案之后（把它记下来），再次对同学们说："请大家再站一次。"

4）绝大多数的情况下，没有人会站起来。老师继续说："站起来的人能得到一个小奖品或是期末成绩加 5 分"。并请他们选择，同时拿出小奖品或记分册。

5）这时，若有人站起来，就将小奖品给他（她）或当场在记分册上加5分。于是，就会有大部分同学站起来。

3．讨论

1）第一次站起来是因为你内心真正所想还是按照别人的指示去做？

2）为什么第二次请你站起来时，要花费更多的努力？

3）为什么小奖品或加分能让你再次站起来，你站起来的目的是什么？

4）什么是激励？

4．总结

（略）

（一）激励的含义

通过前面的游戏总结，我们可以认为，激励就是设法让被管理者发自内心地去做某件事。用管理学上的语言来讲，激励实际上就是管理者运用各种管理手段（外部刺激），引起被管理者的某种需要从而激发其动机，促使其产生组织所需要的行为的一个过程。

示例

美国心理学家研究表明：一个人在没有任何激励的情况，其潜力只能发挥出 20%～30%，而一旦有了正确的激励，就能发挥出 75%～90%的潜力。

可见，正确的激励能激发每一个人的积极性、潜力以及工作业绩，所以也就能提高组织的整体绩效。

激励最主要的作用是通过动机的激发调动被管理者的工作积极性和创造性，自觉自愿地为实现组织目标而努力，即其核心作用是调动人的积极性。也就是说，激励就是设法让被管理者发自内心地去做某件事。

（二）激励的要素

在这个过程中，有以下四个基本要素：外部刺激、需要、动机、行为。它们相互作用，构成了对人的激励。

1. 外部刺激

外部刺激是激励的条件。外部刺激是指在激励过程中，管理者为实现组织目标而对被管理者所采取的各种管理手段及相应形成的管理环境。通过刺激，可以激发被管理者的需要。

例如，"动机练习"中的小奖品就是外部刺激（物）。教师通过告诉大家"站起来的人能得到一个小奖品"来刺激大家产生想获得小奖品的需要。

2. 需要

需要是激励的起点与基础。需要是人们对一定客观事物或某种目标的渴求或期望。通常情况下，人们是在外部条件刺激下（诱因），产生强烈的内在需要（内驱力）并最终导致动机的产生。由此看出，人的需要是人们积极性的源泉和实质。

需要是在外部条件刺激下产生的。在小奖品的刺激下，被管理者（学生）产生了未被满足的需要——想加分——但在没站起来的情况下就无法满足。

3. 动机

动机是构成激励的核心要素。动机是一种推动人们从事某项活动的心理动力，动机驱使人们向满足需求的目标前进。需要产生动机，而动机则是需要的表现形式。

知识点

字典上对动机的定义是：发自内心的，而非来源于外在的做某事的想法。

在"动机练习"中，同学们因为想获得小奖品，就会朝着满足这一需要的方向前进，产生站起来的动机。因此，管理者应该充分激发被管理者所希望的动机，使其产生有助于组织目标实现的行为。

4. 行为

有什么样的动机，就会产生什么样的行为，行为是激励的目的。

例如，小游戏中，同学们为了得到小奖品，在动机的驱使下就产生了站起来的行为。

示例

我们在分析一个人为什么会出现某种行为时，总是会先问他的动机是什么，也就是内心是怎么想的。

动机就是行为开始之前的主观愿望、想法和打算。

管理的最终目的是实现组织的目标，而组织目标的实现得益于人们为动机驱使所采取的实现目标的一系列动作行为。因此，我们说行为是激励的目的，也是激励能否取得成效及成效大小的衡量标准。

知识点二：如何进行激励

（一）激励的基本步骤

要回答这个问题，先分析一个案例。

驴拉磨的方式

让驴拉磨的方式有两种：一是蒙上它的眼，牵着它转几圈，然后驴就自己一直转；二是在驴的额头前吊一根胡萝卜，驴为了吃着萝卜就拼命往前走，但始终吃不着，只有在拉完磨之后才能吃到（类似于在狗额头上挂根骨头让狗赛跑）。

读完案例后，请思考两个问题：一是第一种方式与第二种方式有什么不同？二是哪一种方式能运用于人身上？为什么？

回答完上述问题之后，我们再通过对第二种方式的分析，以得出如何进行激励。

（1）能不能在驴前面吊一根骨头？

（2）不把胡萝卜挂在驴的前面行不行？

（3）在驴拉完磨之后不把胡萝卜给驴吃行不行？

（具体分析内容略）

通过分析上述三个问题可以发现，驴有吃胡萝卜的需要，人抓住了它的这种需要，并让它知道在拉完磨后这种需要能得到满足，并且在它拉完磨之后的确满足了驴的这种需要。所以，胡萝卜成为激励驴拉磨的工具。同样的道理，首先要知道并抓住他人的需要，并让他知道在他完成组织所规定的任务后这种需要能得到满足；而且，在他完成任务之后真正满足他的这种需求，那种需要就成为激励员工完成任务的工具了。

于是，我们可以得出：激励他人的典型步骤就是找到别人的需要，然后在他完成组织所需要的行为之后满足他的需要。具体分为三步：

第一步，分析被管理者的需要。

第二步，用被管理者的需要激发其动机并引发其产生组织所需要的行为。

第三步，对完成任务的行为者满足其需要（奖励）或对未完成任务者不满足其需要（惩罚）。奖励的目的就在于让别人知道他的行为是组织所需要的；惩罚的目的就在于让别人知道他的行为是组织所不需要的。

心理学研究表明：需要激发动机，动机引发行为。因此，管理者要想让下属产生组织所需要的行为，就必须激发下属的动机，而要想激发动机，就必须找到下属的需要。当找准了员工的需要并让员工清楚地知道满足需要的条件时，员工就会为了满足自己的需要而付出努力。

案例解析

"案例导入"中琼丝惊讶的原因是她原以为员工会接受自己的政策，但事与愿违。

琼丝要做的就是首先要找准员工的真正需要，而不能把自己的想法当成员工的需要。

（二）激励的简单模式

通过上面的分析，不难发现，激励的具体过程表现为：在各种管理手段与环境因素的刺激下，被管理者产生了未被满足的需要，从而造成心理与生理紧张，寻找能满足需要的目标，并产生要实现目标的动机，由动机驱使，被管理者采取努力实现上述目标的行为，目标实现，需要满足，紧张心理消除，激励过程完结。

简单地讲，激励过程实际上就是一个由需要开始，到需要得到满足为止的连锁反应。首先是感觉到有需要，由此产生要求（要达到的目标），然后造成心理紧张（未满足的欲望），于是引起行动以达到目标，最后是要求得到了满足。当一种需要得到满足后，人们会随之产生新的需要，作为未被满足的需要，又开始了新的激励过程，这就是激励的简单模式，如图 8.1 所示。

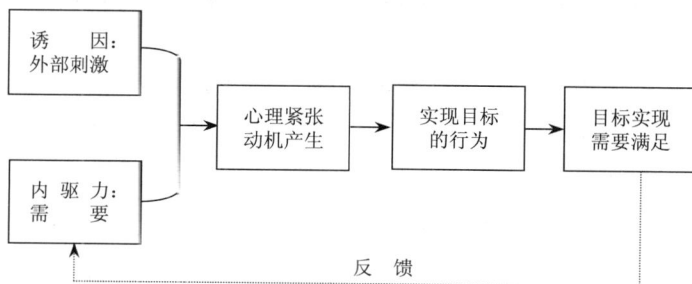

图 8.1　激励过程的简单模式

第二十二单元　掌握六大经典激励理论及其启示

案例导入

助理工程师黄大佑，一个名牌大学生高材生，毕业后工作已8年，于4年前应聘到一家工厂工程部负责技术工作，工作勤恳负责，技术能力强，很快就成为厂里有口碑的"四大金刚"之一，名字仅在一号种子厂技术总管陈工之后。然而，工资却同仓管人员不相上下，一家三口尚住在来时住的那间平房。对此，他心中时常有些不平。

黄厂长，一个有名的识才老厂长，"人能尽其才，物能尽其用，货能畅其流"的孙中山先生的名言，在各种公开场合不知被他引述了多少遍，实际上，他也是这么做的。4年前，黄大佑调来报到时，门口用红纸写着"热烈欢迎黄大佑工程师到我厂工作"几个不凡的颜体大字，是黄厂长亲自吩咐人秘部主任落实的，并且交代要把"助理工程师"的"助理"两字去掉。这确实使黄大佑当时春风不少，工作更卖劲。

2年前，工厂有指标申报工程师，黄大佑属有条件申报之列，但名额却让给一个没有文凭、工作平平的老同志，他想问一下厂长，谁知，他没去找厂长，厂长却先来找他了："黄工，你年轻，机会有的是。"去年，他想反映一下工资问题，这问题确实重要，来这里其中一个目的不就是想得高一点工资，提高一下生活待遇吗？但是几次想开口，都没有勇气讲出来，因为厂长不仅在生产会上大夸他的成绩，而且，曾记得，有几次外地人来取经，黄厂长当着客人的面赞扬他："黄工是我们厂的技术骨干，是一个有创新的……"哪怕厂长再忙，路上相见时，总会拍拍黄工的肩膀说两句，诸如"黄工，干得不错"，"黄工，你很有前途"。这的确让黄大佑兴奋，"黄厂长的确是一个伯乐"。此言不假，前段时间，他还把一项开发新产品的重任交给他呢，大胆起用年轻人，然而……

最近，厂里新建好一批职工宿舍，听说数量比较多，黄大佑决心要反映一下住房问题，谁知黄厂长又先找他，还是像以前一样，笑着拍拍他的肩膀："黄工，厂里有意培养你入党，我当你的介绍人。"他又不好开口了，结果家没有搬成。

深夜，黄大佑对着一张报纸招聘栏出神。第二天一早，黄厂长办公台上压着一张小纸条。

　　　长：

是一个　得　人　的　领导，　十分　　　，　决定　了。

　　　　　　　　　　　　　　　　　　　　　　　　大　于

请问：黄工程师为什么要走？你认为黄厂长该如何做才能留住黄工程师？

黄工程师的职称、工资、住房等需要没有得到满足，而且每当他想提出这种需要的时候，总是被厂长的口头表扬所阻止；虽名列公司"四大金刚"之一，但工资水平和仓管人员不相上下。这些或许是他离开的原因所在吧。

正如前文所述，激励首先需要弄清楚别人的需要。那人的需要到底有哪些？管理者该如何抓住人们的需要进行有效的激励？对于这些问题，世界著名管理学家、心理学家经过长期调查研究，最终总结形成了许多著名理论。这些经典的激励理论通过研究运用什么样的方式方法激发人们的动机，为我们给出了参考答案，我们可以根据这些理论在现实生活中依据权变原理灵活应用。

知识点一：马斯洛的需要层次论

（一）理论内涵

美国心理学家亚伯拉罕·H.马斯洛（Abraham H. Maslow）于 1943 年提出了"需要层次论"（Need-hierarchy Theory），内涵如下。

1. 假设每个人都有五个层次的需要

1）生理需要。指维持人类自身生命的基本需求。如对衣、食、住、行及性满足等的基本需要。

2）安全需要。指人们保护自己现在和将来免受人身、财产及情感心理威胁或伤害的需要。

3）社交需要。指人们希望与人交往、避免孤独的需要。包括友谊、爱情、同事交往、工作归属感等。这说明，人们希望在一种被接受的情况下工作，希望属于某个群体而不希望在社会中成为离群的孤鸟。

4）尊重需要。包括自我尊重和受人尊重两方面。自我尊重指自尊、自爱、自强、自主及成就感；受人尊重指地位、认可和关注等，也就是自己做出贡献时能得到他人的承认。

5）自我实现需要。指使人能最大限度地发挥潜能，实现自我价值和抱负的欲望。

2. 五个需要之间的关系

马斯洛认为：

1）以上五个层次的需要是呈金字塔形从低到高的排列，生理和安全需要属于较低级需要，社交、尊重和自我实现需要则属于较高级的需要。

2）不同层次的需要可同时并存，其中总有一种需要占主导、支配地位，人的行为主要受这种需要的驱使。而且，只有低一层次需要得到基本满足之后，较高层次需要才成为主导需要。

示例

我国在改革开放之前，人们生活水平很低，温饱问题都得不到解决，很难谈得上娱乐、社交；现在，大家生活水平提高了，衣食住行有了保障，人们对所追求精神生活具有更高层次的要求。

3）虽然不存在完全获得满足的需要，但那些获得基本满足的需要也不再具有激励作用。

（二）对管理实践的启示

根据马斯洛的需要理论，管理者在管理实践中应该做到以下几点：

1）正确认识被管理者需要的多层次性和多样性，对其需要应进行科学分析并区别对待。同一个人不同时期的需要不同，不同的人同一时期需要也各不相同，因此，管理者需要在科学分析的基础上，找出受时代、环境及个人条件差异影响的主要需要，然后有针对性的激励，以收到"一把钥匙开一把锁"的预期激励效果。

2）努力将本组织的管理手段、管理条件同被管理者的各层次需要联系起来，不失时机地、最大限度地满足被管理者的需要。

知识点二：赫茨伯格的双因素理论

（一）理论内涵

美国心理学家弗雷德里克·赫茨伯格（Fredrick Herzberg）于 20 世纪 50 年代提出了著名的双因素论（Motivator-hygiene Theory）。该理论将员工的需要归结为保健因素和激励因素两类，因此又被称为激励-保健理论。

补充说明

赫茨伯格认为个人对工作的态度在很大程度上决定着任务的成功与失败。为此，他调查了这样一个问题：人们希望从工作中得到什么？他要求人们在具体情境下详细描述他们认为工作中特别好或特别差的方面，基于调查结果，他认为，满意的对立面不是不满意，而是没有满意；而不满意的对立面是没有不满意，而不是满意。

1. 保健因素

保健因素指的是和工作环境或条件相关的、一旦没有满足就会导致员工工作不满意感的外部因素。如管理政策与制度、工作条件、人际关系、薪金、福利待遇、职务、地位、工作安全等。

当人们得不到这些方面满足时，人们感到不满意，从而影响工作；但当人们得到这些方面满足时，只是消除了不满，却不会调动人们的工作积极性，即不起明显的激励作用。因此，赫茨伯格将这些因素称为保健因素。之所以称为保健因素是因为它如同卫生保健对人们身体的影响：加强了，可以预防疾病保护健康但不能治病；放松了，就会增加疾病入侵的可能。

2. 激励因素

激励因素指的是与工作本身相关的、满足了就会给员工带来满意感的内在因素。如工作成就感、工作挑战性、工作中得到的认可与赞美、工作的发展前途、个人成材与晋升的机会等。

当人们得不到这些方面满足时，工作缺乏积极性，但不会产生明显的不满情绪；当人们得到这些方面的满足时，会对工作产生浓厚的兴趣，产生很大的工作积极性，起到明显的激励作用，故称为激励因素。

重要说明

保健因素相当于基本待遇，也就是保证员工完成工作任务的基本条件，是员工应得的东西。员工得到了，觉得理所当然，但不会觉得受重视；得不到，就会表示不满。因此，改善了这些因素，只能消除不满意感，并不一定能带来满足感，但能起到保持人的积极性、维持工作现状的作用。

激励因素相当于额外的奖励，得不到不会有不满意，但得到了，就等于得到了奖赏，必然会斗志昂然。因此，激励因素的改善具有激励作用，会增加员工工作的满意感。

（二）对管理实践的启示

赫茨伯格的观点对管理实践主要有以下启示：

1）要善于区分管理实践中存在的两类因素。一是对保健因素要给予基本的满足，以消除下级的不满。例如，不断改善工作条件、住房、福利待遇等，可以保持下属的工作热情。二是要抓住激励因素，进行有针对性的激励。对员工最有效的激励就是使其对所从事的工作本身满意，因此，管理者应该运用各种手段诸如调整工作的分工，增加工作的挑战性，实行工作内容丰富化、提升发展空间等来增加员工对工作的兴趣，千方百计地使员工满意自己的工作，从而达到有效激励的效果。一句话：管理者应不断满足员工的基本需要（如改善工资待遇、工作条件、人际关系等），在此基础上论功行赏，改善工作本身，让员工感觉到受重视、有前途，从而激发员工积极性。

2）正确识别与挑选激励因素。能够对员工积极性产生重要影响作用的激励因素在管理实践中不是绝对的，它受到社会、阶层及个人的经济状况、社会身份、文化层次、价值观念、个性、心理等诸多因素的影响。因此，在不同国家、不同地区、不同时期、不同阶层、不同组织乃至每个人，最敏感的激励因素是各不相同的,有时差别还很大,因此,必须在分析上述因素的基础上,灵活地加以确定。例如,高薪对于事业心很强精力充沛的年轻人来说具有很强的激励作用,为此他们甚至可以牺牲正常的节假日休息;而对于年龄较大的员工来说,他们宁可少拿点钱也要保证足够的休息时间。

3)从双因素理论看薪酬管理:基本待遇(长期不变的固定工资、福利等)属于保健因素,它应属于薪酬体系的基础部分,是保障员工基本生活与工作需要的部分,它应该保持基本稳定,否则会导致员工的不满意,影响其工作积极性。改善基本待遇,能消除"不满意",但不能带来"满意",员工可能处于一种既没有"不满意",也没有"满意"的中间状态;而奖金、绩效工资(中短期的浮动工资和奖金)由于是对员工成绩的认可,因此,属于激励因素,要在考核的基础上加大比例,以真正激发员工的工作满意度,提高工作业绩。这部分工资应该处于变化之中,否则会转化为保健因素,失去激励作用。

知识点三:麦克莱兰的三种需要理论

(一)理论内涵

美国著名心理学家大卫·麦克莱兰(David McClelland)在 1955 年对马斯洛理论的普遍性提出了挑战。经过多年的研究,1969 年,麦克莱兰出版了《激励经济成就》一书,在该书中将人的需要归纳为三大类:成就需要、权力需要和归属需要,从而形成了三种需要理论(Three-needs Theory)。麦克莱兰认为,人的这三种需要不是与生俱来的,而是后天工作和生活中学习得到的。

自我测试

假定你的前面有 1 袋豆子和 5 个靶子。你的任务是要用豆子击中靶子。靶子一个比一个远,因此,一个比一个更难击中。A 靶子很容易击中,只有一步之遥。如果你击中,会得到 20 元。B 靶子稍远一些,约有 80%的人能击中,报酬是 40 元。C 靶子的报酬是 80 元,约有一半的人可以击中。很少有人可以击中 D 靶子,但如果击中报酬是 160 元。最后,如果击中 E 靶子,报酬是 320 元,但几乎没有人能够做到。你会选择哪一个目标试一试?如果你选择 C 靶子,你很可能是一个较高成就需要的人。为什么?接着读下去。

1. 成就需要

成就需要即达到标准、追求卓越、争取成功的需要。高成就需要者有强烈的内驱力要将事情做得更好,使工作更有效率,以获得更大的成功,但他们追求的是个人的成就感而不是成功之后所带来的奖励,我们将这种内驱力称为成就需要。

高成就需要者不是赌徒,他们不喜欢凭运气获得的成功,他们愿意接受困难的挑战，并能承担成功与失败的责任，但他们不愿使结果受运气或他人的左右，也就是说，他们不喜欢接受那些在他们看来特别容易或者特别困难的工作任务。对于自己感到成败机会各半的工作，也就是成功可能性在 50% 的时候，他们表现得最为出色，他们喜欢设定通过自身的努力才可达到的奋斗目标。对他们而言，当成败可能性均等时，才是一种能从自身的奋斗中体验成功的喜悦与满足的最佳机会。（"自我测试中"选 C 的人大都属于这个类型）

2. 权力需要

权力需要即影响和控制他人或不受他人控制的欲望。具有高权力需要的人热衷于"承担责任"，努力影响他人，喜欢竞争性强和重视地位的工作环境。与有效的绩效相比，他们更关心威望和获得对他人的影响力。

3. 归属需要

建立友好亲密的人际关系的愿望，也就是寻求被他人喜爱和接纳的一种愿望。高归属需要者渴望友谊，喜欢合作而不是竞争的环境，希望彼此之间的沟通与理解。

（二）对管理实践的启示

三种需要理论告诉我们，管理者只有搞清楚每个人属于哪种类型才能进行有针对性的激励。

1）高成就需要者喜欢能独立负责、可以获得信息反馈和中度冒险的工作环境。在这种环境下，他们可以被高度激励。不少证据表明高成就需要者在企业中颇有建树，如在经营自己的企业、管理大公司中的一个独立部门及处理销售业务等方面。对于高成就需要者，可以通过给他想干的、有挑战性的工作或满足他的工作需要来进行激励。

2）高成就需要者并不一定就是一个优秀的管理者，尤其是对规模较大的组织而言。例如，一名高成就需要的推销员，并不一定成为优秀的销售经理；一位优秀的教师不一定能成为一名优秀的校长。

示例

有些人有本事但不愿意当"官"，可我们许多企业都喜欢把那些工作出色的员工提拔为管理者，结果就发现，这个人当了"官"之后并没有带来预期的结果，而这个人自己也在苦恼为什么坐到这个职位上总是很别扭，就是这个道理。

3）归属需要与权力需要和管理的成功密切相关。最优秀的管理者是权力需要很高而归属需要很低的人。对于权力需要者，可以通过职位的晋升和授权来进行激励。对于归属需要者，可以通过给予尊重和认可、营造一种良好的人际氛围来激励。

4）员工可以通过训练来激发他的成就需要。如果某项工作要求高成就需要者，那么管理者可以通过直接选拔的方式找到一名高成就需要者，或者通过培训的方式培养自己原有的下属。

知识点四：弗鲁姆的期望理论

期望理论（Expectancy Theory）是美国心理学家维克托·H. 弗鲁姆（Victor H. Vroom）于 1964 年提出来的，这一理论通过人们的努力行为与预期结果之间的因果关系来研究激励的过程。

（一）理论内涵

这种理论认为，人们对某项工作积极性的高低，取决于他对这种工作能满足其需要的程度及实现可能性大小的评价。通俗地讲，就是只有当一个人预期某种行为会给他带来具有吸引力的结果时，他才会采取积极的行动。具体而言，当员工认为努力会带来良好的绩效评价时，他就会受到激励进而付出更大的努力；良好的绩效评价会带来组织奖励，如奖金、加薪或晋升；组织奖励会满足员工的个人目标。因此，这一理论着眼于三种关系。如图 8.2 所示。

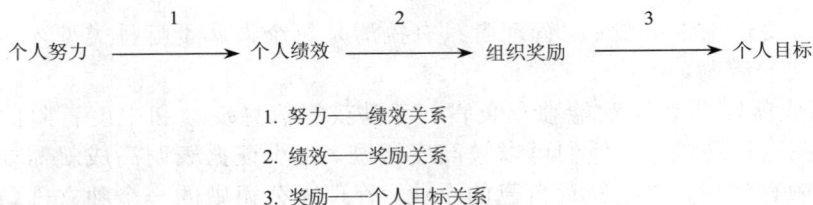

图 8.2　期望理论示意

1. 努力-绩效关系

努力-绩效关系，即个人认为通过一定程度的努力会带来一定工作绩效（组织给员工设定的目标或规定的任务）的可能性。例如，如果我付出了最大的努力，能否实现组织期望的目标？需要付出多大努力才能达到某一绩效水平？我是否真的能达到这一要求？概率有多大？在其他因素正常的情况下，仅从这一角度来讲，如果员工觉得实现的可能性越大，其积极性就会越高。

2. 绩效-奖励关系

绩效-奖励关系，即个人对达到一定工作绩效后即可获得期望的奖赏的信任程度。例如，当我达到这一绩效水平后，会得到自己所期望的奖赏吗？同样，如果觉得获得期望的奖赏的可能性越大，员工的积极性就会越高。

3. 奖励-个人目标关系

奖励-个人目标关系，即所获得的实际奖赏对个人的重要性程度和吸引力。例如，这一奖赏是不是我的需要？对我有多大好处？一般，如果员工觉得给予的奖赏对自己很重要，其积极性就会高。如果员工努力工作以期获得晋升，但得到的却是加薪；或者员工希望得到一个比较有挑战性的工作，但得到的却是几句表扬的话，这两种情况下，对员工的激励就达不到最佳效果了。

（二）对管理实践的启示

期望理论对管理实践的启示主要体现在——只有当一个人觉得自己通过努力能够完成组织规定的任务（或绩效），而且完成任务后能够获得应有的奖励，这一奖励刚好又是自己最想要的奖励的时候，他的积极性就会空前高涨。

示例

当学生重视分数，并知道只要坚持听讲就能得到理想分数、获得好成绩时，就会高度努力、坚持听讲。但当学生努力之后并没有实现预期目标（也就是考砸了）时，可能就不再努力了。但如果学生坚持来上课是为了认识更多的朋友，而老师却以为他希望获得好成绩，那学生考砸了的时候，伤心的就只有老师一个人了。

医生的期望是能够极大地影响一种新药或新的医疗方法的功效，产生一种被医学专业称为"安慰剂效应（placebo effect）"的结果。

"预言导致预言的实现"。

1. 目标激励与悬赏激励相结合

目标激励与悬赏激励相结合，也就是通过设定一定的目标来进行激励，这是从第一种关系（努力-绩效关系）来讲说的。

1）确定目标的标准不宜过高，也不能过低。凡是能起广泛激励作用的工作项目，都应是大多数人经过努力能实现的，这样，通过增大实际概率，来增强激励作用。如果一个人通过努力有较大可能获得好成绩时，他就会信心十足地去做好工作，如果工作太难或是目标定的太高，可望而不可及，就会丧失信心，那样就不会有积极性。因此，一方面，要通过指导和培训来提高职工的能力，以保证员工有能力完成某项工作任务，并根据每个人的能力特长来分配来安排工作；另一方面，就是制定的工作目标必须切实可行，并尽可能排除那些可能会干扰职工完成任务的不利因素。

2）不同的人应设立不同的目标。因为，不同的人，由于工作能力等不同，对同一目标是高是低则会有不同的感受。而且，在一个组织中，对于许多人来说，做好工作并不是他的终极目标，人们总是希望在取得好的成绩后，获得适当的奖励或报酬。如果只有一个目标，或是奖酬与工作成绩之间没有关联，那他的工作干劲就很难保持下去，因此，可以设立不同的目标，进行悬赏激励，即通过设立奖励等级，把奖酬与工作成绩挂钩。

2．兑现诺言

这一点在现实生活中非常重要。一些组织的领导者，在工作开始之前为了激发员工的积极性，总是许诺工作完成之后进行奖励，可一旦工作完成，领导者往往又会因为受奖励的太多而对奖励内容进行缩水甚至不再进行奖励，从而引发员工的不满。

因此，管理者一旦答应进行奖励，就必须兑现诺言，只有当员工觉得自己该获得奖励时就能获得奖励的时候，激励效果才能长久。这是从第二种关系（绩效-奖励的关系）来说的。

补充说明

期望理论对人的认识是以"经济人"假设为基础的，基于东西方文化的差别，一方面，我们不能完全照搬这一理论，例如，按照这一理论我们就无法理解"明知山有虎，偏向虎山行"、就无法理解见义勇为等无利而为的义举了；另一方面，我们又不能回避一般人都有的趋利避害的心理。例如，人们不一定专挑有好处的事去做，但明知没有好处的事一般都不会去做。再比如，一些人见义勇为不一定是为了得到什么奖赏，但许多人不见义勇为是感觉到一旦见义勇为不成功自己划不来。因此，正确运用期望理论的做法应该是：我们一定要在全社会范围内形成一种风气，让见义勇为者得到好报，这样才会有更多的人见义勇为。

3．按需激励

按需激励也就是要根据员工的需要来进行激励，即选择员工感兴趣、评价高，也就是对员工吸引力大的激励手段。这是从第三种关系（奖励-个人目标关系）来说的。

如果不从实际出发，不考虑员工的实际需要，只从管理者本人或上级主管的长官意志或兴趣出发，推行对员工来说重要性不高、吸引力不大的项目，是不可能收到激励作用的。员工总是希望通过努力使所得到的奖酬能满足自己的需要，如果人们所获得的奖酬不是他们所需要的，那这样的奖励就不会起到较好的激励作用。由于人与人之间在年龄、资历、社会地位、经济条件等方面存在着差异，反映在需要上也就有明显的个体差异，同一形式的奖励，对不同的人们所体现的效价不同，激励力量也不同。因此，奖励要因人而异、内容丰富、形式多样、奖人所需，只有这样，才能真正发挥奖励的效用。

知识点五：亚当斯的公平理论

示例

如果你大学刚毕业，有一家单位给你月薪 2 000 元的工作，你可能会很乐意接受，并且努力工作，你对自己的收入也十分满意。可是，假如你工作了一两个月后，发现另一位与你同时毕业、学历、经历相差无几的同事月薪为 3 000 元时，你会有什么反应呢？毕业一年同学聚会，结果你发现在你的同班同学尽管在另一家公司从事着和你一样的工作，但月薪却达到了 4 000 元，你又会有何反应？

失望？时不时发点牢骚？跳槽？都很正常。这并不是说你嫌 2 000 元低，实际上刚毕业就能拿到 2 000 元已经很不错了，问题的关键是你觉得不公平，同样的付出，为什么收入上的差别这么大呢？

大量的事实表明，人们经常将自己的付出与所得和他人、和自己的过去相比，而由此产生的不公平感将影响到此人以后付出的努力。有人通过对一事实的研究提出了公平理论（Fair Theory）。

（一）理论内涵

公平理论是美国心理学家 J. 斯达西·亚当斯（J. Stacey Adams）于 1965 年提出的，这一理论重点研究个人做出的贡献与所得报酬之间关系的比较对激励的影响。该理论认为，人的工作积极性不仅受其所得绝对报酬（自己的实际收入或所得报酬）的影响，更重要的是受其相对报酬（自己的收入或所得报酬与自己的付出之比值）的影响。员工首先思考自己收入与付出的比率，然后将自己的"收入/付出"与相关他人的"收入/付出"进行比较，如果员工感觉自己的比率与他人的相同，则为公平状态；如果感到二者的比率不相同，则产生不公平感，也就是说，他们会认为自己的收入过高或过低。这种不公平感出现后，员工们就会试图去纠正它。该理论也被称为"社会比较理论"。

1. 付出与报酬

付出指的是一个人自己觉得付出的劳动量的多少、效率高低和质量好坏，还指自己所感受到的能力、经验、资历、学历投资等贡献的高低或多少，如体力脑力消耗、技术水平高低、工龄长短、工作态度等。

收入（或所得报酬）指的是一个人主观认识到的工作劳动后所得到的回报，如工资、奖金、赞赏、表扬、名誉、地位甚至自己体会到的成就感等。

相对报酬指的是个人的收入与付出的比值，即"收入/付出"。

2. 比较

在公平理论中，员工所选择的与自己进行比较的参照对象主要有四种。

小提示

人们时时刻刻都在自觉不自觉的比较，与不同时期的自己比，与他人比，比较的结果如果感到公平就会继续努力；否则，便会产生情绪影响正常的工作、学习和生活。

1）内部的自我——员工会把自己在当前组织中不同职位上的"收入/付出"进行比较。当（收入/付出）$_{职位2}$≥（收入/付出）$_{职位1}$时，员工才会选择从职位1调至职位2。

2）内部的他人——员工会把自己的"收入/付出"和本组织中从事相似工作或能力相同的其他人的"收入/付出"进行比较。当（收入/付出）$_{自己}$≥（收入/付出）$_{他人}$时，员工才有公平甚至优越感。

以上两种比较称为内部比较，体现的是内部公平。

3）外部的自我——员工会把自己目前的"收入/付出"和在以前的组织中相同职位上"收入/付出"进行比较。当（收入/付出）$_{当前}$≥（收入/付出）$_{过去}$时，员工才会对自己的跳槽表示满意。

4）外部的他人——员工会把自己目前的"收入/付出"和其他组织中相同职位或相同能力的人的"收入/付出"进行比较。当（收入/付出）$_{自己}$≥（收入/付出）$_{他人}$时，员工才有公平甚至优越感。

以上两种比较称为外部比较，体现的是外部公平。

是否感到公平，所依据的就是相对报酬比较出来的结果。相对报酬如果相等，员工就会感到公平，否则就会感到不公平。

基于公平理论，当获得公平感受时，员工会感到心情舒畅，努力工作；当得到不公平感受时，就会出现心理上的紧张、不安，从而使员工采取行动以消除或减轻这种心理紧张状态。通常情况下他们可能会采取以下几种做法：改变自己的投入（如不再那么努力）；改变自己的产出（如实行计件工资的员工通过追求数量降低质量以提高工资）；改变自我认识（如原认为自己付出的不够，但现在觉得自己比其他人都努力）；改变对其他人的看法（如认为某某的工作不像以前认为的那样令人满意）；选择其他参照对象进行比较（如比上不足、比下有余）；离开工作场所（如辞职）。

（二）对管理实践的启示

公平理论告诉我们，组织中的员工不仅关心从自己的努力中所得的绝对报酬，而且还关心自己的报酬与他人的报酬的关系。他们将自己不同时期的"收入/付出"以及自己的"收入/付出"和别人的"收入/付出"进行比较，做出判断。因此，对我们的管理实践具有重要的指导作用。

1）管理者必须高度重视相对报酬问题。员工对自己的报酬进行外部、内部比较这是必然的现象。管理者如果不加以重视，很可能出现"增收"的同时亦"增怨"的现象。中国自古就有"不患寡而患不均"这种普遍的社会现象，所以，管理者必须始终将相对报酬作为有效激励的方式来加以运用。

示例

解决工资低的抱怨，不一定非得加工资，有时员工报怨工资低是因为相比较后产生的不公平感，只要通过调整工作内容，改变工资制度就能改变；从经济学的角度来讲，工资涨到一定程度后，旅游休闲对劳动者的价值可能更大，继续增加工资可能不会使员工付出更多，反而会使其减少劳动供给。

2）要尽可能从制度上实现相对报酬的公平性。例如，通过外部薪资调查，保持本组织的竞争优势，实现外部公平，这样有利于吸引人才。再如，在内部薪资管理上，将报酬与工作表现、业绩挂钩，多劳多得，鼓励先进，鞭策落后，实现内部公平，有利于留住人才。

3）当出现不公平现象时，要做好工作，积极引导，防止负面作用发生。并通过管理的科学化，消除不公平，或将不公平产生的不安心理引导到正确行事的轨道上来。

知识点六：斯金纳的强化理论

（一）理论内涵

强化理论（Reinforcement Theory）是美国哈佛大学心理学教授 B. F. 斯金纳（B. F. Skinner）提出的。斯金纳在巴甫洛夫条件反射（经典条件反射）理论的基础上，提出了"操作条件反射理论"，认为人类（或动物）为了达到某种目的，本身就会采取行为作用于环境。当行为的结果有利时，这种行为就重复出现；不利时，这种行为就减弱或消失——行为是其结果的函数。

在管理实践中，常用的强化手段有正强化、负强化、惩罚和自然消退四种类型。

1. 正强化

正强化又称积极强化，即奖励。指奖励那些符合组织需要的行为，以使这些行为得到进一步加强并经常出现，从而有利于组织目标的实现。正强化的刺激物包括奖金等物质奖励，还包括表扬、提升、改善工作条件等物质奖励。正强化包括制度化的奖励和根据员工表现所进行的不定期、不定量的奖励。

2. 负强化

负强化又称消极强化，即事先警告。指事先指出那些不符合组织需要的行为，并说明这些行为的危害以及对这些行为将要采取的惩罚措施，从而使这些行为减少甚至不发生，从而保证组织目标的实现。这种强化方式能从反面促使人们重复符合要求的行为。例如，员工得知不努力工作就会受到批评，而努力按时完成任务，就可以避免领导的批评，于是员工就一直按时努力完成任务。员工之所以努力完成任务，是为了避免领导的批评。

3. 惩罚

惩罚是指对那些不符合组织需要的行为进行惩处，以使这些行为削弱甚至消失。例如，有的员工工作没有做好时，管理者即施以不利的回报，如警告、记过、降职、罚款、开除等，其目的在于杜绝以后再出现类似情况。惩罚一定要维持其连续性，即每一次出现这些不符合需要的行为都要及时进行惩罚，从而消除人们的侥幸心理，减少直至完全消除这种行为重复出现的可能性。

4. 自然消退

自然消退指取消正强化，对某种行为不予理睬，以表示对该行为的轻视或某种程度的否定。例如，对于那些喜欢打小报告的人可以采取故意不理会的态度，以使这类人因自讨没趣而自动放弃这种不良行为。但这种消失的行为在没有良好的行为置换时可能会死灰复燃，所以最好与其他方式结合使用。

（二）对管理实践的启示

强化理论对管理实践有重要的指导作用：

1）要明确组织所需要的行为和不需要的行为。员工只有知道了组织需要什么，才能表现出什么。对组织需要的行为，一定要进行奖励，而对组织所不需要的行为则一定不能在有意无意之间进行了奖励。

2）奖励与惩罚相结合，"以奖为主，以罚为辅"。也就是对正确的行为，对有成绩的个人或群体给予适当的奖励；同时，对于不良行为，对于一切不利于组织工作的行为则要给予处罚。大量实践证明，奖惩结合的方法优于只奖不罚或只罚不奖的方法。强调奖励与惩罚并用，并不等于奖励与惩罚并重，而是应以奖为主，以罚为辅。因为过多运用惩罚的方法，会带来许多消极的作用，在运用时必须慎重。

3）及时而正确强化。所谓及时强化，是指让人们尽快知道其行为结果的好坏或进展情况，并尽量的予以相应的奖励。而正确强化就是要"赏罚分明"，即当出现良好行为时就给予适当的奖励，而出现不良行为时就给予适当的惩罚。及时强化能给人们以鼓励，使其增强信心并迅速的激发工作热情。但这种积极性的效果是以正确强化为前提的。相反，乱赏乱罚决不会产生激励效果。

4）奖人所需，形式多样。要使奖励成为真正强化因素，就必须因人制宜地进行奖励。每个人都有自己的特点和个性，其需要也各不相同，因而他们对具体奖励的反应，也会大不一样。所以奖励应尽量不搞一刀切，应该奖人之所需，形式多样化。只有这样才能起到奖励的效果。

示例

一些人认为，奖励只适合于那些符合我们所需要的行为，而那些不符合需要的行为，则必须进行惩罚。实际上，我们既然可以采用逐渐加大奖励幅度的做法来促使所需要的行为不断出现，也就可以采用逐渐减少奖励幅度的做法来减少甚至消除一些所不需要的行为。

门房旁边放了一张旧钢丝床，接连几天一些小朋友下午放学后就来蹦蹦跳跳，严重影响了王大爷的休息，可是不管他怎么说甚至是拿着扫帚赶，这些小家伙就是不走，反而和王大爷玩起了老鹰抓小鸡的游戏。王大爷拿他们真是没办法。大学生小张给王大爷支了一招：第一天，王大爷拿出一个大苹果对小朋友们说："你们来个蹦床比赛，谁蹦得最高，这个苹果将给谁。"小朋友一看玩耍还有奖品，蹦劲十足。最后，蹦的最高的小朋友果真得到了大苹果。结束时，王大爷对他们说，明天你们还来吧，照样有奖品。第二天，王大爷的奖品是一个棒棒糖，比第一天的苹果诱惑力小了许多，小朋友们本着"既来之、则安之"的思想，又蹦了一阵子。第三天，王大爷拿出了一个小玻璃球，小朋友们一看，没意思，一哄而散，再也没兴趣蹦了。

六大经典激励理论中，需要层次理论、双因素理论、三种需要理论主要讨论的是影响激励的各和因素，即从研究人的心理需要而形成激励的基础理论，它着重对激励诱因与激励因素的具体内容进行研究，因而被称作内容型激励理论；期望理论、公平理论则着重研究人的动机形成过程，例如，期望理论认为只有在人们觉得对自己有利时动机才会出现，而公平理论认为只有在一个人觉得公平时才会采取积极行动。因此，这两个理论被称为过程型激励理论。强化理论主要研究如何改正人们的行为方式。因此，被称为行为改造型激励理论。

案例解析

"案例导入"中黄工的需要中，职称（一种地位的象征）属于受尊重需要；工资和住房属于生理需要。

黄工名列公司"四大金刚"之一，可见其付出很大，但工资水平和仓管人员不相上下，按照公平理论，黄工的相对报酬（收入/付出）要小于仓库管理员的相对报酬（收入/付出），这会给黄工带来一种不公平的感受。也正是这种不公平感受以及各种需要屡次得不到满足才最终导致了黄工的辞职。

因此，黄厂长要想留住黄工，就应该和黄工程师进行沟通，了解并满足他的真正需要，而不是一味地进行口头表扬。

案例告诉我们：人们的需要是多方面、多层次的，管理者要把下属的物质需求和精神需求结合起来，找准员工的真正需求并在一定程度上满足其需求。

第二十三单元　了解一些激励实务性知识

案例导入

在现实生活中，管理者尽管采用了大量的激励政策，但员工总就是不能按管理者所希望的、要求的、渴望的方式行事。

例如，学校要求老师上课认真，提高课堂效果，但实际上老师的工资奖金不是以老师的上课水平和课堂效果作为衡量准则；相反，学校却是以学历、工龄、职称、工作量（课时数）以及几个专家评估和学生的打分为标准来支付老师的工资和奖金。其结果，老师们都会为了多拿工资而拼命地多上课、提高学历和职称，却不把主要精力放在如何提高教育教学质量上。

企业都希望员工都能主动承担工作、需要有更好的成果，但承担工作最多的人总是那些工作效率最高的人，受到责备或批评惩罚最多的也总是那些工作做的最多的人，而那些最会抱怨且光说不做的人和那些看起来最忙碌的人却总是因为失误少和"没有功劳，也有苦劳"的原因得到了更多的奖励。其结果，人人都不愿意承担责任、不愿意提高工作效率，组织里充满着一群似乎非常忙碌的所谓的"敬业者"。

每个组织都需要创新，需要有创意的人，但却总是把担子压给那些提出新建议、新方案的人（谁提出来，谁负责），责罚那些敢于标新立异的人，处罚未能成功的创意，而去奖励那些墨守成规、唯唯诺诺的行为。其结果，没有人敢提新建议、新方案，上班的氛围死气沉沉，可在下班的班车内，"僵死的人"瞬间苏醒。

每个单位都要求团队精神，却总是奖励团队中的某一个优秀成员而忽视甚至牺牲了他背后的其他人；那些善用人际交往伎俩的人总是较快地得到了提拔，心地善良、工作扎实但不善交往的人却被认为是不合群的人。其结果，团队精神只能是一句时髦的口头禅，该怎么窝里斗还怎么斗。

谁都强调忠诚，但却总是付较高的薪水给那些威胁要离职的人，而忘了那些正在就就业业的人；我们强调诚信，但那些专挑领导喜欢的话说的人总是受到表扬，而那些耿直无私的人总是被视为眼中钉。

请问：为什么会出现这些情况呢？问题究竟出在哪里？

知识点：激励的误区与对策

（一）激励的误区

或许，从下面一则寓言中，我们能得到上述案例的答案。

示例

渔夫、蛇与青蛙

一天，渔夫在船边俯视时，发现一条蛇咬着一只青蛙。他可怜那只青蛙，就俯下身来，轻轻地拿走青蛙。但是，回过头来，他又可怜这条饥饿的蛇。因为没有食物，他只好拿出一瓶威士忌酒，朝蛇的嘴里倒了几滴。蛇快乐地游走了，渔夫也为自己的善行感到快乐。他认为一切都很好，直到几分钟以后，他听到有东西在撞击他的船，朝船下一看，渔夫简直不敢相信，原来蛇又回来了——还咬了两只青蛙。

我们来分析一下这个寓言。

（1）为什么蛇会回来？

（2）渔夫把酒给蛇喝是不是他的初衷？这一行为带来了什么结果？

（3）渔夫的实际行为与原本真正用意之间的偏差在哪里？

（4）你认为渔夫应该怎么做才符合他的初衷？

（具体分析内容略）

从这则寓言可以看出，现实生活中，管理者尽管采用了大量的激励政策，但员工总是不能按管理者所希望的、要求的、渴望的方式行事，现在看来，不是激励失效，而是激励错了——正确的行为被忽视或被惩罚，而错误的行为却被奖励——就像那个渔夫一样，奖励了错误的事情；像那条蛇一样，因错误的事情而得到奖励。这就是一些管理者经常陷入的误区。

（二）提高激励效果的几点建议

结合前面的案例和那些经典的激励理论，可以找到以下一些提高激励效果的方法。

1. 需要什么行为，就奖励什么行为；奖励的越多，得到的越多

我们得到的，往往不是我们所希望的、要求的、渴望的或是哀求的，而是我们所奖励的。在任何情况下，人们包括动物都会做对他（它）们最有利的事。职员表现不佳，并不是因为无知、愚蠢或懒惰，他们只是按照各种奖励制度（有显性的文字规章制度，也有隐性的约定俗成或是逐渐形成的群体规范或是领导的口头承诺、会议发言等）教他们的道理去做。所以，要想员工做什么，就应该奖励什么行为，你越奖励，员工的积极性就会越高。

同时还要注意的是：奖励要新颖、诚恳（不刻意）、个别（让其像是专门针对某一个人）、与行为的重要性相称、具体确切、即时（一有就立刻当场表扬）。

2. 不需要什么行为，就制止什么行为，更不能不经意地去奖励他

在尝试着要做正确的事情时，很容易掉入这样的误区，即奖励错误的行为，而忽视或惩罚正确的行为。结果是，我们希望得到 A，却不经意地奖励 B，而且还在困惑为什么会得到 B。因此，在实际的管理过程中，虽然我们无法控制每个人的行为，然而，由于大多数人都会去做受到奖励的事情，所以，我们必须也只有并且能够把握一点——奖励政策。重新审视我们的奖励政策，首先确定：什么行为是我们所需要的，然后对我们所需要的行为进行奖励，凡是应该受到奖励的就必须进行奖励；相反，凡是应该受到惩罚的就应该立即惩罚。

3. 区别各个对象的差异，用员工的需要奖励员工

所有的激励需求理论都揭示一个共同的命题——每一个激励的对象都是一个独特的与众不同的个体。他们的需求目标、处世态度都具有个性特征，因而要对症下药，针对病情开处方，绝不可能用一张处方治好所有的病人。在同一时期、同一地点，对不同的人，应用不同的激励手段；而对同一个人在不同的时期，也须用不同的方法才能起到激励的效果。

4. 设定恰当的目标，将奖励与绩效挂钩

根据期望理论和公平理论，设定恰当的目标，将奖励与绩效挂钩，能增加激励的效果。

目标的设定必须结合个体的特长，如果目标定的太高，员工对达到目标没把握，他就会降低努力程度，目标发挥不了激励作用。管理者的技巧是必须保证员工充满信心，使他们感到自己是胜任这项工作的，只要更加努力，目标是完全可以实现的，以此来激发人们内在的强大动力。

实施奖励与绩效相统一。由于每个员工的需求不一样，工作的动机与效果也不一样，管理者应该根据员工的成绩差异，给予他们有区别的奖励。实行奖励的个别化，并增加奖励的透明度，消除薪金的保密性，代之以公开员工的工资及加薪数额，以此激励员工更加努力作贡献。

5. 尽可能保持分配的公平合理

有关公平的理论，已经把这一个问题阐述的很清楚了。人们生活在群体之中，而不是在真空里，人们的追求会受到其行动所在的客观环境的影响，环境有时会唤起人的激情，而另一些时候也会压抑人们的动机。所有的员工都认为自己的付出与所得应当是对等的，也就是说，他的知识、能力、努力等方面的付出应当在自己的收入所得方面得到体现。然而，在体现公平性的

问题上，客观存在着许多付出与所得的项目，而且不同的人对每个项目的重要性的认识是有明显的差异的，这些差异意味着，组成"公平感"的实际内涵不一样，对某些人具有公平感，不一定对其他人也有公平感。所以最理想的奖励系统，应当能够分别测量每一项工作的投入量，并给予相应的合理的奖励。

拓展知识一：十种需要奖励的行为

前面讲过，激励的关键就是要对那些组织所需要的行为进行奖励，而对那些不利于组织目标实现的行为进行惩罚，那哪些行为需要奖励，哪些行为必须惩罚呢？以下列出了十种需要奖励的行为，与其对应的就是不能奖励甚至需要惩罚的行为。

（一）彻底解决问题的行为而不是"特效药"行为

彻底解决问题和特效药最基本的差别在于前者是以未来作投资，而后者是以未来作抵押。企业的发展应该是长期的，但在浮躁的今天，企业经营者往往追求近期利润，所以那些为公司长远着想的人和行为往往不能得到重视和奖励，反而是那些应急式的、只管眼前利益的人和行为得到重用和奖励。

因此，一个明智的管理者，应该从本单位或本部门的长远利益出发，奖励从根本上解决问题的、有利于长远发展的行为并抑制以牺牲长远利益为代价的特效药行为，即要有可持续发展的眼光。具体的做法可以有以下两种：

1）找出一两个对长期的成功最为重要的因素，并奖励致力于改善这些因素的员工。例如，如果（教学）质量的改进最为重要，那就奖励那些对提高（教学）质量有重大贡献的人；如果团队合作很重要，就奖励那些有助于发展内部团结的员工；如果你要的是市场占有率，就奖励能为公司扩大市场的人。

要注意的是：应该及早告诉每一位员工，这一两个关键因素是什么。让大家明白什么是企业所需要的，什么不是。

2）对能够做出明智的长期性决策的人员，给予红包与肯定，对于那些只会为今天打算的人就可以不予理睬，甚至需要进行批评和惩罚。

（二）承担风险的行为，而不是规避风险的行为

优秀的组织会鼓励员工冒明智的风险，给他们犯错误的余地，同时也会体谅明智的错误，这是员工与公司在成长过程中所必须支付的代价。

示例

为什么总是有人对事情不负责？对此，人们的借口会有哪些

我太忙了；那不归我管；那不在我的职责（权利）范围之内；那是某某

的工作；我忘记了；我不知道这件事；我以为你知道了；我以为某某会去做……

我们都有规避风险的倾向，让我们正视它。失败确实会造成损失。每当我们尝试新事物的时候，就要面对失败的风险。更具讽刺意义的是，不冒风险却会给任何个人和组织带来最糟糕的风险——失去活力、最终的失败。事实上，人们常说："风险与收益成正比"，即风险越大，收获就会越大。

把规避风险者转变为承担风险者的办法，就是创造一种气氛，让它能促进、奖励和支持冒险的行为，而且也能给人从错误中学习的机会而无需害怕遭受斥责。

例如，成功要庆贺，挫折也要庆贺。很明显，最高的奖励和颂词是颁给冒大险的成功者；但是，当我们把握机会，付出一切却一无所获时，最需要的是支持和鼓励。所以，对于挫折与失败，要用乐观的态度去对待，这有助于创造一种积极的气氛，令置身于其中的员工继续尝试、学习和成长。

（三）善用创造力的行为，而不是愚蠢盲从的行为

在注重创新的今天，在任何一个行业里，最重要的资本，不是金钱、建筑物或设备，而是创意。爱因斯坦说：想象力比知识更重要。莎士比亚说，想象力使人成为万物之灵。

创新能力需要细心的培育，没有人反对这种说法。然而，大多数的组织对创造力和创新能力仍停留在光说不动的境地。他们会征求新创意，但很快就会将之丢弃。而且，当新创意确实被采纳了，出主意的人也极少得到与该创意的价值相当的奖励。如果奖励和新创意之间没有一种合理程度的一致性，任何组织也难以有效地运行。然而，创新对奖励会有很大的反映：你要它，也奖励它，就可以得到它。记住：创造一种能鼓励创意的气氛，并让创意成为每个人工作的一部分。

1）容忍失败。要不断地尝试，指出成功者比失败者要经历更多的失败，因为他们从不终止尝试。在爱迪生为电灯找到可用的灯丝之前，他已经试验过6 000多次，但是单单最后一次的成功就抵上了那些失败成本的10亿倍。成功者成功的原因是他爬起来的次数比跌倒的次数多了一次；失败者失败的原因是他跌倒的次数比爬起来的次数多一次。

2）创造一个轻松、非正式的工作环境。不同的人适合在不同的环境中进行创作。所以，弹性工作制对于脑力工作者来讲非常适合。

3）对成功的创意给予奖励，对失败的创意进行鼓励和支持。只要创意可以赚钱或是省钱，就把赚来或省下来的部分钱奖给贡献创意的人。对于失败的创意，要和他一起探讨原因，提出改进的方法，而不是废弃或批评。

4）奖励竞争。竞争可以增加50%以上的心理创造力。团体内部的良性竞争（团队竞争、合作基础上的竞争、为了共同利益的竞争）是激励创新的一大办法。

（四）果断的行为而不是光说不做

在任何组织里，你都可以发现，愿意分析、发言、表达意见的人并不欠缺甚至很多，但果断的人却很少见。

没有果断的行动，组织就没有生机。奖励果断的行为，就能得到更多的果断的行为。

（五）多动脑筋而不是一味苦干

能吃苦是员工必备的素质，但这不等于它可以只是苦干而不动脑筋。事实上，我们许多企业奖励员工，不是因为他们的工作成绩，而是因为他们表现得十分忙碌。一旦奖励工作时间长而且表面十分忙碌的人，员工就会养成各种浪费时间的行为模式。最有讽刺意义的是，一般来讲，在人们不知道自己想要实现的目标是什么的时候，恰恰就是他们看起来最忙碌的时候——瞎忙。于是，忙碌成了填补空虚的代用品，忙碌成了工作责任重的借口；忙碌可以弥补能力的低下。所以，要奖励那些思维忙碌（多动脑筋）的人而不是行为忙碌的人。

为此，管理者要做的工作有确保所用的人与工作相匹配；赋予员工完成工作所需要的工具（包括权力）；界定工作的范围；对事倍功半的员工要给予关心和帮助；对于事半功倍的员工则一定要奖励；如果员工做完自己的工作，就给他们放假，没必要绑在办公室坐班。

（六）简化，而不是不必要的复杂化的行为

简化工作、简化程序、简化结构，删除不必要的事情，将复杂的事情简单化，有利于节约成本。因此，奖励简化者。让员工分享由于简化而省下来的经费，而且给他们足够的肯定和其他适当的奖励。

在国外，有这么一种说法：对能够找出办法免除自己现有工作的员工给予红包或更好的工作。这的确值得我们思考和借鉴。

（七）沉默而有效率，而不是喋喋不休的行为

每个组织都需要有幕后英雄——那些了解自己的工作，而且默默地把工作做好的员工。

📖 **补充说明**

通过以下 13 问将有助于你找到这些可靠的人：

1）谁很少缺席？

2）谁在压力下仍表现优秀？

3）谁总是可以随时做出高质量的工作？

4）当团队需要时，谁愿意再次努力？

5）当缺少人手时，谁能值得你信任并委以重任？

6）谁不厌烦别人老是给他建议和指导？

7）谁能沉默、谦虚到除了他的优异工作之外，你根本不知道他在哪？

8）老板不在时，谁能做的和老板在时一样好？

9）谁解决的问题总是比他制造的问题多？

10）谁帮助别人把他们的工作做得更好？

11）谁经常努力改进自己的工作？

12）谁协调了冲突，培育了合作，并且振奋了工作士气？

13）每当你需要时，谁总是在你的左右支持着你？

1）用心辨认优良的表现。列出一份与你共事的员工清单，同时也记下你对他们所作所为有何满意之处，等时机恰当时，就明确告诉每一个下属，你为何对他们的工作很满意，并鼓励他们做得更好。优良的表现很珍贵，所以不能把他们视为理所当然。

2）找出幕后英雄（可靠的员工），而且抽出时间来鼓舞、奖励他们。可靠的员工与那些喜欢喋喋不休相比，很容易被领导所忽视，但事实上他们却是任何成功组织的核心。

3）使幕后英雄继续保持动机的另外一种奖励方式，是对他们保持真诚的关怀——不单是当成员工（下级），而是将他视为一个人。倾听并了解他们的希望、恐惧、爱憎、喜悦和挫折是什么，不管是工作上的还是工作外的。随时准备并且诚心地帮助他们解决问题；在他们自我怀疑时给他们以信心。

4）对喋喋不休者保持戒心，而且不要讨好他们。由于在日常事务中，我们往往很自然地忽视良好的行为而去关心恶劣的行为。所以要特别注意：不要去关注那些只知道喋喋不休的人，只要把重点放到关注并奖励那些你所希望的行为上，那些你所不希望的行为就会逐渐自行消失的。

📖 **补充说明**

奖励有效率的行为，不等于不批评。批评的艺术在于：一开始就要赞美工作做得好的部分，而且说出你很感激这位仁兄的努力和能力；然后，把重点转至需要再做努力、以使事情保证正确或预防差错的地方；最后，再次赞美他的努力，提供你的支持，而且说出你对他的信心。即"保护→提醒→鼓励"。

（八）有质量的工作，而不是匆忙草率的工作

一次性把事情做好就等于节约成本。对明天的最好准备，就是把今天的工作做得出奇的好。管理者自己带头重视质量，同时对于那些重视质量的行为进行奖励，而对匆忙草率的行为进行指导。

（九）忠诚，而不是跳槽的行为

每个组织都需要忠诚，却很少奖励它。要得到别人的忠诚和认可，必须

先给他们忠诚和认可。例如，提供工作保障，不要动不动以辞退威胁；开放沟通渠道，保持畅通，以建立信任感；从内部升迁；在员工的成长和发展（继续教育、培训）上投资；待遇公平；以你希望被对待的方式对待员工。

（十）团结合作，而不是不良竞争

团结有利于生产的进步和员工的身心健康。

以下这些行为在企业里是必须坚决制止的：试图抬高自己工作的重要性，而贬低其他人工作的重要性；在他人需要帮助时，拒绝伸出援助之手；把许多时间用在彼此攻击、背后诽谤、互相批评指责和玩弄权术上；拉帮结派，窝里斗。

拓展知识二：十种奖励优良工作的方法

（一）金钱

尽管不能说有钱就有一切，但不可否定的是，金钱至今仍然是一种非常好的奖励手段。这里所说的金钱收入，不仅包括工资、奖金、员工持股、各种形式的津贴还包括各种福利、奖品，如汽车、住房等员工需要（当然也必须是组织能提供的东西），这些需要对员工的吸引力越大就越能发挥巨大的激励作用。

（二）认可

金钱可能是一种有力的外部刺激，但认可可能更有力。因为大部分人并不在意努力工作，但他们却在意自己的努力被视为理所当然，这会使他们觉得沮丧、被利用、没有被重视。当这种事情发生后，他们就会停止努力或从事妨碍生产的行为来反击。心理学家马斯洛认为，除了少数病态的人外，社会上所有的人都有一种对于他们的稳定的、牢固不变的、通常较高的评价的需要或欲望，有一种对于自尊、自重和来自他人的尊重的需要或欲望。

示例

常用的认可方法：

1）本月英雄榜，可以用来奖励最高的销售成绩、质量，最有进步，最少缺席，或你认为重要的表现；用证书、奖状、奖章来奖励完成重要目标的人。

2）出风头的机会，如在公司内部报刊媒体上报道一下。

3）职务头衔的改变。

4）公开表扬做得好的工作。

5）公开宣布的红利和晋升。

6）来自高级主管的特别赞誉和关注。

7）在宴会或大会上颁授荣誉或奖励。

8）杰出工作或杰出人员图片展。

（三）休假

这可能是一项非常有力的诱因——特别是对于那些希望拥有从事其他活动自由的年轻员工，而且，它也是防止员工养成浪费时间习惯的好方法。以下三种方式可以把休假当作奖励：

1）在工作允许的情况下，实行弹性工作制。也就是规定一个时间范围，只要在这个范围内任务完成就可以了，剩余的时间归员工自己支配。

2）在工作清闲的时候补偿加班所牺牲掉的假日。

3）可以用带薪假奖励质量、安全、团队合作方面的优异者，或是你认为重要的任何表现。

补充说明

带薪旅游已成为许多组织的一项福利，只有少数企业把它用来奖励那些工作优秀的员工。实际上，按照赫茨伯格的双因素理论，我们完全可以把带薪旅游从一项不具有激励作用的福利变成能激发员工工作积极性的奖励措施：只要将享受带薪旅游的员工范围由全体员工变成那些为公司做出过重要贡献或成绩显著的人就可以了。

（四）行动参与权

一个非常简单、实际的观念——员工变成老板后，做事就像老板了——告诉我们，应该给员工一定行动参与权。即以让下级参与管理为诱因，调动下级的积极性与创造性。下级参与管理，有利于集中群众意见，以防决策的失误；有利于下级受尊重心理的满足，从而受到激励；有利于下级对决策的认同感，从而激励他们积极自觉地去推进决策的实施。

（五）喜欢做的工作

由于员工从事自己喜欢的工作，能发挥其特长、提升工作热情。因此，可以把更多员工喜欢做的工作分配给他们，作为对良好表现的奖励。当然，也可以用免去他们不喜欢的工作做出奖励。

（六）晋升

对于有较高权力需要的员工，可以给予行政管理职务的晋升；而对于那些忠实专业技术、具有较高成就需要的员工，可以从技术职务上晋升。

（七）自由

在控制相当严格的工作中，自由和自主可以成为非常有效的奖励手段。因为人们出于自尊和自我实现的需要心理，期望独立自主的完成工作，而自觉不自觉地排斥外来干预，不愿意在别人的指使或强制下被迫工作。这就要求管理者能尊重下级的这种心理，通过目标管理等方式，明确目标与任务，提出规范与标准，然后大胆放权，让下级独立运作，自我控制。工作成功了，完全归功于下级的自主运作，这样，下级将受到巨大激励，会对由自己自主管理的工作高度感兴趣，并以极大的热情全身心投入，以谋求成功。

对管理者而言，只要结果正确，不要在意被管理者如何去做；如果工作性质允许，或许还可以准许员工在家中或工作场所以外的地方做部分工作。

（八）自我成长

让员工有一个自我成长的空间和目标在一定范围内也是一个调动员工积极性的方式。

这实际上是以目标为诱因，通过设置适当的目标，激发动机。员工在工作中的自觉行为，都是追求目标的过程，正是一个个目标，引导着员工去采取一个又一个行动，因此，追求目标是满足需要的可行途径，目标成为管理激励中极为重要的诱因。可用以激励的目标主要有工作目标、个人成长目标和个人生活目标，管理者可通过对这三类目标的恰当选择与合理设置有效调动员工的积极性。

自我成长这项奖励有两种基本方式：给予员工能够激发他们创造力，而且能够提供他们自我肯定和成长机会的工作；提供接受培训和受教育的机会来奖励表现优秀的员工。

（九）乐趣

当工作的性质和特点与从事工作的员工的条件与特长相吻合，能充分发挥其优势时，就能引起员工的工作兴趣，从而使他高度满意于工作。管理者要善于研究人与工作的性质与特点，用人所长，用人之兴趣，科学调配与重组，实现人与事的最佳配合，尽可能地使下级满意于工作。不管用什么办法，只要让工作变得有趣就行。

（十）关怀

"以人为本"要求管理者不能只关心员工的工作，还应该在生活上给予关心照顾——把员工当作一个正常的人而不只是你的员工，这样不仅能使员工、使下级获得物质上的利益和帮助，而且能获得受尊重和归属感上的满足，从而可以产生巨大的激励作用——我们对待别人的态度往往决定着别人对待我们的态度。

乐例

某企业经理根据公司文件规定，决定给员工小赵发放 1.2 万元的年终奖金。在小赵来到经理办公室坐下后，经理拿出了 1 万元交给小赵，说"这是公司对你的奖励，好好努力"，小赵感激地接过奖金。就在他正要转身离去的时候，经理喊住了他，"一年来，你大部分时间都花在公司工作上，很少花时间陪你爱人和小孩吧？"小赵有些难过地低下了头，这时，经理取出了1千元递给小赵，"这是公司对你爱人和小孩的奖励，感谢他们理解、支持你的工作。这点钱你用于陪他们玩一玩。"手里拿着这笔钱，小赵感动得不知道说什么好。就在小赵要表示感激的时候，经理又说话了，"你一年里也没好好陪陪父母吧？"小赵的眼圈开始红了。经理又取出了1千元送到小赵的手中，"用这点钱为你父母买上一些衣服，陪陪老人家，感谢他们为我们公司培养了你这样一个优秀的员工。"最后，小赵是流着感激的眼泪离开经理办公室的。

在这十种奖励方法中，金钱和认可（包括关怀）往往被认为是两种最有力的奖励方法。

在许多时候，人们还常常将这十种奖励方式归为以下四类：物质激励（如金钱）、精神激励（如认可）、工作激励（如休假、行动参与权、喜欢做的工作、晋升、自由、自我成长、乐趣等）、情感激励（如关怀）等。

结束语：激励的过程是复杂的，但在复杂之中又有着规律可寻，只有尊重人的需要，并将人的需要与组织的需要结合在一起的激励，才是有效的激励。

小　结

1. 激励就是管理者运用外部刺激，引起被管理者的某种需要从而激发其动机，促使其产生组织所需要的行为的一个过程。简单地讲，就是设法让被管理者发自内心地去做某件事。构成激励的要素主要包括动机、需要、外部刺激、行为。激励的核心作用是调动人的积极性。

2. 激励过程可具体分为三步：第一步，分析被管理者的需要；第二步，用被管理者的需要激发其动机并引发其产生管理者所需要的行为；第三步，进行奖励或惩罚。

3. 马斯洛的"需要层次论"假设每个人都有五个层次的需要：生理需要、安全需要、社交需要、尊重需要和自我实现需要，以上五个层次的需要是呈金字塔形从低到高的排列。

4. 赫茨伯格的"双因素理论"将员工的需要归结为与工作环境或条件相关的保健因素以及与工作本身相关的激励因素两大类。

5. 麦克莱兰的"三种需要理论"将人的需要归纳为三大类：成就需要、权力需要和归属需要。

6. 弗鲁姆的"期望理论"认为，只有当一个人预期某种行为会给他带来具有吸引力的结果时，他才会采取积极的行动。其关键在于三种关系：努力-绩效关系，绩效-奖励关系，奖励-个人目标关系。

7．亚当斯的"公平理论"认为，人的工作积极性不仅受其所得绝对报酬（自己的实际收入）的影响，更重要的是受其相对报酬（自己的收入与自己的付出之比值）的影响，而且还关心自己的相对报酬与他人的相对报酬的关系。

8．斯金纳的"强化理论"指出，常用的强化手段有正强化、负强化、惩罚和自然消退四种类型。

练 习 题

一、课内测试题

（一）单项选择题

1．激励的核心作用在于（　　　）。
    A．加强领导　　　　　　　　B．提高组织效率
    C．调动人的积极性　　　　　D．满足人的需要

2．马斯洛 1943 年提出的"需要层次论"将人的需要由低到高划分为（　　　）。
    A．生理需要、安全需要、社交需要、尊重需要、自我实现需要
    B．尊重需要、安全需要、社交需要、自我实现需要、生理需要
    C．自我实现需要、尊重需要、安全需要、社交需要、生理需要
    D．自我实现需要、尊重需要、社交需要、安全需要、生理需要

3．按照马斯洛的需要层次理论，人们寻求同事支持的需要属于（　　　）。
    A．心理需要　B．尊重需要　　C．社交需要　　D．生理需要

4．按照双因素理论，那些能够导致员工对工作不满意的因素诸如管理政策、福利待遇等属于（　　　）。
    A．保健因素　B．激励因素　　C．工作因素　　D．制度因素

5．按照麦克莱兰的需要理论，渴望建立亲密友好的人际关系的愿望是属于（　　　）。
    A．归属需要　B．工作需要　　C．权力需要　　D．成就需要

6．按照三种需要理论，对于高成就需要者，最好的奖励办法是（　　　）。
    A．给他喜欢做的工作　　　　B．晋升
    C．给予关心和支持　　　　　D．公开表彰

7．亚当斯的公平理论认为，人的工作积极性不仅受其所得绝对报酬的影响，更重要的是受其相对报酬的影响，这里所说的相对报酬指的是（　　　）。
    A．自己不同时期的报酬比　B．自己与别人的报酬比
    C．自己的报酬与付出的比　D．自己与别人的付出比

8. 以下又被称为"社会比较理论"的是（　　　）。

　　A. 强化理论　B. 期望理论　　C. 公平理论　　D. 三种需要理论

9. 按照斯金纳的强化理论，通过不予理睬来减弱某种不良行为的强化方式是（　　　）。

　　A. 惩罚　　　B. 正强化　　　C. 自然消退　　D. 负强化

10. 按照斯金纳的强化理论，通过实事先警告来减少某种不良行为的强化方式是（　　　）。

　　A. 惩罚　　　B. 正强化　　　C. 自然消退　　D. 负强化

11. 有两次，当小王到经理面前打小报告的时候，经理都装作没听见，不予理会，结果小王还是有事没事跑来说三道四，经理没办法，只好告诉小王，如果再这样，将会辞退他，小王害怕被辞退，不得不管住自己的嘴。经理对付小王打小报告的行为，先后采用的做法是（　　　）。

　　A. 自然消退和惩罚　　　　　　B. 自然消退和正强化

　　C. 自然消退和负强化　　　　　D. 负强化和自然消退

（二）多项选择题

1. 麦克莱兰的需要理论认为个体在工作情境中主要的动机或需要可归结为（　　　）。

　　A. 成就需要　B. 权力需要　　C. 归属需要　　D. 安全需要

2. 弗鲁姆提出的期望理论认为，人们工作积极性的高低，取决于他对这种工作能满足其需要的程度及实现可能性大小的评价。其关键在于三种关系，即（　　　）。

　　A. 努力-奖励关系　　　　　　B. 努力-绩效关系

　　C. 绩效-奖励关系　　　　　　D. 奖励-个人目标关系

（三）问答题

1. 简述马斯洛的需求层次论及其对管理实践的启示。

2. 简述弗鲁姆的期望理论及其对管理实践的启示。

3. 什么是激励？如何进行激励，谈谈如何提高激励效果。

二、课外思考实践题

（一）思考讨论题

1. 一些管理者认为："我们已经为员工所做的工作支付了薪水，为什么我们还要激励他们呢？"你对此有何看法？

2. 假如你是一个公司的经理，你会对公司员工的哪些行为进行奖励，用什么方法来奖励他们？

3. 案例分析：摩托罗拉（Motorola）如何激励员工。

（1）提供福利待遇

公司在每年的薪资福利调整前，都对市场价格因素及相关的、有代表性企业的薪资福利状况进行比较调查，以便使公司在制定薪资福利时，与其他企业相比能够保持优势和具有竞争力。摩托罗拉员工能享受政府规定的医疗、养老、失业等保障。在中国，公司还为员工提供免费午餐、班车，并成为向员工提供住房的外企之一。

（2）建立公正评估

摩托罗拉制定薪资报酬时遵循"论功行赏"的原则，员工有机会通过不断提高业绩水平以及对公司的贡献而获得加薪。摩托罗拉业绩报告表参照美国国家质量标准制定。员工根据报告表制定自己的目标。个人评估一个月进行一次，部门评估一年进行一次，根据业绩报告表的情况，公司年底决定员工的薪水的涨幅及晋升情况。

（3）尊重个人人格

在摩托罗拉，人的尊严被定义为：实质性的工作；了解成功的条件；有充分的培训并能胜任工作；有明确的个人前途以及中肯的反馈；无偏见的工作环境。每个季度员工的直接主管会与其进行单独面谈，就以上方面或更广阔的范围进行探讨，谈话中发现的问题将通过正式的通道加以解决。此外，员工享有充分的隐私权，员工的机密档案，包括病例，心理咨询记录等都与员工的一般档案分开保存。公司内部能接触到员工所有的档案的仅限于"有必要知道的"有关人员。

（4）实现开放沟通

员工可以通过参加"总经理座谈会"、业绩报告会、公司互联网页、"畅所欲言"或"我的建议"等形式反映个人问题，进行投诉或提出合理化建议，进行直接沟通。最典型的表现就是所有管理者办公室的门都是敞开的，任何职工在任何时候都可以直接推门进来，与任何级别的上司进行一对一的平等交流。管理层也可以根据存在的问题及时处理员工事务，不断地促进员工关系，创造良好的工作氛围。

（5）提供发展机会

摩托罗拉的经理级别为初级经理、部门经理、区域经理（总监）、副总裁（兼总监或经理）、资深副总裁。在摩托罗拉，技术人员可以搞管理，管理人员也有做技术的，做技术的和做管理的在工资上具有可比性。许多公司看重职业经理人的位置，因为拿钱多。在摩托罗拉，做技术的和做管理的完全可以拿一样多的工资。在男女员工的使用上，摩托罗拉一视同仁，并积极为女员工开拓更广阔的发展空间，吸引更多的优秀女性加入管理及技术阶梯发展行列。2004年，公司管理层及高级技术人员中女性的比例达到了40%。

请讨论：摩托罗拉公司的激励制度分别运用了哪些奖励方法？

4．案例分析：菲尔的困惑。

菲尔是一科技出版公司流通部高官。近来，公司已决定将流通部的规模缩小，菲尔也因此而失去了两个客服代表。而这两名员工一直拥有良好的工作记录。他俩被解雇不是因为他们的工作业绩，而是公司事业发展的原因。

辞退两名员工的事件已经深深影响到余下的三名客服代表。苏就是其中一个，她是一个单亲妈妈。她的几个孩子身体不好，她不得不离开部门回家照料几天，而且有时她不得不根据孩子们的病情状况调节工作时间。因此，她开始担心，万一在公司的下一轮调整中，她也遭到解雇的话，那她目前的津贴收入是否可以帮助她的生活不会因此而受到影响。

约翰已在该部门工作两年了。他正在读夜大，他将当前的工作视为获得公司中一个管理职位的垫脚石。自从看到他的同事兼好友被公司临时解雇，他也开始怀疑，这个公司是否真的就是他想长久呆下去的公司。

苏和约翰两人满腹疑问地去找琳达，希望听听她的建议。琳达已干了15 年的客服工作，并且她一直认为自己应该干一辈子的客服工作。现在，她已经动摇了，开始怀疑自己的工作保障问题。她的态度是，"只要公司能突然解雇她们(已经被解雇的那两名客服代表)，那这事也会发生在我头上。"

菲尔的上司要求他继续负责管理保存下来的工作流程，尽管这个部门已经发生了一起解雇事件。

请讨论：菲尔如何激励剩下的三名员工（苏、约翰和琳达）去完成先前由五个人做的工作？

5. 案例分析：拉面馆老板与师傅的矛盾。

在北京某公交中转车站旁有一家拉面馆，老板拥有资金，但不懂技术，只好雇了一个会做拉面的师傅。大家都知道，拉面馆全靠师傅的手艺才能吸引到更多的顾客。开始的时候老板为了调动师傅的积极性决定按销量分成，每售出一碗面，师傅提成 5 毛钱。一时间，小店的生意非常红火，在这里转车的一些人大多选择在这里吃上一碗拉面，点一两个小菜，10 元钱保证解决好肚子问题，省得回家再麻烦，这样既经济又实惠。经过一段时间后，老板发现人越来越多，当然师傅的收入也越来越多，可是，老板的利润并没有增加。原来，师傅是用在每碗里放超量的牛肉的方法来吸引回头客。老板想，一碗面才四块钱，拉面本来就是靠薄利多销，师傅每碗面再多放几块牛肉，赚的一点钱差不多都给师傅提成了。

于是，老板就和师傅商量改换分配方式，由提成工资改为每月发放固定工资。老板想即使工资给高点也无所谓，这样师傅不至于多加牛肉了。因为客多客少和他没关系。

结果如何呢？

拉面馆的生意一落千丈，顾客明显减少，就连一些常客也都抱怨这里的拉面远不如从前了。经了解，老板才知道，这次师傅在每碗拉面里少放了许多牛肉，客人都被他给赶走了。道理很简单，牛肉的分量少，顾客不满意，回头客就少，生意肯定就清淡，师傅才不管老板赚不赚钱呢，因为他只拿固定的工钱，巴不得店里天天没客人他才清闲呢。

请讨论：拉面馆老板与师傅的矛盾在哪里？如何化解它们的矛盾？

（二）实践题

1．列出五种你选择职务时最重要的标准（如报酬、认可、挑战性等），按重要性排列，然后将其分组并比较你的反应，你发现了什么？

2．采访一位管理者，问问他（她）是如何激励下属的。

3．分组讨论，列出你们最不愿意做的四项工作，从中选出一项工作，再分组讨论，列出激励措施。将全班提出的措施汇总，用需要理论进行分类，并对结果进行讨论。

4．每个同学准备一张纸，回答下列问题：在你的学习生涯中，什么时候最开心？什么时候最不开心？然后具体分析使你开心或不开心的因素，按照双因素理论将这些因素进行分类。

5．请为你的老师列出几种能激励你努力学习的方法。

第九章 沟　　通

第二十四单元　理解沟通的基本过程

案例导入

　　为了在人格上千方百计与员工保持平等，在摩托罗拉公司要求每一个高级领导人员与普通操作工人之间建立起一种兄弟姐妹般关系。"对人员保持充分的尊重"是公司的个性。最能体现其管理特点的是它的"open door"理念。"我们所有管理者办公室的门都是绝对敞开的，任何职工在任何时候都可以直接推门进来，与任何级别的上司平等交流。每个季度的第一个月的 1 日，中层干部都要同自己的下属和自己的主管进行一次关于职业发展的对话，回答'你在过去三个月里受到尊重了吗'之类的 6 个问题。这样对话是一对一和随时随地的"。

　　摩托罗拉的管理者为每一个被管理者还预备出了几种"open door"敞开式表达意见和发泄的途径：

　　1）我的建议。以书面形式提出对公司各方面的意见和建议，全面参与公司管理。

　　2）畅所欲言。这是一种保密的双向沟通渠道，如果员工要对真实的问题进行评论和投诉，应诉人必须在 3 天内对不署名的投诉信给予答复，整理完毕后由第三者按投诉人要求的方式反馈给本人，全过程必须在 9 天内完成。

　　3）总经理座谈会。每周四召开座谈会，大部分问题可以当场答复，7 天内对有关问题的处理结果予以反馈。

　　4）每日简报。让员工方便快捷地了解公司和各部门的重要事件和通知。

　　5）员工大会。由经理直接传达公司的重要信息，有问必答。

　　6）教育日。大家分组以会议的形式每年重温公司文化、历史、理念和有关部门规定。

7）墙报。

8）热线电话。当你遇到问题时可以向这个电话反映，昼夜均有人值守。

9）职工委员会。职工委员会是职工与管理层直接沟通的另一种桥梁，委员会主席由员工关系部经理兼任。

10）589信箱。当员工的意见使用以上渠道仍无法得到充分、及时和公正的解决时，可以直接写信给天津市589信箱，此信箱钥匙由中国区人力资源总监亲自掌握。

可以看出，摩托罗拉公司中上下级沟通的方式是各种各样的，采取这些方式取得了惊人的效果。为此，他们总结出："抱怨是一种积压以久的事，如果每星期、每天都有与老板对话的机会，任何潜在的不满和抱怨还没有来得及充分积蓄爆发，就都会化解和烟消云散了"。

请问：什么是沟通？摩托罗拉公司采用了哪些有效的沟通方式？

知识点一：沟通的定义

沟通就是信息交流，又称沟通联络，是信息凭借一定符号载体，在个人或群体之间从发送者到接收者进行传递并获取理解的过程。

对于这一定义，可以从以下两方面加以理解：

1）沟通具有双向交流性的特点。沟通过程中信息被传递，但这种传递不是单向的，不只是从发送者到接收者，而是双向的，是在发送者和接收者之间相互传递的。因此，诸如说话者没有听众、写作者没有读者、发出的信没有被收到，这些都不属于沟通。

2）沟通的关键是信息被理解。群体没有沟通就无法存在：成员之间要相互传递意义。然而，更重要的不仅仅是意义的传递，它还必须被理解。从这个意义上讲，如果一个外国人向你问路，你用他听不懂的中国话回答，这也不属于沟通。

可见，沟通必须包括两个方面：意义的传递与理解。

我们可以通过以下这个管理培训实践来帮助大家理解单向传递与双向交流的特点及其在沟通中的重要性。

【管理培训实践】——单向交流和双向交流

目的：让同学们　会　　　会　成　多　解，而　　是
　　一定能有效沟通。

1. 程序

（1）首先进　　　（教师　要　一　为　的、　种几何图形构成的图　）

1）请一　同学上台来　进　游戏。

2） 这 同学 大家 述这 上所画的内容（ 同学 对大家
目光 ，同时 能 任何 或 ， 能做 头表 ）。

3）请大家在他的 下按照自 的"理解"将图画出来（ 能提问）。

4）请这 同学下去时 一下大家画的图（结果 定是 ）。

（2）再进 （同 教师还要 一 图 ）

1）再请一 同学上台来 进 游戏。

2） 这 同学 大家 述这 上所画的内容（ 对大家、 能
任何 或 ）。

3）请大家在他的 下按照自 的"理解"将图画出来（大家有
的 方 提问， 者 答）。

4）请这 同学下去时 一下大家画的图（结果 定 上一次 多了）。

2. 讨论与分析

1） 们在进 （ 能 ）时，是 会感到 ？为什么大家
的牢骚特别多？

2） 效果大有进步， 有 ，有时
的正确理解，在这种情况下， 们 方法 更为有效？

（具体分析过程略）

> **小提示**
>
> 提高沟通效果的建议一：
> 双向交流＋手把手的指导。

知识点二：沟通的作用

良好的沟通对于任何组织的工作效果都十分重要。研究表明，对于人际冲突来说，沟通不良可能是最主要的原因。除了睡眠时间，人们将近有 70% 的时间进行沟通（包括听、说、读、写四个方面），因此，有人认为阻碍群体工作绩效的最大障碍在于缺乏有效沟通，这是有道理的。

可以这样说：没有有效的沟通，许多工作就没有办法真正开展起来。管理者所做的每一件事情中都包含着沟通。例如，管理者没有信息就无法做出决策，而信息只能通过沟通得到；一旦做出决策，又需要进行沟通，否则，就没有人知道决策是什么。最有创意的想法、最优秀的计划，不通过沟通都无法实施。再例如，没有有效的沟通，领导者就不知道员工内心的真实想法，就无法对其进行指导和激励，无法协调冲突。

下面一个管理培训实践有助于加深沟通在企业内部管理中重要性的理解。

目的：让大家　会沟通的　要性。

1. 程序

分别　若　个同学对下　个问　进　作答。

（1）请在字　上画一点。

（2）请　出　同："　、小　、性别、　　"。

2. 讨论与分析

为什么会　出这么多答案？答　之前大家　老师的　思了　？

（具体分析过程略）

小提示

提高沟通效果的建议二：

作为管理者，应认真准备沟通内容，针对自己的指令主动和被管理者多做解释和说明；作为被管理者，一定要学会在接受指示时认真倾听，对于任何不清楚的地方应予以澄清。

知识点三：沟通的过程

沟通的基本过程包括七个要素，可以用图 9.1 表示。

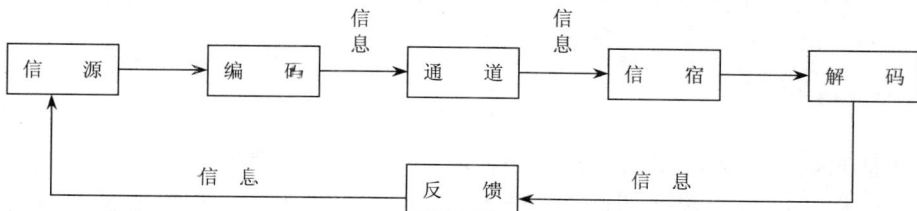

图 9.1　沟通过程模型

这一模型包括七个要素：信源、编码、信息、通道、信宿、解码、反馈。

（一）信源

信源即信息源，也就是信息的发送者。在沟通过程中，信息发送者居于积极主动地位，往往由他来决定信息传播的方式、内容。因此，信息发送者的素质及沟通经验是决定传播取得预期效果的首要因素。当然信源可以是个人，也可以是组织。

（二）编码

编码即信息发送者把自己头脑中的想法转化（加工）成接收者能够理解

第九章　沟　通

245

的一系列传通符号的过程。常见的传通符号如语言、文字、图表、照片、手势等。

被编码的信息受到四个条件的影响：

1）技能。例如，教师如果缺乏必要的听、说、读、写和逻辑推理能力，就很难用有效的方式把知识传递给学生。

2）态度。态度影响行为，我们对许多事情有自己预先定型的想法及态度（固有思维模式和习惯），这些态度影响着我们的沟通。例如，学生内心很不喜欢某个老师，那么他与这个老师的沟通就很难顺利进行。

提高沟通效果的建议三：

固有思维模式有时会给我们的工作造成阻碍，绕过阻碍的方法之一就是要换位思考或者说从多角度去观察和思考。因为观察角度和思考方式的不同，不同的人对于同一问题会有不同的想法和意见。当我们站在别人的角度时，可能会得到与他相同的结论，这样的话，沟通起来也就顺畅多了。

3）知识。沟通活动还受到人们在某一具体问题上所掌握的知识范围的限制。我们无法传递自己不知道的东西，反过来，如果我们的知识极为广博，则接收者又可能不理解我们的信息。于是我们就能理解为什么知识面窄的老师上课学生听着没意思，造诣太高的老师上课学生又觉得听不懂了。

4）价值观。与态度影响行为类似，我们的价值观也影响着沟通。如今的学生和家长、老师之间很少进行有效的沟通，在一定程度上就是受到价值观的不同（所谓的代沟）的影响。

（三）信息

信息源把头脑中的想法进行编码，就产生了信息。所以，信息实际上就是经过编码后的传播沟通的内容。例如，当我们说的时候，说出的话就是信息；当我们写的时候，写出的内容就是信息；绘画的时候，画出的图画就是信息；做手势的时候，肢体动作、面部表情就是信息。

（四）通道

通道也叫信道，是指传送信息的媒介物，它由信息源选择。如面对面聊天的通道是口语，书面交流的通道是纸张，网上聊天的媒介是互联网。

提高沟通效果的建议四：

沟通首先是发送者把自己头脑中的想法加工成能够传递出去的各种符号，然后通过某种途径发送出去。在这里，想法是否清晰、加工有无变形、符号是否准确、选择的途径是否适当都影响沟通效果。这与发送者的素质、涵养、知识面、加工想法的能力（表达能力）、选择媒介物的能力紧密相连。

因此，要提高沟通效果，就必须提高自身素质、丰富自身知识面、训练自己的表达能力，认真准备沟通内容。

（五）信宿

信宿即信息的接收者，是信息指向的客体，是传播的目标，他们虽没有传播的主动权，但却有信息接受的决定权。沟通效果很大程度上取决于接收者的社会背景、文化水平和心理性格特征。

（六）解码

在信息被接受之前，接收者必须先将通道中加载的信息翻译成他理解的形式，这就是对信息的解码，即信息接收者依据自己的理解，对传通符号所负载的信息内容做出解释。

与编码相同，接收者同样受到自己的技能、态度、知识和价值观的影响。

小提示

提高沟通效果的建议五：

当信息被发送出来后，便是接收者接受信息，并根据自己的水平和经验形成自己的理解，至于他的理解和发送者的本意是否一致就取决于接收者的水平和经验了。

"对牛弹琴"的错误不在于牛，而在于弹琴的人。因此，作为发送者要想让接收者准确理解自己的想法，在沟通之前就应该了解沟通对象（社会背景、文化水平、性格和爱好等），做到"有的放矢"，同时也是为了找到共同语言。这或许有助于提高沟通效果。

（七）反馈

反馈就是接收者把接受到的或理解的信息再返回到发送者那里。反馈对信息的传送是否成功以及传送的信息是否符合原本意图进行核实。反馈构成了信息的双向沟通。

小提示

提高沟通效果的建议六：

反馈不一定非要由接收者发起，实际上也可以是发送者主动询问。例如，部队首长下达命令时，接受命令的人总会把指令大声复述一遍以确认指令是否准确接受。

因此，让接收者把接受到的信息复述一遍可以检验他是否真的理解了信息的本意——这不失为提高沟通效果的又一建议。

综上所述,沟通过程就是发送者把自己头脑中的想法加工成能够传递出去的各种符号并通过某种途径发送出去,接收者接受信息后形成自己的理解,再把接受到的或理解的信息返回到发送者那里的一个过程。这一过程包括七个要素:信源、编码、信息、信道、信宿、解码和反馈。

必须说明的是,在信息的传递和接收过程中,发送者和接收者都可能会遇到各种干扰,我们把这些干扰因素统称为噪音。因此,在沟通过程中,发送者和接收者还必须尽可能避开或减少噪音的干扰,以提高沟通效果。

知识点四:常见沟通方式及其特点

常见的沟通方式有口头沟通、书面沟通、非语言沟通、电子沟通等四种。

(一)口头沟通

口头沟通就是运用口头表达的方式进行信息的传递和交流。包括面对面的讨论、谈话、开会和演讲等。其优点是:信息传递快,信息量大,接收者能感受到发送者的真挚感情,并且信息发送者能立即得到反馈,能了解所传达的信息是否被正确理解,这是一种双向沟通,它使得参加沟通的双方既是发送者又是接收者。口头沟通最大的缺点是:如无准备,不方便记录且信息经多人传递易失真,难以核实。

(二)书面沟通

书面沟通就是运用书面形式进行的信息传递和交流,包括备忘录、信件、报告、计算机文件和其他书面文件。其优点在于:具有清晰性和准确性,不容易在传递过程中被歪曲,可以永久保留,接收者可以根据自己的时间和速度详细阅读以求理解。其缺点在于:信息反馈慢,接收者可能不能完全理解信息,而且在相同的时间内不如口头沟通传递的信息量大。

(三)非语言沟通

为了传递一个信息而进行的沟通并不一定非要使用语言。一个身体动作、一个面部表情都可以传递信息,这就是非语言信息。研究表明,人们的沟通至少有 2/3 是通过非语言的方式进行的。非语言沟通是指非口头、非书面形式的沟通,也就是用语言以外的非语言符号进行的信息沟通,包括衣着、动作、表情、手势等体态语言、警笛、红绿灯、谈话的语调、音量、手语、旗语等。我们应当重视非语言沟通,在人际沟通"表里如一"方面,它更多地反映了人的"里",即沟通者的内在感受,这是非语言沟通的优点,也就是内涵丰富。其缺点在于:由于人的个性差异、国家的文化差异,有时沟通时也会造成误解;此外,非语言沟通范围有限,只能在面对面沟通中使用。

各个国家因文化背景和生活习惯不同，手势表达的意思也不同

中国人伸出大拇指表示称赞，有"顶呱呱"的意思；而对日本人来说，这个动作表示骂他"你这个老爷子"，毫无赞赏之意。在中国伸出小拇指表示"差劲，落后"之意，而在日本则指"女朋友"。

绝大多数的国家都是以点头方式表示赞赏。但在印度、尼泊尔等国则以摇头表示肯定，也就是一面摇头，一面面露微笑表示赞成、肯定之意。点头在保加利亚则表示否定。

美国人经常用拇指和食指作圆圈表示"OK"，这在巴西、新加坡、俄罗斯和巴拉圭是一种粗俗的举动。在佛教国家里，头是神圣的，你绝对不能去摸别人的头。在穆斯林文化中，不能用左手碰食或用左手吃东西，这会被认为不干净。将脚踝交叉叠放在一起在印度尼西亚、泰国和叙利亚是举止粗鲁的表现。在德国和瑞士用手指指自己是侮辱他人的行为。希腊人在听到人们的夸奖时会用嘴喷气。洪都拉斯人把手指放在眼睛下面表示他们不相信。日本在受窘或表示反对时会发出嘶嘶的吸气声。越南人低下头眼睛看着地面表示尊敬。同美国人相比，俄罗斯人较少面部表情，斯堪的纳维亚人不怎么用手势，而地中海和拉丁文化的人更多的用手势，身体接触也比较多。巴西人比美国人更喜欢插话，阿拉伯人说话声音大，亚洲人喜欢沉默。

对于信息接收者来说，留意沟通中的非语言信息是十分重要的，尤其要注意发送者发出的语言意义和非语言信息之间的矛盾之处。例如，无论一个人怎么说，如果他不停地看表，就意味着他希望结束交谈。如果我们通过言语表达一种信任的情感，而非言语中却传递出了矛盾的信息，无疑会使人产生误解。在很多情况下，人们更倾向于相信自己所接受到的非语言信息。

小提示

提高沟通效果的建议七：

研究表明，在面对面的交流中，55%的信息来自于面部表情和身体语言，38%来自于语调，只有 7%真正来自于词汇。因此，恰当的使用非语言沟通形式可以提高沟通的效果。

必须注意的是：在语言与行为同时存在的时候，人们往往更加关注行为，这提醒我们，要提高沟通效果，既要善于运用非语言沟通，又要保持言行一致。

（四）电子沟通

电子沟通即以电子符号的形式通过电子媒介而进行的沟通，如传真、电报、电话会议、视频会议、电子邮件、录音录像等。

研究表明，在一个大型办公设备公司里，由于电子邮件，使人们用于打电话的时间减少了 80%，办公室之间的信件减少了 94%，复印件减少了 60%，备忘录减少了 50%，极大地节省了工作成本，提高了效率。

其主要优点在于：信息传输速率快、成本低；其缺点在于：对于那些需要面对面解决的复杂问题，不能采集到微妙的、情感化的非语言线索。因此，电子邮件最适合发布那些不需要大量复杂交换的日常信息，它不太适合传递机密信息、解决冲突以及谈判。

小提示

提高沟通效果的建议八：

不要指望单独一种沟通方式能解决沟通障碍，要综合运用多种沟通方式，尤其是要把非语言沟通运用到其他沟通形式中去。例如，QQ 聊天中加入了 QQ 表情，语音聊天发展到视频聊天，音频电话发展到可视电话。

在实际生活中，我们应该根据具体情况选择或是综合运用各种沟通方式，以增强沟通的效果。

案例解析

"案例导入"中摩托罗拉公司分别采用了口头沟通，如 3)、5)、6)；书面沟通，如 1)、2)、4)、7)、10) 以及电子沟通如 8)。其中，9) 可以综合采用这些沟通方式。

第二十五单元　了解沟通的方向与网络

案例导入

斯塔福德（Stafford）航空公司是美国北部一个发展迅速的航空公司。然而，最近在其总部发生了一系列的传闻：公司总经理波利想出卖自己的股票，但又想保住自己总经理的职务，这是公开的秘密了。他为公司制定了两个战略方案：一个是把航空公司的附属单位卖掉；另一个是利用现有的基础重新振兴发展。他自己曾对这两个方案的利弊进行了认真的分析，并委托副总经理查明提出一个参考意见。查明曾为此起草了一份备忘录，随后叫秘书比利打印完后立即到职工咖啡厅去，在喝咖啡时比利遇到了另一位副总经理肯尼特，并把这一秘密告诉了他。

比利对肯尼特悄悄地说："我得到了一个极为轰动的最新消息。他们正在准备成立另外一个航空公司。他们虽说不会裁减职工，但是，我们应该联合起来，有所准备啊。"这话又被办公室的通讯员听到了，他立即把这消息告诉他的上司巴巴拉。巴巴拉又为此事写了一个备忘录给负责人事的副总经理马丁，马丁也加入了他们的联合阵线，并认为公司应保证兑现其不裁减职工的诺言。

第二天，比利正在打印两份备忘录，备忘录又被路过办公室探听消息的摩罗看见了。摩罗随即跑到办公室说："我真不敢相信公司会做出这样的事来。我们要被卖给联合航空公司了，而且要大量削减职员呢！"

这消息传来传去，三天后又传回到总经理波利的耳朵里。波利也接到了许多极不友好，甚至敌意的电话和信件。人们纷纷指责他企图违背诺言而大批解雇工人，有的人也表示为与别的公司联合而感到高兴。而波利被弄得迷惑不解。

请问：案例中的消息通过什么模式传播的？波利接下来该如何消除这些消息的消极影响？

要回答这一问题，首先必须了解沟通的方向和网络。

信息沟通犹如河水在水渠里一样，总是按照一定的方向、沿着一定线路在特定的人群间流动，我们把这种信息流通的方向称为沟通的方向，而各条流通路线则组成了沟通网络。

知识点一：沟通的方向

沟通的方向可以是垂直的，也可以是水平的，还可以是斜向的。垂直的还可以进一步划分为自上而下和自下而上两种。也就是说，按照信息流向的不同，沟通方向可以分为上行、下行、平行。

（一）上行沟通

上行沟通即自下而上的沟通，指在组织中，信息从较低层次流向较高层次的沟通。主要是下属依照规定向上级提出的正式书面或口头报告。员工利用它向上级提供反馈，汇报工作进度，并告知当前存在的问题。上行沟通使得管理者经常了解到员工对他们的工作、同事和组织的总体感觉是什么样的，管理者还依赖于这种沟通了解哪些工作需要改进。若无上行沟通，管理者则不可能了解职工需求，也不知道自己的指示命令是否正确。

在一个组织中，上行沟通的例子有下级的工作报告、意见箱、员工态度调查、申诉程序、主管与下属之间的讨论或个别交谈、座谈会等。

（二）下行沟通

下行沟通即自上而下的沟通，指在组织中，信息从较高层次流向较低层次的沟通。一般以命令方式传达上级的政策、计划、规划等信息。上级通过下行沟通布置工作任务，下级通过下行沟通接受工作任务。

对于管理者与下属之间的沟通，我们常常想到的是自上而下的模式。例如，组织的管理者给下属分配任务、介绍工作、告知政策、情况通报、指出需要注意的问题、提供工作绩效的反馈、下发文件等，这些都是下行沟通。

（三）平行沟通

平行沟通即水平沟通，指在组织中，信息在同一部门的成员之间、同一层次（等级）的不同部门或成员间的沟通。

事实证明，平行沟通可以弥补信息纵向流动的不足，有助于提高沟通效率，促进合作。当然，如果水平沟通是在组织成员越过或避开各自的直接领导的情况下发生的，则有可能扰乱组织的管理秩序从而制造麻烦。

在一个组织中，平行沟通的例子有部门联谊会、碰头会、联合办公会。

知识点二：正式沟通网络

在一个组织中，信息在不同的人与机构之间从不同方向流动就形成了一个由各种路线构成的沟通网络。

正式沟通网络由组织内部明文规定的进行信息传递和交流的各种路线组成。正式沟通网络一般只进行与工作相关的信息沟通。

正式沟通渠道是组织系统管理中的信息主渠道，主要包括按正式组织系统发布的命令、指示，组织召开的正式会议，组织内部上下级之间或同事之间因工作需要而进行的正式接触。正式沟通渠道传播的信息又称"官方消息"。

图 9.2 描述了三种常见的正式沟通网络模式。

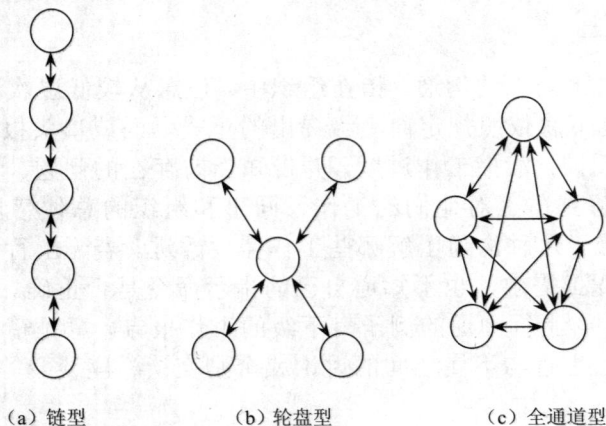

(a) 链型　　　　(b) 轮盘型　　　　(c) 全通道型

图 9.2　正式沟通网络图

在图 9.2 中，"○"代表信息的传递者，"→"表示传递方向。

（一）链型

链型（a）表示的是信息在五个垂直层次的结构之间传递，由上、下行沟通路线构成。如各种数据的逐级上报，机密材料的传递。

在这种情况下，沟通必须严格遵循正式的命令系统，只能向上或向下进行逐级传递信息。其特点是：信息逐级传递，速度较慢但精确度高；重视领导的作用但员工之间缺乏交流故满足感低。

（二）轮盘型

轮盘型（b）表示的是一个管理者分别与四个下级沟通，由上、下行沟通路线构成。如领导与下级分别谈话，下级逐个向上级汇报工作。

其特点是：信息传递速度快，精确度高，领导者作为沟通的核心，了解全部情况，但下级间无沟通联系，所以满足感很低，而且相互之间容易产生猜疑。

（三）全通道型

全通道型（c）表示的是所有的成员之间可以相互联系，进行积极的沟通，而且地位平等，无中心人物。由上、下行及平行沟通路线构成。如碰头会、专题讨论会。

其特点是：无特定领导，人际关系和谐，民主氛围好，易协商解决问题。下级满足感强。

补充说明

上述三种正式沟通网络各有其优缺点，如果管理者看重解决问题的速度，那么使用轮盘型和全通道型是最好的；如果看重信息传递的精确度，那么链型和轮盘型是最好的；如果看重领导者的作用，则需要用链型或轮盘型沟通模式；如果看重通过信息沟通来增加员工的满足感，则最好使用全通道型。

知识点三：非正式沟通网络

（一）定义与类型

非正式沟通指的是不受组织监督，也没有层次结构上的限制，是由员工自行选择进行的沟通方式，如员工之间的闲谈、议论某人某事、传播流言等。不通过正式的沟通渠道进行的，而是一种非官方的、私下的沟通。因此，非正式沟通传递的信息常常被称为"小道消息"，即非正式的信息不可完全当真，也不可完全当其为假。它可以自由地向任何方向运动，并跳过权力等级，在促进任务完成的同时，非正式沟通满足组织成员间的社会需要。

相对于正式沟通，非正式沟通的产生是由于正式沟通有一定的沟通障碍。组织中有一些人热衷于小道消息传播，虽然有这些人本身的原因，但也与组织正式沟通渠道的不畅有关。非正式沟通的产生大约有下述五个主要原因：

1）如果人们缺少有关某一情况的信息时，他们就会千方百计地通过非正式渠道来填补这一社会空虚，有时这些活动甚至会导致歪曲事实或编造谣言。例如，一名负责新产品开发的经理被总经理突然召见，而且走时神情严肃，那么该经理工作失误、被上级批评甚至将被调职等的小道消息可能马上就会传播开。

2）当人们感到在某一情况中不安全时，他们也会积极参与小道传播。接着上面的例子，与新产品开发的有关人员将会去向所谓的知情人打听流言是否真实，小道消息将会进一步在人群中进行传播。

3）人们同某件事有个人利害关系的话，就会导致小道传播。如果管理当局决定解雇几名推销员，推销员就会对此事发生兴趣，在非正式渠道进行消息的打听、制造、传播，因为事态的发展和他们的利益相关，人们总想分享对他们来说是至关重要的、发生在世界上的任何信息。

4）当人们得到的是最新消息，而不是旧闻陈迹时，他们更加热心于小道传播。研究表明，当某个消息刚被人知道时，小道传播得最快；一旦大多数人都知道了这个消息，小道传播活动也就慢了下来。

5）有时当一些正式信息不便于在正式渠道中沟通传递时，组织的领导或其他成员就有可能利用非正式渠道来传递这些信息，使之起到正式渠道起不到的作用。例如，当领导者把一些重要正式信息通过非正式渠道私下传递给某些下属时，下属可能会感到领导对他的信任，可能会感激涕零。又如一些不便于正式沟通的信息如公众对某人的不好印象等，可能通过非正式沟通更能使人接受。所以，非正式沟通有时对于正式组织来说也是十分重要的。

小提示

小道消息的三个特点：

1）不受管理层的控制。

2）大多数员工认为它比管理层通过正式沟通渠道解决问题更可信、更可靠。

3）它在很大程度上出于人们的自身利益的考虑。

与正式沟通渠道一样，非正式沟通网络也有自己的沟通模式。非正式沟通模式主要有单串型、饶舌型、集合型和随机型，如图9.3所示。

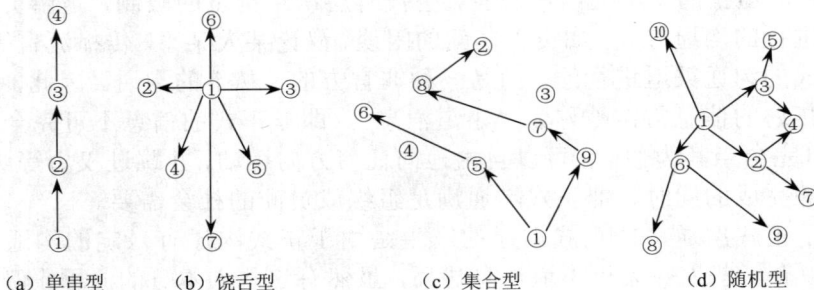

(a) 单串型　　(b) 饶舌型　　(c) 集合型　　(d) 随机型

图9.3 非正式沟通网络图

1. 单串型

单串型（a），信息在个人之间相互转告，依次传递到最终的接收者。即由一个人将小道消息传递给另一个人，该人再传给另外一个人。这类渠道传递的信息最容易失真，但最适宜传递那种不宜公开的信息或机密的信息。常见的特工组织中的单线联系，实际上就是采用这么一种沟通渠道，不同的是他们通常还使得沟通双方只知道上家和下家，不知道这一单线中还有其他人，从而保护组织一旦被发现时受损不大。

2. 饶舌型

饶舌型（b），信息由一个人传递给了许多人，这个人是信息的传播者。如图9.3中，信息由①传递给多个人，①是非正式渠道中的关键人物，他主动把信息传播给其他很多人。

通常，在非正式的聚会中，人们通过闲谈来沟通，此时正好是传播小道消息的时机，因此，饶舌型又称之为闲谈传递渠道。此渠道中有一个信息发送者，多个信息接收者，信息发送者并不一定是该群体的领导，可能只是信息率先获取者或喜欢传递各种消息的人。

3. 集合型

集合型（c），信息有选择性地被转告他人，也就是信息局限在特定的人之间传递。例如，一个人将信息告诉了两三个人，这些人或是保密，或是告诉另外两三个人，结果一传十、十传百、百传千、千传万，最后是组织内外几乎所有人都知道了此信息。如图9.3中，信息由①传递到几个特定的人⑤、⑨，然后再由他们传递给一些特定的人，这种传播效率最高，俗话说"好事不出门，坏事传千里"，这坏事能一下子传递千里，就是借助集合型传递渠道的力量。

4. 随机型

随机型（d），信息在人群之间随机地传递（碰见谁就传递给谁）。也就是说，非正式信息在组织内传递时没有安排，完全是随意碰到一个人便沟通，将信息传递给他的一种方式。这种方式通常是非正式组织中最常用的一种沟通方式，也是传递非正式信息最常用的一种渠道。（案例中的小道消息的传播就是通过这种模式）

（二）非正式沟通的优缺点

1. 优点

首先，非正式沟通形式不拘，直接明了，速度很快，容易及时了解到正式沟通难以提供的"内幕新闻";其次,非正式沟通渠道中的沟通者往往趣味相投,容易形成非常合作、凝聚力强的工作群体或小团体。也就是说,非正式沟通能够发挥作用的基础是组织中良好的人际关系;第三,因为人们真实的情感动机往往是在非正式沟通中表露出来的。因此,合理利用非正式沟通能提高管理效率、形成凝聚力、调动人们的积极性,尤其是能解决一些比较棘手的问题。

📖 示例

受金融危机影响,某公司决定减少年终奖的数量,但如果把这一消息直接告诉全体员工,必然会引起动荡。为避免动荡的发生,该公司采取了非正式沟通:公司安排一副总利用在员工餐厅午餐的时间悄悄地对身边的人说"刚开了个会,可能今年发不了年终奖。"说完后,副总有意无意地强调了一句"刚才说的事不要到处说"。这么关系大家利益的事能不到处说吗?一天之间,整个公司都就充满着怨言"每年都有年终奖,今年看来是白忙活了"。一些人甚至找公司高层理论,但得到的答复含糊其辞。一个月过去了,就在大家带着不满抱着拿不到年终奖的时候,有一条消息在员工餐厅从公司高层嘴里"不经意"地流出:"考虑到大家辛苦了一年,公司最终决定多少还是给大家发一点年终奖,只不过比去年少。"整个公司再次沸腾,大家的心情一下子从没有年终奖转变为似乎马上就能领到年终奖一样高兴,"公司真好,这么困难还能坚持给我们发年终奖!""少一点不要紧,总比没有强。"

就这样,一件本来让员工难以接受的坏事反而成了振奋人心的好事。

2. 缺点

首先,非正式沟通渠道内的信息是不完整的,由于难以控制,因此真实情况往往被歪曲,故不能作为决策的依据;其次,非正式沟通涉及较多的有关情感和个人情绪的问题,有很强的感情色彩,容易被不同动机、目的的人利用,导致小集团、小圈子,影响组织的凝聚力和人心稳定。因此,"小道消息满天飞"的情况也会使士气涣散,令管理者难以应付,管理者如不能及时消除小道消息的不良影响,将严重影响到组织的稳定。

(三)正确对待非正式沟通

非正式沟通和正式沟通不同,它在沟通对象、时间、内容等方面都未经计划和难以辨别的。在一定程度上说,非正式沟通带来的信息交流为组织决策提供了支持,在许多情况下,来自非正式沟通的信息更受到信息接收者的重视,由于传递信息一般以口头方式,不留证据、不负责任,许多不愿通过正式沟通传递的信息,都可能在非正式沟通中迅速传递。

但是过分依赖这种非正式沟通也有很大危险,因为这种信息遭受歪曲或发生错误的可能性相当大,而且无从查证。不实消息的散布,往往给组织造成较大的困扰，但是，任何组织都或多或少存在着这种非正式沟通途径，对于这种沟通方式，管理者既不能完全依赖它获取必需的信息，但也不能完全忽视它。

对于任何群体或组织的沟通网络来说，非正式沟通都是其中的重要组成部分，值得注意。有的非正式沟通本身就是对正式沟通不足的一种弥补，有的则正是组织真实情况的反映，还有的往往是群体成员愿望和不满的自然流露。它表明一些员工认为很重要的事情，管理者未能予以详尽说明或足够重视。如果管理者对非正式保持清醒的认识和敏感，就会有助于组织内的信息传递，改善组织的活动。

传统的管理及组织理论并不承认这种非正式沟通的存在，即使发现这种现象，也要将其消除或减少到最低程度。但是，当代的管理学者认为，非正式沟通现象的存在是无法消除的，应该给予了解、适应和整合，使其有效担负起沟通的重要作用。不过，过分利用非正式沟通，就会冷落或破坏正式沟通系统，甚至破坏组织结构。当然，管理者更应该对小道消息的负面影响加以重视，将其范围和影响限定在一定的区域内，并使其消极影响减到最低。通过提高决策透明度，鼓励员工参与，客观解释计划和政策可能带来的正负效应等方式，均有助于减少小道消息的消极影响。

对于非正式沟通应采取以下立场和对策：

非正式沟通的产生与蔓延，主要是由于人们得不到他们所关心的信息，管理者越是故作神秘、封锁消息，则背后流传的谣言越猖獗。管理者如果使组织内沟通系统较为公开或开放，种种不实的谣言会自然消失。

要想阻止已经产生的谣言，与其采取防卫性的驳斥，或指出其不可能的道理，不如正面提出相反的事实更为有效。

闲散和单调是造谣生事的温床，为避免发生谣言扰乱人心士气的情况，管理者应注意不要使组织成员有过分闲散或过分单调枯燥的情形发生，无事才会生非。

最基本的做法是培养组织成员对管理者的信任和好感，这样他们就比较愿意听组织提供的消息，也较能相信这些消息。

小提示

减少小道消息消极影响的建议：

1）公布进行重大决策的时间安排。

2）公开那些看起来不一致或隐秘的决策和行为。

3）对目前的决策和未来的计划，强调其积极一面的同时，也指出其不利一面。

4）公开讨论事情可能的最差结局，这肯定比无言的猜测引起的焦虑程度低。

一句话：正本清源，用事实说话。

第二十六单元　掌握沟通障碍的克服方法

案例导入

小李毕业后到她父亲的公司工作，他父亲拥有一家大型百货商店。父亲的这家百货商店经过几年的发展，已经从当初的一个小商店变成了一个规模颇大并且利润颇丰的百货商店，整个家庭都参与了公司的各种活动。

小李的父亲亲自负责公司的日常管理。他频繁地召集管理人员召开长时间的会议。每周至少在商店走动一次，观察各层次的员工并与他们保持联系。

他最担心的是沟通和激励，虽然他觉得在开会时，所有的管理者以及职工都认真的倾听自己，他们后来的行为却使他怀疑他们到底是否理解了他的意思。他的许多政策和指导都得不到实施。看了所收集的一些反馈及交流信息，他发现一些管理人员承认自己并不了解公司的目标，但是他们相信如果某些信息沟通得当，他们会做得更好。

当女儿走进他的办公室，以特别助理身份开始工作时，他说，"女儿，我的两个问题是沟通和激励。我知道你在大学学过管理，并且我也听说过沟通的重要性，我在考虑你是否学到了一些知识，帮助我改善沟通。你对改善我们公司的生意，有何建议？"

很显然，小李的父亲在与员工的沟通过程中遇到了困难，需要帮助他解决这一困难？假如你是小李，你该怎么办呢？

我想，找出沟通中存在的问题然后对症下药应该是最好的思路。

知识点一：有效沟通的障碍

在沟通过程中，由于主观因素和外界干扰及其他原因，经常出现信息被丢失或被曲解，使得信息的传递无法正常进行，或不能产生预期效果的现象，称为沟通障碍。

无论是组织正式的或非正式的内部与外部沟通，如果希望达到预期目标，那么克服沟通中存在的障碍就尤为重要。沟通中的障碍可能存在于信息发送者方面，或存在于传递过程中，或在接收者方面，或在信息反馈方面。沟通过程中一旦出现障碍就会影响沟通效果，甚至造成一定的负面影响。

而从沟通障碍形成的原因来看，大致有以下几个方面。

（一）过滤

过滤指发送者有意操纵信息，以使信息显得对接收者更为有利。例如，一名管理者告诉其上级的信息都是上级想听到的东西，这名管理者就是在过滤信息。这种现象在组织中是经常发生的。当信息向上传递给高层管理人员时，下属常常压缩或整合这些信息以使上级不会因此而负担过重或对自己及本部门产生不好评价（譬如报喜不报忧）。在进行整合时，个人的兴趣和自己对信息的认识也加入了进去，并因而导致了过滤。这就妨碍了管理者了解事件真相。

过滤的主要决定因素是组织结构中的层级数目，组织中纵向上的层级越多，过滤的机会就越多。传达和汇报是组织经常使用的沟通方式，但每经过一次传达就多一层丢失和错误。因此，如果组织结构层次过多会使得信息上、下行环节太多，沟通效率也会下降，因为这样会导致信息再传递的误差累积增大，造成信息失真，对沟通效果影响很大。有研究表明，一般每经过一个中间环节就要丢失 30%左右的信息。

（二）选择性知觉

在沟通中，接收者会根据自己的需要、动机、经验、背景及其他个人特点有选择地去接收信息。解码时，接收者还会把自己的兴趣和期望带进信息之中。实际上，人们经常是在有选择地接受信息，其主要原因是每个人的生理、心理、生活经历、知识背景以及所处环境等因素都会影响人们的知觉过程。

另外，人们为了避免矛盾、冲突，在信息接受过程中往往会有意无意地掩护掉一部分信息。例如，心理学家认为，人们一般不太重视与原来看法、期望和价值观不一致的信息；人们一般更重视从一个不太可靠的来源得到的、比原来期望要好的不信息；如果从某个来源得到的信息与过去的期望相比一样坏，这个信息来源就不大可能受到重视；如果这个信息比原来期望的还要坏，其来源更加不会受到重视。选择性知觉的理论表明，我们看到的并不是事实，而是把我们所感知到的事物进行解释之后得到的结果称之为事实。

（三）情绪

沟通主体与沟通对象在情绪、心理等方面的因素也会影响沟通的顺利进行。例如，如果发送者在接收者心中的形象不好，存有偏见，则后者往往会带着有色眼镜来对待前者所讲述的内容，如不愿意听、不予理会或专挑毛病、拒绝接受。这就是一位对管理者心存偏见的下级为什么很难理解、接收管理者的正常沟通信息的原因所在。

在接收信息时，接收者的感觉也会影响他对信息的解释。不同的情绪感受会使个体对同一信息的解释截然不同。极端的情绪体验，如狂喜或悲痛，都可能阻碍有效的沟通。这种状态常常使我们无法进行客观而理性的思维活动，代之以情绪性的判断，这对沟通也很不利

（四）语言

信息沟通大多数是借助语言进行的，但是，在有些情况下，语言却会成

为沟通的障碍。语言障碍指的是语言表达不清、使用不当或是接收者错误理解造成沟通不畅。

任何一个文字或一句话，都可能有多种含义，而每个人在进行语言表达时，都根据个体情况赋予了他所使用的语言以特定的含义。实际上，人们在运用语言进行沟通时，都是从众多含义中选取一种自认为正确的含义，同样的词汇对不同的人来说含义是不一样的，这就存在误解或曲解的可能性。不同的背景、词语的多义性、语言的完整性，都能产生不同的结果。如当新领导发表就职演说："我们应该以新的姿态去迎接新挑战"时，听者从不同的背景出发就会有不同的理解，有人可能理解为领导的决心，有人可能理解为套话、空话，有人可能视之为组织调整的信号，有人或会认为是对原有状况的批评，当然，也可能这句话本身的确包含了这些意思。

再者，词语的多义性自然会造成理解的歧义，这在各种语言中都是普遍的现象。还有，有时人们对语言产生误解，是因为没有从语言的上下联系中进行理解，而是单独挑出一句话或几个字，断章取义。任何一个相对完整的语言信息，其完整的意义都有赖于同其他语句的关系，一些语句单独抽出来是一个意思，放在上下文联系中看又是另外一个意思。很多理解上的歧义就是因此而产生的。

另外，方言差异也是一种常见的语言沟通障碍，如南方人讲话，北方人听不懂。所以在现实生活中，由于语言表达不准确，或是用词不当或是接收者理解上的不同而导致信息失真的现象也时有发生。

（五）地位冲突

在一个组织中，人们在地位上的差异也有可能成为妨碍沟通的因素。大量研究表明，人们之间自发的沟通往往发生在同地位的人之间。例如，员工与员工之间，一般管理人员之间等，因为同地位的人进行沟通，双方往往没有压抑感，不会担心因说错了什么而受到损害，而与地位有差异的人之间进行沟通，则可能存在压抑感。一般来说，地位高的人对地位低的人沟通是无所顾虑的，而下级对上级沟通时往往是有顾虑的。这样就使得一个领导者不容易得到充分而真实的信息。特别是当领导者不愿意听取不同意见时，必然堵塞言路，使下级保持沉默或报喜不报忧。

另外发现，人们经常根据一个人地位的高低来判断沟通的信息的准确性，并倾向于相信地位高的人提供的是准确的，即不重视信息本身的性质，而是看重信息提供者或接收者。一个人的地位高，似乎就是正确的、可信的；一个人地位低，其信息也将跟着打折扣。

再者，有的人会表现愿意同地位较高的人进行沟通，而对地位较低的人的意见不重视，甚至否定，如果下级觉察到这种态度，自然会对沟通带来不利的影响。

1986 年 1 月 28 日，挑战者号航天飞机在外太空不幸遇难，在这一悲剧中有 7 人丧生，有证据显示这一悲剧本来可以避免，问题的关键在上层管理者与下层技术工程师之间缺乏合理的沟通。当然，他们有不同的目标，工程师们顾及的是安全，技术上的问题预示着在低温低压环境中，飞机运作有可能会失灵；而另一方面，作为主要负责人，高层管理者需要的是准时发射，地位差异妨碍了交流，带着侥幸心理，人们只想听好消息，没有人想成为阻止发射的"坏家伙"。于是，工程师们在决策时被排除在外，管理者下达了发射命令，爆炸事故发生了。

（六）沟通焦虑

沟通的另一个主要障碍是一些人总有某种程度的沟通焦虑或紧张。尽管很多人都害怕在人群面前讲话，但沟通焦虑所产生的问题比这严重得多，它会影响到整整一类沟通技术，这种人在口头沟通或电子沟通或其他形式的沟通中都会感到过分紧张或焦虑。例如，口头沟通的焦虑者发现自己很难与其他人面对面进行交谈，或当他们需要使用电话时会极为焦虑。因此，他们会依赖于备忘录或信件传递信息，即使打电话这种方式更快更合适。

研究表明，口头沟通的焦虑者回避那些要求他们进行口头沟通的情况，有的甚至为了把沟通需要降低到最低限度而扭曲了工作中的沟通要求。

沟通系统内部的干扰，如由于信息发送者、接收者自身知识能力的不足，造成的干扰。有数据表明，5%～20% 的人存在着不同程度的沟通焦虑，他们害怕在人群中讲话，缺乏沟通技术。因此，能否正视有效沟通的困难，并能适时掌握运用良好的沟通技巧，已成为衡量领导者水平的重要尺度之一。

（七）其他

除了上述情况之外，形成沟通障碍的原因还有以下一些：

1）条件不清造成理解各异。例如，每一项政策、制度、办法都有一定的条件，都有一定的前提和假设。我们在传达信息时往往只注意传达信息本身，而忽视这些条件（要么没有予以研究，要么未曾传达）。

2）要求不明，渠道不畅。有的领导并不清楚为了完成组织的任务和做出正确的决策自己需要哪些信息。因此，在组织设计的同时应当向各个岗位明确"你们应当向我提供哪些信息，你们还应当向谁提供什么信息"，从而构成整个组织的沟通渠道。如果没有明确的设计，组织的沟通渠道就必然呈现自发的无组织状态，以至于别人提供的信息不需要，而需要的信息又没人提供。

3）地理障碍、沟通困难。一个组织机构庞大，地理位置分散，相距较远都会引起沟通困难，虽然有网络、电话和文件联系，但缺乏面对面沟通。这也是沟通的一大障碍。

知识点二：有效沟通的 7C 原则

组织中沟通的有效性主要表现在七个方面，也被称为 7C 原则。

1. 依赖性（credibility）

沟通的发送者与接收者之间建立彼此信任的关系。良好的沟通应从彼此信任的气氛中开始，而这种气氛应由主动沟通者创造，因为这直接反映了主动沟通者是否具有真诚的沟通态度。同时，被沟通者应该相信主动沟通者传递的信息，并相信主动沟通者在解决他们共同关心的问题上有足够的能力。

2. 一致性（context）

沟通计划、沟通方式应与组织内外环境相一致。

3. 内容（content）

沟通的内容必须对信息接收者具有意义。信息发送者应该考虑到接收者原有的价值观以及接收者所处的环境。

4. 明确性（clarity）

所用语言或词语是双方共同认可的，应避免模棱两可、含糊不清、容易产生歧义的言语。

5. 持续性与连贯性（continuity and consistency）

沟通是一个没有终点的过程，要达到沟通目的必须对信息进行重复，但必须注意在重复中不断补充新的内容，这一过程应该坚持下去。

解决沟通障碍的唯一办法就是继续沟通。

6. 渠道（channels）

选择能够充分提高效率的渠道，沟通者应注意尽可能的利用已经存在并且是被沟通者日常已习惯使用的渠道。如许多产品在农村做宣传时，就选用了"口号墙报"的形式，鲜明、易记、易理解，符合农村百姓的认知习惯，从而取得了良好的宣传效果。

7. 接收者的接受能力（capability of audience）

沟通时应充分考虑接收者的接受能力，增强沟通的针对性，若不了解沟通对象的情况，沟通时就如同"盲人骑瞎马，夜半临深渊"。因此，沟通前应尽力做到知己知彼，多方面地了解沟通对象的情况。应注意到，当用来沟通的材料对被沟通者能力的要求越小，那么，沟通成功的可能性就越大。被沟通者的接受能力，主要包括接受信息的习惯、阅读能力与知识水平。

知识点三：改善沟通的策略

为了改善组织中的沟通，人们进行了大量的研究和探索，提出了许多改进的措施，下面介绍常见的一些改善沟通的做法，当然，这些做法并不适用于所有的情况。

（一）克服认知差异，积极运用反馈

在沟通的过程中，接收者会根据自己的需要、动机、经验、背景等，有选择地去看、去听信息，相应的，接收者也会在解码时把自己的兴趣、期望带进信息中。所以，沟通的过程中应注意使用反馈通道，以减少知觉的选择性造成的误解。

知识点

知觉，即各种感觉（如视、听、触、摸、嗅）的复合。

知觉的选择性，即在知觉的过程中，为了清晰地反映对象，人们总是从许多事务中自觉地或不自觉地选择知觉对象的心理过程。这使得知觉带有主观意识性，受其影响，人们对客观事物的知觉经常出现不同程度的变形或歪曲。

（二）创建共识区域

共识区域是指信息发送者和信息接收者各方在知识经验、兴趣爱好、文化传统等方面相近之处，如图 9.4 所示。一般来说，发送者与接收者的类似经验越多，沟通的语言就越多，信息分享的程度也越高。因此，共同的经验范围往往是建立良好沟通的基础。

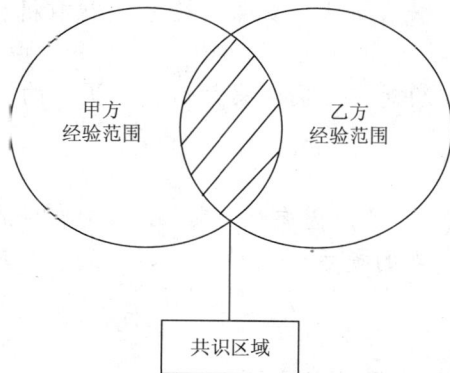

甲方经验范围　乙方经验范围

共识区域

图 9.4　共识区域图

（三）抑制情绪化的反应

沟通过程中，情绪化的反应会给信息传送带来严重影响而失真，因此，当信息发送者或接收者中的一方情绪不稳时，那么最好的做法是停下来、保持冷静。

（四）学会积极的倾听

积极倾听是对信息的主动搜寻过程，是一项辛苦的劳动，你需要集中精神彻底理解说话者所要表达的信息内容，而不是做一台只会翻录原声的录音机。

【管理培训实践】——聆听训练

目的：让大家明　大多数人的　　效　有50%，　而感　沟通和技　。

1. 程序

1）事先　　　或　　上　录一则2　3　长的　事，要进　任何　　，在　　上　经心　大家提起："　你们　多人　经　到了这则　。"

2）大　　这　文章。

3）结　后，有一　学生会　无　，　出十分　的　。

4）这时，你拿出一个　品，说："　对　大家　　到的　事，要提出几个问　。　能全部答对，就能　得这个奖品。"

5）　后问8　10个问　（如　事　及的　字、　期、　点　）。

2. 讨论

1）　大家　　到了这个　事，为什么　有人能记得非常　？

2）为什么　们会　　？　们如何能提高自　的　技　？（你如何提高别人的　　效果？）

3）如果老师一　　就告诉大家如果　心　　就有机会　得奖品，你们会　会　得更认真　？

4）如果没有奖品　激时，　们　当如何　　更　的　？

3. 总结与评估

1）人们　了，　记　的原因有：　感　　、没有目的、没有事前激励。

2）做一个　的　者的提示：主动　　、　到　所在、　分心、加　思　。

积极地倾听应掌握以下四项基本要求：

1）专注。倾听时应排除杂念，集中注意在别人说话的内容上，即概括综合所听到的信息，并竟把新信息转化到自己的思维框架中来。具体的做法有边听边想，甚至做记录。

2）移情。学会换位思维，即站在说话者的立场上去，理解他所要表达的含义而不是你想理解的意思。

3）接受。学会客观地倾听内容，而不要轻易过早地做出判断，这样以防倾听者与说话者在观点相异时，倾听者内心会对他人观点产生排斥，从而遗漏重要信息造成误释。

4）保持完整的倾听意愿。一个主动的倾听者会千方百计地从沟通中获得信息发送者所要表达的意愿，达到这一目的可用的方法是：第一学会倾听情感；第二学会提问以纠正理解偏差。

除以上四个基本要求外，还应掌握适当的倾听技巧。提高倾听效果的十个关键如下：

1）寻找兴趣点。即使对方的谈话内容令你感到无聊，你也应努力找到其中对你有用的闪光点。

2）评判内容而不是传送。不要太关注发言者的性格、特殊习惯、声音、服装等，把注意力集中在发言者说的是什么上。

3）沉着。不要被说舌者表面的语言打动，应完全理解发言者说的内容之后再做评价。

4）注意领会要点。不要太拘泥于细节，应抓住中心思想。

5）灵活多变。准备多种记录方法并选择适合发言者风格的方法，不要做太多记录更不需要一定把发言者无条理的语言整理成正式提纲。

6）集中注意力。离发言者近一点或请求发言者声音大一点，不要看窗户外面或桌子上的其他材料。

7）训练自己的大脑。有些人习惯知难而退，因此，要培养用于挑战困难的勇气。

8）保持头脑开放。不要让个人偏见情绪化的问题影响到对问题的理解。

9）利用思维速度的优势。多数人讲话的速度是每分钟 125 个字，而人们思维的速度是讲话的速度的 4 倍，把省下来的时间用在思考说话者说的是什么这个问题上。

10）努力去听。投入一定的精力，记住倾听是一件艰苦的事不要只是表面上表现出倾听的热情。

（五）获取沟通的信任

成功的沟通者往往具有良好的权威效应，信息发送者的可信度既受信息发送环境的影响，又受到沟通关系历史认识的影响。信任感的培养是一个一以贯之的过程，因此，日常行为中形成良好的信誉意识至关重要，"狼来了"的故事即是最好的反例之一。

（六）注意非语言沟通的提示

你知道吗

在求职面谈中，一个人可能会表示他对这个职务很感兴趣，并许诺他将勤奋工作，他信任公司的一切等，但他说话时面无表情、声调呆板、眼神闪躲，你就可以凭直觉感受到，说话者是言不由衷的。

生活中我们常说"说得好不如做得好"，这句话从一个侧面反应了行动比言语更加重要，因此，沟通中应注意非言语媒介的使用，如手势、衣着、姿势、面部表情等。作为沟通者，首先你必须注意，你所传达的信息应与你所使用的媒介具有一致性；其次，你应该学会"察言观色"，并能准确地解释你所观察到的现象。总之，巧妙地运用非语言沟通的提示，会使你的沟通过程产生"事半功倍"的效果。

【管理培训实践】——下巴还是面额

目的：让学生　会有效沟通的技　，　　说明　确的动作、　动于　言　。

1. 程序

1）老师一　一　说："请同学们　　　，并按　说的去做。"（　　）

2）要求同学们　出　　，与　　　平　。

3）老师说："请　你们的大　指和　指　成一个　，做成'OK'的形　。"（　说　示　）

4）　后继续说："请将上　起，　成　角。"（继续示　　动作）大家是　做正确，　后继续说："　，请　心　你的下　。"

5）　　，当老师说"　下　"时，自　　心　　　。

6）老师四　　，什么　要说。

7）几　　之后，学生　会有人　识到　并而　心　下　（还会有一　人发现了　对　　　于一　知　　）。

2. 讨论

1）你们　有没有　到　说"按　说的去做"这　　？为什么会　做　？

2）　们　　知事实　于　，　们在工作　如何　　这一原则，来　得更　的　理解？

3）　多时，　为上发生的问　会导　沟通的　　。通过这个游戏，启发了　们认识到　碍有效沟通的　有　　？

4）　们　当如何克服这　　？

3．总结与评估

1）　们要　记一点：事实　于　　，你的　为　是别人　　你的标
——要　言一　。

2）游戏指出了，在沟通　会出现言　一　的表现，这是　们
克服的关　。

（七）语言力求简洁明确

在沟通过程中，无论是书面语还是口语都应力求准确、简洁，口头沟通还应具有一定感情色彩，在口语交际中，我们应注意使用容易理解的方式讲话。例如，比喻、类推、举例等。在书面语中，应注意文章清晰的结构、语法以及完整明确的思维逻辑。此外，我们也可尝试用图片、表格、色彩等吸引阅读者的兴趣。

当然书面语与口头语的区别还是很明显的，例如，书面语可精心准备、随时修改，而口头语则即时发出，且覆水难收、不易修改；其次，书面语高度精炼规范、口头语随意性较大，但是，口头交流的反馈则比书面交流快。

请思考

当一个管理者对员工说"我想我们需要这样做"与说"我要你们这样做"时，产生的效果一样吗？

（八）把握说的技巧

因为说是沟通中应用最多、最基本的语言形式，我们应注意掌握说的技巧，其中包括以下几点：

1）要言之有理，并有足够的信息量。所说内容可以是新知识、新信息、新办法，至少是新见解，这样才能以内容吸引人，若属信息沟通则一定要抓住中心，表述准确。

2）选择对方感兴趣的话题谈。沟通交谈如同打乒乓球，你发过去的球对方接住了，谈话才能继续下去，若没有接住，谈话中断不说，对方可能还会认为你在故意刁难他，沟通双方自然很难建立良好关系。

3）尊重与赞美。实事求是的赞美是在表示对对方的尊重，也是在传达一种良好的交往意愿，会明显地促进感情的交融。

4）回避忌讳的话题。在沟通中要保守别人的隐私，更不可涉及民族、宗教等方面的忌讳。

5）学会运用幽默。幽默有助于调节谈话气氛，消除隔阂、拉近双方心理距离，消除尴尬局面。

【管理培训实践】——人际沟通训练

目的：让学生　会人际沟通的　则——真　与表　。

1. 程序

1）全　同学，　人　　　　　　，要求在　个小时内　出本　几
部的　点（　　部　10　，多多　）。后要求　　出。其，
要认真，　能　　，要　　　别人的　点要　，　能说　或
统　说"　"或"　"，要实事求是，　一　　　　的事　说明
　　论，个人　个人的　表　　是真心　的，　心，图　。
所　要　表他所做的事，而　是这个人　字　　，　于　。

2）　个大　。

3）　　部自　理全　同学对自　的　，后进　自　，并
　出自　的　、　点和　进　见。

2. 讨论

这个　动，你得到了什么　？

3. 总评

对他人　真　的　和关心，是　人际关系的第一　则。一个人能
　能成　与人　　决于自　对别人　什么　法。"种　得　，种　得　"，
光　　际技　或　心理学理论并　管事，人们　会　这　把戏。
　有真　、关心、　他人，会让自　生　在一个　　和真
　的　。当　，　关心他人并　表示　　，而是说，　　、
点的时　　选择　当的场　，　照　对方的自　。

4. 启示

1）无论是与同学、　、家人还是将来的同事　时，　要学会
　，　　　、　他人，把别人　作能　的、有感情的、　得　的
人。多　、发现、　定别人（　别是自　　的人、与自　有　的人）
的　点和长　，　多　同别人，而　要　对别人，并把　、感激表
　出来。　别人做对了什么，而　要　做了什么。做到　要能　别人，
就主动去　别人。

2）关心、　、　他人时一定要真心真　，　心待人，　他人　想。
　别是当自　的　与他人　　时、自　的观点与他人的　见有分
　时，　能站在对方的　　上分析原因，想想对方的　　和　，　心对待，
　他人。

3）无论什么时　要　　，　　　　，要出　人，

的 表，要 。在人际 做 格的 者，
，有主见更要学会 、学会容 别人、控制自 ， 要 见。

沟通技巧除了以上几点外，为使接收者容易理解，也为创造一个良好的沟通氛围，适当地使用行业术语，或采用与听话者一致的表达方式，都可有效地提高沟通质量。此外，当发言者要传递重要信息或做公开演讲时，可提前做一些必要的准备，如把演讲稿散发下去，让听者有充足的思维准备及反馈时间，以使言语理解的差异造成的负面影响降到最低。

结束语：2006 年 3 月某日，公司经理给新来的助理曹小姐布置了一个任务，要求她向各个部门下发岗位职责空白表格，并要求各个部门在当天下午两点之前上交经理办公室。经理问曹小姐是否明白其任务？她说完全明白，于是就去执行。

结果到了下午规定的时间，技术部没有上交表格。经理问曹小姐："你向技术部怎么传达的？"曹小姐说："完全按正确的意思传达的。"经理又问："为什么技术部没上交？"曹小姐说："技术部就是没上交，不知道为什么。"

于是经理把曹小姐和技术部负责人都召集到经理办公会议室，问这个事情。技术部负责人回答说，当时他没有听到曹小姐传达关于上交时间的要求。而曹小姐说，自己确实传达了，为什么公司 12 个部门就技术部没听清楚。到底是曹小姐没传达，还是技术部没听到？没有书面的东西，谁都说不清楚。

出现上述情况，既耽误了工作，又难以说清责任。无论是企业内部部门之间互相协调、支持、沟通，还是企业和供应商、客户等外部部门之间互相协调、支持、沟通，都应当有书面沟通函件。但是在实践中，一些管理者往往习惯于电话交谈完就完事，或过分相信口头沟通的功能，结果往往耽误事情，造成损失。因此，选择正确的沟通方式是提高管理效率的基础。

沟通对组织目标的实现起着重要作用，是领导者的必备技能。沟通无处不在，因此，我们必须在实际生活中利用一切可以锻炼的机会提高自己的沟通能力。

小 结

1. 沟通就是信息交流，又称沟通联络，是信息凭借一定符号载体，在个人或群体之间从发送者到接收者进行传递并获取理解的过程。

2. 沟通过程就是发送者把自己头脑中的想法加工成能够传递出去的各种符号并通过某种途径发送出去，接收者接受信息后形成自己的理解，再把接收到的或理解的信息返回到发送者那里的一个过程。这一过程包括七个要素：信源、编码、信息、信道、信宿、解码、反馈。

3. 由于沟通时所使用的媒介物不同，我们可以把沟通方式分为口头沟通、书面沟通、非语言沟通、电子沟通等四种。

4. 按照信息流向的不同，沟通方向可以分为上行、下行、平行。在一个组织中，信息在不同的人与机构之间从不同方向流动就形成了一个由各种路线构成的沟通网络。

5. 正式沟通网络由组织内部明文规定的进行信息传递和交流的各种路线组成。非正式沟通指的是不受组织监督，也没有层次结构上的限制，是由员工自行选择进行的沟通方式。

6. 引起沟通障碍的原因是多方面的，克服障碍应坚持 7C 原则。实现有效的沟通应注意：克服认知差异、积极运用反馈、抑制情绪化反应、学会积极倾听、获取沟通信任、注意非语言的提示、注意语言表述的明晰，同时应掌握语言沟通技巧。

练 习 题

一、课内测试题

（一）单项选择题

1. 沟通过程最重要的是（　　）。
   A. 信息的传递　　　　　　　B. 信息的交流
   C. 信息的接受　　　　　　　D. 信息的理解
2. 口头沟通存在的最主要缺点是在于（　　）。
   A. 反馈迅速　　　　　　　　B. 缺乏书面沟通技巧
   C. 没有长久的沟通记录　　　D. 沟通简单
3. 以下属于非语言沟通方式的是（　　）。
   A. 电话交谈　　　B. 体语　　　C. 小组会议　　　D. 电子邮件
4. 以下属于书面沟通方式的是（　　）。
   A. 电话交谈　　　B. 纸质文件 C. 小组会议　　　D. 电子邮件
5. 在选择沟通渠道时，如果看重通过信息沟通来增加员工的满足感，则最好使用（　　）。
   A. 全通道型　　　B. 链型　　　C. 轮盘型　　　D. 饶舌型
6. 一位四川人和一位山东人在一起做生意，经常因为"四"、"十"发音不准而闹翻了天。造成这种沟通障碍的原因主要来自于（　　）。
   A. 物理方面　　　B. 管理方面 C. 心理方面　　　D. 语言方面
7. 通过 E-mail 进行沟通，属于（　　）。
   A. 书面沟通　　　　　　　　B. 非语言沟通
   C. 口头沟通　　　　　　　　D. 电子沟通

8．以前，张总了解情况，布置工作的方式是分别与三个部门经理进行谈话，部门经理之间总是相互猜疑并推诿责任；后来，他以一种畅谈会的形式同时会见三个部门经理，这一做法上的改变使得部门经理之间不再背后猜疑了。张总与下属之间的沟通模式是如何改变的？（　　）

  A．由链型改为轮盘型   B．由轮盘型改为全通道型

  C．由全通道型改为轮盘型 D．由轮盘型改为链型

通过阅读案例，回答9～12题。

王总是一家管理咨询公司的项目经理，他正在接受一个非常紧迫的项目。项目的另一方要求做出适合他们公司员工培训的教材，此项目要求在短短一个月的时间内在必须保证质量的情况下完成。王总很快制定出项目的计划方案，并部署了每个项目小组成员的工作。为了节省时间，大家做了一下分工，小赵负责教材的语言文字编辑工作，小钱负责培训案例的收集和编辑工作，小李负责培训测试题目的收集和编辑工作，小刘负责整体教材的语言润色工作，小王负责排版和校对工作。但是在工作的过程中，出现了一些问题，小王在排版和校对过程中发现，喜欢用手改稿的小刘返回给他的文稿，他实在是难以看清楚。小王看不懂小刘修改的各个部分内容，这给他的工作造成了很大的麻烦。小王很生气，本来可以直接在电子文档上面修改的文字，干嘛还要手写修改，修改完了再让我输一遍，这不是重复工作嘛。但是他又不能说什么，就因为这使他的工作往往不能按时完成，王总对小王的工作效率很不满意。

请回答：

9．上述案例说明，王总至少在下面（　　）工作方面没有做好。

  A．员工之间的协调   B．项目计划

  C．项目控制   D．员工任务的分配

10．小王、小刘和王总之间的关系来看，他们之间主要缺少（　　）。

  A．沟通 B．计划   C．控制   D．组织

11．从沟通的角度来讲，造成小王和小刘的沟通障碍的原因，（　　）应负有相应的责任。

  A．发送者小王   B．接收者小刘

  C．王总   D．以上人员都有相应责任

12．假设王总想解决这个问题，采取下面（　　）方式来解决比较好。

  A．会议讨论   B．私下分别交谈

  C．让小王加班   D．做小王的思想工作

（二）多项选择题

1．常见的沟通方式根据沟通时使用的媒介物的不同可分为（　　）。

  A．口头沟通 B．书面沟通 C．非语言沟通 D．电子沟通

2．以下属于非语言沟通方式的有（　　　）。

    A．电话　　　　　　　　　　B．体语

    C．小组会　　　　　　　　　D．十字路口的红绿灯

3．以下哪些做法有助于克服沟通障碍（　　　）。

    A．积极反馈，反复沟通　　　B．寻找交流双方共同的兴趣爱好

    C．控制自己的情绪　　　　　D．学会积极的倾听

（三）问答题

1．什么是沟通？简述沟通过程及要素。

2．结合实际，谈谈如何提高沟通效果。

二、课外思考实践题

（一）思考讨论题

1．下级在汇报工作时，有时会猜测领导的需要，投领导所好，或报喜不报忧。你是如何看待这种现象？如何避免这种现象发生？

2．在与别人沟通的过程中，什么情况下你会想对别人说"你没有在听我讲话"？

3．有人说，"在企业管理中，不能越级沟通，否则会破坏信息传播渠道的稳定性"，对此你是怎样看的？

4．案例分析：远东事件。

真有没想到，当上营销部经理才两个月，就发生了太多事情。

上月底的周末，办公室里只有我和李颖（秘书，也一直是我的好朋友）。李颖在整理一些旧文件，突然她发现一份4年前的报告，是制造部张经理给王总（当时王总还是营销部经理）的，内容是说当时为远东厂生产的一批元件质量有缺陷，寿命只有正品的1/2，重新生产肯定完不成合同，不如先把货发出去，短期内应该不会有大问题。李颖非常惊讶，一定要我下周和远东说清楚，她认为这是基本的商业道德，也只有这样都能避免和远东关系的破裂。

当晚我找到王总，王总对我说了当时的情况：我们厂正在加速发展，一直加班加点生产，一段时间质量有些跟不上，而远东厂又非常信任我们，几乎从不验货，而且事后他们也并未发觉，后来与我们的关系一直很好。我一向非常敬重王总，决定继续保守这个秘密。

但问题还是发生了，第二周远东不知怎么知道了这件事，他们的采购主管刘勇提出，要终止与我们的合作关系；但若我们以后的供货价格压低20%，他们可以替我们保密，不将此事宣扬出去。公司召开了紧急讨论，同意接受他们的条件。很快其他公司纷纷猜测，搞得我们非常被动，订单也开始减少。

公司内也炸开了锅，都认为是李颖向远东透了风。王总也要求我让她辞职。也许真的是李颖？

请回答：

（1）如果你是这位经理，你会怎么做？这会不会对你今后的管理风格产生影响？

（2）如果真的是李颖告诉远东的，她做的对吗？为什么？假设能回到那个周末，你会做些什么？

（3）运用沟通理论，解释案例中各人的行为，找出问题所在并提出解决建议。

（二）实践题

1．影响你与别人进行有效沟通的因素有哪些？列出来并提出改进意见。
2．运用所学知识，主动与一名认识的人通过沟通解决某个难题。

第五篇

控制职能篇

　　管理工作的控制职能是从事对业绩的衡量与校正，以便确保企业目标和为达到企业目标所制定的计划得以实现。

——哈罗德·孔茨

第十章 控制工作

❖ **学习重点** ❖
1. 控制的含义与类型
2. 控制工作的基本要求
3. PDCA 循环

第二十七单元 理解控制的内涵与基本过程

案例导入

麦当劳（Mcdonalds）公司通过详细的程序、规则和条例规定，使分布在世界各地的所有麦当劳分店的经营者和员工们都遵循一种标准化、规范化的作业。麦当劳公司对制作汉堡包、炸土豆条、招待顾客和清理餐桌等工作都事先进行详实的动作研究，用以指导各分店管理人员和一般员工的行为。公司在芝加哥开办了专门的培训中心——汉堡包大学，要求所有的特许经营者在开业之前都接受为期一个月的强化培训，确保公司的规章条例得到准确的理解和贯彻执行。

为了确保所有特许经营分店都能按统一的要求开展活动，麦当劳公司总部的管理人员还经常走访、巡视世界各地的经营店，进行直接的监督和控制。例如，有一次巡视中心发现某家分店自作主张，在店厅里摆放电视机和其他物品以吸引顾客，这种做法因与麦当劳的风格不一致，立即得到了纠正。

除了直接控制以外，麦当劳公司还定期对各分店的经营业绩进行考核。为此，各分店要及时提供有关营业额和经营成本、利润等方面的信息，这样总部管理人员就能把握各分店经营的动态和出现的问题，以便商讨和采取改进的对策。

请问：什么是控制？麦当劳公司是如何进行控制的？

麦当劳公司的例子告诉我们，控制在管理活动中的作用是多么的重要。的确，一件事情，无论计划做得多么完善，目标制定得多么切合实际，在没有实现之前它只是文字上的、主观上的东西，而在实现目标和计划的过程中，总会出现意想不到的事情，这是因为制定目标时不可能考虑得十全十美，而且环境的变化有时无法准确预测和把握，再者在执行时总是会有这样那样的岔子。为了保证事情按照既定的计划进行，就必须运用各种控制手段，对实施过程中的实际工作进行监控、比较和纠正，使实际工作与目标保持一致。

知识点一：控制的含义

控制就是按照计划和目标的要求来监控、衡量各项工作，纠正各种偏差，以确保计划和目标实现的活动过程。控制作为管理的基本职能之一，是所有管理者都应当承担的一项职责，即便是他的部门是完全按照计划行动着。

示例

控制不仅仅是管理者应承担的职责，而且与我们日常的工作、学习和生活息息相关。

在大海中航行的轮船，需要舵手的"控制"将偏离航线的船只拉回到正确的航道上来；十字路口需要交警的"控制"来保持交通通畅；课堂上需要教师的"控制"维持教学秩序，以保证教学效果……

离开了控制，计划和目标都可能会落空；离开了控制，我们的工作和生活将无法正常进行。

由于控制是确保组织的所有活动与组织的目标和计划相一致的管理活动，因此，有必要对计划与控制的关系进行简要的分析，以进一步理解控制的含义。

虽然管理学从概念上对两者加以区分，但实际上，计划和控制这两项职能不可分割。

首先，从狭义上讲：计划是控制的前提，控制是完成计划的保证。一方面，有计划而没有控制，人们可能知道自己干了什么，但无法知道自己干的怎么样、存在哪些问题、哪些方面需要改进。也就是说，如果没有控制，没有实际与计划的比较，就不知道计划是否完成，计划就毫无意义。另一方面，有控制而没有计划，人们将不知道控制什么，也不知道怎么控制。也就是说，没有计划就无法衡量行动是否偏离计划，更谈不上纠正偏差，控制也就无从谈起。计划越明确、全面和完整，控制效果也就会越好。因此，管理人员首先要制定计划，然后计划又成为评定其行动及其效果是否符合需要的标准。

其次，从广义的角度来看，控制工作与计划工作你中有我、我中有你，密不可分。一方面，控制工作并不仅限于按照既定的计划标准来衡量和纠正计划执行中的偏差，它同时还包含着在必要的时候修改计划，以使计划更加合适于实际情况这一层次的含义。而且现实中，组织的运行往往是"非零"起步的，这样，上阶段控制的结果可能导致组织确立新的目标、提出新的计划，并在组织结构、人员配备等方面做出相应的改变。另一方面，计划工作所提出的目标是控制工作的依据和总的标准，计划本身在一定程度上就是一种控制手段（后面要讲到的预先控制）。因此，在实际工作中，很难区分控制与计划究竟哪个是开始、哪个是结束。控制可以说是一个管理工作过程的终结，又是另一个管理工作过程的开始。

请思考

如何评价"控制是事后的，计划是事先的"这一观点

从狭义的角度来讲，计划是控制的前提，控制是完成计划的保证。只有先制定计划，然后才能依据计划进行控制（评定其实施计划的行动及其效果是否符合计划的要求）。

但是，从广义上讲，在开始某件工作之前需要计划，但并不表示计划工作就是事前的。因为通过控制工作，有可能会修改、调整或完善原来的计划甚至提出新的计划。计划本身就是一种很好的控制。因此，在实际工作中，很难也没必要区分控制与计划究竟哪个先、哪个后。

拓展知识：控制的目的和重要性

尽管计划和目标可以制定出来，员工的积极性也可以调动起来，但这仍不能保证所有的行动都一定会按计划执行，不能保证管理者追求的目标一定能达到。这是因为，在现代管理系统中，人、财、物等要素的组合关系是多种多样的，外部环境变化多变，内部运行和结构有时变化也很大，加上组织关系错综复杂，随机因素很多，处在这样一个十分复杂的系统中，无论计划制定得如何周密，人们在执行计划的活动中都必然会或多或少地出现与计划不一致的现象。在这种情况下，要想实现既定的目标，执行为此而拟定的计划，求得组织在竞争中的生存和发展，不进行控制工作是不可想象的。

（一）控制的目的

在现代的管理活动中，无论采用哪种方法来进行控制工作，要达到的一个目的也就是控制工作的基本目的是要"维持现状"。即在变化着的外部环境中，通过控制工作，随时将计划的执行结果与标准进行比较，若发现有超过计划容许范围的偏差时，则及时采取必要的纠正措施，以实现组织的既定目标。

控制工作要达到的第二个目的是要"打破现状"。在某些情况下，变化的内、外部环境会对组织提出新的要求。主管人员对现状不满，要改革、创新，要开拓新局面，这时，就势必要打破现状。即修改已定的计划，确定新的现实目标和管理控制标准，使之更先进、更合理。

（二）控制的重要性

为了实现上述的目的，控制工作在管理活动中的重要性是显而易见的。

我们可以从以下两方面来理解：

1）控制工作的重要性体现在任何组织、任何活动都需要进行控制。这是因为即便是在制定计划时进行了全面的、细致的预测，考虑到了各种实现目标的有利条件和影响实现的因素，但由于环境条件是变化的，主管人员受到其本身的素质、知识、经验、技巧的限制，预测不可能完全准确，制定的计划在执行过程中可能会出现偏差，还会发生未曾预料到的情况。这时控制工作就起了执行和完成计划的保障作用以及在管理控制中产生新的计划、新的目标和新的控制标准的作用。

通过控制工作，能够为主管人员提供有用的信息，使之了解计划的执行进度和执行中出现的偏差及偏差的大小，并据此分析偏差产生的原因，从而采取相应措施纠正偏差。

2）控制工作的重要性还表现在它在管理的四个职能中所处的地位和相互关系上。控制工作通过纠正偏差等行动与其他三个职能紧密地结合在一起，使管理过程形成了一个相对封闭的系统。在这个系统中，计划职能选择和确定了组织的目标、战略、政策和方案以及实现它们的程序。然后，通过组织工作与领导工作等职能去实现这些计划。为了确保计划的目标能够实现，就必须在计划实施的不同阶段，根据由计划产生的控制标准，检查计划的执行情况。

这就是说，一旦计划付诸实施，控制工作就必须穿插其进行。控制对于衡量计划的执行进度、揭示计划执行中的偏差以及指明纠正措施等都是非常必要的。同时，要进行有效的控制，还必须制订计划，必须有组织保证，必须要配备合适的人员，必须给予正确的领导。所以说控制工作存在于管理活动的全过程中，它不仅可以维持其他职能的正常活动，而且在必要时，还可以通过采取纠正偏差等行动来改变其他管理职能活动。

因此，组织的各项活动都离不开控制，控制是顺利开展工作、实现目标的基本保证。

综上所述，控制能减轻环境不确定性对组织活动的影响，避免和减少管理失误造成的损失，并能使复杂的组织活动能够协调一致地运作。

请思考

如何评价"管理就是控制，控制就是管理"这一观点？

这一观点说明了控制在管理活动中的重要性。

管理离不开控制，但管理不仅仅是控制，它还包括计划、组织、领导等工作，这同时也说明控制工作并不等于管理活动的全部，控制工作和计划、组织、领导等工作一起使整个管理活动形成一个相对封闭的系统。仅有控制，而没有其他几项职能，管理就不能称之为管理；而没有控制，管理目标的实现就得不到保证，管理也就失去了意义。

知识点二：控制的基本类型

管理中的控制手段可以在行动之前、进行之中，也可以是在活动结束之后，与此相对应，就有预先控制、现场控制和事后控制三种基本的控制类型，如图 10.1 所示。

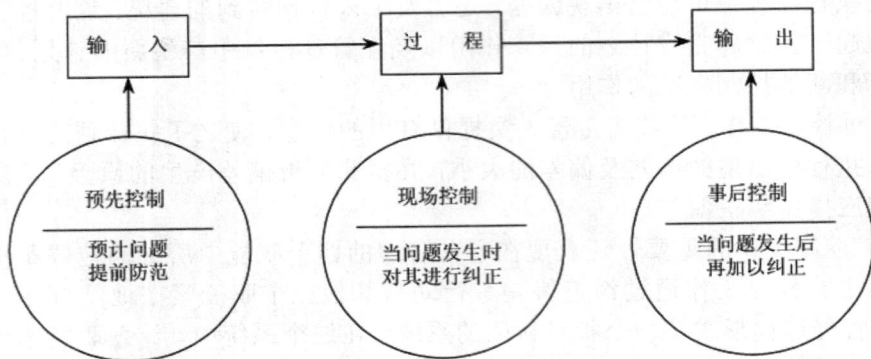

```
┌─────────┐      ┌─────────┐      ┌─────────┐
│  输  入  │ ───→ │  过  程  │ ───→ │  输  出  │
└─────────┘      └─────────┘      └─────────┘
     ↑                ↑                ↑
  ┌──────┐        ┌──────┐        ┌──────┐
  │ 预先控制 │        │ 现场控制 │        │ 事后控制 │
  │──────│        │──────│        │──────│
  │ 预计问题 │        │当问题发生时│        │当问题发生后│
  │ 提前防范 │        │对其进行纠正│        │再加以纠正 │
  └──────┘        └──────┘        └──────┘
```

图 10.1 控制类型

（一）预先控制

1. 预先控制的定义

预先控制也叫前馈控制或事前控制或事先控制，它是在某项工作开始之前进行的控制，即根据以前的经验教训或通过科学分析，在工作开始之前，对工作中可能产生的偏差进行预测和估计并采取防范措施，以保证计划和目标的实现。

小提示

预先控制是一种预防性控制。其关键是要在实际问题发生之前就采取管理行动；其难点在于要对未来的情况做出科学的预测。

例如，当知道夏季将出现持续高温时，冷饮厂可适当增加冷饮原料的储备；为了开发一种新产品，预先对消费者的实际需求进行市场调查；为了保证员工能适应新的环境，对新进组织的员工进行岗前培训；为保证产品的质量而对入库前的原材料进行验收；大学新生的入学教育等，这些都属于预先控制。

2. 预先控制的目的

预先控制的目的在于将可能的事故消除于产生之前——防患于未然。

3. 预先控制的优点与缺陷

预先控制的优点在于：

1）可以防患于未然，避免出现损失。预先控制就如同发现"牢"有问题而先补好"牢"以避免"羊"被"狼"叼走，而不是"亡羊"之后再来补牢，从而避免了"羊"的损失。

2）对事不对人，不易造成正面冲突，易于被员工接受。由于预先控制是在事情开始之前采取预防措施，因此，它不针对任何个人，而是就事论事。例如，监考人员开考之前在考场上强调考试纪律，不针对任何考生，一般不会与考生形成正面冲突，同时对有违纪或作弊想法的考生有一定警示的作用。

预先控制的缺陷在于：必须投入较大的精力和资源去获取各种信息。也就是说，难以获得及时和准确的"牢"有问题的信息，因此很难办到。

（二）现场控制

预先控制虽能防患于未然，但毕竟不能也不可能消灭所有的隐患，因此，当活动或工作开始之后，还要对工作过程进行控制，及时发现问题并解决问题。

1．现场控制的定义

现场控制也叫同期控制或事中控制、过程控制、即时控制，它是指在某项活动或工作过程中进行的控制，即管理者对正在进行的活动给予指导与监督，以保证按规定的政策、程序和方法进行。如生产过程中的进度控制、过程检验；每日工作/质量情况统计表；教师在课堂上的点名与提问等，都属于现场控制。

小提示

最常见的现场控制方式是直接观察，进行现场监督和指导。

2．现场控制的目的

现场控制的目的是及时发现并纠正工作中出现的偏差。

3．现场控制的优点与缺陷

名家观点

英国管理学家 H. 赫勒（H. Heller）认为，当人们知道自己的工作有人检查的时候会加倍努力。

有好事者发现：在厕所出口摆上一个募捐箱，并在募捐箱上印上一双眼睛，这个募捐箱内的捐款会远远多于另一个厕所出口没有画眼睛的募捐箱。

现场控制的优点在于：有了监督和指导，可以提高工作人员的工作能力和自我控制能力，减少可能造成的损失。

现场控制的缺陷在于：

1）受管理者的时间、精力和能力的制约较大，如不能及时发现问题就无法进行现场控制。不同的人，观察角度和能力不同，对待同一问题往往会有不同的结果，例如，2008 年××市地铁施工现场塌陷前出现的裂缝虽然早被发现，但部分"专家"却认为是其他原因导致的正常现象，因此，最终还是没能避免悲剧的发生。

2）易引起控制者和被控制者之间的对立从而影响控制效果。当考生在考试过程中作弊被监考人员发现时就有可能与监考人员发生冲突，当质检人员指出正在加工的产品有毛疵时容易遭到操作人员"翻白眼"。并不是说监考人员对这个考生有偏见，质检人员也并非与该工作人员有摩擦，他们只是就事论事，但被人发现作弊、被人指出工作有失误总是会不高兴的。

（三）事后控制

过程控制虽能及时发现一些问题并解决问题，但还是不能保证能将所有的问题发现并消除，总是会有一些"漏网之鱼"，因此，当工作结束之后还需要对这些"漏网之鱼"展开一次捕捉。

1. 事后控制的定义

事后控制也叫反馈控制，成果控制、结果控制，是在工作结束或行为发生之后进行的控制。事后控制把注意力主要集中在工作结果上，通过对工作结果进行测量比较和分析，查明原因，采取措施，进而矫正今后的行动。

如企业对生产出来的成品进行质量检查；学校对学生的违纪处理；期末进行的期末考试；对组织成员进行的年终考核等，都属于事后控制。事后控制是历史最悠久的控制类型，传统的控制方法几乎都属于此类。

小提示

采用事后控制必须特别注意：监督与监督信息的传递必须及时；偏差发生与采取纠正措施之间不能有较长的时间间隔。

2. 事后控制的目的

事后控制的目的在于避免已发生的不良后果继续发展或防止其再度发生。

3. 事后控制的优点与缺陷

事后控制的优点在于：类似于丢了一只"羊"之后马上就补"牢"，可以使"羊"不再丢失，即及时发现问题、防止事态继续恶化、实现良性循环、不断提高业绩。

事后控制的缺陷则在于："亡羊"之后再来补"牢"，已经丢掉的"羊"

再也找不回来了，即对已经发生的偏差及危害无补偿作用。

示例

魏文王问名医扁鹊说："你们家兄弟三人，都精于医术，到底哪一位医术最好呢？"

扁鹊回答说："大哥最好，二哥次之，我最差。"

文王再问："那么为什么你最出名呢？"

扁鹊答说："我大哥治病，是治病于病情发作之前。由于一般人不知道他事先能铲除病因，所以他的名气无法传出去，只有我们家里的人才知道。我二哥治病，是治病于病情刚刚发作之时。一般人以为他只能治轻微的小病，所以他只在我们的村子里才小有名气。而我扁鹊治病，是治病于病情严重之时。一般人看见的都是我在经脉上穿针管来放血、在皮肤上敷药等大手术，所以他们以为我的医术最高明，因此名气响遍全国。"

文王连连点头称道："你说得好极了。"

事后控制不如事中控制，事中控制不如事前控制。对企业高级领导来说，最重要的才能莫过于能在事先做出正确的判断。

最后需要说明的是，预先控制、现场控制和事后控制对管理者的作用各不相同，管理者可以有选择地采用不同的控制类型或是将三种类型结合使用：做好预先控制，加强过程控制，依靠事后控制，这样，就能提高控制的效果，不良后果发生的可能性也会降低甚至接近于零。

小提示

"案例导入"中麦当劳公司同时采用了三种控制类型：对特许经营者进行开业之前的强化培训是事前控制；总部管理人员经常走访、巡视各地的经营店，进行直接的监督和控制，是现场控制；定期对各分店的经营业绩进行考核属于事后控制。

知识点三：控制的基本要求

（一）控制要有重点

控制要有重点就是指在控制过程中要抓住重点环节进行控制，而不是"眉毛胡子一把抓"。

小提示

人的精力总是有限的，所以我们在做任何事情的时候，都应该学会理清头绪，分清重点和主次，做到有的放矢，而不是"眉毛胡子一把抓"；否则就会"捡了芝麻丢了西瓜"，甚至芝麻都得不到。

控制的过程可以说是发现和纠正偏差的过程，在控制过程中不仅要注意偏差，而且要注意出现偏差的具体事项。不难发现，并不是所有出现偏差的事项都对组织或活动的目标有影响或是影响的程度都相同，这其中总存在着一些关键事项，当这些事项出现偏差或是偏差超过了一定的限度就会影响组织或活动目标的实现。所以，我们不需要也不可能控制工作中的全部事项，只需要也只能对其中的关键事项进行控制。

事实也证明，要想完全控制工作或活动的全过程几乎是不可能的，因此，应抓住过程中的关键和重点进行局部和重点的控制。

知识点

什么是 ABC 分类法？

ABC 分类法即 Activity Based Classification，是由意大利经济学家巴雷托（Pareto）首先提出的，故又称巴雷托分析法。1879 年，巴雷托在研究个人收入的分布状态时，发现少数人的收入占全部人收入的大部分，而多数人的收入却只占一小部分。后来巴雷托法被不断应用于管理的各个方面。1951年，管理学家 H. F. 戴克（H. F. Dickie）将其应用于库存管理，命名为 ABC 法。1951~1956 年，约瑟夫·M. 朱兰（Joseph M. Juran）将 ABC 法引入质量管理，用于质量问题的分析，被称为排列图。1963 年，P. F. 德鲁克（P. F. Drucker）将这一方法推广到全部社会现象，使 ABC 法成为企业提高效益的普遍应用的管理方法。

该分析方法的核心思想是在决定一个事物的众多因素中分清主次，识别出少数的但对事物起决定作用的关键因素和多数的但对事物影响较少的次要因素，从而有区别地确定管理方式的一种分析方法。由于它把被分析的对象分成 A、B、C 三类，所以又称为 ABC 分析法。

ABC 分类法在库存管理中的应用要点是：把企业的物资按其金额大小划分为 A、B、C 三类，然后根据重要性分别对待。

A 类物资是指品种少、实物量少而价值高的物资，其成本金额约占 70%，而实物量不超过 10%。

C 类物资是指品种多、实物量多而价值低的物资，其成本金额约占 10%，而实物量不低于 70%。

B 类物资介于 A 类、C 类物资之间。其成本金额约占 20%，而实物量不超过 20%。

通常情况下仅对 A 类物资进行最优批量控制或重点控制。

ABC 分类法在企业营销管理中的应用要点是：企业在对某一产品的顾客进行分析和管理时，可以根据用户的购买数量将用户分成 A、B、C 三类用户。由于 A 类用户数量较少，购买量却占公司产品销售量的 80%，企业一般会为 A 类用户建立专门的档案，指派专门的销售人员负责对 A 类用户的销售业务，提供销售折扣，定期派人走访用户，采用直接销售的渠道方式，而对数量众多，但购买量很小，分布分散的 C 类用户则可以采取利用中间商，间接销售的渠道方式。

ABC 法的另一种表述方式就是"80:20 原则"，即"企业 80%的利润来自 20%的顾客"。

（二）控制要及时准确

控制要及时准确就是指在控制过程中要迅速及时地发现问题并及时采取纠正措施准确地（有针对性地）解决问题。它体现为两方面的要求：一方面要求及时准确地提供所需要的信息和措施，避免时过境迁，使控制失去应有的效果；另一方面要估计可能发生的变化，使采取的措施与已变化了的情况相适应，即纠正措施的安排应有一定的预见性，使得采取的措施能在较长的时期内保持有效，不能今天采取的措施明天就失效了。

示例

当第一只羊被狼叼走之后，如果不能及时知道这一情况或是不能及时将牢补好，那么，就会有第二只、第三只乃至更多的羊丢失。

（三）控制要有灵活性

控制要有灵活性就是指在控制过程中要尽可能制定多种应付变化的方案和留有一定的后备力量，并采用多种控制手段来达到控制的目的，以便于灵活地适应各种变化。

任何控制对象和控制过程都是受到众多未来因素的影响的，而对未来因素变化的预测总会存在着一定的不准确性，因此，所控制的对象和过程也不可能完全按照所设计的控制目标发展。为了保证在发生某些未能预测到的事件的情况下，如环境突变、计划疏忽、计划失败等情况下，控制仍然有效，就应该注意把握灵活性和适应性，要求有弹性和替代方案，以便于适应各种变化。

（四）控制要经济可行

控制要经济可行就是指在进行控制时必须做到经济上合理，技术上可行，不能想当然。

1）控制是一项需要投入大量的人力、财力、物力等各种资源的活动，耗费之大正是今天许多应予以控制的问题没有得到有效控制的重要原因。因此，在进行控制时必须做到经济上合理：一是要求实行有选择的控制，任何事情都去全面周详地控制不仅是不必要的也是不可能的，要正确而精心地选择控制点，太多会不经济，太少会失去控制；二是要求努力降低控制的耗费而提高控制效果，改进控制方法和手段，以最少的资源投入，取得理想的控制效果。

2）控制的最后落实应该是纠正措施的实施并发挥出应有的效果。因此，这些措施必须具有可操作性，是可以投入实际运作的。

（五）控制要反映计划的要求

控制的目的是为了实现计划，计划是控制所采用的衡量标准的原始依据——计划是控制的前提。没有计划，就无所谓控制；计划是控制的总标准；计划具有多样性，控制标准和手段也应该多样化。

知识点四：控制的基本过程

不管是什么类型的控制，一般都包括确定控制标准、对照标准衡量工作成效、纠正偏差三个步骤。

你知道吗

发生在你身边的"控制过程"

你知道你家里的电热器是怎样工作的吗？

你想把室内温度"控制"在 25℃，于是，你把温度指示表的指针设定在 25℃，并打开开关，这就是"确定控制标准"。

接下来的工作是由电热器来为你完成的。一开始，室内温度低于 25℃，电热器马上进入工作状态，不断对室内加热。电热器内部具有室温感应器，电热器把感应器获得的温度信息与事先设定的标准进行比较。这就是"对照标准衡量工作成效"。

当感应到室温已被加热到一定温度，即超过 25℃，比如 26℃时，电热器就会自动停止加热——"跳闸"；当温度感应器"观察"到室温又下降到一定温度，即低于 25℃，比如 24℃时，电热器又会自动重新"开闸"加热。电热器通过"跳闸"或"开闸"来"纠正偏差"。

正是通过如此反复的控制过程，电热器才使得室温控制在 25℃左右。

（一）确定控制标准

要控制，就要有标准，标准是衡量实际工作或预期工作成果的尺度。因此，控制工作的第一个步骤就是确定控制标准。计划和目标是控制的总的标准，为了对各项业务活动实施控制，还必须以计划和目标为依据设置更加具体的标准作为控制的直接依据，这样就更有利于控制工作的进行。

1. 常用的控制标准

按照标准是否能够直接进行计量，可以把控制标准分为定量标准和定性标准两类。

1）定量标准。指能够以一定形式的计量单位直接计算的标准，也就是将设定的标准数值化。在一定程度上，量化的标准便于进行度量和比较，所以，在可能的情况下，应当尽可能使用定量标准即数值化的标准。例如，工程进度、费用开支、产量、销售量、销售利润、收益状况、质量等都可以数值化。

2）定性标准。指难以用计量单位、用数值直接计算和衡量而采用实物或定性描述的标准。例如，一些物品如服装、酒类、大米等的外观质量，难以用数值表示，所以多采用实物标准，评定时采用样品比较和实物观察；再如有关服务质量、组织形象、组织成员的工作表现（如士气、人际关系）等，也难以用数值化的指标来衡量。这时，通常由有经验的人来通过观察、凭感觉来做出判断。

示例

许多产品的生产与检测都会执行一定的质量标准。在我国，许多标准都有一些约定俗成表示符号，如国际标准 ISO，国家标准 GB，行业标准 HB，企业标准 QB 等。葡萄酒 GB/T15037-1994 表示的 1994 年国家颁布的标准号为 15037 的推荐标准（意即企业生产检测葡萄酒可以执行这一标准，也可以不执行）；2008 年 1 月 1 日起 GB15037-2006 代替了 GB/T15037-1994，葡萄酒生产检测标准由推荐标准变成了强制标准（意思是只要是该种产品就必须执行这一标准）。

2. 确定控制标准应注意的主要问题

1）标准的制定要依据总的计划和目标，不能"另起炉灶"，不能与总计划和目标相违背。

2）标准尽可能量化，减少感情色彩和印象成分，但不能一味追求量化。

3）标准要事先公布于众，而且要让相关人员清楚地知道标准的具体内涵，做到公开、明确，以避免将来出现"不知道、不清楚、不执行"的事情发生。

4）标准要合理而且是能达到的，如果标准太高或太低，就起不到激励作用。

小提示

制定标准的要求：尽可能数值化、明确化、公开化，尽量减少"酌情"、"领导说了算"等情绪化的办法。

（二）对照标准衡量工作成效

对照标准衡量工作成效是指控制过程中将实际工作情况与预先确定好的控制标准进行比较，找出实际业绩与控制标准之间的差异，以便于找出组织目标和计划在实施过程中的问题，对实际工作做出正确的评估。

1. 衡量工作成效的目的

通过衡量工作成效，应达到以下几方面的目的。

1）比较全面、确切地了解实际工作进展情况，掌握计划的执行进度以及相关信息。

2）找出实际工作成效与控制标准之间的差异，以便于找出组织目标和计划在实施过程的问题，为纠正偏差和改进工作提供依据。

3）为管理者评价和奖励下属提供依据。

2. 衡量工作成效应注意的一些问题

1）严格按照制定好的控制标准来衡量工作成效。在衡量过程中，要做到一视同仁，对所有的人都要对照标准来衡量工作业绩，尽量减少因人因时因地而变化的情况。

2）确定可接受的偏差范围。在一些情况下，实际工作与标准出现偏差是正常的，所以，在衡量过程中，要确定可接受的偏差范围（大小和方向），如果偏差超过这个范围，就应该引起管理者的注意。例如，前面所讲的电热器对温度的调整总是在室温超过标准温度的允许上限或下限（25±1℃）才开始自动调整，而不是一偏离25℃就立即调整，如图10.2所示。

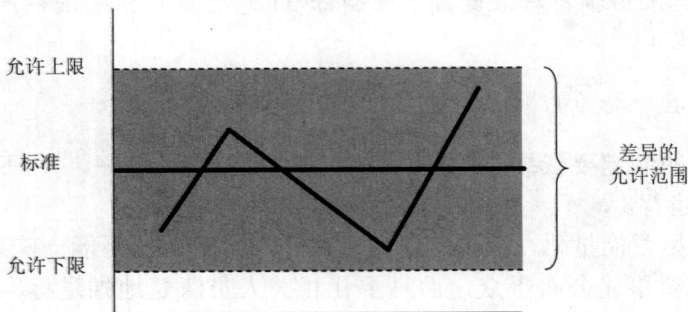

图 10.2　定义可接受的偏差范围

（三）纠正偏差

控制的最后一个步骤就是纠正偏差，也就是当发现实施过程中出现偏离标准的现象时，及时分析问题（偏差）产生的原因，采取管理行为解决问题。

1. 对偏差及其原因进行分析

1）偏差即实际情况与计划或标准之间的差距。当发现执行计划的实际情况与计划或标准不一致时，就产生了偏差。

2）分析偏差，找出原因。首先判断偏差的严重程度，判断其是否会对组织活动的效率和效果产生影响；其次要探讨导致偏差产生的主次原因。

偏差产生的原因主要有两类：一是计划执行过程中的工作失误（人为因素，可以控制）；二是原有计划不周（非人为因素，不可控），例如，原先的计划或标准制定的不合实际或是由于客观环境发生了预料不到的变化，原来被认为是正确的计划或标准不再适应新形势的需要。

管理者必须对这两类不同性质的偏差做出准确的判断，以便在查明原因的基础上采取纠偏措施，使组织的活动回到预定轨道上来。

2. 有针对性地采取纠偏措施

在深入分析差异产生的原因的基础上，管理者要根据不同的原因采取不同的措施。

1）对于因工作失误造成的问题，控制的办法主要是"纠偏"，即通过加强管理和监督，确保工作与目标的接近或吻合。具体做法有以下几项：

① 改进工作方法。达不到原定的控制标准，工作方法不当是重要的原因之一，因此，要不断地改进工作方法。如改进生产和服务技术、改进教学方法、改进销售技巧等。

② 改进组织和领导工作。控制职能与组织、领导职能是相互影响的。组织方面的问题主要有两种：一是计划制定好后，组织实施方面的工作没有做好；二是控制工作本身的组织体系不完善，不能对已产生的偏差加以及时的跟踪与分析。在这两种情况下，都应该改进组织工作，如调整组织机构、调整责权利关系、改进分工协作体系等。偏差也可能是由于执行人员能力不够或积极性不高而导致的，那么，就应该通过改进领导方式和提高领导艺术来纠正偏差。

③ 改进人事工作。偏差的产生，总是和人的因素离不开，如前面所说的方法不当、领导欠佳等。对此，就需要改进人事工作，如加强培训、明确职责、重新分配工作、人事调整等。

2）若目标不切合实际或是组织运行环境出现了重大变化，致使目标失去客观的依据，控制的办法主要是"调适"，即按照实际情况修改标准或重新制定新的标准。

偏差较大，有可能是由于原有计划安排不当（如制定的标准太高或太低）导致的；也可能是由于内外部环境的变化导致的。当其他措施都被证明无效的时候，可以考虑对原有的计划加以修订（调整或修改）。调整计划不是任意地变动计划，这种调整不能偏离组织总的发展目标，调整计划归根结底还是为了实现组织目标。

3. 纠正偏差过程中应注意的一些问题

1）不要轻易地更改计划尤其是降低标准。现实生活中，不论是普通员工还是管理人员，当他们没有达到目标时，大部分人首先想到的是责备标准而不是反省自己的工作。例如，学生常常认为扣分太严是他们分数低的原因，因此，他们不愿意承认是自己不努力而争辩说是打分标准太严；与此相似，销售人员将没有完成销售目标归咎于不现实的定额标准。

小提示

如果你认为标准是现实的，就应该坚持标准，向别人解释你的观点，找出真正的原因并提出改进措施，使期望变为现实。

也许确实是因为定额太高才导致了工作中的显著偏差，并促使员工反对这个标准，但是在修改标准的问题上还是应该慎之又慎，除非原有计划和控制标准的制定是草草率率的，或是导致偏差的原因是无法控制的，除了修改标准之外别无他法，否则就不要轻易修改标准。

2）对事不对人。纠正偏差的目的在于找出原因，采取措施来保证组织的各项活动朝着组织目标努力，因此，如果有人出了差错，千万不要抱怨这个人有问题，而应该是找出问题、解决问题。

小提示

当一个人在同一个地方出现两次以上同样的差错，或者两个以上不同的人在同一个地方出现同一差错，那一定不是人有问题，而是让他们出差错的"路"有问题。此时，作为问题的管理者，最重要的工作不是管人——要求他们不要重犯错误，而是修"路"。这就是对事不对人。

3）要有针对性。一定要在确定偏差产生的真正原因之后再针对原因采取纠偏措施，做到有的放矢、"打蛇打七寸"。

确定控制标准、对照标准衡量工作成效、纠正偏差三个基本步骤紧密联系，缺一不可，共同构成了一个完整的控制过程，三个步骤共同完成了一个控制周期。没有第一步确定控制标准，就不会有衡量实际工作成效的依据；没有第二步对照标准衡量工作成效，就无法获得所需要的控制信息，就不知道是否存在偏差以及是否需要采取纠正措施；没有第三步纠正偏差措施的制定和落实，控制过程就会成为毫无意义的活动。通过每一次循环，使偏差不断缩小，保证组织目标最有效的实现。图10.3总结了控制的基本过程。

综上所述，控制的基本过程可以描述为：在总的计划和目标的指导下确定控制标准，然后对照标准衡量实际工作成效，如果实际工作与标准之间没有偏差，工作继续；如果发现有偏差，先分析偏差产生的原因。如果偏差是由于工作失误造成的，那就通过加强管理和监督来纠正偏差，使得工作按照计划和目标的要求继续进行下去；如果偏差是由于原有计划或标准设计不当而导致的或是由于内外部环境的变化而产生的，并且其他措施都被证明无效，则考虑对原有的计划或标准加以调整或修改，并按照新的计划或标准开始新一轮控制。通过每一次循环，使偏差不断缩小，以确保组织目标的实现。

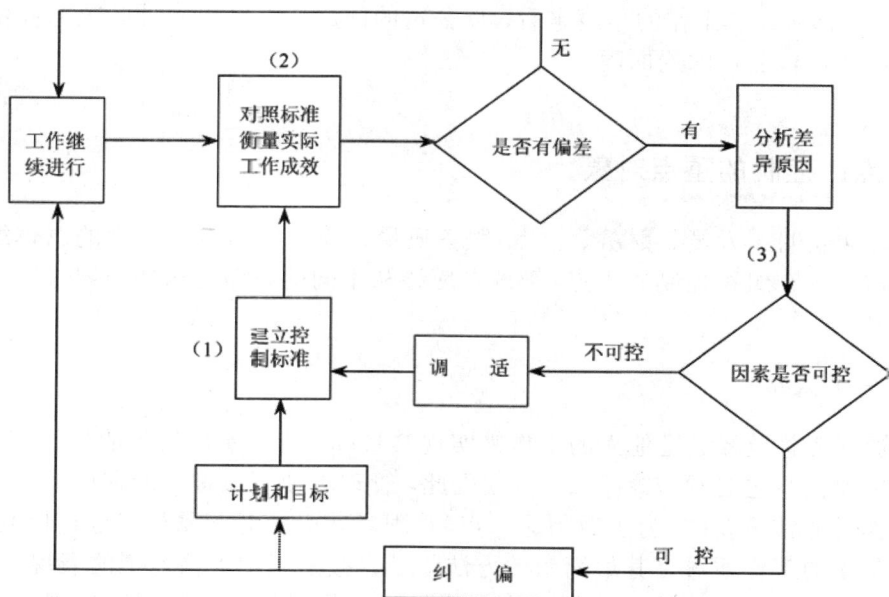

图 10.3　控制的基本过程

第二十八单元　了解控制的重点对象和方法

案例导入

专业生产新型管材的杭州 D 公司这几年业务发展十分迅速，从 1989 年的 3 万元起家、替别人加工管件、只有 10 多人的私营小厂，发展到如今拥有 4 个分公司、500 多名员工的专业新型管材生产企业，业务遍及全国近 20 个省、市。1998 年，公司的管材销售额达到 4 亿元人民币，1999 年年初，公司制定了管材销售额年均增长 12% 的 5 年发展计划，当年，公司的管材实际销售额达到了 4.5 亿元。

2000 年初，公司董事长林叶发现，当年完成 5 个亿的销售额是没有问题的，但是，公司的成本费用开支正在急剧上升，欠款现象和数额也日益严重，2000 年的利润完成情况可能不会理想。一个特别严重的问题是，维修服务跟不上，来自新老客户的抱怨声不断增加，许多客户以此为由拖延付款。

2000 年 7 月，媒体报道了 D 公司在某自来水工程中的质量事故。同年，令林总意想不到的是，招进来不足一年的 12 名大学生集体辞职，和他一同患难起家的销售副总和技术副总也因接受了另一家竞争对手的聘请而提出了辞呈。

林叶不得不担心公司的未来，难道真的像人们所描述的，小公司欣欣向荣地做成了大公司，就可能会迅速衰败？

请问：从控制工作的角度来看，D 公司的问题出在哪里？林叶该怎样做才有可能扭转公司的局面呢？

知识点：控制的重点对象

统计表明：人员、财务、产品/服务质量、安全、信息和组织的总体绩效常常是各个组织控制的重点，管理者应该从不同的方面对这些内容进行重点控制。

（一）人员

管理者总是要通过他人的工作来实现其目标，为了实现组织的目标，管理者需要而且也必须依靠下属员工。因此，管理者使下属按照所期望的方式去工作是非常重要的，为了做到这一点，管理者就必须对下属员工进行控制，提高员工的工作质量。其最简明的方法就是直接巡视和评估员工的表现。

在日常工作中，管理者的工作主要是观察员工的表现并纠正出现的问题。例如，车间主任发现一位工人操作机器的方法不当时，就应该指明正确的操作方法并告诉他在以后的工作中按正确的方式操作；销售经理发现业务员对待客户的方式不符合公司的规定时就应该提醒业务员要以正确的方式对待客户，以免影响公司的形象；教师在上课时发现学生开小差就应该及时示意，让开小差的同学将精神集中到听课上来。

在对人员的控制中，要重点加强对监控人员的监控。监控人员的工作在于根据目标和计划要求，去督促、检查、纠正实际操作过程中的偏差，保证工作的效率和效益。相对于一般的工作人员而言，监控人员更倾向于隐瞒工作的偏差和失误。如果监控人员失察，操作中存在的问题就会不断扩大；如果监控人员的态度不积极，则操作中的偏差会因得不到及时纠正而逐渐恶化。

重要提示

2004 年上半年发生在西安的"宝马彩票"案警示着人们——谁来对公证员的工作进行公证？这给我们的控制工作一个启示，那就是要重点加强对监控人员的监控，这也是许多组织经常忽视的环节。

质量检验员、内审员、职能科室职员、中基层管理人员等，这些人都具有监控他人的职责，加强对他们的工作的控制，既有利于他们自身的工作，也有利于被他们所监督的工作。

对监控人员实施监控的其他方法还有健全组织监控体系、监督过程中引入外部力量、发动群众、岗位调动、对监控人员的违纪违规进行严惩等。

（二）财务

每个企业的首要目标都是获取一定的利润，在追求这个目标时，管理者必须借助于财务控制。列如，管理者通过仔细查阅每季度的收支报告，就能够发现是否有多余的支出；还可以通过预算，来保证有足够的资金支付出现的各种费用或是控制开支。

财务控制并不只限于营利性组织，对于非营利性组织中的管理者来说，提高效率也是其主要目标之一。财务控制，如预算控制、成本控制等为管理者提供了一个明确的控制标准，更加有利于控制工作的开展，是一种重要的控制手段，广泛地应用于企业、医院、学校和政府部门中。

（三）产品/服务质量

质量是一个组织工作水平的综合反映，是组织的生命线，只有提供高质量的产品或服务，组织才能得到消费者的认可，才能生存。

影响质量的因素很多，因此，质量控制要有全面的观点，实行全面质量管理，进行全员、全过程控制和管理。

全面质量管理，就是指企业内部的全体员工都参与到企业产品质量和工作质量工作过程中，把企业的经营管理理念、专业操作和开发技术、各种统计与会计手段方法等结合起来，在企业中建立从研究开发、新产品设计、外购原材料、生产加工，到产品销售、售后服务等环节的贯穿企业生产经营活动全过程的质量管理体系。

所谓全员参与，指的是从上到下每个部门、每个环节的工作人员都应围绕质量中心去完成质量目标所赋予的职能和任务，对自己的工作质量负责；全过程指的是从访问用户、市场调研、产品设计方案论证开始，到产品设计、试制、生产、销售、售后的全过程，都要严格地实施质量管理，保证达到原定的质量标准。

小提示

产品质量是指物质产品或服务产品在使用时满足社会需要所具有的特性总和，包括产品性能、寿命、可靠性、安全性、经济性等指标。工作质量是指为保证和提高产品质量和工序质量所作的工作的质量，就是组织的管理、技术、生产等各方面的工作水平。

工作质量是产品质量的保证和基础。从一定的意义上讲，提高工作质量也就是在提高产品质量，而且只有提高了工作质量才能提高产品质量。在现代质量管理中，工作质量控制已占据重要地位，企业越来越将质量控制的重心放在工作过程中。

典型的产品质量控制包括以下三种：

1）预先控制。评价购买能力，以尽可能低的价格提供所需质量和数量的原材料；严格、规范技术设计和产品开发；实行原材料检验，对入库或使用前的原材料进行验收。

2）现场控制。检查监督生产或服务过程以保证其按计划或标准进行。

3）事后控制。对产品或服务的质量进行检验，以保证满足预定的标准。

知识点

什么是 PDCA 循环？

PDCA 循环由美国质量管理专家 W. E. 戴明（W. E. Deming）提出，因此，又叫"戴明环"。它是全面质量管理的思想方法和工作步骤。戴明环把质量管理、生产活动、科学研究以及我们日常的生活、工作、学习等，即把所有活动的过程都分为四个阶段：计划（plan）、实施（do）、检查（check）、处理（action）。其中，计划阶段相当于控制的第一步（计划并制定控制标准），实施和检查阶段相当于控制的第二步（按照计划和标准的要求去做并对实际工作成效进行检查），处理阶段相当于控制的第三步（巩固成效或是找出偏差的原因并纠正偏差，为下一个控制过程的开始提供依据）。通过这四个阶段的反复循环，产品质量和工作质量就不断地提高。

PDCA 循环的过程就是人们在认识问题和解决问题中不断螺旋式上升的过程，管理者要善于将 PDCA 循环应用于其他的管理工作中去。

（四）安全

安全控制是指对组织活动过程中的人身和财产保障的控制，包括人身安全控制、财产安全控制、资料安全控制、生产安全控制等内容。安全控制尤其是生产安全控制是这几年通过血的教训之后才引起各级组织的重视的，通过加强安全控制有利于组织成员人心的稳定，有利于组织活动的正常开展。

小提示

目前在我国，职业健康安全管理体系与质量管理体系和环境管理体系一道并列为三大管理体系，它们都是为了加强企业的相应管理工作，提高企业现代化管理水平而采取的较为有效的标准化技术手段。

ISO9000 是指由国际标准化组织（ISO）所属的质量管理和质量保证技术委员会 TC176 制定并颁布的关于质量管理与质量保证系列标准。

ISO14000 是国际标准化组织所属的环境管理标准化技术委员会 TC207 制定的环境管理系列标准。

随着社会各界对职业健康安全问题的日益关注，以及前两个标准在世界各国得到广泛认可和成功的实施，考虑到质量管理、环境管理和职业安全健康管理的相关性，国际上有关权威机构又制定了评价职业安全卫生体系的 OHSAS18001 标准并向国际标准化组织提出将 OHSAS 纳入 ISO 的发展标准中（建议编号为 ISO18000，但未获同意）。推行它的目的是：使在企业闪活动的成员的职业健康安全风险降低到最小限度；使企业的经营者的灾害风险降低到最小限度；强化企业的风险管理，避免可能发生的职业健康安全风险。

（五）信息

管理者需要信息来完成他们的工作，不精确的、不完整的、过多的或延迟的信息将会严重阻碍他们的行动。信息控制全过程应该包括信息的收集（输入）；整理、分析（处理）；利用（输出）。

应用计算机技术开发出来的管理信息系统为信息控制开启了方便之门，它能在正确的时间，以正确的数量，为正确的人提供正确的数据。

实际工作中，管理者只要根据自己的需要去购买或聘请专家设计适合本组织的管理信息系统就行了。

任何管理控制系统都应该有四个分系统或要素：

1）信息输入系统，如探测器或感应器。即说明在过程控制中究竟发生了什么事情的测量设备。用于收集实际工作进展情况，掌握计划的执行进度以及相关信息。

2）信息处理系统，如鉴定器。即评定所发生事情重要性的设备。用于将所了解的有关工作成效的实际信息与预先确定的标准进行对照，判断是否发生偏差。

3）输出系统，如受动器。即在鉴定器指示行为变动的必要性时改变运动的设备，也叫反馈设施。管理系统最后做出反应，纠正偏差靠的就是它。

4）传送系统，如通讯网络，在感应器和鉴定器、鉴定器和受动器之间传输信息的装置设备。没有这一系统或这一系统受损，信息就不能及时传递和处理。整个系统就处于瘫痪状态。

（六）组织绩效

提高组织的绩效，一直是管理者的追求，所以，要维持或改进一个组织的绩效，管理者应该关心绩效控制。

常用的组织绩效控制标准有生产率、产量、销售额、利润、员工士气、出勤率等。

必须注意的是：在实际工作中，不能单独用某一个指标来衡量组织整体绩效，因为任何一个指标都不能等同于组织的整体绩效。例如，销售额要和利润最大化、要和生产率、要和员工士气相结合，如果较高的销售额背后是成本剧增、生产率下降、员工士气低下，那这样的组织会迅速走向衰败。

案例解析

D公司只关注销售额的实现，忽视了与销售额有关的成本、产品质量、服务、货款回笼、员工士气等因素的控制，致使销售额成了一个无效的目标。

要改变这一局面，必须分别找出与销售额有关的因素，逐一进行控制。

拓展知识：常见的控制技术与方法

　　如同其他的管理职能一样，控制工作的开展也需要一定的技术与方法。了解控制方法与理解管理控制职能是相辅相成的。由于控制方法是属于管理学科的专业课程中的内容，如财务控制方法在《财务管理》等课程中学习；质量控制方法在《质量管理》等课程中学习；综合绩效控制方法在《绩效管理》等课程中学习；信息技术在《管理信息系统》等课程中学习等。在本节我们只是将几种常见的控制方法做一些简单的介绍。

（一）预算控制

1. 预算的定义与类型

　　预算是指以数字形式表示的计划，多数预算是指财务预算，即用财务数字表明的组织未来经济活动的成本费用和总收入、净收益等。它预估了组织在未来时期的经营收入和现金流量，同时也为部门或各项活动规定了在资金、劳动、材料、能源等方面的支出额度。

　　依据不同的分类标准，预算可以区分为不同的类型，主要有以下几种：

　　1）刚性预算与弹性预算。刚性预算指的是在执行过程中没有变动余地或者变动余地很小的预算。弹性预算指的是留有一定的调整余地，有关的当事人可以在一定的范围内灵活执行各项指标的预算。

　　2）零基预算与滚动预算。零基预算指的是在每个预算年度开始时，把所有还在继续开展的活动都视为从零开始，重新编制预算。（基本特征是不受以往预算安排和预算执行情况的影响，一切预算收支都建立在成本效益分析的基础上，根据需要和可能来编制预算。）滚动预算是指根据前期预算的执行结果，结合各种新的变化信息，不断调整或修订并始终保持一定期限的预算。（例如，预算执行过 1 个月后，即根据前 1 月的经营成果，结合执行中发生的变化等信息，对剩余的 11 个月加以修订，并自动后续 1 个月，重新编制一年的预算。）

　　3）收入预算和支出预算。收入预算指的是对组织活动未来的货币收入进行的预算。支出预算指的是对组织活动未来的货币支出进行的预算。

　　4）总预算与部门预算。总预算指的是以组织整体为范围，涉及组织收入或者支出项目总额的预算。部门预算指的是各部门在保证总预算的前提下，根据本部门的实际情况安排的预算。

2. 预算的特点

　　预算具有如下特点：

　　1）计划性——预算本身就是一种计划方法或者说是计划形式，是一种特殊的计划，规定了一定时期内组织的总目标以及各部门的具体目标。

2）可比性——数字化标准，可对组织不同部门以及同一部门不同时期的绩效进行比较。

3）可控性——预算是未来需要达到的工作指标数值，也是组织中涉及收入支出活动的一种数量化标准，易于衡量和找到偏差。因此，制定预算构成控制的第一步，即制定控制标准。

3. 预算控制的概念与程序

预算控制是根据预算规定的收入和支出标准来检查和监督各中活动或各个部门的活动，以保证各种活动或各个部门在完成既定目标、实现利润的过程中对资源的合理利用，从而使费用支出受到严格有效的约束。

基于预算的特点，预算控制的优点在于便于考核、控制和比较；其局限性则在于对于不能用货币计量的业务活动，难以进行预算控制，容易出现虚报预算的现象，过于具体的预算可能会束缚决策者的行动。

对于企业来说，预算控制一般需要经过如下程序：

1）了解过去预算执行的情况和未来的发展规划。

2）制定企业总预算。

3）分解总预算，由各部门、基层单位做本单位的预算。

4）调整部门预算和总预算，确定预算方案。

5）组织贯彻落实预算确定的各项指标，在实施过程中予以监控。

知识点

编制预算要经历一个由上而下、再由下而上的基本步骤：

1）由组织的高层管理者向主管预算编制的部门提出组织在一定时期内的发展战略、计划与目标。

2）主管部门根据组织的发展战略、计划与目标，向各部门提出有关编制预算的建议和要求，并提供必要的资料。

3）各部门依据组织的计划与目标要求，结合本部门的实际情况，编制本部门的预算，并上投主管部门。

4）主管部门将各部门上报的预算进行汇总、协调整理，编制出组织的各类预算和总预算，最后上报组织的高层管理者审核批准。

（二）审计控制

审计是对反映企业资金运动过程及其结果的会计记录及财务报表进行审核、鉴定，以判断其真实性和可靠性，从而为控制和决策提供依据。包括内部审计和外部审计。

所谓内部审计和外部审计，是按审计主体的不同对审计进行的分类。

1. 外部审计

外部审计是由外部机构（如国家审计机关、会计事务所）选派的审计人员对企业财务报表及其反映的财务状况进行独立的评估。外部审计包括国家审计和社会审计。国家审计是指由国家审计机关对被审计单位的财务财政活动、执行财经法纪情况以及经济效益性进行审计监督。其主体是审计署以及各省、市、自治区、县设立的审计机关；社会审计是指由经政府有关部门审核批准的社会中介机构进行的审计，其主体是注册会计师。

外部审计的优点是审计人员与管理当局不存在行政上的依附关系，不需要看企业经理的眼色行事，只需对国家、社会和法律负责，因而可以保证审计的独立性和公正性。

2. 内部审计

内部审计是指由部门、单位内部的审计机构或财务部门的专职审计人员对本单位及所属单位财政收支、财务收支、经济活动的真实性、合法性和效益性的独立监督和评价行为，目的是促强经济管理和经济目标的实现。内部审计的主体是单位设立的内部审计机构或专职审计人员。

内部审计是企业经营控制的一个重要手段，其作用主要表现在三个方面：提供了检查现有控制程序和方法能否有效地保证达成既定目标和执行既定政策的手段；促使公司政策符合实际，工作程序更加合理，作业方法被正确掌握，从而更有效地实现组织目标；有助于推行分权化管理。

虽然内部审计为经营控制提供了大量的有用信息，但在使用中也存在不少局限性，主要表现在：内部审计可能需要很多的费用，特别是如果进行深入、详细的审计的话，内部审计不仅要搜集事实，而且需要解释事实，并指出事实与计划的偏差所在，即使审计人员具有必要的技能，仍然会有许多员工认为审计是一种"密探"或"查整性"工作，从而在心理上产生抵触情绪。因此，内部审计在企业应保持相对独立性，应独立于其他经营管理部门，最好受董事会或下属的审计委员会领导。

内部审计内容十分广泛，现代企业内部审计工作主要涵盖以下内容：

1）财务收支审计。主要是评价和监督企业是否做到资产完整、财务信息真实及经济活动收支的合规性、合理性及合法性，对会计记录和报表分析提供资料真实性和公允性证明。

2）经济责任审计。它是评价企业内部机构、人员在一定时期内从事的经济活动，以确定其经营业绩、明确经济责任，这里包括领导干部任期经济责任审计和年度经济责任审计。

3）经济效益审计。审计重点是在保证社会效益的前提下以实现经济效益的程序和途径为内容，对企业的经营效果、投资效果、资金使用效果做出判断和评价。

4）内部控制制度评审。主要是对企业内部控制系统的完整性、适用性及有效性进行评价。

5）开展明晰产权的审计。审计明晰其产权归属，避免造成国有资产、集体资产流失或其他有损企业利益的行为。

6）管理审计。它是对企业所有管理工作及其绩效进行全面系统地评价和鉴定。

7）其他审计。结合企业自身行业特点，开展对经营、管理等方面的审计工作，以增强组织后备力量。

（三）成本控制

成本是指生产和销售一定数量的产品（或提供一定的服务）所支出的各种耗费之和。成本控制就是指以成本（各种生产或服务的成本开支）作为控制的手段，通过成本预测、成本计划、成本核算、成本分析来降低成本并达到对经济活动实施有效控制的目的的一系列管理活动与过程。

成本控制的本质是要实现企业整体的成本控制目标，促使各个部门在明确成本责任的基础上采取一系列旨在增强管理者成本意识、提高成本效率的管理措施。

成本控制的关键是"成本控制者"。即通过成本控制者履行自身的成本控制职责，严格执行企业的成本计划。因此，"成本控制者"首先要具有较强的成本意识；其次要明确责任；再次是要有履行职责所必须的权利。

成本控制的基本程序：

1）制定控制标准，确定目标成本。

2）根据企业的各种数据记录、统计资料进行成本核算。

3）进行成本差异分析。

4）及时采取措施，降低成本。

（四）亲自观察控制

亲自观察控制的方法也许算得上是一种最古老、最直接的控制方法，它的基本作用就在于获得第一手的信息。

作业层（基层）的主管人员通过视察，可以判断出产量、质量的完成情况以及设备运转情况和劳动纪律的执行情况等；职能部门的主管人员通过视察，可以了解到工艺文件是否得到了认真的贯彻，生产计划是否按预定进度执行，劳动保护等规章制度是否被严格遵守，以及生产过程中存在哪些偏差和隐患等；而上层主管人员通过视察，可以了解到组织的方针、目标和政策是否深入人心，可以发现职能部门报告的情况是否属实以及员工的合理化建议是否得到认真对待，还可以从与员工的交谈中了解他们的情绪和士气等。所有这些，都是主管人员最需要了解的，但却是正式报告中见不到的第一手信息。

视察的优点还不仅仅在于能掌握第一手信息，它还能够使得组织的管理者保持和不断更新自己对组织的感觉，使他们感觉到事情是否进展得顺利以及组织这个系统是否运转得正常。视察还能够使得上层主管人员发现被埋没的人才，并从下属的建议中获得不少启发和灵感。此外，亲自视察本身就有一种激励下级的作用，它使得下属感到上级在关心着他们。所以，坚持经常亲临现场视察，有利于创造一种良好的组织气氛。

当然，主管人员也必须注意视察可能引起的消极作用。例如，也存在着这样的可能，即下属可能误解上司的视察，将其看作是对他们工作的一种干涉和不信任，或者是看作不能充分授权的一种表现。这是需要引起注意的。尽管如此，亲临视察的显著好处仍使得一些优秀的管理者始终坚持这种做法。一方面，即使是拥有计算机化的现代管理信息系统提供的实时信息、做出的各种分析，仍然代替不了主管人员的亲身感受、亲自了解；另一方面，管理的对象主要是人，是要推动人们去实现组织目标，而人所需要的是通过面对面的交往所传达的关心、理解和信任。

（五）报告分析控制

报告分析控制方法是利用第二手资料对活动结果进行分析，衡量实际工作成效并采取相应的纠偏措施的控制方法。

报告是用来向负责实施计划的主管人员全面地、系统地阐述计划的进展情况、存在的问题及原因、已经采取了哪些措施、收到了什么效果、预计可能出现的问题等情况的一种重要方式。控制报告的主要目的是提供一种如有必要，即可用作纠正措施依据的信息。

对控制报告的基本要求是必须做到适时、突出重点、指出例外情况、尽量简明扼要。通常，运用报告进行控制的效果，取决于主管人员对报告的要求。管理实践表明，大多数主管人员对下属应当向他报告什么缺乏明确的要求。随着组织规模及其经营活动规模的日益扩大，管理也日益复杂，而主管人员的精力和时间是有限的，从而，定期的情况报告也就越发显得重要。

示例

美国通用电器公司建立了一种行之有效的报告制度。报告主要包括以下八个方面的内容：

1）客户的鉴定意见以及上次会议以来外部的新情况。作用在于使上级主管人员判断情况的复杂程度和严重程度，以便决定他是否要介入以及介入的程度。

2）进度情况。将工作的实际进度与计划进度进行比较，说明工作的进展情况。通常，拟定工作的进度计划可以采用"计划评审技术"。对于上层主管人员来说，他所关心的是处于关键线路上的关键工作的完成情况，因为关键工作若不能按时完成，那么整个工作就有可能误期。

3）费用情况。说明费用开支的情况。同样，要说明费用情况，必须将其与费用开支计划进行比较，并回答实际的费用开支为什么超出了原定计划以及按此趋势估算的总费用开支（超支）情况，以便上级主管人员采取措施。

4）技术工作情况。表明工作的质量和技术性能的完成情况和目前达到的水平。其中很重要的问题是说明设计更改情况，要说明设计更改的理由和方案，以及这是客户提出的要求还是我们自己做出的决定等。

以上关于进度、费用和技术性能的报告，从三个方面说明了计划执行情况。下面是要报告需要上层主管人员决策和采取行动的那些项目，分为当前的关键问题和预计的关键问题两项。

5）当前的关键问题。报告者需要检查各方面的工作情况，并从所有存在的问题中挑出三个最为关键的问题。他不仅要提出问题所在，还需说明对整个计划的影响，列出准备采取的行动，指定解决问题的负责人以及规定解决问题的期限，并说明最需要上级领导帮助解决的问题所在。

6）预计的关键问题。指出预计的关键问题，同时也需要详细地说明问题，指出其影响，准备采取的行动，指定负责人和解决问题的日期。预计的关键问题对上层主管人员来说特别重要；这不仅是为他（们）制定长期决策时提供选择，也是因为他（们）往往认为下属容易陷入日常问题而对未来漠不关心。

7）其他情况。提供与计划有关的其他情况。例如，对组织及客户有特别重要意义的成就，上月份（或季、年）的工作绩效与下月份的主要任务等。

8）组织方面的情况。报告的内容是向上层领导提交名单，名单上的人员可能会去找这位上层领导，这位领导也需要知道他们的姓名。同时还要审查整个计划的组织工作，包括内部的研制开发队伍以及其他的有关机构（部门）。

（六）人员行为控制方法

人员行为控制并不是限制人员的行为，而是希望员工能按照组织所期望的方式去工作。下面一些方法的运用，可以增大员工按照所期望的方式去工作的可能性。

1. 配备合适的人员

管理者要善于在工作开始之前为目标和计划的实施配备那些价值观、态度和个性、能力符合组织要求和岗位需求的人。

2. 设定明确具体的目标

当员工接受了具体的目标之后，这些目标在一定程度上就会指导和规定着他们的行为朝着目标所指的方向前进。

3. 直接监督

监督人员亲临现场可以约束员工的行为，迅速发现偏离标准的行为。

4. 培训

通过培训，可以让员工提高技能、改进态度，从而减少偏差发生的可能性。

5. 标准化

建立标准化的规则、政策、岗位职责、操作说明以及其他的规章制度，可以让员工明白组织需要的行为和禁止的行为分别是什么，从而自觉规范自己的行为。

6. 绩效评估

通过绩效评估，员工会按照使各项评价指标都合格的方式去行事。建立一个完善的评估考核制度用于对员工的评估是一种正规的做法，这样，每一位员工的表现都可以根据考核制度得到鉴定。员工的业绩好，就可以得到加薪或其他的奖励，这样，他们的工作就会干得更好；员工的业绩达不到，管理者就应该根据偏差采取相应的措施，使已经出现偏差的工作今后不再出现偏差，使出现偏差的人今后不再犯同样的错误。

7. 合理的报酬

人们总是按照能得到报酬或奖励的方式去行事的，所以，合理的报酬可以强化和鼓励管理者所期望的行为不断出现，同时还能消除不期望的行为。

8. 建设组织文化

通过组织文化，可以传递组织需要什么样的人、什么样的行为等信息，在无形之中规范约束着组织成员的行为。

以上六种控制方法是相对来讲比较普遍的控制方法，更深层次的技术问题以及还有一些较为专业的控制方法则会在将来的专业课中学到。

名家观点

"如果计划从不需要修改，而且是在一个全能的领导人的指导之下，由一个完全均衡的组织完美无缺地来执行的，那就没有控制的必要了。"

——亨利·西斯克

"有效的管理者应该始终督促他人，以保证应该采取的行动事实上已经在进行，保证他人应该达到的目标事实上已经达到。"

——史蒂芬·P. 罗宾斯

结束语：存在没有信任的控制，但不存在没有控制的信任。

小　结

1. 控制就是按照计划和目标的要求来监控、衡量各项工作，纠正各种偏差，以确保计划和目标实现的过程。

2. 控制有三种基本类型：预先控制是在某项工作开始之前进行的控制，目的在于将可能的事故消除于产生之前；现场控制是在某项活动或工作过程中进行的控制，目的在于及时发现并纠正工作中出现的偏差；事后控制是在工作结束或行为发生之后进行的控制，目的在于避免已发生的不良后果继续发展或防止其再度发生。

3. 一个成功的控制过程总是能做到重点突出、及时准确、灵活、经济可行且符合计划的要求。

4. 在控制过程中，管理者通常都是根据组织的目标和计划制定出合理的、具体的、尽量量化的控制标准，然后用这个标准衡量实际工作成效，如果实际工作与标准之间有偏差产生，管理者就找出偏差产生的原因，并根据原因有针对性地选择改进工作方法、改进组织和领导工作、改进人事工作、或修订标准或计划等纠正偏差的措施，最终保证计划和目标的实现。

5. 控制工作常常集中在下列这些方面的一个或几个：人员、财务、产品/服务质量、安全、信息和组织的总体绩效。

练　习　题

一、课内测试题

（一）单项选择题

1. 控制的前提和依据是（　　　）。
    A. 组织　　　　　B. 领导　　　　　C. 计划　　　　　D. 协调
2. 下列有关控制工作的描述，不正确的是（　　　）。
    A. 不是任何组织、任何活动都需要进行控制
    B. 控制工作可以减少甚至避免管理失误造成的损失
    C. 控制工作与其他管理职能紧密结合在一起，使管理过程形成一个相对封闭的系统
    D. 控制工作有可能导致确立新的目标，提出新的计划
3. 前馈控制又称为（　　　）。
    A. 同步控制　　　B. 预先控制　　　C. 反馈控制　　　D. 实时控制
4. 现场控制是指在某项活动（　　　）。
    A. 开始前实施的控制　　　　　　　B. 进行中实施的控制

C．发生变化后实施的控制　　　　D．出现结果后实施的控制

5．反馈控制指的是（　　）。

A．事先控制　　B．前馈控制　　C．事中控制　　D．事后控制

6．为保证新生能适应新的环境，学校对新生进行入学教育。这种控制类型属于（　　）。

A．事先控制　　B．事中控制　　C．事后控制　　D．综合控制

7．为保证教学秩序，教师在课堂上的点名属于（　　）。

A．事先控制　　B．过程控制　　C．事后控制　　D．反馈控制

8．为校验教学效果和质量，教师和学校分别进行的期中测验和期末考试（　　）。

A．前者属于事先控制，后者属于事后控制

B．前者属于事中控制，后者属于事后控制

C．都属于事中控制

D．都属于事后控制

9．原材料的入库检验和成品的入库检验（　　）。

A．前者属于事先控制，后者属于事后控制

B．前者属于事后控制，后者属于事先控制

C．都属于事先控制

D．都属于事后控制

10．"治病不如防病，防病不如讲卫生"，这一说法体现了哪种控制方式最重要（　　）。

A．事前控制　　B．过程控制　　C．事后控制　　D．反馈控制

11．种庄稼需要水，但这一地区近年老不下雨，怎么办？一种办法是灌溉，以弥补天不下雨的不足；另一种办法是改种耐旱作物，使所种作物与环境相适应。这两种措施分别是（　　）。

A．纠正偏差和调整计划　　　　B．调整计划和纠正偏差

C．反馈控制和事前控制　　　　D．事前控制和反馈控制

12．关于全面质量管理，以下描述错误的是（　　）。

A．全面质量管理强调了动态的控制过程

B．全面质量管理要求全体员工参与质量控制

C．全面质量管理要求全员、全过程的质量监控

D．全面质量管理重视最终的检验过程

13．财政收支预算在执行过程中几乎没有变动余地，这种预算属于（　　）。

A．弹性预算　　B．刚性预算　　C．收入预算　　D．支出预算

14．在每个预算年度开始时，把所有还在继续开展的活动都视为从零开始，重新编制预算，这种预算方法被称为（　　）。

A．传统预算　　B．过程预算　　C．零基预算　　D．年度预算

15. 成本控制的直接对象是（　　　）。

    A．产品或服务的成本开支　　　　B．管理者

    C．生产过程中的物质消耗　　　　D．成本控制者

（二）多项选择题

1. 下列有关控制工作的描述，正确的有（　　　）。

    A．控制的前提和依据是计划

    B．控制工作的目的在于确保原有目标的实现或是促进新目标的提出

    C．控制工作与其他管理职能紧密结合在一起，使管理过程形成一个相对封闭的系统

    D．控制工作贯穿于管理活动的全过程

2. 控制的基本类型有（　　　）。

    A．事先控制　　　B．事中控制　　　C．事后控制　　　D．综合控制

3. 控制工作要满足以下哪些要求（　　　）。

    A．要有重点　　　B．要有灵活性　　C．要及时准确　　D．要经济可行

4. 控制的基本步骤包括（　　　）。

    A．确定控制标准　　　　　　　　B．对照标准衡量工作成效

    C．纠正偏差　　　　　　　　　　D．修改计划

5. 以下哪些措施有助于对人员行为进行控制（　　　）。

    A．教育和培训　　　B．绩效评价　　C．建设组织文化　D．现场监督

6. 以下属于外部审计主体的有（　　　）。

    A．国家审计署　　　　　　　　　B．会计师事务所

    C．企业审计委员会　　　　　　　D．企业财务部审计员

7. 以下属于预算控制的优点的有（　　　）。

    A．便于考核　　　B．便于控制　　　C．便于比较　　　D．比较灵活

8. 现场观察控制方法具有以下哪些优点（　　　）。

    A．有利于掌握第一手资料　　　　B．有利于发现人才

    C．有利于形成良好的上下级关系　D．有利于监控员工

（三）问答题

1. 什么是控制？简述控制的基本过程。

2. 简述 PDCA 循环。

3. 简述 ABC 分类法的核心思想。

（四）综合论述题

请按照"是什么（定义）、如何做（工作程序与要素、原则或方法）"的思路，分别谈谈你对四大管理职能的认识。

二、课外思考讨论题

（一）思考讨论题

1. 控制和其他管理职能之间到底有着什么样的关系？

2. 一个成功的控制过程有哪些基本要求？在实际实施控制的过程中如何实现这些要求？

3. 案例分析：恼人的会议。

周五下午是某研究所例行办公会议时间。每次会议从下午 2 点开始，讨论和处理近期需要做的工作，对一些需要做出决策的问题形成决议。每次会议的议题数量平均在 5~7 个之间。开始会议要开到很晚，到 7 点多钟才会结束。后来，所长要求会议秘书会前向每一位与会人员征集会议议题，由所长确定议题数量并排序，结果会议还是开到很晚。再后来，所长规定例会必须在 6 点前结束，结果排在前面的议题讨论占用了很多时间，后面的议题没有时间处理，赶上议题紧迫，便无奈又得延长时间。再后来，一些与会者故意把给研究生上的课程挪到周五晚上，到点回家吃饭上课，会议可以按时结束了，但许多事情被迫推迟到下周或增加会议次数。

请讨论：如何很好地解决这一问题呢？

（二）实践题

1. 利用节假日，调查一家企业或单位，了解一下他们控制的重点主要集中在哪些方面？分别是如何进行控制的？

2. 请找一个成功控制的实例，描述控制的基本过程，并总结其经验。

第六篇

管理新思想篇

　　一位有资格的管理者总是能够——明确外界的各种限制因素，并对此采取相应的管理方法和技术，从而对一个社会的经济发展大显身手。

——哈罗德·孔茨，西里尔·奥唐奈

第十一章　21世纪的管理新思想

❖ 学习重点 ❖

1. 知识管理的根本目的
2. 人本管理的基本要义
3. 危机管理的基本原则
4. 企业伦理管理的内涵
5. 企业社会责任的表现形式

第二十九单元　了解知识管理的内涵与根本目的

案例导入

1975 年自从微软（Microsoft）公司成立以来，它的竞争优势就是拥有一批高水平、高质量的员工。微软需要高层次人才的原因，是由于它所处的 IT 领域的激烈竞争快速变化的形势。

但是对人力资源能力的这种高度关注，不仅仅限制在以产品为导向的人员中，企业内部信息技术部更重视鉴别和维持员工的知识能力。内部信息技术部部长 Gibbon 聘用 Conway 为项目经理，承担研究提高知识能力的课题。Conway 的目标是为微软的职员创造一个高水平网上控制能力的形象。该项目被称为 skills planning "und" development（简称 SPUD）。内部信息技术部的"学习与交流资源"小组正在利用 SPUD 的主动性去转化、发展知识能力，而不仅仅去测试它。

SPUD 项目包含六个主要因素：

1）完善能力类型与层次的结构。

2）对特殊工作所需能力进行定义。

3）对从事以能力为基础的特殊工作的员工进行绩效评级。

4）实现网上系统的知识能力。

5）联系能力模型与学习提供。

6）执行能力模型。

完善能力结构——在 SPUD 项目的四种类型模式中，它作为最基本的知识，是必须掌握的。除了掌握基础能力之外，还有局部或独特能力。例如，一个网络分析员可能需要具备准确地诊断出局域网出现的各种错误能力。

能力的下一层是全局知识。例如，管理部门的每位工作人员都必须精通财务分析；每位从事 IT 的员工都要胜任技术设计和系统分析。能力结构的最高层是普遍能力，普遍能力是对公司内所有员工而言的。这种知识是关于公司所从事的全部业务、所售产品、产业领头人等的知识。

依据工作能力对员工定级——根据员工的实际工作能力来评价员工。员工评级过程的全部目的，就是生产一份整个微软都可以使用的员工能力的评价目录。寻求以后建立新项目小组的管理者，不再需要亲自考察和了解所有可能适合这份工作的员工。

与教育资源的连接——将提高能力形象与教育资源相连，是实现该项目的关键目标。所以在微软的内部和外部已经推荐和开设了一些与特殊课程有关的连接。最后，学习与交流资源小组希望不仅能够推荐特殊课程，甚至还能推荐课程中的有助于达到目标能力层的某些特殊资料。最后，来自内部讨论会和外部的由 puget sound 的课程，将会按照他们所对应的能力和技能层进行定级。

执行能力模式——执行能力模式的工作，从地区与功能两方面进行，首先开始于业务部门，然后是应用部门和在欧洲的所有工作岗位。微软能力模型的某方面的作用，要过很长的时间才能被确定。例如，Conway 希望执行能力的模型在这个快速发展变化的产业中，能成为一项改革的制度以不断提高员工个人的知识能力。

Conway 也意识到项目的成功来自于使用该项目的个人。"如果他们感觉到从中得到了一些提高，那么这个项目才会发展下去。"他们引进能力模型，通过重视提高于个人知识能力，从而推进整个微软的知识持续发展和不断提高的目标。

请问：微软公司的知识管理对你有何启示？

知识点：知识管理

知识管理（Knowledge Management，KM）是知识经济时代的一种全新的管理，它是人类历史上自泰勒科学管理理论以来的又一次伟大而深刻的革命，是知识化和信息化的产物。

知识经济是以知识为基础的经济，是建立在知识和信息的生产、分配和使用之上的经济。在知识经济时代，管理的重点是知识（智能）的有效研究与开发，是员工（包括用户）知识的交流、共享与培训，是加快隐性知识的显性化和共享，以提高企业应变和创新能力。

你知道吗

经济合作与发展组织（OECD）的专家们把当代人类全部知识分为四类：一是知道"是什么"的知识，是关于事实和现象的知识；二是知道"为什么"的知识，是指自然原理和规律方面的知识；三是知道"怎么做"的知识，是指做某些事情的技能和能力；四是知道"是谁"的知识，涉及谁知道和谁知道如何做某些事的信息，是关于人力资源方面的知识。第一、二类知识可称为归类知识，能够通过读书、听讲、查阅文献而获得；第三、四类知识属于沉默知识，主要靠实践取得。

（一）知识管理的含义与特征

1. 知识管理的含义

知识管理的基本要义就在于通过知识共享，运用集体智慧提高对环境的应变能力和创新能力。根本目的就是通过显性知识和隐性知识的共享创造新的知识。

知识管理既着眼于获得显性知识，更着眼于获得隐性知识，因为显性知识易于整理和进行计算机存储，而隐性知识则难以掌握，它集中存储在员工的脑海里，是员工的个人经验和体会的积累。

知识点

显性知识：记录于一定物质载体上的知识，看得见、摸得着。

隐性知识：存储在人们大脑的经历、经验、技巧、体会、感悟等尚未公开的秘密知识，看不见、摸不着，只可意会不可言传，难以掌握。

2. 知识管理的特征

知识管理不是一门技术，而是一种全新的管理思想，它既继承了人本管理思想的精髓，又结合知识经济这一新的经济形态的特点予以创新，从而具有不同于以往管理的独特之处。

1）重视对员工的精神激励。这种精神激励不同于以往的只给予赞赏、表扬或荣誉式的精神激励，而是赋予被管理者更大的权力和责任，使他们意识到自己也是管理者的一员，进而发挥自己的自觉性、能动性和首创性，充分挖掘自己的潜能，以实现其自身的人生价值。

2）重视知识的共享和创新。知识经济条件下企业间的竞争，取决于企业的整体创新能力，即运用集体智慧提高应变能力和创新能力，增强企业的竞争力。因此，知识管理要求管理者重视成员间知识的共享，把集体知识共享和创新，发挥集体智慧。

3）对知识和人才高度重视。知识经济时代，知识将成为经济社会发展的首要资源，成为真正的资本和首要的财富。而离开了人才，知识的作用将无从发挥。因此，重视知识就必须重视人才。

4）重视企业文化建设。知识经济时代的知识管理强调企业文化建设，每一个成功的企业都必须有自己的企业精神，用一种共同的价值观来教育熏陶全体员工。独特的企业文化全面地影响着各项管理职能的实现以及集体效力的发挥。

管理大师彼得·德鲁克曾经说过：一个组织，其组织文化越符合民族的文化，它就越能扎根久存。

5）重视领导方式的转型。知识管理需要有新的领导方式，让每个成员都有参与领导的机会，领导层要不断进行学习，扩展成员的能力。未来的领导应该是集体领导。

（二）知识管理的内容

1. 组织内部知识的交流和共享

只有在交流中知识才能得到发展，也只有通过共享和交流，才可能产生新的知识。

2. 驱动以创新为目的的知识生产

在知识经济时代的市场竞争中，知识是竞争力之源。企业要想立于不败之地，就必须拥有比别人领先一步的产品、技术或管理优势，而这种优势必然是来源于企业以创新为目的的知识生产。因此，创造适宜的环境条件，充分开发和有效利用企业的知识资源，进行以创新为目的的知识生产，必然是知识管理的一项重要内容。

3. 支持从外部获取知识，并提高消化吸收知识的能力

企业的知识资源是创新的源泉，因此，企业要使创新不断进行，就必须积累和扩大企业的知识资源。而这种知识积累又不能仅靠企业自身知识的生产，因为这是有限的，所以必须注重从外部获取相应的知识，并消化吸收，成为企业自己的知识资源。

4. 将知识资源融入企业产品或服务以及生产过程和管理过程

知识管理的直接目的是企业创新，使企业赢得持久竞争力。而企业的创新是为了将企业的知识资源转化为新产品、新工艺、新的组织管理方式等。因此，创新离不开知识资源与企业产品或服务以及生产过程和管理过程的融合。

拓展知识：人本管理

（一）人本管理的内涵

人本管理（Humanistic Management）就是以人为本的管理，即把人视为管理的主要对象及组织的最重要资源，通过激励、培训调动和开发员工的积

极性和创造性，引导员工去实现预定的目标。包括运用行为科学，重新塑造人际关系；增加人力资本，提高劳动力质量；改善劳动管理，充分利用人力资源；推行民主管理，提高劳动者参与意识；建设组织文化，培育组织精神等。其目的就是运用一切可以运用的手段，发挥和应用好组织中最特殊的要素——人的作用。

人本管理认为，企业是以人为主体组成的，企业存在的价值是为了人；企业靠人开展生产经营活动，企业竞争的活力和发展的潜力来自人；企业为满足人的需要而生产，企业管理的核心是满足人。因此，"以人为本，以人为核心"是一切管理活动的出发点和落脚点。

（二）人本管理的原则

在管理活动中，人既是管理的主体，又是管理的客体，人是组织最重要的资源，因此，一切管理都应以做好人的工作，调动人的积极性和主动性，实现人的自身价值为根本。要鼓励参与、挖掘潜能、激励进取，创造一个能使员工热心参与、心情愉快、关系和谐、深感激励的组织文化和工作氛围，在实现组织目标的过程中，使每一个人的价值得以发挥。

在组织中进行人本管理必须坚持以下原则。

1. 人力资源开发原则

在各种资本投资中，对人本身的投资是最有价值的。"员工是企业的主人"，人本管理角度上的人力资源开发，集中在对组织成员的培养和激励上，充分发挥人的潜能，不断提高人的素质。只有对组织成员进行培养和激励，充分发挥员工的潜能，不断提高员工的素质，才能提高组织的绩效。因此，使人性得到最完美的发展成为现代管理的核心。

2. 人际关系建设原则

任何一个组织都是由多人组成的协作系统。行为科学理论认为，和谐的人际关系能促进生产效率的提高，培养组织中人与人之间和睦亲善、相互信任的关系，能避免成员之间不团结、内讧等事情的发生，使成员之间的合作更为有效，以共同完成组织的共同目标；同时，通过深入的沟通和交流，产生一种团队精神，能够最大限度地发挥成员的潜能，而且在许多特定的时候（如组织困难或危难之时），还将起到特殊的作用。

3. 民主管理原则

民主管理的目的在于通过使组织成员不同程度地参与管理，唤起每个成员的集体意识和为集体努力工作的愿望，以达到组织的目标。民主管理有利于增强组织成员对组织的自豪感、归属感以及应有的责任感，有利于创造一个和谐的气氛，激发组织成员的工作热情。因此，在满足员工基本物质需要的前提下，让员工有更多的机会参与管理，是提高管理效果的关键。

4. 服务第一的原则

服务于人是管理的根本目的。管理者既要为用户服务，又要为员工服务。只有努力为用户服务满足用户的需求，企业才能赢得市场，增加利润。已只有为员工服务，才能调动起职工的积极性和创造性，增加企业的活力和发展动力。同时，管理者还应该坚持为下一道工序服务和为利益相关者服务的宗旨。下一道工序就是用户，为下一道工序服务能增加合作、提高效率。为利益相关者服务能赢得社会效益。

第三十单元　了解危机管理的基本原则

案例导入

1993 年，凭借 50 万美元风险投资起步的亚信，如今已被业界誉为"中国 Internet 建筑师"。2003 年春天，面对突如其来的 SARS 危机，亚信"业务持续应急方案"的及时启动和有效执行同样值得称道。

1. 　　　有

早在 4 月 4 日，当大多数北京市民对 SARS 还不以为然的时候，亚信 CEO 张醒生主持召开公司高层会议，会上提出：SARS 有可能影响公司的运营，需要引起高度重视。

会后，亚信便开始组织起草"业务持续应急方案"。在此能期间，亚信建立了 SARS 领导小组，由张醒生担任组长，行政人事部门牵头，各业务部的关键领导人担任领导小组成员。

在 4 月 20 日前，亚信对 SARS 疫情发展的监视及分析已经完成，一旦疫情加重就可以立即执行应急计划，4 月 22 日，北京公布准确的 SARS 患病人数，在得知北京疫情愈来愈严重之后，亚信高层最终决定，于 4 月 23 日正式实施应急方案，同时，北京地区的员工开始实施"在家远程办公"的工作方式。

2. 在家　程

在实施"在家远程办公"之前，亚信已紧急对公司内部管理所依托的虚拟专网的宽带网进行了升级，员工邮箱也扩大了一倍。方案还对公司的高层管理人员做出了相应的管理办法，规定高层管理人员不能同时出差，手机必须 24 小时开机。方案还明确了一旦某个人不能再履行管理职责，其工作由谁来接替，例如，当出现情况时，CEO 张醒生的工作由 CFO 韩颖接替。

方案规定，在紧急情况下，亚信对软件开发的应急办法是异地备份。公

x

第十一章　21世纪的管理新思想

313

司通过数据备份，防止发生灾难对数据造成不可挽回的损失，在 SARS 期间，亚信在北京的软件已在成都等两个城市进行了备份，以防止一旦北京的研发机构出现员工感染、人员被隔离，而造成不必要的损失，亚信在广州、上海、杭州、成都等办事处研发的软件，也在其他地区进行了一个或一个以上的备份。

为了防止一旦员工出现感染病例后，对办公场所进行的强制隔离，方案还确定了将离公司最近的友谊宾馆作为第二办公地点。

公司要求"在家远程办公"的员工每天要发邮件，通报他们当天的情况，一旦员工本人或其亲属有发烧症状必须立即上报，并在 24 小时内就医，医生诊断后排除问题才能上班。管理人员通过内部网的管理系统，能够随时了解到员工在内部网上的逗留时间，以及员工查看公司通知的确切情况，并对全天的情况进行一次或一次以上的总结。

在 SARS 的非常时期，张醒生虽然也可以在家上班、指挥公司的运转，但作为公司的 CEO，他表现出企业领导者应有的临危不乱、身先士卒的精神，每天都坚持到公司上班，以便让亚信的员工和客户都知道公司的管理层依然在办公室里上班，亚信一切运转如常。

由于亚信自身强大的网络支撑管理能力，近 90% 的亚信员工已配备笔记本电脑，公司虚拟专网安全、完备并提前进行了扩容，在加上亚信近 60% 的员工都从事与软件开发相关联的工作，非典期间执行"远程在家上班"制度，没有对公司的正常运作造成多大的影响。

3. 与 同 济

在 SARS 期间，手机短信业务量剧增。仅卫生部授权发布的每日疫情报告，就使中国移动一天增加 600 万条短信。由于电信运营商具有不同段服务的特性，因此，如何在 SARS 期间确保稳定、可靠的服务至关重要。

4 月 28 日，亚信向它每一个客户单位都发了由张醒生亲笔签名的"抗非典特殊时期"亚信公司对他们的业务和网络保障支持的承诺函。为了确保对客户的有效服务，亚信将服务人员分为 A、B、C 三组，8 小时一班轮值工作，能够远程完成工作的尽量通过网络完成，如若客户需要，服务人员将马上到现场解决问题。

作为中国移动短信网关软件的提供商，亚信承诺提供"7×24 小时"的支持服务。由于"五一"期间中央电视台播出的 SARS 相关节目中有短信互动，使移动短信量激增。为防万一，亚信专门放了一台备份服务器在北京移动的机房里。正在运营商处进行二次开发的亚信员工在"五一"节日期间仍旧留守岗位。

相比其他竞争对手的价格优势而言，此时，亚信在技术和管理上的优势就显现出来了。亚信的短信网关系统确保：当 20% 的设备出现故障时能正常工作；当 50% 的设备出现故障时业务不中断。在亚信承担建设的短信业务量较大的省市，公司专门指派固定工程师，每天通过网络对短信进行跟踪、观察，及时发现并排除故障隐患。

在 SARS 出现之前，本来有 3 个软件开发商在网通做开发，当 SARS 一出现时，其他开发商的人员都撤散了，只有亚信的人还留在那里。虽然亚信这一切服务、承诺和备份，都增加了其运营成本，但亚信周到诚信、与客户同舟共济的服务，将为公司今后带来更多的商机。

4. 并非权宜之计

事实上，虽然亚信当时能够用于制定应急方案的时间只有短短十来天，但这一方案却很全面，并非是完全针对 SARS 的权宜之计。

张醒生将亚信的"业务持续应急方案"形容为"希腊式"。之所以这样来命名，主要是源于其管理机制的整体框架与希腊建筑类似，处于上层三角型屋顶的是亚信的高层管理团队和危机管理机构，中间的支柱是应对不同类型危机的策略，这些支柱坐落在一个以强大的 IT 技术为后盾的管理平台上。

亚信将危机管理初步分为以下三类：其一是诸如战争、地震、疫情之类的灾难危机，主要由人事行政部门牵头进行管理；其二是诸如产品更新换代质量问题、流程出错等业务危机，主要由业务部门负责协调；其三是公共关系方面的危机，由市场部门主导解决。

张醒生认为，应急方案的有效实施，必须以"一把手工程"为前提。CEO是处于屋顶尖上的人，一旦紧急情况发生，CEO 理应担任危机管理的组长。

请回答：什么是危机管理？亚信启动应急方案，从容应对"非典"体现了危机管理的哪些原则？

知识点一：危机管理的含义

早期的危机管理（Crisis Management，CM）主要局限于军事和外交领域。20 世纪 80 年代以来，随着企业竞争环境不确定性的增加，西方管理学界将危机管理理论扩展到研究经济及企业管理问题，探讨企业在遭遇危机以后，如何实施紧急对策，危机管理才开始在企业中日益受到重视。美国管理学家斯蒂文·芬克（Steven Fink）于 1986 年出版了《危机管理》一书，对危机管理进行了比较系统的研究，建立了较为系统的危机管理分析框架。该书于 1987 年在台湾地区被译成中文。

危机管理的概念和理念在 20 世纪 90 年代才引入中国内地，但当时不大受重视，直到 2003 年 SARS 危机爆发后，才引起官、产、学、研各界的广泛关注。这些年禽流感、甲型 H1N1 流感在全球多个国家的爆发，食品安全，雪灾，地震，恐怖袭击等各类危机事件的频繁发生也使得危机管理理论在国内愈来愈受到重视。

所谓危机管理，是指个人或组织为防范危机、预测危机、规避危机、化解危机、渡过危机、摆脱危机、减轻危机损害，或有意识利用危机等所采取的管理行为的总称。危机管理既包括危机爆发前的管理，也包括危机爆发后的管理。危机管理的目的在于减少乃至消除危机可能带来的危害。

知识点

危机是一种对组织基本目标的实现构成威胁、要求组织必须在极短的时间内，做出关键性决策和进行紧急回应的突发事件。危机的含义强调：第一，危机是对组织构成重大威胁的事件，妨碍组织基本目标的实现；第二，危机是一种突发性事件，往往出乎组织的预料突如其来；第三，危机给予组织决策和回应的时间很短，对组织的管理能力提出了很强的时间性要求。

知识点二：危机管理的原则

1. 预防第一原则

危机管理并不仅仅是处理和解决企业已发生的危机。危机管理应从事前做起，从机制上避免危机的发生，在危机的诱因还没有演变成危机之前就将其熄灭。

2. 公众利益至上原则

在危机处理过程中，应将公众利益置于首位，以企业长远发展为危机管理的出发点。要想取得长远利益，组织在处理危机时就应该更多地关注各利益相关者的利益，而不是只顾及组织的短期利益。危机处理人员若能以公众利益代言人的身份出现，则为处理和解决整个危机，打下了良好的基础。

3. 全局利益优先原则

组织在处理危机的过程中，局部利益要服从全局利益。有时危机可能由局部产生，但其影响则是全局的，因此，必须从全局的角度考虑问题，关键时刻要敢于拿出"壮士断腕"的气概来。

4. 主动面对原则

当危机发生时，组织应承担第一消息来源的职责，主动配合媒体的采访和公众的提问，掌握对外发布信息的主动权。否则，很容易造成媒体传播失真误导或公众产生误解，陷入被动。危机发生后，不论责任在何方，组织都应主动承担一定的责任，这样有利于缓解矛盾，有利于问题的解决，以尽快消除危机的影响。

5. 快速反应原则

危机是一种突发性事件，这一特点要求危机处理必须迅速有效，以便有效地避免各种谣言的出现，防止危机的扩大化，加快重塑组织形象的进程。

6. 统一对外原则

在危机处理过程中，组织必须指定专人负责，进行对外联络与沟通，一个声音对外，以确保宣传口径一致，不出现矛盾或差异。否则，容易引起外界的怀疑。

7. 真诚坦率原则

当危机发生后，媒体和社会公众关注和最不能容忍的事情并非危机本身，而是组织千方百计隐瞒事实真相或故意说谎。所以危机出现后，组织应尽快公布事实真相，向公众提供真实的信息，有诚意地通过大众媒介广泛宣传，承担责任，误解自然就会消失，有利于控制危机局面。如果一味地为组织辩解，就容易使公众产生不信任感，不利于危机的处理。

知识点三：危机管理过程

危机管理是一个全过程的时间序列过程，包括事前管理、事中管理与事后管理。危机管理远程可分为危机预防和危机处理两个过程。危机预防包括危机爆发前组织所有的努力，包括危机意识的培养、危机管理计划的制订与培训、危机预警系统的建立、危机预控等。危机处理包括危机的事中管理与事后管理。事中管理包括建立危机处理机构、表明危机处理的诚恳态度、开展危机调查评估、制订危机处理方案、实施危机处理方案等；事后管理包括对危机处理结果进行评估与总结，做好危机处理的善后工作等。

案例解析

"案例导入"中：面对非典亚信"早有准备"，起草"业务持续应急方案"，说明危机管理应坚持预防第一，做好事前管理；SARS爆发后，亚信启动应急方案，实施"在家远程办公"的做法告诉我们，危机出现后，要临危不乱、主动面对、快速反应，实施应急预案，保证业务持续开展。亚信"与客户同舟共济"的做法体现了他们坚持"公众利益至上"的原则，对客户、对社会负责，这使得他们能赢得更多的商机。亚信将危机分类，"业务持续应急方案"全面而"并非权宜之计"的做法表明危机管理应"防患于未然"，立足于组织的长远发展或者说持续发展，做好危机意识的培养和预防工作，不能做消防员，哪里有火就去"灭火"。

第三十一单元　了解企业伦理管理与企业社会责任

案例导入

良心的"霉变"：2001 年 9 月 3 日，中央电视台报道"南京冠生园大量使用霉变及退回馅料生产月饼"的消息，举国震惊。当年，各地冠以"冠生园"的企业更深受连累，减产量均在50%以上。其中，上海冠生园所受影响最大。2002年春节刚过，南京冠生园食品有限公司向南京市中级法院申请破产。

2008"三鹿奶粉"事件：2008年8月1日，河北出入境检验检疫局检验检疫技术中心出具检测报告，确认三鹿集团送检的奶粉样品中含有三聚氰胺。同日，三鹿集团召开集团经营班子扩大会进行商议，在明知三鹿牌婴幼儿系列奶粉中含有三聚氰胺的情况下，仍准许库存产品三聚氰胺含量10毫克/公斤以下的出厂销售，直到被政府勒令停止生产和销售为止。9月11日上午，针对近期多个省份发生婴儿患肾病病例，媒体报道称患病婴儿均食用三鹿奶粉，三鹿集团回应：严格按国家标准生产，产品质量合格，目前尚无证据显示这些婴儿是因为吃了三鹿奶粉而致病。11日晚，卫生部提醒停止使用该品种奶粉。三鹿集团不得不承认700吨奶粉受污染。9月12日，三鹿集团称不法奶农掺入三聚氰胺；三鹿集团全面停产。12月25日上午，河北省石家庄市政府对外通报，石家庄市中级人民法院已经受理银行对石家庄三鹿集团股份有限公司（简称"三鹿"）提出的破产清算申请，受理该申请的裁定书已于12月23日送达三鹿。

"南京冠生园"事件、"三鹿奶粉"事件甚至更多的类似事件时时刻刻在提醒着人们，企业的经营活动和人的活动一样，必须接受伦理道德的约束，必须承担相应的社会责任。那究竟什么是管理伦理，企业如进行伦理管理，需要承担哪些社会责任？这在目前理论界和企业管理实践中都是一个热点话题。本单元对这一管理学研究的热点话题进行了简要的综述。

知识点一：企业伦理管理的内涵

选读材料

20世纪70～80年代，世界特别是美国一系列经济丑闻事件不断发生和频频曝光。如美国洛克希德飞机公司为争夺日本市场的贿赂案，美国国际电话电报公司、海湾石油公司、埃克森公司、格鲁曼宇航公司、默克公司等在国外的贿赂事件，海湾石油公司、布兰尼弗和美国航空公司非法捐款资助R. M. 尼克松（R. M. Nixon）竞选连任，美国牛奶生产商为提高联邦牛奶价格而贿赂前总统尼克松等，除此以外，还有非法操纵市场和股票交易，随意处置有毒化学物质、严重污染环境、生产有毒或危险产品、无视工人和顾客生命安全，甚至致使化学工厂有毒气体大爆炸等事件。这些丑闻直接导致经济管理中的企业伦理危机、公众信任危机和企业生存危机，迫使管理者们开始清醒地思考棘手的伦理问题。

伦理是指人与人相处的各种道德准则。一个组织并不是孤立存在的，总是以这样那样的方式同组织内外的个人和其他组织发生联系，从而其行为不可避免地牵涉到伦理问题。在当今世界，一个组织要想维持足够长的生命力，不仅需要遵守法律，还需要遵守伦理规范或讲究伦理。这就要求管理者在管理活动中要正视由组织的行为引起的伦理问题。

企业伦理是企业在处理企业内部员工之间，企业与社会、企业与顾客之间关系的各种道德准则的总和。企业伦理管理（Ethics Management），就是要求企业管理者在经营全过程中，应主动考虑社会公认的伦理道德规范，使其经营理念、管理制度、发展战略、职能权限设置等符合伦理道德的要求，处理好企业与员工、股东、顾客、厂商、竞争者、政府、社会等利益相关者的关系，建立并维系合理、和谐的市场经济秩序。

企业对伦理管理的认识过程，按发展时间顺序可将其分为三个阶段，如表 11.1 所示。

表 11.1　企业伦理管理阶段比较

阶段　　区别	第一阶段：企业伦理管理萌芽阶段	第二阶段：企业伦理管理演进阶段	第三阶段：企业全面伦理管理阶段
出现时间	1960 年左右	1990 年左右	2003 年左右
主要标志	被迫服从政府和民众的监督、处理环境污染、不合理使用工具等问题	制定企业伦理准则	符合伦理管理认证标准（如 SA8000）
外部要求	相对不高	有一定要求	要求比较全面且严格
企业自身觉悟程度	被动、不自觉	具有一定的自觉性	高度自觉
管理内容	内部无明确条文要求	内部有明确制度（伦理准则）要求，但不全面	包含广泛内容、要求全面（全过程、全员）的伦理准则，与其他专项管理（如质量管理、财务管理）较好地融合，并通过伦理管理认证
方法	简单，增加环保投资或人道对待员工等	方法开始增多、定性为主	复杂多样，定量和定性方法和好地结合

其中，全面伦理管理阶段是建立在企业全面管理（total management，TM）理论的基础上，它要求企业在处理与相关利益方（员工、供应商、顾客、政府、社区等）关系时全方位地体现企业伦理的要求。

知识点

企业全面管理（Total Mangement）包括企业财务管理、营销管理、人力资源管理、生产管理、风险管理、伦理管理等诸多方面，是一个全面的企业管理系统。

伦理管理是企业管理水平成熟度的标志之一，而企业全面伦理管理阶段则是企业伦理管理的高级阶段。但世界各国企业伦理管理发展具有不均衡性，目前美国上市企业伦理管理已进入企业伦理管理演进阶段。特别是在 2002 年 7 月发布《Sarbanes-Oxley 法案》（萨班斯·奥克斯利法案，起源于美国安然公司（Enron Corporation）倒闭后引起的美国股市剧烈动荡，投资人纷纷抽逃资金。为防止和保证上市公司财务丑闻不再发生，保护股东以及普通民众免于企业统计错误和欺骗行为，由美国参议员 Sarbanes（萨班斯）和美国众议员 Oxley（奥克斯）联合提出的一项法案，该法案即以他们的名字命名）后，美国企业伦理管理日益受到重视，少数企业已进入全面企业伦理管理阶段。而我国大多数企业伦理管理尚处于第一阶段。美国学者弗兰西斯·福山（Francis Fukuyama）曾预言：21 世纪是信誉的世纪，哪个国家的伦理程度最高，哪个国家就会赢得更广阔的市场。各种数据显示，伦理管理已经越来越多的被企业认可和使用。

知识点二：实施企业伦理管理的意义

当前，我国已经形成了中国特色的社会主义市场经济体制，我们也必须重视管理伦理的作用。一些组织不重视伦理，只看到伦理代表的社会责任这一面，错误地认为重视伦理管理是在"务虚"，只会增加组织的成本和束缚组织在市场竞争中的行为，其中一个重要原因是没有意识到伦理内在的管理作用和价值。

（一）伦理管理有助于增强组织的竞争力

当前，我国已全面告别短缺经济。古人云："衣食足，礼仪兴"，在基本的物质生活有保障后，人们更乐于接受具有社会责任感、重视消费者权益的企业的产品，也就是说，人们对高质量生活环境的追求强烈要求组织切实履行起社会责任。而且，现代组织对社会的影响力日益增大，享受了许多权利，社会有理由要求组织承担起与其享受权利相称的责任和义务，如此，管理才能体现其基本的公平理念。与此同时，现代社会信息传播媒介的迅速发展，使社会舆论的监督力量大为增强，组织行为的一举一动都被置于公众的眼光之中。当人们知道某家企业的不道德行为之后，一方面，可能因对该企业产品质量及各项承诺产生疑问而拒绝购买；另一方面，还可能因自我道德要求而不愿购买该企业的产品以免成为不道德行为的帮凶。更有甚者，组织的行为还将遭受人们的道德制裁，甚至法律制裁，而导致管理的效益追求得不偿失。

因此，为了在激烈的市场竞争中取得胜利，除了提高产品质量和服务质量外，管理者还必须进行伦理管理，树立良好的企业伦理形象，以满足人们的愿望。正如弗里德里克·B. 伯德（Frederick B. Byrd）和杰弗里·甘兹（Jeffrey Ganz）所说："如果管理者能更多地意识到他们的价值观、社会准则和伦理规范⋯⋯能考虑到社会分析和伦理选择，那么对管理者本身、企业和社会都是有益的；各种伦理分析工具能帮助管理者做出更好的决策，更清晰地向利益相关者解释其行为的理由"。

四种不同的伦理标准

1. 标

主张以行为所产生的预期结果来评判个人或组织的行为是否正确、可取，认为任何人、任何组织都能预期其行为的结果，只要该结果能为绝大多数人提供最大的利益，该项行为就是合乎伦理道德的。按照功利标准，企业解雇 20%的员工是正当的，这将增加企业的利润，提高留下的 80%员工的工作保障，并使股东获得最大的收益。功利主义伦理标准鼓励人们提高效率，以股东价值最大化作为管理决策的标准，符合企业利润最大化目标，但往往会导致一些负面影响，如社会资源的不合理配置，一些利害相关团体的权利被忽视等。因此，反对者认为，功利主义伦理标准极易造成少数人的权利被忽视。

例如，当企业在经营不佳时，持有功利思想的管理者会解雇一些员工，以便降低成本和支出，确保股东和多数人的利益。被解雇的员工虽然到旺季可以重返企业工作，但毕竟只是由他们少数人承担了企业转嫁的风险。

2. 权 标

主张所有人都享有基本权利，诸如个人隐私权，言论自由权及法律规定的其他各项基本权利，侵犯他人基本权利的行为是不道德的。例如，针对雇员告发雇主违法的行为，有的人认为这是不道德的，认为雇员应忠于雇主。但持权利标准的人认为应当保护雇员的言论自由，对雇员告发雇主进行谴责的行为是不道德的。权利伦理标准重视维护每个人的基本权利，把它作为评判伦理道德的标准，符合伦理的原意，对随意侵犯他人权利的行为是有制约作用的。当然，当个人利益与组织利益发生冲突时，如何正确处理个人与集体的关系，既要尊重每个人的基本权利，又要确保组织整体效率的提高，是权利标准者必须妥善解决的重要问题。

3. 正 标

主张管理者应当公正地贯彻规则，公平地对待每个人，不偏不倚才符合伦理原则。执行这种标准能有效保护利益被忽视或无权的员工，对待追求个人特权的管理者是一种道德威慑和制约。当然，在客观上它也会支持甚至助长不求有功，但求无过的平庸者规避风险，影响创新与变革，影响生产效率的提高。

4. 社会 标

主张把实证（是什么）和规范（应该是什么）两种方法并入商业伦理道

德中，即要求决策人在决策时综合考虑实证和规范两方面因素。这种伦理标准综合了两种契约：一种是经济参与人之间的一般社会契约，这种契约规定了做生意的程序；另一种是一个社区中特定数量的人当中的较特定的契约，这种契约规定了哪些行为方式是可以接受的。这种伦理标准与以上三种伦理标准的区别在于它要求管理者考察各行业和各企业现有伦理准则，以决定什么是对的，什么是错的。

研究表明，大多数生意人持功利主义伦理标准。因为功利主义与多数生意人追求的效率和利润目标相一致。当今社会个人权利和社会公平日益受到重视，功利主义遭到越来越多的非议，因为它忽略个人和少数人的利益。对个人权利和社会公平的考虑，意味着管理者要在非功利标准的基础上建立伦理标准，这对管理者特别是企业管理者无疑是个严峻的挑战。

（二）伦理管理有助于提高组织的凝聚力和战斗力

现代社会越来越重视人的价值，强调"以人为本"，重视人的需要和利益，尊重人、关心人，创造人与人和谐相处的氛围。这些都与伦理息息相关。正是这些因素使得伦理在管理中的地位越来越重要，使伦理成了管理追求的应有境界。

实际上，企业对伦理规范的重视和是否按伦理规范行事对员工会产生很大的影响。根据心理契约理论，员工在与企业确定正式的劳动合同之外，还会形成自己的心理契约。员工的心理契约受很多因素的影响。除了正式合同中的条款外，企业的各种行为都是影响员工心理契约的重要因素。如果员工感觉到企业讲究社会公德，公平地对待员工，尊重员工的人格和权利，对员工负责，员工就容易形成关系型的心理契约。员工对企业的信任感、归属感和忠诚感将大大增强。员工会感觉"有责任"回报企业，自发地努力工作。在关系型心理契约下，员工将更重视与企业的长期合作关系，更愿意与企业长期共同发展，不过分看重短期物质利益。

（三）伦理管理能够为企业的发展营造良好人文环境

任何企业都是在一定环境中从事活动的，环境包括自然环境和人文环境。伦理管理对企业营造良好的人文环境具有重要意义。在正确的企业伦理观的指导下，能够建立一个竞争有度、互助合作、积极进取的工作环境，使个人的生活、工作、事业、理想等和整个组织统一起来。任何企业都是社会的组成部分，为了使企业的发展和社会的发展相一致，管理者往往使企业内部的伦理和社会的伦理相适应，使企业内部和外部建立一致的伦理关系而保持和社会的协调，这样，就有利于社会的全面发展。同时，当企业内部的伦理与社会伦理相一致时，也有利于企业塑造自己良好的社会形象。例如，符合企业伦理的"善"的行为，也是社会伦理所认同和倡导的"善"的行为，这种"善"的行为越多，对社会的感召力越大，美好的形象自然在人们的心目中树立起来，将大大有利于企业的兴盛发展。因此，伦理管理是促成个人、企业、社会相互促进、共同发展的强有力的纽带和桥梁。

（四）伦理管理可帮助组织降低成本、提高运作效率

当前，一些企业管理理论工作者主要根据经济学理论论述企业管理问题。经济学理论假定人们在个人利益的驱动之下，追求最大效用。企业在经营管理中既要充分利用这一点以调动人们的积极性，又要采取很多措施来防止个人利益与企业整体利益不相符可能引发的各种问题。根据委托-代理理论，企业可看作由一系列的委托代理关系构成的组织。所有者是委托人，经营者是代理人，同时上级领导是委托人，下级员工是代理人。由于委托人与代理人之间利益不一致、信息不对称、契约不完备，委托代理关系会产生代理问题并引起由此而增加的代理成本。代理成本就是委托人采取很多管理措施来监控和限制代理人的活动而产生的管理成本。企业通过加强伦理管理，建立共同的价值观，提高道德修养水平，增强相互信任，可大大降低成本，提高企业的运作效率。例如，企业中各种繁琐的报告制度、审批程序既增加了管理成本又占用了各级管理人员的大量时间还降低了企业的响应速度。通过加强伦理管理，可以有效的精简管理环节，提高企业经营活动的效率和效果。

（五）伦理管理是企业依法经营的守护神

任何企业和个人都必须在法律许可的范围内行动。如果违反法律的规定，将受到法律制裁。法律是人类社会中强制性的行为规范，实际上是社会可接受的行为规范的最低标准。管理伦理强调的也是一种行为规范，却要比法律规范的要求高。因此，遵守法律是伦理规范的最低要求。一般来说，违反法律的行为一定违反了伦理道德原则，而违反伦理原则的行为却不一定违法。企业重视伦理管理，加强培训，一方面，可使员工理解和遵守正确的价值观和行为准则，提高员工的伦理和法律意识，促使员工在工作中自觉地遵守法律和伦理规范，大大降低经营活动中出现违法活动的可能性；另一方面，可促使员工在工作中及时发现可能存在的违反法律或伦理问题的行为，并通过向企业内外的专家咨询来确保所有的行为符合法律的要求。我国市场经济的法律体系虽然已经初步形成，但还远不够完善，客观地存在很多法律漏洞或者法律的真空地带。在这种情况下，一些企业往往会挖空心思钻法律的空子。虽然可能一时获利，但在这种思想指导下的企业往往会越陷越深，最后自觉或不自觉地做出违法犯罪的事情来。

📖 补充说明

一句话：当前实施企业伦理管理，一方面，是企业保证自身竞争优势的必要措施；另一方面，是社会发展的内在要求。

知识点三：企业社会责任的内涵与表现形式

（一）企业社会责任的内涵

企业的责任包括企业的法律责任、经济责任和社会责任。企业的法律责任是指企业应当遵守所在国家和地区的法律法规，遵守本国参加并认可的国际公约；企业的经济责任是指企业应当为投资者实现资产保值增值；企业的社会责任是指企业在承担法律责任和经济责任之外，还应当承担保护和增进社会公共利益与长期利益的义务。

企业是社会的一个分系统，因此，不可避免地受到社会系统的影响，社会责任的内涵也随着利益相关者队伍的扩大和这些利益相关者的期望值的变化而发展。企业的利益相关者的范围从早期的股东，拓展到员工，再扩大到具体环境的各种组成部分，如消费者、供应商，进一步发展到社会整体。这些利益相关者的期望成为更广泛、更高的要求，即企业要为整个社会的生存，发展和繁荣负责。

选读材料

目前，企业社会责任的正式定义虽经国内外论坛多次讨论，却仍莫衷一是。

斯蒂芬·P. 罗宾斯（Stephen P. Robbins）的《管理学》（1997 年）把社会责任定义为："一种工商企业追求有利于社会的长远目标的义务，而不是法律和经济所要求的义务。"

世界银行（The World Bank Group）把企业社会责任定义为："企业与关键利益相关者的关系、价值观、遵纪守法以及尊重人、社区和环境有关的政策和实践的集合。它是企业为改善利益相关者的生活质量而贡献于可持续发展的一种承诺。"

此外，还有一种观点认为，所谓企业的社会责任，是指在市场经济体制下，企业的责任除了为股东（stockholder）追求利润外，也应该考虑相关利益人（stakeholder），即影响和受影响于企业行为的各方的利益。其中，雇员利益是企业社会责任中的最直接和最主要的内容。

目前国际上普遍认同的企业社会责任理念是：企业在创造利润、对股东利益负责的同时，还要承担对员工、对社会和环境的社会责任，包括遵守商业道德、生产安全、职业健康、保护劳动者的合法权益、节约资源等。因此，企业的社会责任要求企业必须超越把利润作为唯一目标的传统理念，强调要在生产过程中对人的价值的关注，强调对消费者、对环境、对社会的贡献。

尽管企业社会责任并没有一个单一的定义，但从本质上，追求这一理念的组织，需要做三件重要事情：

第一，组织认识到其经营活动对其所处的社会将产生很大影响，而社会发展同样也会影响组织追求成功的能力。

第二，作为响应，组织积极管理其世界范围内的经营活动在经济、社会、环境等方面的影响，不仅使其为组织的业务运作和组织声誉带来好处，而且还使其造福于组织所在地区的社会团体。

第三，组织通过与其他群体和组织、地方团体、社会和政府部门进行密切合作，来实现这些利益。

由于对企业社会责任的定义没有形成定论，因此，对于企业如何承担社会责任也就有了不同的表述。

（二）SA8000 企业社会责任九项标准

对于企业的社会责任，SA8000 从九个主要的方面来界定。

知识点

SA8000（Social Account-ability8000）是 1997 年美国经济优先权委员会[现改名为社会责任国际（SAI）]制定的社会责任认证标准。作为全球首个企业社会责任认证体系，其宗旨是确保供应商所提供的产品符合社会责任的要求。现行标准涉及童工使用、强迫性劳动、健康与安全的工作和生活环境、工作时间、工资报酬、管理体系等九个方面的内容。自 2004 年 5 月 1 日起，该认证在欧美一些国家强制推行。

随着公众对企业履行社会责任情况的日益重视和"企业是利益相关者共同契约"观的形成，这一新的企业认证体系在西方发达国家开始出现，并已对我国企业的生产和出口产生了实质性影响，急需加以研究和认真应对。

1. 童工

公司不应使用或者支持使用童工，应与其他人员或利益团体采取必要的措施确保儿童和应受当地义务教育的青少年的教育，不得将其置于不安全或不健康的工作环境或条件下。

2. 强迫性劳动

公司不得使用或支持使用强迫性劳动（任何人在任何受惩罚威胁下被榨取的非志愿性工作或服务或作为偿债方法的工作或服务），也不得要求员工在受雇起始时交纳"押金"或寄存身份证件。

3. 健康与安全

公司应了解行业危险和工作危险，为员工提供健康、安全的工作环境，采取适当的措施，最大限度地降低工作在可能条件下、环境中的危害隐患，尽量防止意外或伤害的发生；为所有员工提供安全卫生的生活环境，包括干净的浴室、厕所、可饮用的水、洁净安全的宿舍、卫生的食品存储设备等。

4. 结社自由和集体谈判权

公司应尊重所有员工自由组建和参加工会以及集体谈判的权利。

5. 歧视

公司不得因种族、社会等级、国籍、宗教、身体、残疾、性别、性取向、工会会员、政治归属或年龄等而对员工在聘用、报酬、培训机会、升迁、解职或退休等方面有或支持歧视行为；公司不能干涉员工行使信仰和风俗的权利和满足涉及种族、社会阶层、国籍、宗教、残疾、性别、性取向、工会会员和政治从属需要的权利；公司不能允许带有强迫性、威胁性、凌辱性或剥削性的性侵扰行为，包括姿势、语言和身体的接触。

6. 惩戒性措施

公司不得从事或支持体罚、精神或肉体胁迫以及言语侮辱。

7. 工作时间

公司应该遵守适用法律及行业标准有关工作时间的规定：员工一个星期的工作时间不得经常超过 48 小时；同时，员工每 7 天至少有一天休息时间，所有加班工作应支付额外报酬，任何情况下每名员工每周加班时间不得超过 12 小时，除非另有协议，所有加班必须是自愿的。

8. 工资报酬

公司支付给员工的工资不应低于法律或行业规定的最低标准，并且必须满足员工的基本需求以及提供一些可随意支配的收入；对工资的扣除不能是惩罚性的，并应保证定期向员工清楚详细地列明工资、待遇构成；应保证不采取纯劳务性质的合约安排或虚假的学徒工制度（见习期）以规避有关法律所规定的对员工应尽的义务。

9. 管理系统

高层管理阶层应根据本标准制定公开透明、各个层面都能了解并实施的符合社会责任与劳工条件的公司政策，要对此进行定期审核；委派专职的资深管理代表具体负责，同时让非管理阶层选出自己的代表与其沟通；建立并维持适当的程序，证明所选择的供货商与分包商符合本标准的规定。

（三）企业社会责任的表现形式

1. 企业对环境的责任

环境是企业和社会生存与发展不可缺少的共同空间。环境污染不仅增加了企业生产成本，更主要是降低了人们的生活质量，破坏了生态平衡，影响社会可持续发展。企业对环境的责任表现在以下几个方面。

（1）防止环境污染

企业生产经营需要耗费大量物资和能源，产生的废水、废气、废料极易污染环境。为此企业有责任在项目筹划和决策时，同步考虑防污治污问题，避免先污染后治理。确保"三废"排放达到国家规定的标准，做好"三废"处理工作，把污染降到最低限度，同时积极运用生态环保技术，开发绿色产品。

（2）治理受污染的环境

对环境造成污染的企业有责任采取切实有效的措施治理被污染的环境。根据"谁污染谁治理"原则，承担治污费用，不能推诿。企业污染环境给他人造成损失的，应负责足额赔偿。

（3）提高环境保护的系统性

由于环境保护是一项社会系统工程，所以企业应当对承担环境保护的责任做系统安排，即要把环境保护的要求贯穿到企业的输入、生产、输出、产品的使用与回收等全过程。一些企业虽然已使生产过程中"三废"的排放达到国家环保要求的标准，但放任其产品使用中和使用后环境污染，这也是不负责的表现。

为了提高环境保护的系统性，从企业经营管理角度看，企业应在业务计划中尽可能削减对环境不安全的业务，开发并扩大环境清洁业务；使每一新产品在环境性能上优于上一产品；要选择有卓越环境绩效的供应商；在废弃物的处理上，不与无信用的公司打交道；鼓励采用绿色工艺和降低污染的技术；加强环保宣传教育；使用全部成本会计核算系统和聘请外部中介机构对企业进行环保审计等。

2. 企业对员工的责任

企业对员工的责任主要有以下几项：

1）尊重每一位员工的人格，认真听取员工建议。在与员工交流中应诚实，共享信息。产生矛盾时应诚恳协商，避免在性别、年龄、宗教等方面的歧视行为，保证员工拥有平等待遇和机会。

2）关心每个员工的身体健康和劳动安全，保护员工，避免他们在工作中受伤和生病。特别要做好从事特殊工种易受到伤害的员工的保护工作。

3）为员工提供合适的工作岗位和相对公平的报酬。重视员工的利益，按时足额支付工资，按当地政府规定为员工缴纳失业、养老和医疗保险，努力改善员工的工作条件和物质待遇。

4）鼓励并帮助员工掌握相关技术和知识，对工作表现出色的员工予以奖励。

5）发生处罚和解雇行为，应当严格按法律法规、企业章程和劳动合同办理。

3. 企业对顾客的责任

1）尊重顾客。企业应尊重所有顾客，无论他们是否购买企业的产品和服务。尊重顾客包括尊重顾客的人格，虚心听取顾客的意见，尊重顾客的文化和民族风俗习惯，禁止用任何方式对顾客进行侮辱、诽谤、歧视。在交易中应尊重顾客的选择权，不能强买、强卖和硬性搭售。

2）对顾客安全负责。企业应当对顾客使用产品或接受服务的安全性负责。安全权是顾客的一项基本权利。企业为顾客提供产品和服务，必须保证顾客安全。顾客因使用产品或接受服务在人身或财产方面受到伤害的，企业应负责足额赔偿。对有安全隐患的产品，企业有责任及时召回，否则就是不负责的表现。

3）提供正确的产品信息。企业应当为顾客提供正确的产品信息，尊重顾客知悉有关产品和服务真实情况的权利，不弄虚作假欺骗顾客和误导顾客。

4）提供必要的指导。企业不仅要有责任说明产品本身，而且有责任指导顾客正确使用其产品，为顾客着想，降低产品使用成本，提高使用效果。

5）确保产品和服务的质量和数量。顾客的利益主要体现在所购买产品和服务的数量和质量上。企业有责任向顾客提供计量正确、质量合格的产品和服务。如果以次充好，缺斤短两，就等于违反公平交易原则，侵犯顾客应有的权利。

6）提供良好的售后服务。企业销售产品包括其售后服务。企业有责任设立专门的售后服务点，听取顾客意见，及时解决顾客在使用产品时遇到的问题和困难，负责退回、调换和修理工作。

4. 企业对合作者和竞争者的责任

除上述所谈企业对顾客、员工、环境的责任外，企业对合作者甚至竞争者，也有相应的责任：

1）与合作者平等相待，互助互利，恪守信用。企业之间通过市场不断扩大分工合作关系，是现代社会化生产发展的要求。忠实履行合作者的责任是实现企业优势互补，取得双赢的必要条件。为此，企业必须与合作方平等相处，恪守商业信用，互相支持，互相帮助；禁止以强凌弱、欺诈、胁迫等不道德行为。

2）与竞争者公平竞争，反对垄断和不正当竞争。市场经济既是竞争经济，也是法制经济。如果企业竞争中不遵守竞争法规和公认的商业道德，竞争的结果必将是假冒伪劣得逞，先进企业和名牌产品受损，破坏生产力发展和社会精神文明建设。因此，企业在竞争中必须做到：不谋求垄断和限制竞争，不仿冒产品及品牌，不侵犯他人商业秘密，不诋毁竞争对手，不搞商业贿赂，不低价倾销，不串通投标，不作虚假宣传和误导，抵制和揭发不正当竞争，维护健康有序的市场秩序。

5. 企业对投资者的责任

在投资者单一或数量较少的情况下，企业管理者对投资者的责任是企业的经济责任而非社会责任。但随着生产的社会化，投资主体的社会化程度也在不断提高，包括政府的投资和广大股民的投资。因此，现代企业管理者对投资者的责任，也成了企业社会责任的一部分。

投资者是企业最终财产的终极所有者，企业管理者受聘经营企业就必须对投资者负责，施以专业、勤勉的管理，保证向投资者提供公正而又有竞争性的投资回报，保护投资者的财产并使其增值。那种只想从投资者手中获取资金，却不愿或无力给投资者以合理回报的企业管理者，是对投资者不负责任的表现。这种企业管理者注定要被投资者抛弃或解聘。

6. 企业对所在社区的责任

企业应密切与所在社区的关系：一方面，为所在社区的居民提供劳动就业机会，增加地方财政资源；另一方面，应关心社区发展，积极参与社区公益活动，尊重社区文化，帮助维护社区公共秩序，在力所能及的条件下支持社区公共设施建设，为增进社区公共福利做贡献。

示例

在 2003 年，全球 CEO 聚首的世界经济论坛认为，企业公民包括四个方面：一是良好的公司治理和道德价值，主要包括遵守法律、现存规则以及国际标准，防范腐败贿赂，包括道德行为准则问题以及商业原则问题；二是对人的责任，主要包括员工安全计划、就业机会均等、反对歧视、薪酬公平等；三是对环境的责任，主要包括维护环境质量，使用清洁能源，共同应对气候变化和保护生物多样性等；四是对社会和经济福利的贡献，例如，传播国际标准、向贫困社区提供要素产品和服务（如水、能源、医药、教育和信息技术等），这些贡献在某些行业可能成为企业的核心战略的一部分，成为企业社会投资、慈善或者社区服务行动的一部分。

"企业公民"概念属于社会文化范畴，是指一个公司将社会基本价值与日常经营实践、动作和策略相整合的行为方式。企业是社会的细胞，社会是企业利益的源泉。企业在享受社会赋予的条件和机遇时，也应该以符合伦理、道德的行为回报社会、奉献社会。"企业公民"这一概念蕴含着社会对企业提出的要求，意味着企业是社会的公民，应承担起对社会各方的责任和义务。"企业公民"不仅仅是为了行善，而是首先要把本职工作做好，确保企业遵纪守法，不骗人，不做假账，不搞伪劣产品等。实际上，能否做一个合格的企业公民体现了一个企业的价值取向和长远追求。

拓展知识一："企业社会责任"观的发展历程

人们对企业社会责任（corporate social responsibility，CSR）的认识，并不是一步到位的，而是经历了一个艰难的历程。

（一）20 世纪 50 年代～70 年代：盈利至上

这一阶段有两种观点，一是纯经济观，二是社会经济观。

1. 纯经济观

社会责任概念的最早含义是最大利润，即一个企业的社会责任在于通过有效生产，制造消费者需要的产品并以适宜的价格出售产品从而合理地利用它的财力和设备。社会责任的内涵和最大利润这个经济目标相重合，企业实现了它的经济目标就被认为满足了社会的需要。一般情况很少有人支持企业参与社会问题。

早期这种观点的代表者首推亚当·斯密，近期则是美国芝加哥大学经济学家、诺贝尔奖获得者密尔顿·弗里德曼（Milton Fridman）。弗里德曼最著名的格言是："企业的社会责任是增加利润。"他认为，当今企业大多数管理者是职业管理者，他们并不拥有所经营的企业，作为雇员仅向雇主及股东负责，而股东只关心财务收益。管理者以企业资源用于社会目的，结果将削弱市场机制的作用，必然有人要为此付出代价。具体讲，如果企业行使社会责任使利润和股利下降，它损害了股东的利益；如果履行社会责任使工资和福利下降，则损害了员工的利益；如果客户不愿支付或支付不起高的价格，使销售额下降，企业就很难维持下去。这时企业的所有利益相关者都会遭到或多或少的损失。职业经理追求利润以外的其他社会目标，是在扮演社会公共管理者的角色，而这个职责应由公民选举的行政官员来承担。

名家观点

1970 年 9 月 13 日，诺贝尔奖得奖人、经济学家密尔顿·弗里德曼在《纽约时报》刊登题为"企业的社会责任是增加利润"的文章，指出"极少趋势，比公司主管人员除了为股东尽量赚钱之外应承担社会责任，更能彻底破坏自由社会本身的基础"，"企业的一项也是唯一的社会责任是在比赛规则范围内增加利润。"

2. 社会经济观

持这种观点的人开始对企业的单一经济目标提出异议。他们认为，"利润最大化是企业的第二目标，企业的第一目标是保证自己的生存。"为了实现这一点，他们必须承担社会义务以及由此产生的社会成本。他们必须以不污染、不歧视、不从事欺骗性的广告宣传等方式来保护社会福利，他们必须融入自己所在的社区及资助慈善组织，从而在社会中扮演积极的角色。

示例

1976 年经济合作与发展组织（OECD）制定了《跨国公司行为准则》，这是迄今为止唯一由政府签署并承诺执行的多边、综合性跨国公司行为准则。这些准则虽然对任何国家或公司没有约束力，但要求企业更加保护利益相关人士和股东的权利，提高透明度，并加强问责制。2000 年该准则重新修订，更加强调了签署国政府在促进和执行准则方面的责任。

（二）20 世纪 80 年代～90 年代：关注环境

20 世纪 80 年代，企业社会责任运动开始在欧美发达国家逐渐兴起，它包括环保、劳工和人权等方面的内容，由此导致消费者的关注点由单一关心产品质量，转向关心产品质量、环境、职业健康和劳动保障等多个方面。一些涉及绿色、和平、环保、社会责任和人权等的非政府组织以及舆论也不断呼吁，要求社会责任与贸易挂钩。迫于日益增大的压力和自身的发展需要，很多欧美跨国公司纷纷制定对社会做出必要承诺的责任守则（包括社会责任），或通过环境、职业健康、社会责任认证应对不同利益团体的需要。

（三）20 世纪 90 年代至今：社会责任运动兴起

20 世纪 90 年代初期，美国劳工及人权组织针对成衣业和制鞋业发动"反血汗工厂运动"（Anti-sweatshop Campaign）。因利用"血汗工厂"制度生产产品的美国服装制造商 Levi-Strauss 被新闻媒体曝光后，为挽救其公众形象，制定了第一份公司生产守则。在劳工和人权组织等非政府组织和消费者的压力下，许多知名品牌公司也都相继建立了自己的生产守则，后演变为"企业生产守则运动"，又称"企业行动规范运动"或"工厂守则运动"，企业生产守则运动的直接目的是促使企业履行自己的社会责任。

但这种跨国公司自己制定的生产守则有着明显的商业目的，而且其实施状况也无法得到社会的监督。在劳工组织、人权组织等非政府组织的推动下，生产守则运动由跨国公司"自我约束"（self-regulation）的"内部生产守则"逐步转变为"社会约束"（social regulation）的"外部生产守则"。

到 2000 年，全球共有 246 个生产守则，其中除 118 个是由跨国公司自己制定的外，其余皆是由商贸协会或多边组织或国际机构制定的所谓"社会约束"的生产守则。这些生产守则主要分布于美国、英国、澳大利亚、加拿大、德国等国家。

2000 年 7 月《全球契约》（《Global Compact》）论坛第一次高级别会议召开，参加会议的 50 多家著名跨国公司的代表承诺，在建立全球化市场的同时，要以《全球契约》为框架，改善工人工作环境、提高环保水平。《全球契约》行动计划已经有包括中国在内的 30 多个国家的代表、200 多家著名大公司参与。

2001 年 2 月，全球工人社会联盟公布了一份长达 106 页的由耐克公司资助完成的报告。报告的内容是关于印尼 9 家耐克合约工厂的劳工调查。这份报告的新意在于它是由耐克出钱完成并公布的，而耐克又不能拒绝公布。耐克对这些问题的反应将会为服装公司设立新的基准。

2002 年 2 月，在纽约召开的世界经济峰会上，36 位首席执行官呼吁公司履行其社会责任，其理论根据是，公司社会责任"并非多此一举"，而是核心业务运作至关重要的一部分。

2002 年，联合国正式推出《联合国全球协约》（UN Global Compact）。协约共有十条原则，联合国恳请企业对待其员工和供货商时都要尊重其规定的十条原则。

知识点

全球契约 10 大原则

人权

1）企业应在其所能影响的范围内支持并尊重对国际社会做出的维护人权的宣言。

2）不袒护侵犯人权的行为。

动

3）有效保证组建工会的自由与团体交涉的权利。

4）消除任何形式的强制劳动。

5）切实有效地废除童工。

6）杜绝在用工与职业方面的差别歧视。

环

7）企业应对环保问题未雨绸缪。

8）主动承担环境保护责任。

9）推进环保技术的开发与普及。

10）积极采取措施反对强取和贿赂等任何形式的腐败行为。

拓展知识二：企业经营业绩与社会责任的联系

尽管在社会责任和经营业绩的范围及其度量方面存在一些困难（如效益方面有经济效益、社会效益和生态效益之争，经济效益又有短期和长期效益之争），但是大多数研究及实证表明，在组织的社会参与和经营业绩之间有正的相关关系。没有确凿的证据可以表明，公司的社会责任行为会明确损害其长期经营业绩。

担心企业承担社会责任而损失其经营业绩，表面看来有一定道理。其实，企业在力所能及的范围内参与一些社会活动，承担必要的社会责任，既有利于社会，又有利于企业自身。因为企业由此改善了在公众中的形象，得到了广大消费者的认可和赞同，吸引了大量人才。这些得益足以补偿企业参与社会活动所支付的成本。

示例

据有关方面报道，占据全球药品事物链顶端的美国默克（Merek）医药公司，一直在竭力使消费者从自身身上产生关于道德的联想。早在近一个世纪前，公司创始人乔治·默克（George Merck）就明确指出：默克的第一目的是用医学上的创新造福人类，赚取丰厚的利润只是圆满完成使命的附带结果。"链霉素"（Streptomycin）的故事就是实践这一理论的佐证。日本在第二次世界大战后曾经遭受肺结核的侵袭，当时日本没有药物能够有效对抗这种疾病，肺结核几乎成了死亡的代名词。默克把"链霉素"引进到日本，并主动放弃了该药的专利权。虽然未赚到一分钱，但得到的回报远远超过经济上的报酬。数年后当默克公司总裁魏吉罗第一次到日本，日本人仍清晰地记得默克在第二次世界大战后把"链霉素"带到日本，消灭了可怕的肺结核。现在默克公司已经成为日本最大的美国制药公司。此外，在非洲、拉丁美洲、亚洲的部分地区，流行一种通过黑蝇传播的疾病"河盲症"，数百万人染上这种病，但无钱购买药品。默克公司最先倡导"美迪善"（Mectizan）计划，免费赠送药品，使亚洲几百万人受益，默克公司也因此成为业内最受尊重的公司。2002年《财富》（《Fortune》）杂志评出的500家美国最大企业中，默克公司以447亿美元的销售收入名列第24位，而其利润排名第15位，比销售收入排名高出许多。乔治·默克二世是这样解释公司经营业绩与社会责任的联系："本公司同仁所必须遵守的原则，简要地说就是我们要牢记药品旨在治病救人，不在求利，但利润会随之而来。如果我们记住这点，就绝对不会没有利润；我们记得越清楚，利润就越大。"

当然也有人提出，是企业有了利润，才使得企业能够广泛参与社会活动，而不是相反。实践中不能否认有这种情况。但是，企业参与社会活动毕竟反过来又会推动企业取得更好的经济效益，由此形成良性循环，这是企业和社会的共同期望。社会责任与经营业绩的正相关性，说明两者并非对立，在多数情况下它们是相互促进的。

示例

1982年因有人做手脚，导致芝加哥7人服用泰诺（Tylenol）死亡——政府要求收回该地区的药。泰诺则收回全国各地货架3 100万瓶该种药品；

把药囊被污染事件告知全国 50 多万名医生；危机第一周开通顾客免费热线电话；免费调换药剂；与公众开诚布公，及时发布准确信息；董事长出现在媒体回答提问，其他官员接受采访。此次事件导致泰诺损失了 5 000 万美元，但公众感受到了强烈的社会责任感反而对公司越发信赖，一年内销量回升。

当然，企业参与社会活动的动机不一。有些企业真正从道德角度办事，也有些企业在利润动机驱动下开展社会活动，把社会责任作为营销诱饵。这里涉及企业经营管理究竟应当对谁负责。如果只是对股东负责，提高股东的利益，那么或反对社会责任，或把参与社会活动看成是实现利润最大化的工具，就不是真正履行社会道德责任。只有当企业管理者认识到，企业不仅要对股东负责，而且要对所有利益相关者负责时，他们才会真正在严格意义上履行社会责任，促进社会公正，保护环境，增进社会福利。即使这种活动对利润产生一定的影响，他们的态度仍然很坚决，因为他们判断是非标准的出发点已扩大到全社会。

结束语：美国管理学家弗里德里克说："如果管理者能更多地注意他们的价值观、社会准则和伦理规范，并把它们运用于决策，就能够改善决策。如果决策时能考虑到社会伦理的分析和选择，那对管理者、企业和社会都是有益的。"

我国经济学家厉以宁说："效率实际上有两个基础，一个是物质技术基础，一个是道德基础。只具备效率的物质基础，只能生产常规效率。有了效率的道德基础，就能产生超常规效率。""道德是调节经济运行的第三种方式。"

小　　结

1．知识管理的基本要义就在于通过知识共享，运用集体智慧提高对环境的应变能力和创新能力，其根本目的就是通过显性知识和隐性知识的共享创造新的知识。

2．人本管理就是以人为本的管理，即把人视为管理的主要对象及组织的最重要资源，通过激励、调动和发挥员工的积极性和创造性，引导员工去实现预定的目标。在组织中进行"人本管理"必须坚持人力资源开发原则、人际关系建设原则、民主管理原则和服务第一的原则。

3．危机管理是指个人或组织为防范危机、预测危机、规避危机、化解危机、渡过危机、摆脱危机、减轻危机损害，或有意识利用危机等，所采取的管理行为的总称。危机管理既包括危机爆发前的管理，也包括危机爆发后的管理。危机管理的目的在于减少乃至消除危机可能带来的危害。

4．企业伦理管理，就是要求企业管理者在经营全过程中，应主动考虑社会公认的伦理道德规范，使其经营理念、管理制度、发展战略、职能权限设置等符合伦理道德的要求，处理好企业与员工、股东、顾客、厂商、竞争者、政府、社会等利益相关者的关系，建立并维系合理、和谐的市场经济秩序。实施企业伦理管理，一方面，是企业保证自身竞争优势的必要措施；另一方面，是社会发展的内在要求。

5．目前，国际上普遍认同的企业社会责任理念是：企业在创造利润、对股东利益负责的同时，还要承担对员工、对社会和环境的社会责任，包括遵守商业道德、生产安全、职业健康、保护劳动者的合法权益、节约资源等。

6．企业社会责任主要表现在对环境的责任、对员工的责任、对顾客的责任、对合作者和竞争者的责任、对投资者的责任和对所在社区的责任等七个方面。

练　习　题

一、问答题

1．谈谈你对知识管理的认识。
2．谈谈你对人本管理的认识。
3．谈谈你对危机管理的认识。
4．什么是企业伦理管理？
5．企业社会责任的内涵和七大表现形式分别是什么？

二、讨论题

1．我国的企业该如何进行伦理管理，如何承担社会责任？
2．案例分析：圣人还是傻瓜。

位于劳伦斯市的美尔敦纺织厂遭遇了一场大灾，工厂被迫关闭几个月。按常理工厂劳动力将被解雇，可能暂时失业，无收入。可是该工厂的董事长、执行总裁、企业所有人阿伦·福斯坦没有这么做。在工厂重建期间，他坚持为已歇工的一千多名雇员支付全额工资，工厂在停业期支付工资和福利高达1 500多万元美元。

许多人称他为"圣人"，也有许多人称他为"傻子"

称福斯坦为"圣人"的是哪些人？为什么这么称呼他？也许你能猜出是他的工人，他们敬仰他。全国各地的报纸、杂志、电视台将他赞誉为英雄。W. J. 克林顿（W. J. Clinton）总统邀请他到华盛顿做全国演讲。专栏撰稿人、各大工会和各宗教领袖高度赞扬他，认为福斯坦关心的是他的工人，而不是自己最大的利益。许多愤世嫉俗的人认为美国毫无节制地追求利润，福斯坦先生的行为典范与此形成了鲜明的对比。

另一些称福斯坦是傻子的人说："他的行为是不理智的。"他们认为应关闭工厂，停止生产，将工人推向社会保险。或者抓住可能的机会，将公司迁往劳动力及成本低的地区或国家。真正的商人就应该更残酷，不该支出如此大笔不必要的资金，而使企业冒生存的危险。某商学院的教授说："人们不应该将福斯坦先生视为榜样。"

福斯坦究竟是一个圣人，还是一个傻瓜？或两者都是，或都不是？

在此举可做不可做时，或当他的行为与许多商人的行为与建议相悖时，究竟是什么原因使福斯坦将 1 500 多万美元发给 1 000 多名停业人员？一个原因是虽然他已七旬，却仍然热爱着他所认定的事业，另一个原因是他是一个不屈不挠的商人，他行为的准则是严格的商业道德。

在福斯坦先生早期的生涯中，他亲眼目睹本地许多纺织厂关闭或迁往南方，那儿劳动力成本要低得多。但即使是那样，仍然有许多工厂倒闭。福斯坦先生认为他们太注重成本而忽视了质量。低成本只是暂时的利益，而质量却是永恒利益的可靠保证。要想保证质量，人是关键因素。他需要的是有技术、衷心的并有义务感的工人，而不是廉价劳动力。

正如《财富》杂志指出："由此可见他真正智慧之处，任何一个有坚强意志的人都能快速赚钱，且同时能赚很多的钱，例如，通过削减生产成本、榨取工人血汗、骗取工人信任、毁坏公司声誉等。但长期赚钱的方法，只能是依靠高水平雇员创造高额价值。在美尔敦工厂，雇员和客户都非常忠诚，生产率非常高。《财富》杂志的总结是：因为福斯坦先生……"

请讨论：

（1）请你估计并补写出《财富》杂志对福斯坦先生行为的总结性评价。

（2）如果你是工厂主，碰到上述情况，你如何应对？

3．案例分析：销售员的两难境地。

有一位销售人员，正在为其所在公司筹备一个展销会，该公司主要生产螺母和螺杆。这位销售人员希望能与正在本地区的一条大河上修建一座大桥的建筑商签订一笔大合同。但本公司生产螺杆有 3% 的缺损率，这尽管在工业使用中还可以接受，但在某些工程项目中却不适合，如那些需要承受巨大压力的项目。

该新桥位于历史上有过最大地震的中心地带，地震曾给该地区造成严重毁坏，致使大河改道。震中心离大桥所在地仅 200 英里。地震专家预计近几年，发生里氏 7 级以上地震的概率有 50%。然而在该地区建桥不受地震法规的制约。如果这位销售人员能够赢得这笔生意，除工资以外他将获得 25 000 美元的佣金。但如果他把螺杆的缺损率告诉合同方，公司就可能失去生意，从而输给螺杆生产质量更好的竞争者。因此，销售人员处于两难境地。

请讨论：

（1）这位销售人员该如何办？是否该撒谎？撒谎总是错的，还是在某种条件下是可以接受的？

（2）如果你是这位销售人员，碰到上述情况，该如何应对？

附录　管理职能实训

一、训练题目

纸飞机公司

二、目的

让同学们在模拟实践中体会管理及其基本职能。

三、知识要求

计划、组织、领导和控制的基本概念。

四、时间要求

大约 2 个小时。

五、说明

1. 将一个班级的学生按 8～10 人/组分为若干小组，各小组通过讨论自行安排自己的管理和生产流程制作纸飞机，其中必须有管理者和检验员（可以兼任），必须做到有计划、有分工、有领导、有控制。

2. 假定你所在的组就是纸飞机公司所在的全体工人，该公司成立于 1943 年，已经形成了一个纸飞机市场。近年来，在新的管理当局领导下，公司与美国空军签订了生产纸飞机的合同，你必须建立一个公司生产纸飞机，所生产的纸飞机必须达到与空军签订的以下合同要求，同时还要保证公司最大程度地获利。

3. 合同要求：

（1）空军将为每架飞机支付 20 000 美元。

（2）生产的飞机必须通过严格的检验。

（3）不能达到合同规定的产量，每少一架飞机罚款 25 000 美元。

（4）每架飞机的材料成本为 3 000 美元。如果你投标 10 架飞机，只生产了 8 架或生产了 12 台，则你也必须为其余的 2 架飞机支付材料成本。此外，凡未通过检验的飞机也需支付材料成本。

（5）人工和其他管理费用假定为 300 000 美元。

六、流程

1．向全班同学公布制作纸飞机的方法和要求（由老师按自己的想法自己准备好样机及制作说明书）。

2．每小组讨论选出管理者和检验员，确定投标数量、购买原材料数量，并从计划、组织、领导、控制四个方面对本小组的管理方式进行商讨、确定（例如，如何知道哪架飞机是由谁生产的——进行编号），然后由管理者到主持人（老师）处报告投标数量和购买原材料数量（建议各组对讨论过程进行详细记录）。

3．各小组同时领取原材料并进行验收后同时开始，每一轮 10 分钟，各组之间展开竞争。

4．时间结束后，每个小组由管理者向老师上交纸飞机，由老师再次进行统一验收，并公布各小组产量和利润。

七、讨论

1．你们分组和选择管理者的方式和原因是什么？你们确定投标数量和原材料数量的依据是什么？

2．你们小组是如何进行计划、分工的，管理者又是如何进行领导、控制的？

3．在游戏过程中，你们有没有遇到意见不一致的情况？又是如何进行沟通、统一思想的？

4．你们小组管理最成功及不足之处分别在何处？如果让你们再做一次，列出你们的详细计划。

八、利润计算公式

1．投标：_____架飞机×20 000 美元/架；领取_____架飞机的原材料。

2．结果：生产了_____架，其中不合格_____架。

3．利润：实际交货_____架飞机×20 000 美元/架

                 －300 000 美元管理费

                 －_____×3 000 美元材料成本/架

                 －_____×25 000 罚款

                 ＝_____。

参 考 文 献

彼得·圣吉. 1994. 第五项修炼——学习型组织的艺术与实物. 上海: 上海三联书店

陈传明, 周小虎等. 2003. 管理学. 北京: 清华大学出版社

陈晖. 2004. 管理学基础. 北京: 科学出版社

陈宇. 2004. "A胶囊"商业计划书（纲要）. 中国商人，（2）

戴木才. 2002. 论管理与伦理结合的内在基础. 北京: 中国社会科学出版社，（3）

丹尼尔·A. 雷恩. 2002. 管理思想的演变. 北京: 中国社会科学出版社

单凤儒. 2004. 管理学基础（第二版）. 北京: 高等教育出版社

德鲁克. 1994. 管理: 任务、责任和实践. 北京: 中国社会科学出版社

弗朗西斯·福山. 1998. 信任: 社会道德与繁荣的创造. 呼和浩特: 远方出版社

甘华鸣, 贾萌. 2004. 人力资源管理操作规范. 北京: 企业管理出版社

龚丽春. 2008. 管理学原理. 北京: 冶金工业出版社

哈罗德·孔茨. 1998. 管理学（第十版）. 北京: 经济科学出版社

华金秋, 华金科. 2007. 论强化企业伦理管理的途径. 商业时代，（13）

黄雁芳, 宋克勤. 2001. 管理学教程案例集. 上海: 上海财经大学出版社

李海峰等. 2003. 为什么激励会失效. 企业活力，5: 7

李海峰. 2004. 团队精神来自奖励团队合作. 中外管理，6: 71

李海峰等. 2005. 激励的误区与对策. 通信企业管理，6: 65～66

李海峰. 2007. 如何管理你的上司. 经营与管理，6: 48～49

李海峰. 2009. 如何进行激励——从驴拉磨想到的. 商场现代化，3: 301～302

林家顺. 2002. 企业管理学. 北京: 经济管理出版社

刘侃. 2000. 企业管理原理. 北京: 经济管理出版社

路宏达. 2000. 管理学基础. 北京: 高等教育出版社

米切尔·拉伯夫. 1989. 世界上最伟大的管理原则. 北京: 科学技术文献出版社

乔颖莉, 仲岩. 2002. 管理学原理. 北京: 清华大学出版社

乔忠. 2005. 管理学（第二版）. 北京: 机械工业出版社

邵冲. 2007. 管理学案例. 北京: 清华大学出版社

申俊喜. 2001. 管理与伦理结合: 现代企业管理的新趋势. 科学管理研究，（8）

斯蒂芬·罗宾斯. 1994. 管理学（第四版）. 北京: 中国人民大学出版社

斯蒂芬·罗宾斯. 2002. 组织行为学（第七版），北京: 中国人民大学出版社

孙班军, 陈晖. 2005. 管理学. 北京: 科学出版社

孙非. 2003. 组织行为学. 大连: 东北财经大学出版社

托马斯·贝特曼. 2001. 管理学. 北京: 北京大学出版社

王柏林. 2006. 管理学. 西安: 西北大学出版社

吴照云. 2003. 管理学原理. 北京: 经济管理出版社

香港管理专业发展中心. 2001. 管理学原理. 北京: 中国纺织出版社

杨宝宏，杜红平．2006．管理学原理．北京：科学出版社

杨文士，李晓光．2000．管理学原理．北京：中国财政经济出版社

杨想生，刘文华．2004．管理学原理．北京：科学出版社

张德．2002．组织行为学．北京：高等教育出版社

章健．2002．管理学．北京：经济科学出版社

赵书虹，唐更华．企业如何承担社会责任？http://theory. people. com. cn/GB/40557/62622/
62625/4316877．htm

赵有生．2005．管理学基础．北京：中国财政经济出版社

众行管理资讯研发中心．2003．管理培训游戏全案．广州：广东经济出版社

周三多，陈传明等．2003．管理学——原理与方法（第四版）．上海：复旦大学出版社

周三多等．2005．管理学教程．北京：高等教育出版社

邹进文．2000．公司理论变迁研究．长沙：湖南人民出版社

Michael Hammer & James Champy. 1993. Reengineering the Corporation—A Manifesto for
Business Revolution. New York: Harper Collins. Publishers, Inc.